Siegfried Jacobs

Strategische Erfolgsfaktoren der Diversifikation

GABLER

Die Deutsche Bibliothek – CIP-Einheitsaufnahme

Jacobs, Siegfried:
Strategische Erfolgsfaktoren der Diversifikation / Siegfried Jacobs. –
Wiesbaden : Gabler, 1992
(Neue betriebswirtschaftliche Forschung ; Bd. 88)
Zugl.: Mannheim, Univ., Diss., 1991

ISBN 3-409-13658-4

Der Gabler Verlag ist ein Unternehmen der Verlagsgruppe Bertelsmann International.
© Betriebswirtschaftlicher Verlag Dr. Th. Gabler GmbH, Wiesbaden 1992
Lektorat: Jutta Hauser-Fahr

Das Werk einschließlich aller seiner Teile ist urheberrechtlich geschützt. Jede Verwertung außerhalb der engen Grenzen des Urheberrechtsgesetzes ist ohne Zustimmung des Verlages unzulässig und strafbar. Das gilt insbesondere für Vervielfältigungen, Übersetzungen, Mikroverfilmungen und die Einspeicherung und Verarbeitung in elektronischen Systemen.

Die inhaltliche und technische Qualität unserer Produkte ist unser Ziel. Bei der Produktion und Auslieferung unserer Bücher wollen wir die Umwelt schonen: Dieses Buch ist auf säurefreiem und chlorfrei gebleichtem Papier gedruckt. Die Buchverpackung Polyäthylen besteht aus organischen Grundstoffen, die weder bei der Herstellung noch bei der Verbrennung Schadstoffe freisetzen.

Die Wiedergabe von Gebrauchsnamen, Handelsnamen, Warenbezeichnungen usw. in diesem Werk berechtigt auch ohne besondere Kennzeichnung nicht zu der Annahme, daß solche Namen im Sinne der Warenzeichen- und Markenschutz-Gesetzgebung als frei zu betrachten wären und daher von jedermann benutzt werden dürften.

Druck und Bindung: Lengericher Handelsdruckerei, Lengerich/Westf.
Printed in Germany

ISBN 3-409-13658-4

Geleitwort

Vor dem Hintergrund des in zahlreichen Branchen zu beobachtenden Strukturwandels haben sich Unternehmen oftmals für eine Strategie der Diversifikation entschieden, d.h. für die Ausdehnung ihrer bisherigen Schwerpunkttätigkeit auf neue Märkte und Leistungsbereiche. Indessen ist der Eintritt in neue Märkte mit nicht unerheblichen Risiken verbunden, welche vielfach die Diversifikationsbemühungen zu teuren Fehlinvestitionen werden liessen.

So liegt die Frage nahe, welche Einflußgrößen des Diversifikationserfolgs Unternehmen im Rahmen ihrer Diversifikationsentscheidungen ins Kalkül ziehen sollten. Wissenschaftlich solide Untersuchungen über Faktoren, die den Diversifikationserfolg bestimmen, liegen bisher jedoch kaum vor. Angesichts der Wichtigkeit dieser Fragestellung für die Unternehmenspraxis einerseits, des gegenwärtigen Erkenntnisstandes der Wissenschaft andererseits kommt der Analyse zentraler Erfolgsfaktoren der Diversifikation eine besondere Bedeutung zu.

Die vorliegende Arbeit beschäftigt sich sowohl mit den Erfolgsfaktoren einzelner Diversifikationsprojekte als auch mit den Bestimmungsgrößen des Diversifikationserfolgs von Unternehmen schlechthin. Die erfolgsbeeinflussenden Größen der Diversifikationsstrategie werden auf empirischem Wege ermittelt. Auf der Grundlage einer sorgfältigen theoretischen Fundierung werden Untersuchungshypothesen abgeleitet und diese anhand der empirischen Daten überprüft.

Als fruchtbarer Ausgangspunkt dient die Entwicklung eines konzeptionellen Bezugsrahmens, der die Suche nach potentiellen Erfolgsfaktoren der Diversifikation erleichtert. In diesem Zusammenhang unterzieht der Verfasser die vorliegenden empirischen Forschungsarbeiten einer kritischen Analyse und prüft sie auf ihren Beitrag zur Generierung von Hypothesen über die zu behandelnde Problemstellung. Neben einer kritischen Aufarbeitung der PIMS-Forschung werden insgesamt 79 empirische Erfolgsfaktorenstudien auf ihren Forschungsansatz und ihre themenrelevanten Befunde hin untersucht und systematisiert. Wie der Verfasser zeigt, geben die bislang vorliegenden empirischen Befunde auf die hier aufgeworfene Fragestellung keine befriedigende Antwort, was u.a. in der Heterogenität der Ergebnisse und den z.T. wissenschaftlichen Ansprüchen nicht gerecht werdenden Untersuchungsansätzen dieser Studien begründet ist.

Eine wesentliche Innovation der Arbeit liegt in der fundierten Entwicklung von Hypothesen über den Zusammenhang zwischen bestimmten Umweltkonstellationen sowie unternehmerischen Entscheidungen einerseits und dem Diversifikationserfolg andererseits. Der Verfasser untersucht dabei sowohl Merkmale der Marktstruktur (z.B. Marktwachstum, Branchenrentabilität) als auch Merkmale der Unternehmensstruktur (z.B. Unternehmensgröße, Organisationsmerkmale), der Unternehmensführung, der Markteintrittsstrategie und der Synergienutzung auf ihre erfolgsbeeinflussende Wirkung hin. Mit der theorieorientierten Ableitung seiner Kausalhypothesen verbindet der Verfasser gleichzeitig die kritische Verarbeitung der bisher in der Literatur präsentierten - meist theorielosen - Untersuchungshypothesen und -ergebnisse. Damit geht die Arbeit über die vorliegenden Ansätze weit hinaus.

Die Arbeit gründet sich auf eine umfangreiche und solide empirische Basis: Es wurden 134 Industrieunternehmen befragt und 222 Diversifikationsprojekte erfaßt. Wissenschaftliches Neuland in der Erforschung der Diversifikationserfolge betritt der Verfasser auch in der Datenauswertung, bei der eines der modernsten kausalanalytischen Verfahren, das LISREL-Verfahren, angewendet wurde. Die Arbeit bietet eine Vielzahl neuer Erkenntnisse zur Bedeutung einzelner Erfolgsfaktoren der Diversifikation, die bisherige Ergebnisse erweitern, korrigieren oder zumindest in Frage stellen. Aus den empirischen Befunden werden in Form von 10 Thesen zentrale Gestaltungsempfehlungen für die Diversifikationsstrategie von Industrieunternehmen abgeleitet.

Da die vorliegende Arbeit in methodischer wie in inhaltlicher Sicht den Erkenntnisstand auf einem wichtigen Gebiet der Erfolgsfaktorenforschung nicht unerheblich verbessert, ist ihr ein großer Leserkreis in Theorie und Praxis zu wünschen.

Prof. Dr. Hans Raffée

Vorwort

Die Diversifikation in neue Betätigungsbereiche ist für viele Unternehmen eine wichtige Strategie zur Sicherung des Unternehmenserfolgs. Die Diversifikationsstrategie vermag einen Beitrag zum Unternehmenserfolg jedoch nur dann zu leisten, wenn sie ihrerseits glückt. Wie die Erfahrung der vergangenen Jahre zeigt, ist dies nicht immer der Fall. Vielmehr finden sich zahlreiche Beispiele, bei denen die eingeschlagene Diversifikationsstrategie nicht den erwarteten Erfolg bringt. Dies hat mich veranlaßt, nach den erfolgsbeeinflussenden Faktoren einer Diversifikationsstrategie zu forschen.

Ohne vielfältige Unterstützung hätte die vorliegende Arbeit in dieser Form nicht entstehen können. Allen, die mich bei der Anfertigung unterstützt haben, gebührt mein aufrichtiger Dank. Herzlicher Dank gilt zunächst meinem akademischen Lehrer und Doktorvater, Herrn Professor Dr. Hans Raffée, der mir viele Impulse gegeben und die Arbeit in allen Phasen ihrer Entwicklung gefördert hat. Weiterhin danke ich Herrn Professor Dr. Erwin Dichtl für die Übernahme des Zweitgutachtens und für sein großes Interesse an der Thematik.

Ferner gebührt in besonderem Maße auch Herrn Dipl.-Math. Friedrich Förster und Herrn Dipl.-Kfm. Jürgen Eisele Dank, die mir bei der Datenauswertung mit LISREL mit Rat und Tat zur Seite standen. Herr Dipl.-Kfm. Jens Effenberger unterstützte mich bei der Dateneingabe und den Basisauswertungen, Frau cand rer. oec Martina Schwarz und Herr Dipl.-Wirtschaftsinformatiker Joachim Mette beim Versand der Fragebogen. Herr Dipl.-Kfm. Rainer Maier, Frau Dipl.-Kfm. Ulrike Roemer und Frau Dipl.-Kfm. Ulrike Warnke sahen die Arbeit gründlich auf Fehler durch und gaben mir wertvolle Anregungen. Ihnen allen danke ich sehr.

Siegfried Jacobs

Inhaltsverzeichnis

Tabellenverzeichnis   XV
Abbildungsverzeichnis   XVII

A Einleitung   1

    I. Problemstellung und Zielsetzung der Untersuchung   1
    II. Abgrenzung des Themas   3
    III. Gang der Untersuchung   4

B Allgemeine Grundlagen   6

    I. Begriff und Formen der Diversifikation   6
        1. Der Diversifikationsbegriff   6
        2. Formen der Diversifikation   10

    II. Die Ziele der Diversifikationsstrategie   13
        1. Kennzeichnung der Diversifikationsziele 14
            1.1 Wachstum als Diversifikationsziel 14
            1.2 Risikoreduktion als Diversifikationsziel 15
            1.3 Wettbewerbsfähigkeit als Diversifikationsziel 20
            1.4 Rentabilität als Diversifikationsziel 20
            1.5 Ethische Ziele der Diversifikation 23
        2. Zur Bedeutung der Diversifikationsziele 24

    III. Entwicklung und Ausmaß der Unternehmensdiversifikation 25

C Bezugsrahmen und Anlage der Untersuchung   28

    I. Der Bezugsrahmen der Untersuchung   28
        1. Kennzeichnung, Probleme und wissenschaftlicher Forschungsstand der empirischen Erfolgsfaktorenforschung unter besonderer Berücksichtigung der Diversifikation 28
            1.1 Kennzeichnung der Erfolgsfaktorenforschung 28
            1.2 Grundlegende Probleme der Erfolgsfaktorenforschung 32
                1.2.1 Die Komplexität der zu untersuchenden Zusammenhänge 32

1.2.2	Zur Vollständigkeit der Erfolgsfaktoren	34
1.2.3	Zur theoretischen Fundierung der Erfolgsfaktorenforschung	35
1.2.4	Probleme bei der Datenerhebung und der Umsetzung der Untersuchungsergebnisse in die Unternehmenspraxis	36

1.3 Der Stand der derzeitigen empirischen Erfolgsfaktorenforschung vor dem Hintergrund einer Suche nach Erfolgsdeterminanten der Diversifikationsstrategie von Industrieunternehmen ... 38

    1.3.1 Darstellung und kritische Würdigung des PIMS-Programms ... 38

    1.3.2 Ergebnisse der allgemeinen empirischen Erfolgsfaktorenforschung unter besonderer Berücksichtigung der Diversifikation ... 44

    1.3.3 Ergebnisse spezieller empirischer Untersuchungen über den Erfolg von Diversifikationen ... 53

        1.3.3.1 Untersuchungen über den Zusammenhang zwischen Diversifikationsstrategie und Unternehmenserfolg ... 53

        1.3.3.2 Untersuchungen über Erfolgsfaktoren von Diversifikations- und Akquisitionsprojekten ... 65

    1.3.4 Zusammenfassende kritische Würdigung bisheriger Befunde der empirischen Erfolgsfaktorenforschung ... 76

2. Untersuchungsrelevante Theorien, theoretische Ansätze und Konzepte ... 81
    2.1 Der entscheidungstheoretische Ansatz ... 82
    2.2 Der situative Ansatz ... 82
    2.3 Der Ansatz der Industrieökonomik ... 84
    2.4 Der Marketingansatz ... 85

II. Die Anlage der empirischen Untersuchung ... 87
   1. Das theoretische Design ... 87
     1.1 Das Grundkonzept der Untersuchung ... 87
     1.2 Das Detailkonzept der Untersuchung ... 88
        1.2.1 Die Entwicklung von Untersuchungshypothesen zum Erfolg von Diversifikationsprojekten in Industrieunternehmen ... 89
            1.2.1.1 Der Erfolg von Diversifikationsprojekten ... 89
                1.2.1.1.1 Der finanzielle Erfolg von Diversifikationsprojekten ... 89

	1.2.1.1.2	Der Markterfolg von Diversifikationsprojekten	91
		1.2.1.1.2.1 Die Erzielung von Wettbewerbsvorteilen als Indikator des Markterfolgs	92
		1.2.1.1.2.2 Der Marktanteil als Indikator des Markterfolgs	94
1.2.1.2	Zum Einfluß ausgewählter Merkmale der Marktstruktur auf den Erfolg von Diversifikationsprojekten		98
	1.2.1.2.1	Das Marktwachstum	99
	1.2.1.2.2	Die Branchenrentabilität	103
	1.2.1.2.3	Die Marktgröße	103
	1.2.1.2.4	Die Wettbewerbsintensität	104
	1.2.1.2.5	Die Eintrittsbarrieren des neuen Marktes	105
	1.2.1.2.6	Die konjunkturelle Situation	110
	1.2.1.2.7	Zusammenfassung der Untersuchungshypothesen über die Wirkungen zwischen Marktstrukturvariablen und dem Erfolg von Diversifikationsprojekten	111
1.2.1.3	Zum Einfluß ausgewählter Aspekte des Markteintritts auf den Erfolg von Diversifikationsprojekten		112
	1.2.1.3.1	Die Diversifikationserfahrung der Unternehmen zum Zeitpunkt des Markteintritts	112
	1.2.1.3.2	Die Realisierungsform der Diversifikation	114
	1.2.1.3.3	Der Zeitpunkt des Markteintritts	119
	1.2.1.3.4	Die Aggressivität des Markteintritts	123
	1.2.1.3.5	Vergeltungsmaßnahmen etablierter Anbieter	124
	1.2.1.3.6	Die Eintrittsbarrieren des neuen Marktes	126
	1.2.1.3.7	Die Ressourcensituation der diversifizierenden Unternehmung	127
	1.2.1.3.8	Zusammenfassung der Untersuchungshypothesen über die Wirkungen zwischen Markteintrittsvariablen und dem Erfolg von Diversifikationsprojekten	129
1.2.1.4	Zum Einfluß ausgewählter Aspekte der Unternehmensführung auf den Erfolg von Diversifikationsprojekten		130

1.2.1.4.1 Analyse, Planung und Kontrolle des
Diversifikationsprozesses 130
1.2.1.4.2 Die Entscheidungskompetenz der Projektleitung 134
1.2.1.4.3 Zur Identität von Projektplaner und Projekt-
umsetzer 136
1.2.1.4.4 Zur Einflußnahme auf die Unternehmenskultur des neuen Geschäftsbereichs 137
1.2.1.4.5 Zusammenfassung der Untersuchungshypothesen über die Wirkungen zwischen
Variablen der Unternehmensführung und
dem Erfolg von Diversifikationsprojekten 140
1.2.1.5 Zum Einfluß ausgewählter Aspekte der Synergierealisation auf den Erfolg von Diversifikationsprojekten 140
1.2.1.5.1 Synergieeffekte und Diversifikation 140
1.2.1.5.1.1 Synergiebereiche 140
1.2.1.5.1.2 Formen der Synergierealisation 146
1.2.1.5.1.3 Bisherige empirische Befunde 151
1.2.1.5.2 Die Ähnlichkeit zwischen dem neuen
Betätigungsfeld und dem Stammgeschäft
der diversifizierenden Unternehmung 153
1.2.1.5.2.1 Allgemeine Diskussion 153
1.2.1.5.2.2 Zur Ähnlichkeit der Unternehmenskulturen 156
1.2.1.5.2.3 Bisherige empirische Befunde 157
1.2.1.5.3 Die Diversifikation auf der Basis von Stärken
im Stammgeschäft der diversifizierenden
Unternehmung 158
1.2.1.5.4 Zusammenfassung der Untersuchungshypothesen über die Wirkungen zwischen
Synergievariablen und dem Erfolg von
Diversifikationsprojekten 161
1.2.2 Die Entwicklung von Untersuchungshypothesen zum globalen
Diversifikationserfolg von Industrieunternehmen 162

1.2.2.1	Zum Einfluß ausgewählter Konzernstrategien auf den Diversifikationserfolg	162
1.2.2.2	Zum Einfluß ausgewählter Aspekte der Unternehmensstruktur auf den Diversifikationserfolg	165
	1.2.2.2.1 Die Organisationsstruktur diversifizierter Unternehmen	165
	1.2.2.2.1.1 Die funktionale Organisation	166
	1.2.2.2.1.2 Die Geschäftsbereichsorganisation	168
	1.2.2.2.1.3 Die Matrix-Organisation	172
	1.2.2.2.1.4 Formen der Steuerung von Geschäftsfeldern diversifizierter Unternehmen	173
	1.2.2.2.1.5 Bisherige empirische Befunde	174
	1.2.2.2.2 Die Unternehmensgröße diversifizierter Unternehmen	176
	1.2.2.2.3 Die Homogenität des Leistungsangebots	178
	1.2.2.2.4 Das Ausmaß formalisierter Diversifikationsplanung	181
	1.2.2.2.5 Markt- versus Technologieorientierung diversifizierter Unternehmen	184
	1.2.2.2.6 Zusammenfassung der Untersuchungshypothesen über die Wirkungen zwischen Unternehmensstrukturvariablen und dem Diversifikationserfolg der Unternehmen	187

2.	Das empirische Design der Untersuchung	188
2.1	Die Datenerhebung	188
	2.1.1 Methode, Stichprobe und Datenerhebung	188
	2.1.2 Die Operationalisierung ausgewählter Variablen	191
2.2	Der LISREL-Ansatz als Methode der Datenauswertung	195

D Ergebnisse der empirischen Untersuchung 201

    I. Deskriptive Untersuchungsergebnisse 201
        1. Die Untersuchungsebene der Gesamtunternehmung 201
            1.1 Das Leistungsprogramm diversifizierter Unternehmen 201
            1.2 Die verfolgten Konzernstrategien 203
            1.3 Schriftlich fixierte Diversifikationsgrundsätze 204
            1.4 Die Organisationsstruktur diversifizierter Unternehmen 204
        2. Die Untersuchungsebene der Diversifikationsprojekte 206
            2.1 Die Erfolgsquote von Diversifikationen 206
            2.2 Kennzeichnung der analysierten Diversifikationsprojekte 207
            2.3 Die Markteintrittsstrategie 208
            2.4 Die Führung des neuen Geschäftsbereichs 210
            2.5 Ähnlichkeiten zum Stammgeschäft und Synergieeffekte 211
            2.6 Die im neuen Markt erreichte Wettbewerbsposition des diversifizierenden Unternehmens 213
    II. Explikative Untersuchungsergebnisse 214
        1. Erfolgsfaktoren von Diversifikationsprojekten 215
            1.1 Die Ergebnisse des Marktstrukturmodells 215
            1.2 Die Ergebnisse des Markteintrittsmodells 220
            1.3 Die Ergebnisse des Unternehmensführungsmodells 226
            1.4 Die Ergebnisse des Synergiemodells 230
            1.5 Die Ergebnisse eines Gruppenvergleichs von erfolgreichen und nicht erfolgreichen Diversifikationsprojekten 236
        2. Erfolgsfaktoren diversifizierender Unternehmen 240
            2.1 Die Ergebnisse des Konzernstrategienmodells 240
            2.2 Die Ergebnisse des Unternehmensstrukturmodells 242

E Gestaltungsorientiertes Resümee 248

Anhang 257

  - Tabellen 257
  - Fragebogen 261

Literaturverzeichnis 275

Tabellenverzeichnis

Tab. 1:	Die Bedeutung ausgewählter Diversifikationsziele von Handelsunternehmen	25
Tab. 2:	Merkmale und Befunde allgemeiner Erfolgsfaktorenuntersuchungen zum Einfluß des Diversifikationsausmaßes auf den Unternehmenserfolg	50
Tab. 3:	Merkmale und Befunde allgemeiner Erfolgsfaktorenuntersuchungen zum Einfluß der Ähnlichkeit von Stammgeschäft und neuem Geschäftsbereich auf den Unternehmenserfolg	52
Tab. 4:	Merkmale und Befunde spezieller Untersuchungen der Diversifikationsforschung zum Einfluß des Diversifikationsausmaßes auf den Unternehmenserfolg	54
Tab. 5:	Merkmale und Befunde spezieller Untersuchungen der Diversifikationsforschung zum Einfluß der Ähnlichkeit von Geschäftsfeldern auf den Unternehmenserfolg	58
Tab. 6:	Merkmale und Befunde spezieller Untersuchungen der Diversifikationsforschung zum Einfluß sonstiger Faktoren auf den Unternehmenserfolg	64
Tab. 7:	Merkmale und Befunde spezieller Untersuchungen über die Erfolgsfaktoren von Diversifikationsprojekten	71
Tab. 8:	Merkmale und Befunde spezieller Untersuchungen über die Erfolgsfaktoren von Akquisitionsprojekten	75
Tab. 9:	Die bisher ermittelten Erfolgsfaktoren einer Diversifikationsstrategie im Überblick	78
Tab. 10:	Die Struktur der Stichprobe nach Wirtschaftszweigen	189
Tab. 11:	Die Stichprobenstruktur der Investitionsgüterproduzenten nach Produktionsbereichen	190
Tab. 12:	Die Struktur der Stichprobe nach der Umsatzhöhe	190
Tab. 13:	Die Struktur der Stichprobe nach der Anzahl der Mitarbeiter	191
Tab. 14:	In den analysierten empirischen Untersuchungen verwendete Erfolgsindikatoren	191
Tab. 15:	Variablen und kausale Beziehungen eines LISREL-Modells	197
Tab. 16:	Die Anzahl der Diversifikationsprojekte pro Unternehmen	201
Tab. 17:	Der Anteil des Stammgeschäfts in diversifizierten Unternehmen	203
Tab. 18:	Die Organisationsstruktur der untersuchten Unternehmen	205
Tab. 19:	Anteil besonders erfolgreicher Diversifikationsprojekte an der Gesamtzahl der von den befragten Unternehmen jeweils durchgeführten Projekte	206
Tab. 20:	Das Ausmaß an Synergierealisation in unterschiedlichen Funktionsbereichen	212
Tab. 21:	Die Nutzung der Synergierealisationsformen	213

Tab. 22:	Marktanteile der Diversifikationsprojekte im Vergleich zu den jeweiligen Hauptwettbewerbern	214
Tab. 23:	Totaleffekte potentieller Erfolgsfaktoren auf die Erfolgsgrößen im Marktstrukturmodell	218
Tab. 24:	Empirische Indikatoren der latenten Variablen des Marktstrukturmodells	219
Tab. 25:	LISREL-Schätzung der beta- und gamma-Koeffizienten des Marktstrukturmodells	219
Tab. 26:	Totaleffekte potentieller Erfolgsfaktoren auf die Erfolgsgrößen im Markteintrittsmodell	225
Tab. 27:	Empirische Indikatoren der latenten Variablen des Markteintrittsmodells	225
Tab. 28:	LISREL-Schätzung der beta- und gamma-Koeffizienten des Markteintrittsmodells	226
Tab. 29:	Totaleffekte potentieller Erfolgsfaktoren auf die Erfolgsgrößen im Unternehmensführungsmodell	229
Tab. 30:	Empirische Indikatoren der latenten Variablen des Unternehmensführungsmodells	229
Tab. 31:	LISREL-Schätzung der beta- und gamma-Koeffizienten des Unternehmensführungsmodells	230
Tab. 32:	Totaleffekte potentieller Erfolgsfaktoren auf die Erfolgsgrößen im Synergiemodell	233
Tab. 33:	Empirische Indikatoren der latenten Variablen des Synergiemodells	234
Tab. 34:	LISREL-Schätzung der beta- und gamma-Koeffizienten des Synergiemodells	235
Tab. 35:	Ergebnisse des simultanen Gruppenvergleichs	239
Tab. 36:	Empirische Indikatoren der latenten Variablen des Modells zum simultanen Gruppenvergleich	239
Tab. 37:	Empirische Indikatoren der latenten Variablen des Konzernstrategienmodells	242
Tab. 38:	Totaleffekte potentieller Erfolgsfaktoren auf die Erfolgsgröße im Unternehmensstrukturmodell	246
Tab. 39:	Empirische Indikatoren der latenten Variablen des Unternehmsstrukturmodells	247
Tab. 40:	LISREL-Schätzung der beta- und gamma-Koeffizienten des Unternehmensstrukturmodells	247
Tab. 41:	Die PSI-Matrix des Marktstrukturmodells	257
Tab. 42:	Die PHI-Matrix des Marktstrukturmodells	257
Tab. 43:	Die PSI-Matrix des Markteintrittsmodells	257
Tab. 44:	Die PHI-Matrix des Markteintrittsmodells	257
Tab. 45:	Die PSI-Matrix des Führungsmodells	258

Tab. 46:	Die PHI-Matrix des Führungsmodells	258
Tab. 47:	Die PSI-Matrix des Synergiemodells	258
Tab. 48:	Die PHI-Matrix des Konzernstrategienmodells	259
Tab. 49:	Die PSI-Matrix des Unternehmensstrukturmodells	259
Tab. 50:	Die PHI-Matrix des Unternehmensstrukturmodells	259

Abbildungsverzeichnis

Abb. 1:	Die Produkt/Markt-Matrix nach Ansoff	8
Abb. 2:	Diversifikationsformen am Beispiel eines Automobilproduzenten	12
Abb. 3:	Die Unterscheidung zwischen spezifischem Risiko und Marktrisiko	19
Abb. 4:	Das Forschungsprogramm des situativen Ansatzes	83
Abb. 5:	Diagramm eines LISREL-Kausalmodells	197
Abb. 6:	Die Heterogenität des Leistungsprogramms diversifizierter Unternehmen	202
Abb. 7:	Anteil mißglückter Diversifikationsprojekte an der Gesamtzahl der Diversifikationsprojekte der befragten Unternehmen	207
Abb. 8:	Zielmärkte der in der Stichprobe befindlichen Diversifikationsprojekte	208
Abb. 9:	Markteintritt und Lebenszyklusphase	209
Abb. 10:	Markteintrittsformen der untersuchten Diversifikationsprojekte	210
Abb. 11:	Kausaldiagramm zum Marktstrukturmodell	217
Abb. 12:	Kausaldiagramm zum Markteintrittsmodell	223
Abb. 13:	Kausaldiagramm zum Unternehmensführungsmodell	228
Abb. 14:	Kausaldiagramm zum Synergiemodell	232
Abb. 15:	Kausaldiagramm zum simultanen Vergleich der Wirkungen von Markteintrittsbarrieren in den Gruppen der erfolgreichen und nicht erfolgreichen Diversifikationsprojekte	238
Abb. 16:	Kausaldiagramm zum Konzernstrategienmodell	241
Abb. 17:	Kausaldiagramm zum Unternehmensstrukturmodell	244

A Einleitung

I. Problemstellung und Zielsetzung der Untersuchung

Verfolgt man die aktuelle Wirtschaftspresse, so gewinnt man den Eindruck, daß nach der "Diversifikationseuphorie" der 60er und frühen 70er Jahre sowie der sich anschließenden Phase der "Ernüchterung" in der jüngsten Vergangenheit das Vertrauen in die Diversifikation erneut deutlich zugenommen hat. Ausgelöst durch den in zahlreichen Branchen festzustellenden Strukturwandel sahen sich die Unternehmen vielfach genötigt, die Grenzen ihres Stammgeschäfts zu durchbrechen und in andere Tätigkeitsbereiche vorzustoßen.[1] So traten beispielsweise große deutsche Stahlunternehmen wie *Hoesch*, *Krupp*, *Mannesmann*, *Thyssen* und *Klöckner* in die Märkte Maschinenbau, Steuerungstechnik und Elektronik ein, um auf diese Weise ihre Abhängigkeit vom Stahlgeschäft zu vermindern und sich neues Wachstumspotential zu erschließen.[2] Auch die jüngsten Diversifikationsaktivitäten des *Daimler-Benz*-Konzerns in Richtung Luft- und Raumfahrt sowie Dienstleistungen oder die Übernahme des Kaffee- und Süßwarenkonzerns *Jacobs Suchard* durch den Zigarettenhersteller *Philip Morris* verdeutlichen, in welchem Maße sich Großunternehmen heute um eine Ausweitung ihrer Betätigungsfelder bemühen.

Wie die Erfahrung zeigt, ist der Einstieg in neue Märkte jedoch nicht nur mit Chancen, sondern auch mit großen Risiken verbunden, welche oftmals die Diversifikationsbemühungen zu teuren Fehlinvestitionen werden lassen. Beispiele für z.T. spektakuläre, aber wenig geglückte Diversifikationsversuche gibt es in der Bundesrepublik reichlich. Die Akquisitionen und Beteiligungen von *Hapag Lloyd/Pracht*, *Karstadt/Neckermann* und *Harpener/Hudson Place (ILG)* mögen stellvertretend für die Vielzahl derjenigen Diversifikationsprojekte stehen, bei denen sich die Hoffnungen, die ursprünglich in sie gesetzt wurden, nicht erfüllten.[3] Daß zum Teil erhebliches "Lehrgeld" bezahlt werden muß, belegt auch der Einstieg des *Volkswagen*-Konzerns in den Markt für elektronische Datenverarbeitung. Das Diversifikationsprojekt kostete das Unternehmen rund zwei Milliarden DM, bis es *Triumph-Adler* an *Olivetti* verkaufen konnte.[4]

Die Zahl mißglückter Diversifikationsversuche dürfte hoch sein. *Guiniven* z.B. ermittelte für Diversifikationen, die über Eigenentwicklung realisiert wurden, eine "Floprate" von

---

1 Vgl. Raffée (1989a), S. 25.
2 Vgl. Meyer/Heyder (1989), S. 352.
3 Vgl. auch die Beispiele bei Bühner/Spindler (1986), S. 604, und Riekhof (1989), S. 309.
4 Vgl. Dichtl (1987), S. 125; derselbe (1990), S. 67.

80 Prozent.[1] Zu vergleichbaren Ergebnissen kam *Porter*, der im Rahmen einer Langzeitanalyse der Diversifikationserfolge von 33 US-Konzernen wie *Xerox*, *General Electric*, *Exxon*, *IBM* und anderen feststellte, daß mehr als die Hälfte der in neuen Branchen getätigten Akquisitionen und Neugründungen nicht den Erwartungen entsprachen und wieder veräußert oder liquidiert wurden.[2] Die Erfolgsquote bisheriger Diversifikationsvorhaben kennzeichnen *Hobson* und *Morrison* griffig mit folgendem Satz: "There are many starters but very few successful survivors."[3]

Strategische Überlegungen zum Eintritt mit neuen Produkten in neue Märkte wurden bereits in der Vergangenheit angestellt. Wissenschaftlich solide Untersuchungen über Faktoren, die den Diversifikationserfolg beeinflussen, liegen bisher jedoch kaum vor.[4] Angesichts der hohen Erwartungshaltung vieler Unternehmen an die Diversifikationsstrategie einerseits, des offensichtlich beträchtlichen Anteils von Mißerfolgen an der Gesamtzahl der Diversifikationsversuche andererseits stellt die Analyse zentraler Erfolgsfaktoren der Diversifikation eine wichtige Herausforderung für die gegenwärtige betriebswirtschaftliche Forschung dar.

Vor diesem Hintergrund ist es Ziel der vorliegenden Untersuchung, den Diversifikationserfolg beeinflussende Faktoren zu identifizieren. Hierzu gilt es, zunächst ein Forschungskonzept zu entwerfen, in dessen Zentrum die Entwicklung von Untersuchungshypothesen steht, welche dann in einem zweiten Analyseschritt an der Realität zu überprüfen sind. Es soll auf diese Weise ermittelt werden, von welchen Rahmenbedingungen des Unternehmens sowie von welchen Strategien und Maßnahmen der Diversifikationserfolg maßgeblich bestimmt wird.

Dabei ist den unterschiedlichen strategischen Ebenen eines diversifizierten Unternehmens Rechnung zu tragen: der Unternehmensstrategie (corporate strategy) und der Wettbewerbs- bzw. Geschäftsbereichsstrategie (competitive oder business unit strategy). Mit der Unternehmensstrategie wird festgelegt, in welchen Märkten man präsent sein sollte und mit welcher "Schlachtordnung" die einzelnen Geschäftseinheiten "ins Feld zu führen sind". Die Wettbewerbsstrategie betrifft dagegen die Frage, wie Wettbewerbsvorteile in den einzelnen Märkten, in denen die Unternehmung tätig ist, erzielt werden können.[5] Beide Strategieebenen werden in der vorliegenden Analyse des Diversifikationserfolgs berücksichtigt. Gegenstand der empirischen Untersuchung sind daher sowohl die Er-

---

1 Vgl. Guiniven (1986).
2 Vgl. Porter (1987a), S. 31 und 36; Porter (1988), S. 35.
3 Hobson/Morrison (1983), S. 20.
4 Vgl. hierzu auch die entsprechenden Ausführungen in Kapitel C, Abschnitt I. 1.3.4 dieser Arbeit.
5 Vgl. Porter (1987a), S. 30; Porter (1987b), S. 43; Vancil/Lorange (1975), S. 83.

folgsfaktoren einzelner (realisierter) Diversifikationsprojekte als auch Bestimmungsgrößen des Diversifikationserfolgs von Unternehmen schlechthin.

II. Abgrenzung des Themas

Das Spektrum der Erfolgsfaktoren soll möglichst umfassend analysiert werden. Allerdings liegt es auf der Hand, daß die vorliegende empirische Untersuchung allein schon aus forschungsökonomischen Gründen nicht sämtliche potentiellen Erfolgsdeterminanten zu berücksichtigen vermag. Die Zahl möglicher Einflußfaktoren ist zu hoch und die zwischen ihnen bestehenden Wechselwirkungen sind zu komplex, als daß eine lückenlose Analyse dieser Problemstellung in diesem Rahmen auch nur annähernd durchführbar wäre.

Vor diesem Hintergrund muß sich die vorliegende Arbeit zwangsläufig auf die Untersuchung besonders wichtig erscheinender Einflußfaktoren des Diversifikationserfolgs beschränken. Dies impliziert, daß die Untersuchungsergebnisse keinen Anspruch auf vollständige Erklärung des zu analysierenden Sachverhalts erheben können. Dennoch soll im Verlauf der Studie selbstverständlich der Versuch unternommen werden, die Ursachen von Diversifikationserfolgen in der Praxis weitgehend offenzulegen.

Eine weitere Einschränkung wird hinsichtlich des Untersuchungsobjektes vorgenommen. Dies erscheint insbesondere deswegen angeraten, weil sich Handels- und sonstige Dienstleistungsunternehmen durch eine Reihe von Besonderheiten von Industrieunternehmen unterscheiden.[1] So muß davon ausgegangen werden, daß sich dies auf Art und Gewichtung von Erfolgsfaktoren der Diversifikation auswirkt, was eine Beschränkung auf einen Wirtschaftssektor notwendig erscheinen läßt. Aus diesem Grund werden für den empirischen Teil der Arbeit ausschließlich Daten von Industrieunternehmen herangezogen. Die (speziellen) Erfolgsfaktoren einer Diversifikationsstrategie von Handels- und sonstigen Dienstleistungsunternehmen können daher nicht ermittelt werden.

Um das Forschungskonzept nicht zu breit anzulegen und eine ausreichend tiefe Durchdringung des Themas zu gewährleisten, bedarf es einer weiteren Eingrenzung des Untersuchungsprogramms: Außerhalb der Zielsetzung dieser Arbeit bleibt die Analyse der Wirkung einer Diversifikationsstrategie auf den Gesamterfolg von Unternehmen, also die Frage, ob die Diversifikationsstrategie den Unternehmenserfolg positiv oder negativ

---

[1] Vgl. z.B. Barrenstein/Kaas (1986), S. 282.

beeinflußt. Ferner wird der Untersuchungsgegenstand dahingehend konkretisiert, daß der Erfolg von Diversifikationsaktivitäten aus der Sicht des Managements analysiert werden soll. Somit bleibt die Perspektive von Kapitalgebern, Arbeitnehmern usw. im folgenden weitgehend unberücksichtigt.

III. Gang der Untersuchung

Zur eindeutigen terminologischen Festlegung des Untersuchungsgegenstands und um eventuellen Mißverständnissen und Fehlinterpretationen hinsichtlich der zentralen Begriffe dieser Arbeit sowie der Untersuchungsergebnisse vorzubeugen, sollen im Anschluß an diese Einleitung in Kapitel B sowohl der Begriff als auch die Formen der Diversifikation dargelegt werden. Damit der Leser einen tieferen Einblick in den hier zu behandelnden Themenkomplex erhält, beschäftigt sich der darauffolgende Abschnitt außerdem mit der Frage, mit welchen Zielen die Unternehmen eine Diversifikationsstrategie einschlagen.

Aufgabe des sich anschließenden Kapitels C ist es zunächst, den Bezugsrahmen unserer Untersuchung aufzuspannen, der die Suche nach potentiellen Erfolgsfaktoren der Diversifikation erleichtern soll. So wird nach einigen Ausführungen über Gegenstand und Probleme der Erfolgsfaktorenforschung der derzeitige Forschungsstand aufgezeigt. In diesem Zusammenhang gilt es, die vorliegenden empirischen Forschungsergebnisse einer kritischen Analyse zu unterziehen und sie auf ihren Beitrag zur Generierung von Hypothesen über die hier interessierende Problemstellung zu untersuchen. Die folgenden Ausführungen beschäftigen sich mit den relevanten Theorien und theoretischen Ansätzen, welche bei der Entwicklung der Untersuchungshypothesen herangezogen werden. Damit soll die Basis für die hier verfolgte Konzeption einer theoriegeleiteten Forschung gelegt werden.

Der zweite große Abschnitt von Kapitel C ist der Anlage der empirischen Untersuchung gewidmet. Im Zentrum steht dabei die Entwicklung von Hypothesen über den Zusammenhang zwischen bestimmten Umweltkonstellationen sowie unternehmerischen Aktivitäten einerseits und dem Diversifikationserfolg andererseits. Diese Hypothesen werden aus den zuvor diskutierten Befunden der Erfolgsfaktorenforschung sowie unter Berücksichtigung der dargestellten Theorien und theoretischen Ansätze abgeleitet. Dabei sollen zunächst die vermutete Wirkung potentieller Erfolgsfaktoren von Diversifikations**projekten** erörtert und entsprechende Hypothesen formuliert werden. Anschließend gilt das Interesse der Entwicklung von Hypothesen über die Faktoren des Diversifikationserfolgs auf **Unternehmensebene**. Kapitel C schließt mit einigen Ausführungen über die Art und Weise der Datenerhebung und Datenauswertung.

Die empirischen Ergebnisse der Untersuchung werden in Kapitel D dargestellt. Die Ausführungen beginnen mit einigen besonders interessanten deskriptiven Ergebnissen, etwa hinsichtlich der Erfolgsquoten bei Diversifikationsaktivitäten oder der gewählten Markteintrittsstrategien. Anschließend werden die explikativen Befunde der Untersuchung zu den Erfolgsfaktoren der Diversifikationsstrategie vorgestellt. Dabei soll zwischen den ermittelten Ergebnissen zu den Erfolgsfaktoren von Diversifikationsprojekten und den Faktoren des Diversifikationserfolgs auf Unternehmensebene unterschieden werden. Die Arbeit endet mit einem Resümee, in das einige zentrale Gestaltungskonsequenzen für die Diversifikatonsstrategie von Industrieunternehmen einfließen.

B Allgemeine Grundlagen

I. Begriff und Formen der Diversifikation

1. Der Diversifikationsbegriff

In Wissenschaft und Praxis finden sich z.T. recht unterschiedliche Auffassungen vom Diversifikationsbegriff. Es ist daher notwendig, jenen für die vorliegende Untersuchung eindeutig zu kennzeichnen und von ähnlichen betriebswirtschaftlichen Sachverhalten abzugrenzen.

Will man Diversifikation charakterisieren, so spricht man in der Wirtschaftspraxis häufig von der "Bildung eines zweiten Standbeins" oder der "Schaffung eines zweiten Marktes".[1] Es geht somit darum, das Leistungsspektrum eines Unternehmens auszuweiten und die Geschäftätigkeit auf eine breitere Basis zu stellen. Diese noch wenig präzise Umschreibung wurde in der wissenschaftlichen Fachliteratur konkretisiert. Der Begriff Diversifikation, erstmals in den USA Mitte der 50er Jahre in die wirtschaftliche Fachterminologie zur Kennzeichnung einer gezielten Ausweitung des Leistungsprogramms von Unternehmen benutzt,[2] steht demnach für das Angebot **neuer Produkte bzw. Leistungen** (oder auch Technologien) für **neue Bedürfnisse bzw. Märkte**.[3]

Der Kerngedanke, der sich in dem hier skizzierten terminologischen Verständnis von Diversifikation widerspiegelt, betrifft die Verschiedenartigkeit des neuen Leistungsangebots und der neuen Absatzmärkte von den traditionellen Produkt-/Markt-Bereichen einer Unternehmung. Diese Produkt-/Markt-Betrachtung findet auch in den meisten späteren Formulierungen des Diversifikationsbegriffs ihren Niederschlag.[4] Einige Autoren berücksichtigen darüber hinaus in ihren Definitionen auch Ursachen und/oder Ziele, die häufig mit einer Diversifikation verbunden sind. Sie verstehen die Diversifikation als eine langfristige Strategie zur Anpassung des Unternehmens an den Markt (etwa an zyklische Schwankungen oder den technischen Fortschritt),[5] um das Unternehmensrisiko zu vermindern, Wachstum zu erzielen sowie eine gesicherte Position des Unternehmens in der Zukunft zu gewährleisten.[6] Da jedoch, wie in Abschnitt II dieses Kapitels noch dargelegt werden wird, vielfältige Beweggründe für eine Diversifikations-

---

1 Vgl. Bartels (1966), S. 10 - 14; Gebert (1983), S. 4.
2 Vgl. Bartels (1966), S. 18.
3 Vgl. Johnson/Jones (1957), S. 49 - 62; Ansoff (1957), S. 113.
4 So z.B. bei Becker (1990), S. 139; Raffée (1989a), S. 25; Gebert (1983), S. 8; Raffée (1981), S. 10; Arbeitskreis Diversifizierung der Schmalenbach-Gesellschaft (1973), S. 298.
5 Vgl. Staudt (1954), S. 121 ff.
6 Vgl. Göttelmann (1969), S. 12; Gebert (1983), S. 8.

entscheidung eine Rolle spielen können und darüber hinaus deren Berücksichtigung für eine eindeutige Kennzeichnung des Diversifikationsbegriffes auch nicht zwingend notwendig erscheint, soll im Rahmen unserer Begriffsbestimmung von einer expliziten Einbeziehung solcher Ziele abgesehen werden.[1]

Basierend auf der bisherigen Begriffsdiskussion erscheint uns nachstehende Definition zweckmäßig, die auch den weiteren Ausführungen dieser Arbeit zugrundegelegt wird: Unter dem Begriff Diversifikation soll eine **unternehmenspolitische Strategie der planmäßigen Ausdehnung der bisherigen Schwerpunkttätigkeit eines Unternehmens auf angrenzende oder völlig neue Märkte und Leistungsbereiche** verstanden werden.[2]

Zur näheren Kennzeichnung kann die Produkt-/Markt-Matrix von *Ansoff* herangezogen werden (siehe Abb. 1), die vier, auch als Marktfeldstrategien[3] bezeichnete Produkt-/Markt-Kombinationen unterscheidet.[4] Die **Diversifikation** wird dabei der Kombination "neues Produkt **und** neuer Markt" zugeordnet. Sie unterscheidet sich dadurch von den anderen Marktfeldstrategien, namentlich von der Marktdurchdringung, der Produktentwicklung und der Marktentwicklung,[5] die im folgenden kurz erläutert werden sollen.

Bei der Verfolgung einer **Marktdurchdringungsstrategie** strebt das Unternehmen eine Steigerung des Absatzes mit den derzeitigen Produkten auf den gegenwärtig bedienten Märkten an. Dabei kann es versuchen, bei den vorhandenen Kunden eine intensivere Produktverwendung zu induzieren, neue Kunden von den Konkurrenten abzuwerben oder bisherige Nichtverwender der Produktgattung durch gezielte Maßnahmen zu gewinnen.

---

1 Es erscheint ebenso wenig sinnvoll, den Diversifikationsbegriff - wie z.B. Bartels (1966) - lediglich auf die Ausweitung in solche Leistungsbereiche zu beschränken, die in einem erkennbaren Zusammenhang zum bisherigen Leistungsprogramm stehen. Vgl. hierzu Bartels (1966), S. 42 f.
2 Diese Definition erfolgt in Anlehnung an Raffée/Wiedmann (1989), S. 599; Gebert (1983), S. 8; Borschberg (1969), S. 50; Ansoff (1957), S. 114.
3 Zum Begriff "Marktfeldstrategie" siehe Becker (1986); derselbe (1990), S. 123 - 153.
4 Als problematisch - obgleich wohl nicht völlig vermeidbar - gilt die Trennung des Ansoff-Schemas zwischen alten und neuen Produkten und Märkten. Sie suggeriert eine exakte Zuordenbarkeit der Aktivitäten der Unternehmen zu den einzelnen Strategiefeldern, was in der Realität nicht immer möglich ist; vgl. auch Hainzl (1987), S. 20.
5 Vgl. Ansoff (1957), S. 114. Im gleichen Jahr erschien ein fast identischer Klassifikationsansatz von Johnson und Jones, der in einer 3x3-Matrix ebenfalls die Strategien Marktentwicklung, Produktentwicklung und Diversifikation enthält. Johnson und Jones bezeichnen die beiden Achsen mit Marktneuheitsgrad und Technologieneuheitsgrad; vgl. Johnson/Jones (1957), S. 52 f.

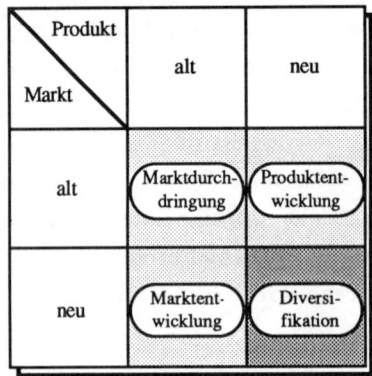

Abb. 1: Die Produkt/Markt-Matrix nach Ansoff
Quellen: Ansoff (1957), S. 114; derselbe (1966), S. 132.

Mit der Strategie der **Marktentwicklung** wird das Ziel verfolgt, für ein gegebenes Leistungsangebot einen oder mehrere neue Absatzmärkte zu finden. Dabei läßt sich die Vermarktung bestehender Produkte in neuen Märkten durch die Erschließung neuer Marktregionen, durch das Eindringen in Zusatzmärkte (beispielsweise Schaffen neuer Bedürfnisbereiche bzw. Einsatzfelder für ein Produkt) oder über die Erschließung neuer Marktsegmente vornehmen.

Eine Variante der Marktentwicklung stellt der Einstieg in **ausländische Märkte** dar. Die Strategie der Internationalisierung ist nach diesem Begriffsverständnis also eine Form der Marktentwicklung. Andere Autoren sehen den Eintritt in ausländische Märkte dagegen als Variante der Diversifikation an.[1] Das *Ansoff*-Schema verdeutlicht jedoch, daß nach dem hier vertretenen Begriffsverständnis Internationalisierungs- und Diversifikationsstrategie erst dann ineinander übergehen, wenn im Rahmen einer Ausweitung der Geschäftstätigkeit auf das Ausland auch das Leistungsangebot auf die neuen Marktsegmente ausgerichtet und deutlich verändert, also auch ein neues Produkt angeboten wird.

---

1 So z.B. Meyer/Heyder (1989); Bühner (1985); Knee/Walters (1985); Becker (1977), S. 158; Böhnke (1976); Kleinewefers (1976), S. 39. Die zitierten Autoren setzen die Internationalisierung mit einer "Räumlichen Diversifizierung" (vgl. Böhnke [1976], S. 42), mit einer "Auslandsdiversifikation" (vgl. Bühner [1985], S. 165 - 176) bzw. mit einer "International Diversification" (vgl. Knee/Walters [1985l, S. 146 f.) gleich.

Im Rahmen der Strategie der **Produktentwicklung** wird das Leistungsangebot der Unternehmung erweitert, ohne daß damit gleichzeitig auch eine neue Zielgruppe bzw. ein neuer Markt angesprochen werden sollen. Zu diesem Strategientyp zählt beispielsweise die Produktinnovation, bei der die neu in das Angebotsprogramm aufgenommenen Produkte eine große Ähnlichkeit zum bisherigen Leistungsangebot aufweisen. Aufgrund der großen Affinität des Neuprodukts zum bisherigen Angebotsprogramm werden grundsätzlich keine anderen Zielgruppen als bisher ins Auge gefaßt. Vielmehr steht das Anliegen hinter dieser Strategie, die Zufriedenheit bisheriger Abnehmer mit einem erweiterten oder verbesserten Leistungsangebot zu erhöhen.

Die Diversifikation kann - je nach Bedeutung, die ein Unternehmen ihr beimißt - auf unterschiedlichen strategischen Planungsebenen angesiedelt werden. Häufig wird sie als eine Marketing-**Basisstrategie** aufgefaßt. Als Basisstrategien werden langfristige Leitlinien des Marketing verstanden, die grundlegenden Charakter haben und mehrere Marketinginstrumente betreffen.[1] Diversifikation als Basisstrategie steht damit auf derselben Planungsebene wie beispielsweise die Marktsegmentierungs-, die Innovations-, die Kooperations- sowie die Internationalisierungsstrategie.[2] Es ist zu beachten, daß die einzelnen Basisstrategien nicht völlig isoliert nebeneinander stehen. Vielmehr sind je nach Markterfordernissen und Unternehmenssituation mehrere Basisstrategien gleichzeitig zu verfolgen, wobei diese dann parallel und/oder in einer hierarchischen Beziehung realisiert werden können. Dies wäre z.B. dann der Fall, wenn eine Diversifikation nicht nur auf dem bundesdeutschen Markt erfolgt, sondern mit ihr gleichzeitig auch ein Eintritt in Auslandsmärkte verbunden ist (Internationalisierung), der Einstieg in das neue Geschäftsfeld mit Hilfe eines anderen Unternehmens erfolgt (Kooperationsstrategie) oder mit dem Leistungsangebot ausgewählte Zielgruppen angesprochen werden sollen (Marktsegmentierungsstrategie).

Zur **strategischen Stoßrichtung** werden diejenigen Unternehmen die Diversifikation erheben, welche sie als einen zentralen Erfolgsfaktor an sich betrachten und sie daher zu einem strategischen Grundprinzip der eigenen Unternehmung machen. In diesem Fall sollte sie, um die ganze Unternehmung auch tatsächlich zu durchdringen, als **strategische Denkhaltung** in den Köpfen der Entscheidungsträger verankert werden. Auf diese Weise findet die strategische Leitidee der Diversifikation ihren Niederschlag in der

---

1 Vgl. Raffée (1981), S. 8.
2 Vgl. Raffée (1989), S. 17.

Unternehmungsphilosophie und in der **Unternehmungskultur**, und sie vermag dadurch die gesamte Unternehmungspolitik maßgeblich zu beeinflussen.[1]

2. Formen der Diversifikation

In der Literatur finden sich verschiedene Versuche, Diversifikationen zu klassifizieren.[2] Am häufigsten erfolgt eine Strukturierung nach dem Kriterium der **Diversifikationsrichtung**, wobei eine Unterscheidung zwischen horizontaler, vertikaler und lateraler Diversifikation vorgenommen wird.[3]

Eine **horizontale** Diversifikation ist dadurch gekennzeichnet, daß das neue Geschäftsfeld - obwohl eine neue Leistung in einem bisher noch nicht bearbeiteten Markt angeboten wird - Ähnlichkeiten mit den bisherigen Tätigkeitsbereichen in bezug auf Kundensegmente, Lieferanten, Vertriebskonzepte etc. aufweist und auf derselben gesamtwirtschaftlichen Produktionsstufe steht. Die Möglichkeiten des Absatzes neuer Produkte an denselben Kundenkreis nutzte beispielsweise die Firma *Gilette*, als sie neben ihren Rasierklingen und Naßrasierern auch Kosmetikprodukte und Trockenrasierer in das Angebotsprogramm aufnahm.[4] Auch das Unternehmen *Procter & Gamble*, das im Markt für Waschmittel, Haushaltsreiniger und Körperpflegeprodukte beheimatet ist, führte eine horizontale Diversifikation durch, als es seine Angebotspalette um alkoholfreie Getränke erweiterte. Ein Beispiel aus dem Medienbereich stellt die Gründung der Tochtergesellschaft *AZ direct marketing* durch die *Bertelsmann AG* dar, wobei der für die Direktwerbung des Verlags ohnehin in einer Datenbank gespeicherte umfangreiche Adressenpool als Dienstleistungsangebot für das Direktmarketing von Drittunternehmen eine einträgliche Zweitverwertung fand.

Keine oder kaum Ähnlichkeiten oben genannter Art zum Stammgeschäft einer Unternehmung bestehen bei der **lateralen** Diversifikation. Hier wird die Geschäftstätigkeit in völlig neue, mit dem bisherigen Leistungsprogramm in keinem Zusammenhang stehende Bereiche ausgeweitet. Ein Beispiel bietet der bereits erwähnte Eintritt von *Volkswagen* in den Computermarkt durch die Übernahme von *Triumph-Adler*. Auch typische Misch-

---

1 So z.B. bei der Daimler-Benz AG und der Kaufhof Holding AG (vgl. dazu die Übersicht über schriftliche Kompetenzformulierungen in Großunternehmen bei o.V. [1991], S. 46 - 57) oder auch bei der Nestlé-Gruppe (vgl. hierzu Becker [1990], S. 147).
2 Eine Übersicht qualitativer Klassifikationsansätze bietet Gebert (1983), S. 18 - 34.
3 Diese von Ansoff (1957, S. 118) entwickelte Typologie wurde u.a. aufgegriffen in den Arbeiten von Böckel (1971), S. 17 - 23, Fricker (1974), S. 9 - 11, Dworak/Weber (1974), Sp. 1181, Weyand (1975), S. 9 f., Drexel (1981), Gebert (1983), S. 24 - 31, und Hainzl (1987), S. 19. Bei Agthe (1972), S. 193, Borschberg (1974b), Sp. 480, und Wittek (1980), S. 51 - 53 wird diese Typologie um die strukturelle Diversifikation erweitert, unter der die Befriedigung bestehender Bedürfnisse durch Produkte anderer Industriezweige verstanden wird.
4 Vgl. Nieschlag/Dichtl/Hörschgen (1991), S. 840.

konzerne stellen Beispiele für die laterale Diversifikation dar. So reicht das Angebotsspektrum des *Oetker-Konzerns* von Nahrungsmitteln (Pudding, Backmischungen, Fertiggerichte, Tiefkühlkost usw.) über Getränke (z.B. Bier, Sekt) bis hin zu Bank-, Versicherungs- und Reedereileistungen.[1]

Im Rahmen der **vertikalen** Diversifikation stößt das Unternehmen in vor- und/oder nachgelagerte Produktions- bzw. Absatzstufen vor. Dabei sind die neu in das Programm aufgenommenen Leistungen nicht nur für den eigenen Bedarf bestimmt, sondern sie sollen auch (oder ausschließlich) an unternehmensexterne Abnehmer abgesetzt werden. Durch dieses Merkmal erfolgt eine begriffliche Abgrenzung der vertikalen Diversifikation zur vertikalen **Integration**, bei der an der Leistungsverwertung ausschließlich unternehmensinterne Bereiche partizipieren (z.B. Kauf einer Zulieferfirma, die ausschließlich für die eigene Unternehmung produziert).[2] Typisch ist diese Strategie für Unternehmen in der Eisen- und Stahlindustrie, in der Papierherstellung und in der Chemieindustrie. Über den Aufbau eigener Verarbeitungswerke oder Vertriebsorganisationen (oder entsprechende Unternehmensbeteiligungen) sowie den Einstieg in die vorgeschaltete Produktionsstufe versuchen diese Firmen häufig, Absatz- und Beschaffungswege zu sichern und die Wertschöpfung zu vertiefen.[3]

Ansoff, der erstmals in den 50er Jahren nach diesen drei Diversifikationsrichtungen differenzierte, nahm in einem späteren Klassifikationsansatz eine weitere Unterteilung vor. Er sah die laterale Diversifikation nicht von vornherein als völlig losgelöst vom Stammgeschäft an und unterschied in Anhängigkeit vom Neuheitsgrad der verwendeten Technologie und der Abnehmer zwischen einer **konzentrischen** und einer **konglomeraten** Diversifikation (siehe Abb. 2). Ein Beispiel für eine konzentrische Diversifikation stellt der über den Kauf der *KHD*-Triebwerksdivision und mit Hilfe einer Kooperation mit *Rolls Royce* jüngst realisierte (Wieder-)Eintritt von *BMW* in das Triebwerksgeschäft dar, nachdem sich das Unternehmen in den 60er Jahren aus der Luftfahrttechnik zurückgezogen hatte.[4]

---

1 Vgl. Dichtl (1987), S. 50.
2 Vgl. Borschberg (1969), S. 50 f.; derselbe (1974a), S. 85; Gebert (1983), S. 29. Penrose dagegen betrachtet die vertikale Integration als besondere Form der Diversifikation; vgl. Penrose (1980), S. 145.
3 Vgl. Dichtl (1987), S. 50; Nieschlag/Dichtl/Hörschgen (1991), S. 841.
4 Vgl. hierzu Linden (1991).

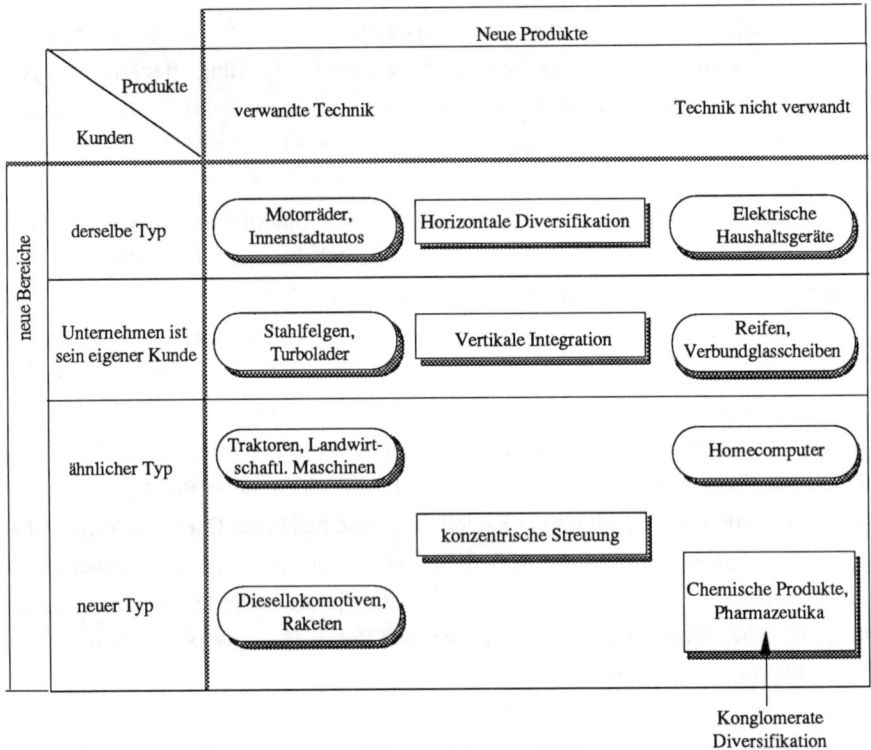

Abb. 2: Diversifikationsformen am Beispiel eines Automobilproduzenten
Quelle: In Anlehnung an Ansoff (1965), S. 132; derselbe (1988), S. 131.

Eine Schwäche solcher Schematisierungsversuche liegt in einer unzureichenden Abgrenzbarkeit von horizontaler und lateraler Diversifikation. Je nachdem, welche Affinitätskriterien bei der Klassifizierung herangezogen werden, läßt sich ein und dasselbe Projekt entweder stärker als horizontale oder eher als laterale Diversifikation auffassen. Auch durch die weitere Unterteilung der lateralen Diversifikation in die konzentrische und in die konglomerate, wie sie von *Ansoff* vorgenommen wurde, sind die Abgrenzungsprobleme nicht gelöst - im Gegenteil: Sie werden zusätzlich erhöht (neue Bedürfnisse gleichartiger vs. ähnlicher Abnehmer), und die Abgrenzung der horizontalen Diversifikationsstrategie von der Strategie der Produktentwicklung (neue vs. bisherige Bedürfnisse gleichartiger Abnehmer) gestaltet sich dadurch ebenfalls nicht gerade einfacher.

II. Die Ziele der Diversifikationsstrategie

1. Kennzeichnung der Diversifikationsziele

Das Überleben der Organisation und die Erhaltung und Steigerung ihrer Leistungsfähigkeit können als globale Leitmotive für wirtschaftlich rationales Handeln von Wirtschaftssubjekten angesehen werden. Auch die Strategie der Diversifikation dient diesen Oberzielen. Darüber hinaus ist mit der Verfolgung einer solchen Strategie i.d.R. eine ganze Reihe weiterer Ziele verbunden. Sie lassen sich wie folgt gruppieren:

1) Wachstumsziele
2) Risikoreduktionsziele
3) Wettbewerbsziele
4) Rentabilitätsziele
5) Ethische Ziele

In der Regel sind mit der Diversifikation langfristige Ziele und komplexe Zielstrukturen verbunden. Obwohl zwischen den verschiedenen Teilzielen einer Diversifikation mehr oder weniger starke Interdependenzen bestehen, sollen die wichtigsten Ziele in diesem Abschnitt einer isolierten Betrachtung unterzogen werden, zumal auch in der Unternehmenspraxis sehr wohl die eine oder andere Zielsetzung bei Diversifikationsprozessen im Vordergrund stehen wird. Angesichts der interdependenten Beziehungen lassen sich dabei Überschneidungen leider nicht völlig vermeiden.

1.1 Wachstum als Diversifikationsziel

Eines der zentralen Ziele der Diversifikation zur Erreichung übergeordneter Unternehmensziele stellt das **Wachstumsziel** dar.[1] Da i.d.R. nur eine begrenzte Zahl von interessanten Unternehmen derselben Branche für eine Übernahme oder Kapitalbeteiligung zur Verfügung steht und zudem der angestammte Markt häufig aufgrund von Konzentrationsprozessen, Marktsättigungserscheinungen, hoher Wettbewerbsintensität und damit einhergehenden Renditerückgängen unattraktiv geworden ist, entscheiden sich Manager und Unternehmer nicht selten für den Eintritt in neue Märkte zur Realisierung des Wachstumsziels.[2] Zeigt beispielsweise das bisherige Produktprogramm eines Unternehmens "Alterserscheinungen" und ist dieses nicht in der Lage, das bisherige Konzept

---

[1] Vgl. Yip (1984), S. 46; Miller (1981), S. 18 f.; Gort (1962), S. 33. Ansoff (1957), S. 113, bezeichnet die Diversifikation als "best suited to long term growth".
[2] Vgl. Hannig (1973), S. 56; Zellekens (1982); Poth (1985a/b); Kieser et al. (1977), S. 56; Schwalbach (1985), S. 574.

im Rahmen eines Relaunches zu aktualisieren und so den gewandelten Abnehmerbedürfnissen anzupassen, bietet sich eine Diversifikation zum Ausgleich der rückläufigen Umsätze und Gewinne an. Mit ihrer Hilfe versuchen häufig Unternehmen, die sich in der Stagnations- und Degenerationsphase von Produkt-, Branchen oder Technologie-Lebenszyklen befinden, ein neues Wachstumspotential zu erschließen.[1]

So ließ sich in den vergangenen Jahren in zunehmendem Maße beobachten, daß insbesondere zahlreiche Unternehmen der Konsumgüterbranche versuchten, sich den Änderungen des Konsumentenverhaltens anzupassen und nicht zuletzt auch über eine Diversifikationsstrategie am Wachstumspotential dieser Märkte zu partizipieren. Wie einige Untersuchungen aus den USA belegen, starten gerade Unternehmenskonglomerate häufig aus einer Situation unattraktiver Kern-Geschäftsbereiche heraus ihr Diversifikationsvorhaben.[2] Auch *Schwalbach* wies die skizzierten Zusammenhänge zwischen der Marktentwicklung im angestammten Bereich einerseits und der Diversifikationsneigung der Unternehmen andererseits für die Bundesrepublik empirisch nach.[3] Die Befunde zeigen, daß Unternehmen häufig dann eine Diversifikationsstrategie verfolgen, wenn eine starke Angebotskonzentration in den angestammten Märkten zu verzeichnen ist, die Gewinnaussichten gering sind und die bisherigen Wirtschaftszweige nur noch wenig Aussichten auf ein angemessenes Wachstum bieten.

Die Dortmunder *Hoesch AG* z.B. verfolgte in den 80er Jahren angesichts der damaligen Stahlkrise und nach dem Scheitern von Fusionsverhandlungen mit anderen Stahlerzeugern das Ziel, zu einem ertragsstarken Verarbeitungs- und Technologiekonzern mit einem breit gefächerten Leistungsspektrum bei einem stark reduzierten Stahlproduktionsanteil zu werden.[4] Ähnliche Motive veranlassen den *Daimler-Benz*-Konzern, in neue Tätigkeitsfelder vorzustoßen. Vor dem Hintergrund zu erwartender Sättigungserscheinungen im Automobilmarkt sorgt das Unternehmen vor und versucht, in neuen Wachstumsfeldern wie der Luft- und Raumfahrt, der Mikroelektronik und der Automatisierungstechnik Fuß zu fassen.[5]

Daß eine Diversifikationsstrategie, insbesondere wenn sie durch planloses Eindringen in allzu fremde Branchen erfolgt, jedoch auch zu Schrumpfungsprozessen führen kann, mag das Beispiel der *Passavant-Werke AG* zeigen. Hier wurde offensichtlich in Bereiche

---

[1] Vgl. Schneider (1989), S. 221; Ansoff (1988), S. 95; Schwarz (1988), S. 18 f.; Hainzl (1987), S. 27 - 29; Miller/Guiniven/Camp (1985), S. 2; Kramer (1984), S. 444; Ansoff/Declerck/Hayes (1976), S. 53; Weyand (1975), S. 21 - 23; Fricker (1974), S. 30.
[2] Vgl. Melicher/Rush (1973); Weston/Mansinghka (1971).
[3] Vgl. Schwalbach (1985).
[4] Vgl. Hoffmann (1987), S. 125.
[5] Vgl. Wilhelm (1990), S. 37.

vorgestoßen, in denen es am erforderlichen Know-how mangelte. Gleichzeitig wurde das Stammgeschäft der Abwasser- und Kläranlagentechnik vernachlässigt, so daß man nicht nur die Beteiligungen in den neuen Branchen wieder verkaufen mußte, sondern darüber hinaus gewissermaßen als "Lehrgeld" auch die Marktführerposition im Stammgeschäft einbüßte.[1]

1.2 Risikoreduktion als Diversifikationsziel

Neben dem Unternehmenswachstum stellt die **Risikoreduktion** ein weiteres Ziel der Diversifikation dar. Der Einstieg in neue Märkte erfolgt dann zu dem Zweck, die Unternehmung widerstandsfähiger gegenüber Störeffekten aus der Unternehmensumwelt zu machen und damit das häufig mit einer ausgeprägten Spezialisierung verbundene Unternehmensrisiko zu reduzieren.[2] Die Streuung der Betätigungsfelder soll zu einer Kompensation eventuell gegenläufiger Trends in den einzelnen Märkten führen und damit zu einer Stabilisierung der Umsatz- und Gewinnentwicklung des Unternehmens beitragen.[3] So haben sich viele Unternehmen, deren Leistungsprogramm starken saisonalen oder konjunkturellen Schwankungen unterworfen ist, für den Einstieg in neue Märkte als eine Möglichkeit zur "Glättung" ihrer Ertragssituation entschieden.[4]

Treibende Kraft für Diversifikationsvorhaben können vor diesem Hintergrund auch die Privatinteressen der Manager sein. Ihr Einkommen ist häufig an den Unternehmenserfolg gekoppelt, so daß Erfolgsschwankungen zu (unwillkommenen) Einkommensschwankungen der Manager führen. Darüber hinaus gefährdet ein Mißerfolg des Unternehmens häufig deren Arbeitsplatz. Dieses Einkommens- und Beschäftigungsrisiko vermag durch eine gezielte Diversifikation des Unternehmens abgeschwächt zu werden.[5] Ferner dürften Führungskräfte auch deshalb an einer Unternehmensdiversifikation mit dem Ziel der Risikoreduktion interessiert sein, weil ihr "Marktwert" bei stabiler Ergebnisentwicklung steigt.[6] So lassen sich nicht nur Einkommens- und Beschäftigungsrisiken vermindern, sondern die Diversifikationsstrategie verspricht zumindest mittelfristig sogar eine Einkommensverbesserung.

---

1 Vgl. Klein/Mahler (1987), S. 31 f.
2 Vgl. Schwalbach (1987), S. 29; Penrose (1980), S. 138; Küting (1978), S. 386.
3 Vgl. Bühner (1989b), S. 159; Weyand (1975), S. 24 f.; Hansen (1968), S. 26; Gort (1966), S. 39 - 41; Staudt (1954), S. 122.
4 Vgl. Küting (1978), S. 385; Walter (1975), S. 210.
5 Vgl. Ropella (1989), S. 184; Gort (1966), S. 41.
6 Vgl. Bühner/Spindler (1986), S. 605.

Einen weiteren risikoreduzierenden Effekt erhoffen sich Unternehmen häufig auch insofern, als sich eine Diversifikation mitunter positiv auf die Flexibilität auswirkt.[1] So wird im allgemeinen davon ausgegangen, daß diversifizierte Unternehmen eher als spezialisierte in der Lage sind, stagnierende oder schrumpfende Märkte zu verlassen und ihre Ressourcen relativ leicht in Geschäftsfelder mit Wachstumschancen umzulenken. Diese Verringerung der Marktaustrittsschranken bei diversifizierten Unternehmen ist eng mit einer erhöhten Markteintrittsfähigkeit verbunden, da Markteintrittsbarrieren in Form eines hohen Kapitalbedarfs von diesen Firmen relativ leicht zu überwinden sind. Der zum Markteintritt benötigte Kapitalbedarf kann innerhalb der Unternehmung bereitgestellt werden, indem - ganz im Sinne des Portfolio-Gedankens - finanzielle Überschüsse erwirtschaftende Geschäftsbereiche den neuen, Finanzmittel benötigenden Geschäftsbereichen liquide Mittel und/oder sonstige Ressourcen zur Verfügung stellen. Damit werden die Voraussetzungen für einen Ausgleich zwischen stagnierenden und wachsenden Geschäftsfeldern geschaffen, der dazu beitragen soll, den Unternehmenserfolg langfristig zu sichern. Neben der günstigeren internen Finanzierung diversifizierter Unternehmen dürfte auch deren leichtere externe Finanzierung zur Risikoreduktion beitragen: Aufgrund des geringer einzuschätzenden Konkursrisikos diversifizierter Unternehmen werden Risiken für Kapitalgeber überschaubarer, was eine entsprechende Finanzierung erleichtert.[2]

Im allgemeinen wird davon ausgegangen, daß der Risikominderungseffekt der Diversifikation dann sehr groß ist, wenn die Absatz- und Gewinnerwartungen eines neuen Geschäftsbereichs mit denen des Stammgeschäfts stark negativ korreliert sind.[3] Unter dem Aspekt der Risikominderung als wenig geeignet einzustufen wären demnach solche Leistungsbereiche, die ein komplementäres Verhältnis zum bisherigen Tätigkeitsbereich der Unternehmung aufweisen. Allerdings beinhaltet der Einstieg in vergleichsweise unbekannte Märkte, in der die Unternehmung noch keine Erfahrung gesammelt hat, ebenfalls ein nicht zu unterschätzendes Risiko. Da mit zunehmender Unabhängigkeit der Märkte der Grad der Wissensverwandtheit zwischen den Geschäftsfeldern abnehmen dürfte, steigt das Risiko, ein "unbekanntes Geschäft nicht in den Griff zu bekommen" und dort Verluste zu erwirtschaften. Umgekehrt dürfte sich in verwandten Märkten zwar das Risiko des Scheiterns in Grenzen halten, eine gemäß der Portefeuille-Theorie begründete Risikominderung allerdings nicht erzielen lassen.[4]

---

[1] Vgl. hierzu Löbler (1988), S. 28 - 30.
[2] Vgl. Bühner/Spindler (1986), S. 605.
[3] Vgl. Becker (1977), S. 157; Gebert (1983), S. 88; Bühner (1985), S. 146; Schwalbach (1987), S. 35.
[4] Vgl. Bühner (1985), S. 146; Mace/Montgomery (1962), S. 20; Ansoff (1966), S. 102.

Der Risikobegrenzungseffekt von Diversifikationen soll in erster Linie den Kapitaleignern zugute kommen. Die These von der Vorteilhaftigkeit einer Risikobegrenzung mittels Unternehmensdiversifikation für Kapitalgeber wurde jedoch in der Literatur häufig in Frage gestellt und oftmals verworfen. Es wird überwiegend die Meinung vertreten, daß die Kapitaleigner in der Lage sind, auf effizientere und flexiblere Weise ein risikobegrenzendes Aktienportfolio zusammenzustellen als Unternehmen.[1] So bereitet es etwa Aktienbesitzern im allgemeinen keine Schwierigkeit, Aktien anderer Unternehmen oder Anteile an einem Investmentfond zu erwerben. Sie sind durchaus in der Lage, ihr Wertpapierportfolio nach ihren eigenen Präferenzen und ihrer Risikoneigung zu gestalten, und können sogar oftmals billiger "diversifizieren" als Unternehmen, da sie die Aktien zum Marktpreis erwerben und keinen Akquisitionsaufschlag bezahlen müssen. Darüber hinaus wird argumentiert, daß viele Kapitalanleger nicht möglichst sichere Kapitalanlagen suchen, die in der Regel nur niedrige Gewinne nach sich ziehen (beispielsweise als Resultat eines Unternehmenskonglomerats aus antizyklischen Betätigungsfeldern), sondern oftmals nach einer möglichst profitablen Geldanlage bei für sie vertretbarem Risiko streben.[2] In der Tat deuten empirische Untersuchungen darauf hin, daß Aktienportefeuilles, die sich aus nach dem Zufallsprinzip ausgewählten Aktien von Unternehmen ähnlicher Branchen zusammensetzen, im Vergleich zu den Unternehmenskonglomeraten überlegene Risiko-/Renditekombinationen aufweisen.[3]

Das vom Investor wahrgenommene Risiko, das mit einer Kapitalanlage verbunden ist, hängt in hohem Maße von der Unternehmenstransparenz ab. Dieses wahrgenommene Risiko kann sich bei zunehmender Diversifikation eines Unternehmens erhöhen, da sich die Durchschaubarkeit der Unternehmensstruktur verringert und der Investor die Möglichkeiten und Risiken des Unternehmens nur schwer einzuschätzen vermag.[4] Auf die mit sinkender Transparenz verbundene höhere Risikoperzeption der Kapitalanleger läßt sich auch die recht niedrige Bewertung der Aktien konglomerater Unternehmen zurückführen.[5]

---

1 Zur Diskussion über die Verringerung des Investitionsrisikos von Aktionären durch eine Diversifikationsstrategie der Unternehmen vgl. z.B. Sautter (1989), S. 209; Jones/Hill (1988), S. 162; Porter (1987a), S. 33; Bühner (1985), S. 134 - 137; Lauenstein (1985), S. 50; Bühner (1983), S. 1030; Salter/Weinhold (1978), S. 167 f.; Haugen/Langetieg (1975), S. 1013; Alberts (1966), S. 270 - 272.
2 Vgl. Salter/Weinhold (1978), S. 169. Im allgemeinen wächst mit steigender Verzinsung einer Kapitalanlage auch das mit ihr verbundene Risiko.
3 Vgl. z.B. die Studie von Mason/Goudzwaard (1979)
4 Vgl. Salter/Weinhold (1978), S. 176. Beispiele für die Schwierigkeit einer realistischen Einschätzung des Unternehmensrisikos bei diversifizierten Unternehmen stellen die Handelskonzerne Coop (vor dessen Zusammenbruch) und Asko dar.
5 Salter/Weinhold (1978), S. 169.

An dieser Stelle sei auf einige für unsere Themenstellung relevante Aspekte der Portefeuille-Theorie hingewiesen. Diese Theorie, deren Grundlagen auf den Erkenntnissen von *Markowitz* basieren,[1] wurde ursprünglich für Investitionen in Wertpapiere entwickelt und in jüngerer Zeit auch auf Probleme einer Investition in neue Geschäftsfelder angewendet.[2] Das Risiko wird in der Portefeuille-Theorie als Varianz der erwarteten Renditen definiert und hängt von folgenden Einflußgrößen ab: den Varianzen der Renditen der einzelnen im Portfolio enthaltenen Geschäftsfelder, der Richtung und dem Ausmaß, in dem diese Geschäftsfelder miteinander korrelieren, und den jeweiligen Portfoliogewichten der enthaltenen Geschäftsfelder.[3]

Ein Teil dieses Risikos, das sog. **systematische Risiko** bzw. **Marktrisiko**, läßt sich mittels Diversifizierung nicht eliminieren. Es resultiert aus Einflußfaktoren, welche das Geschehen aller Märkte betreffen wie z.B. Parlamentswahlen und "Ölpreisschocks". Lediglich das **spezifische** bzw. **unsystematische Risiko** kann durch Diversifikation reduziert oder sogar vermieden werden. Diese Risikoart liegt in den Unsicherheiten begründet, denen ein spezifisches Unternehmen ausgesetzt ist.[4] Wie beispielsweise *Wagner* und *Lau*, *Bühner* sowie *Schwalbach* nachweisen, reicht bereits eine geringe Anzahl von Märkten aus, um den größten Teil des spezifischen Risikos zu reduzieren.[5] So läßt sich unter Aufnahme einer Betätigung in einem weiteren Wirtschaftszweig das Portfoliorisiko bereits um fast 50 Prozent vermindern. Bei zwölf und mehr Geschäftsfeldern ist das Risiko annähernd "wegdiversifiziert".[6]

Die bisherigen Ausführungen deuteten bereits darauf hin, daß der Prozeß der Diversifizierung selbst mit z.T. erheblichen Risiken verbunden ist.[7] Es stellt sich die Frage, ob die Diversifikationsstrategie angesichts dieser Gefahren tatsächlich das Risiko zu reduzieren in der Lage ist. Die vorliegenden empirischen Untersuchungen zu den Risikounterschieden zwischen stark und schwach bzw. nicht diversifizierten Unternehmen kommen jedoch zu keinem einheitlichen Resultat. *Amit/Livnat*, *Spindler*, *Löbler*,

---

1 Vgl. Markowitz (1952).
2 Zu den Grenzen eines Vergleichs von Finanzanlagenportefeuilles und diversifizierenden Unternehmen siehe die Ausführungen bei Bühner (1985), S. 117.
3 Vgl. ähnlich Sautter (1989), S. 188 f.; Coenenberg/Sautter (1988), S. 703; Bühner (1985), S. 117 - 119; Schwalbach (1987), S. 29 - 33.
4 Vgl. hierzu Bühner (1983), S. 1028; derselbe (1985), S. 125 f.; Coenenberg/Sautter (1988), S. 704; Sautter (1989), S. 189 - 191. Beispiele für spezifische Risiken finden sich bei Coenenberg/Sautter (1988), S. 704, und Sautter (1989), S. 191: Managementfehler, verlorene Prozesse und Produktionsausfälle durch Streiks, die nur das einzelne Unternehmen bzw. einen einzelnen Geschäftsbereich betreffen.
5 Vgl. Wagner/Lau (1971), S. 50; Bühner (1985), S. 122 f.; Schwalbach (1987), S. 110 f.
6 Vgl. Schwalbach (1987), S. 111.
7 Zum Prozeßrisiko von Diversifikationen vgl. z.B. Leiendecker (1978), S. 63 - 69; Lüttringhaus (1973), S. 49 - 59; Kaufer (1980), S. 486.

Schwalbach und *Bühner* beispielsweise stellten einen Risikobegrenzungseffekt der Diversifikationsstrategie im Hinblick auf das spezifische Unternehmensrisiko fest.[1] Dagegen kommen *Montgomery/Singh*, *Kerin/Miller* und *Melicher/Rush* zu dem Ergebnis, daß konglomerate Diversifikationen mit einem größeren Risiko verbunden sind als nicht-konglomerate Diversifikationen.[2] *Holzmann/Copeland/ Hayya*, *Bettis/Hall* und *Chang/Thomas* vermochten dagegen gar keine signifikanten Risikounterschiede zwischen konglomeraten und nicht-konglomeraten Unternehmen nachzuweisen.[3] Die z.T. gegensätzlichen Befunde dürften u.a. auf die Verwendung unterschiedlicher Risikomaße und auf die Zugrundelegung verschiedener Untersuchungszeiträume zurückzuführen sein.

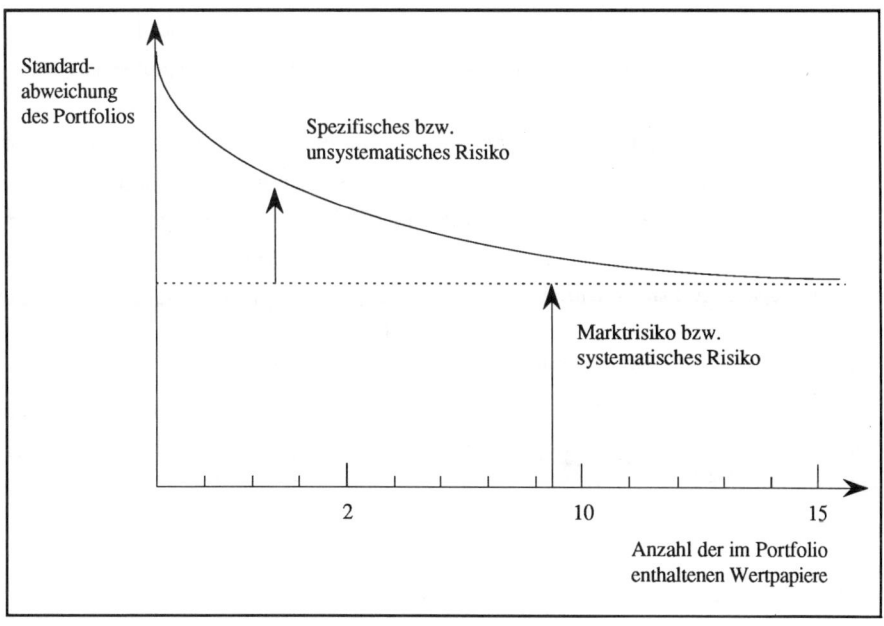

Abb. 3: Die Unterscheidung zwischen spezifischem Risiko und Marktrisiko
Quelle: Coenenberg/Sautter (1988), S. 704.

---

1 Vgl. Amit/Livnat (1988); Spindler (1988); Löbler (1988); Schwalbach (1987); Bühner (1983). Spindler ermittelt jedoch nur für ein konjunkturell günstiges Umfeld Risikoreduktionseffekte diversifizierter Unternehmen. In Zeiten ungünstiger Konjunktur weisen die diversifizierten Unternehmen kein geringeres Risiko im Vergleich zu den spezialisierten Unternehmen seiner Stichprobe auf; vgl. Spindler (1988), S. 871.
2 Vgl. Montgomery/Singh (1984), S. 189; Kerin/Miller (1981); Melicher/Rush (1973), S. 385 und 388.
3 Vgl. Holzmann/Copeland/Hayya (1975), S. 73; Bettis/Hall (1982), S. 262; Chang/Thomas (1989); mit Blick auf Unternehmenszusammenschlüsse auch Haugen/Langetieg (1975).

1.3 Wettbewerbsfähigkeit als Diversifikationsziel

Es liegt nahe, daß Unternehmen gerade auch im Rahmen von Diversifikationsaktivitäten ihre Wettbewerbsfähigkeit zu festigen oder sogar zu verbessern trachten. Die Erhöhung der Wettbewerbsfähigkeit der Gesamtunternehmung kann z.B. dadurch erfolgen, daß die Firmen in solche Märkte eintreten, in denen sich aufgrund vorhandener Stärken Wettbewerbsvorteile gegenüber bereits etablierten Unternehmen erzielen lassen.

Ein Beispiel für eine Diversifikation mit dem Ziel einer Sicherung bzw. Verbesserung der Wettbewerbsfähigkeit liefert die Firma *Hirschmann*. Um den technologischen Vorsprung zu halten, drang das als Hersteller von Antennen bekannte Unternehmen in den Bereich der optischen Übertragungstechnik für Kurzstrecken ein. Eine Vermarktungsmöglichkeit dieser Technologie liegt u.a. in der Automobilindustrie, wo innerhalb des Fahrzeugs eine Übertragung von Geschwindigkeitsdaten und ähnlichen Informationen notwendig ist.[1]

Die Diversifikationsstrategie bietet aber auch die Möglichkeit, die Wettbewerbskraft im angestammten Betätigungsfeld zu sichern, beispielsweise über die Akquisition eines Unternehmens, das in einer anderen Branche über Technologien verfügt, deren Nutzung im Stammgeschäft des diversifizierenden Unternehmens diesem einen Wettbewerbsvorsprung verschafft. Häufig wird das Ziel von Diversifikationsentscheidungen auch darin liegen, Schwächen im bisherigen Tätigkeitsfeld des Unternehmens durch den Aufbau von Stärken in neuen Geschäftsbereichen auszugleichen. Wie Untersuchungen zeigen, treten Unternehmenskonglomerate oftmals aus einer schwachen Marktposition heraus in neue Märkte ein, in der Hoffnung, dadurch die Wettbewerbsfähigkeit der Gesamtunternehmung zu verbessern.[2]

1.4 Rentabilität als Diversifikationsziel

Mit einer Diversifikationsstrategie ist häufig auch das Ziel einer Rentabilitätserhöhung der Unternehmung verbunden. Die Rentabilität hängt insbesondere von einer optimalen Nutzung der Unternehmensressourcen ab. So liegt ein Diversifikationsziel oftmals darin, ineffizient eingesetzte oder im Überschuß vorhandene materielle und immaterielle Ressourcen besser zu nutzen.[3] In der Diversifikation sehen Unternehmen einen gangbaren

---

1 Vgl. Segler (1986), S. 128.
2 Vgl. z.B. Christensen/Montgomery (1981); Goldberg (1973).
3 Vgl. hierzu auch Schwalbach (1987), S. 168; Borschberg (1974a), S. 92 f.; Fricker (1974), S. 30; Lüttringhaus (1973), S. 42; Ansoff/Anderson/Norton/Weston (1969), S. 291 f.; Gort (1966), S. 35; Ansoff (1957), S. 114 und 118.

Weg, freie Kapazität auszulasten und die rückläufige Rentabilität des gebundenen Kapitals zu verbessern. So werden die Rezession der 20er Jahre und die sich anschließende Depression in den 30er Jahren in den USA als Auslöser einer umfassenden Diversifizierung in der amerikanischen Industrie gesehen, da sich die Unternehmen in diesem Zeitraum gezwungen sahen, alternative Nutzungsmöglichkeiten ihrer zu großen Teilen nicht ausgelasteten Ressourcen zu finden.[1]

Die Diversifikation kann einen effizienteren Ressourceneinsatz in unterschiedlichen Funktionsbereichen ermöglichen. Dabei dürften weniger eine unzureichend genutzte Produktionskapazität für Diversifikationsentscheidungen ausschlaggebend sein als vielmehr freie Management- und/oder Vertriebskapazitäten.[2] So ist mit dem Einstieg in neue Tätigkeitsfelder vielfach das Bemühen um eine verstärkte Nutzung der Managementressourcen, der bestehenden Kundenbindungen, des Firmenimage etc. verbunden. Nicht selten wird die Suche nach neuen Geschäftsfeldern auch von dem Wunsch geleitet, überschüssige liquide Mittel sinnvoll anzulegen.[3]

Ein Beispiel für den Versuch, mittels Diversifikation ein unzureichend ausgeschöpftes Potential zu nutzen, vermag die *Bertelsmann AG* zu geben. Das Unternehmen stützte sich auf das für die diversen Verlagsaktivitäten aufgebaute Logistiksystem und auf die in diesem Bereich erworbenen Erfahrungen, als es mit der Gründung der *Bertelsmann Distributions GmbH* in den Markt für Transportdienstleistungen eintrat und begann, seine Dienstleistungen auch Dritten anzubieten.

In enger Beziehung zu dem Ziel einer besseren Auslastung überschüssiger oder nicht effizient genutzter Ressourcen steht die Realisierung **synergetischer Effekte**.[4] Die Untersuchungsergebnisse von *Möller* zeigen, daß immerhin 60 Prozent der befragten bundesdeutschen Unternehmen Synergien im Zusammenhang mit Akquisitionsvorhaben anstreben.[5] In der auf US-amerikanische Firmen bezogenen Untersuchung von *Ansoff et al.* wird sogar ein Wert von 76 Prozent ermittelt.[6]

Der Synergieeffekt - er wird auch häufig als "2+2=5-Effekt" bezeichnet - kennzeichnet in diesem Kontext die potenzierte Wirkung, die von der Zusammenarbeit zweier oder mehrerer Unternehmen bzw. von unterschiedlichen Geschäftsfeldern einer Unterneh-

---

1 Vgl. Chandler (1969), 275; Wrigley (1970), S. III-43.
2 Vgl. Gort (1966), S. 35 f.
3 Vgl. Wieselhuber (1984), S. 432; Yip (1984), S. 48; Küting (1978), S. 385.
4 Vgl. Mahajan/Wind (1988), S. 64.
5 Vgl. Möller (1983), S. 145.
6 Vgl. Ansoff/Brandenburg/Portner/Radosevich (1971), S. 38.

mung ausgehen kann. Durch die Zusammenarbeit soll ein neues Ganzes entstehen, das mehr ist als die Summe seiner Teile.[1] Die diversifizierende Unternehmung versucht dabei, den traditionellen und den neuen Leistungsbereich derart miteinander zu koordinieren, daß eine optimale Auslastung der Kapazität erreicht bzw. eine Erhöhung der Gesamteffizienz der Unternehmung erzielt wird.

Auch die Realisierung von **Transaktionskostenvorteilen** kann den Ausschlag für eine Diversifikation im allgemeinen und eine innovative Unternehmensgründung im besonderen geben und dem Rentabilitätsziel dienen.[2] Transaktionskosten sind solche Kosten, die im Rahmen der Erzielung und Verwirklichung von (zufriedenstellenden) Vereinbarungen über den Austausch von Gütern entstehen. Dabei handelt es sich insbesondere um Informations- und Kommunikationskosten, die zur Koordination wirtschaftlicher Leistungsbeziehungen notwendig sind.[3] Die zentrale Fragestellung des Transaktionskostenansatzes lautet, ob eine bestimmte Transaktion zu geringeren Kosten entweder über den Markt oder innerhalb einer Organisation durchgeführt werden kann.[4]

Transaktionskostenvorteile lassen sich auf vertikaler und auf horizontaler Ebene ausmachen. Mit Blick auf die **vertikale** Diversifikation eines Industrieunternehmens wäre beispielsweise der Markteinstieg auf der Handelsstufe mit eigenen Niederlassungen dann vorteilhaft, wenn die Gütertransaktion im Markt höhere Kosten verursacht als im eigenen Unternehmen. Niedrigere Koordinationskosten durch eine exakte Abstimmung der Produktionspläne und der Logistik mit dem Verkauf auf Groß- und/oder Einzelhandelsebene, eine damit verbundene Senkung von Lagerhaltungskosten, der Wegfall von Kosten zur Regalplatzsicherung etc. vermögen einem Industrieunternehmen Transaktionskostenvorteile gegenüber reinen Handelsunternehmen zu verschaffen. Diese können dann wiederum als Wettbewerbsvorteile in Form niedriger Verkaufspreise an

---

1 Vgl. hierzu z.B. Dichtl (1990), S. 65; Bühner (1989b), S. 158 f.; Mahajan/Wind (1988), S. 59; Lauenstein (1985), S. 50; Ansoff (1984), S. 81; derselbe (1966), S. 97; Böhnke (1976), S. 53.
2 Zur Erklärung des Entstehens innovativer Unternehmen mit Hilfe des Transaktionskostenansatzes vgl. Picot/Laub/Schneider (1989), S. 28 f.
3 Vgl. Picot (1982), S. 270. Im einzelnen sind dies Kosten, die bei der Beschaffung von Informationen über Gütereigenschaften, bei der Tauschpartnersuche sowie bei der Vertragsanbahnung, -schließung und -abwicklung entstehen; vgl. Picot (1986), S. 3; Picot/Laub/Schneider (1989), S. 25. Basierend auf einer faktorenanalytischen Datenverdichtung von im Zusammenhang mit innovativen Unternehmensgründungen subjektiv wahrgenommenen Transaktionskostenvorteilen identifizierten Picot, Laub und Schneider zwei Transaktionskosten-Faktoren. Dem Faktor "Externe Transaktionskosten" werden Kostenarten wie Beratungs-, Vertriebs-, Markterschließungs-, Reise-, Verwaltungs-, Kommunikations- und Lagerkosten subsumiert. Zu den "internen Transaktionskosten" zählen sie Datenerfassungskosten, Informationsspeicherungs- und -übertragungskosten sowie Organisations-, Kontroll- und Informationskosten. Vgl. Picot/Laub/Schneider (1989), S. 233.
4 Vgl. Jones/Hill (1988), S. 160.

die Abnehmer weitergegeben werden (im Bekleidungsmarkt z.B. bei *Benetton* realisiert).[1]

Transaktionskostenvorteile lassen sich auch auf **horizontaler Ebene** erzielen. Wie bereits erwähnt, treten Kapazitätsüberschüsse beispielsweise im Fertigungs- und im Vertriebsbereich auf. Diese Überschüsse können u.U. nutzbringend für den Aufbau neuer Tätigkeitsbereiche eingesetzt werden, sofern sie nicht nur kurzfristig und unregelmäßig anfallen, sondern anhalten oder regelmäßig wiederkehren. Mit Blick auf eine optimale Ressourcenallokation wäre dann zu prüfen, ob die freie Kapazität am Markt angeboten werden sollte oder aber deren innerbetriebliche Verwendung (Eigennutzung) zweckmäßiger wäre.

Mittels einer **Transaktionskostenanalyse** läßt sich feststellen, mit welchen Kosten die ungenutzten Ressourcen am Markt zur Verfügung gestellt werden können. Lassen sich nur geringe Transaktionskosten ausmachen, wird man sich dafür entscheiden, die überschüssigen Ressourcen anzubieten[2] (z.B. Verkauf oder Verpachtung freier Produktionskapazitäten, Anlage freier Finanzmittel auf dem Kapitalmarkt, Entlassung von Arbeitskräften statt Weiterbeschäftigung in anderen Bereichen). Je stärker aber eine auf dem Markt vollzogene Transaktion freier Ressourcen mit Problemen behaftet bzw. je höher die damit verbundenen Transaktionskosten sind, desto eher empfiehlt sich eine innerbetriebliche Nutzung dieser Ressourcen im Rahmen einer Diversifikation.[3]

1.5 Ethische Ziele der Diversifikation

Mitunter dürfte eine Diversifikation auch aus sozialen Motiven herrühren. Im Sinne eines sozial verantwortlichen Handelns kann ein Unternehmen bemüht sein, mittels Diversifikation die negativen Effekte von Nachfrageschwankungen auf die Beschäftigungssituation des Unternehmens möglichst gering zu halten und auf diese Weise für einen Beschäftigungsausgleich bei den Mitarbeitern zu sorgen. In diesem Zusammenhang dient die Diversifikation als personalpolitische Strategie der Arbeitsplatzsicherung und Beschäftigungsgarantie.[4]

---

1 Diese Ausführungen verdeutlichen, daß die Transaktionskosten nicht nur Organisations- und Verwaltungskosten im engeren Sinne umfassen, sondern auch Absatzkosten einschließen, die gleichfalls koordinativer Art sind. Zu dieser weiten Begriffsauffassung von Transaktionskosten vgl. auch Picot (1979). Zum Zusammenhang zwischen Transaktionskosten und vertikaler Integration vgl. z.B. Schumann (1987), S. 214 - 217, und Bühner (1985), S. 154 - 156.
2 Vgl. Picot (1982), S. 280.
3 Vgl. ähnlich auch Yip (1982c), S. 109.
4 Vgl. Bühner (1985), S. 144.

Daß auch andere ethische Überlegungen bei der Verfolgung einer Diversifikationsstrategie eine Rolle spielen können, zeigt das Beispiel der Firma *Migros*. Einige der zahlreichen Diversifikationsaktivitäten des Schweizer Einzelhandelsunternehmers *Gottlieb Duttweiler* werden damit begründet, daß er neben der eigentlichen unternehmerischen Tätigkeit im Einzelhandel auch eine soziale und kulturelle Verantwortung gegenüber der Öffentlichkeit übernehmen wollte. Unter diejenigen Diversifikationsprojekte, die diesem Bedürfnis entsprangen, fallen u.a. die Hilfe für den notleidenden Tourismus (*Hotelplan*, *Monte Generoso*-Bahn, *Glion-Rochers-de-Naye*-Bahn), die Förderung der Erwachsenenbildung (Clubschulen, Europäische Sprach- und Bildungszentren) sowie Investitionen in Erholung und Freizeit (Park *"Im Gruene"*) sowie Forschung (*Gottlieb Duttweiler-Institut*, *Institut für Ernährungsforschung*). Während sich einzelne dieser Aktivitäten finanziell tragen, werden andere aus dem eigens dafür geschaffenen Kulturfonds subventioniert.[1]

2. Zur Bedeutung der Diversifikationsziele

Hinsichtlich der Bedeutung der einzelnen hier aufgeführten Diversifikationsziele ist in den vergangenen Jahren offenbar ein Wandel in der Zielgewichtung der Diversifikationsstrategie eingetreten. Angesichts eines in vielen Ländern verlangsamten Wirtschaftswachstums und der zunehmenden Wettbewerbsintensität hat sich nach *Porter* der Schwerpunkt der Diversifikationsstrategie vom Wachstum zur Generierung von Wettbewerbsvorteilen hin verlagert.[2]

Die Ergebnisse der Zielforschung stützen diese These von der wachsenden Bedeutung einer Verbesserung der Wettbewerbsfähigkeit als Ziel einer Diversifikationsstrategie. Wie die Befunde der neueren empirischen Forschung erkennen lassen, hat in der Tat die Wettbewerbsfähigkeit in den vergangenen Jahren im Zielsystem der Unternehmen an Bedeutung gewonnen, während die "klassischen" ökonomischen Ziele wie Wachstum, Gewinn oder Umsatz an Gewicht verloren haben.[3] Ein Vergleich der unterschiedlichen Studien verdeutlicht, daß die Wettbewerbsfähigkeit häufig sogar einen höheren Stellenwert in der Hierarchie der Unternehmensziele einnimmt als die eher traditionellen Ziele wie etwa das Wachstum.[4]

---

1 Vgl. Baumann (1977), S. 282.
2 Vgl. Porter (1985), S. 320, und derselbe (1986), S. 409.
3 Vgl. Raffée/Förster/Krupp (1988), S. 19 f.; Fritz/Förster/Wiedmann (1987), S. 27; Töpfer (1985).
4 Vgl. hierzu auch die Übersicht bei Fritz/Förster/Wiedmann/Raffée (1988).

Die Befunde einer Untersuchung von *Dobler* und *Jacobs* spiegeln die Wichtigkeit einer Verbesserung der Wettbewerbsposition als Diversifikationsziel wider.[1] Tabelle 1 verdeutlicht, daß Wettbewerbfähigkeit und Wachstum die dominierenden Ziele der Diversifikationsstrategien der untersuchten Unternehmen darstellen. Als deutlich weniger wichtig werden die Diversifikationsziele Risikoausgleich und Wirtschaftlichkeit eingestuft.[2] Damit korrespondieren diese Ergebnisse insoweit mit den oben angeführten neueren Untersuchungen zu den Unternehmenszielen, als auch dort die zentrale Stellung der Wettbewerbsfähigkeit offengelegt wird.

Diversifikationsziel	Rang	Mittelwert*
Wettbewerbsfähigkeit	1	30,6
Wachstum	2	30,0
Risikoausgleich	3	21,3
Rentabilität	4	18,1

Tab. 1: Die Bedeutung ausgewählter Diversifikationsziele von Handelsunternehmen
(* Es wurde eine Konstantsummenskala von 100 zugrunde gelegt)
Quelle: Dobler/Jacobs (1989).

III. Entwicklung und Ausmaß der Unternehmensdiversifikation

In den **USA** ist die Wirtschaftsstruktur in noch stärkerem Maße als in der Bundesrepublik Deutschland durch Diversifikation geprägt. Die Diversifikationswellen nach dem Zweiten Weltkrieg haben den Anteil diversifizierter Unternehmen stark steigen lassen.[3] Im Verlauf des Diversifikationsprozesses in der amerikanischen Wirtschaft gewann in den 60er Jahren insbesondere die laterale Diversifikation an Bedeutung. So ermittelte *Rumelt* in seiner Stichprobe ein Anwachsen der konglomerat diversifizierten Unternehmen im Zeitraum von 1959 bis 1969 von 6,5 auf fast 20 Prozent.[4] Daß die laterale Diversifikation auch in den Folgejahren eine gewichtige Rolle spielte, belegt die Untersuchung von *Hitt* und *Ireland*, nach der sich in der Mitte der 70er Jahre unter den größten ameri-

---

1 Vgl. Dobler/Jacobs (1989). Untersucht wurden die Diversifikationsziele von acht deutschen Handelskonzernen.
2 Vgl. Dobler/Jacobs (1989), S. 27 f.
3 Vgl. Wittek (1980), S. 55 - 58.
4 Vgl. Rumelt (1986), S. 51.

kanischen Industrieunternehmen über ein Viertel Unternehmenskonglomerate befanden.[1] Studien über die Unternehmenszusammenschlüsse in den USA lassen darauf schließen, daß sich in der weiteren Entwicklung - etwa seit Beginn der 70er Jahre - die Unternehmensstrategie weg von lateralen und hin zu solchen Formen der Diversifikation bewegt hat, die eine größere Ähnlichkeit zum Stammgeschäft der Unternehmung aufweisen.[2]

Auch in der **Bundesrepublik Deutschland** war die Entwicklung zwischen 1950 und 1970 in hohem Maße von einer stärkeren Diversifizierung des Produktprogramms von Industriebetrieben gekennzeichnet.[3] Allerdings hat die Diversifizierungswelle hier später als in den USA eingesetzt und dürfte auch bislang insgesamt nicht jene Ausmaße angenommen haben.[4] Obwohl zwischen 1960 und 1970 die Diversifikationsstrategie eher lateralen Charakter besaß, konnten *Dyas* und *Thanheiser* am Ende dieser Dekade nur rund 18 Prozent der Unternehmen als konglomerat einstufen.[5] Diese Entwicklung wird durch die Befunde anderer Autoren gestützt. Wie beispielsweise *Küting* in einer Untersuchung von 158 Konzern-Obergesellschaften (ohne Banken und Versicherungen) für die Jahre 1967 bis 1974 feststellte, kam einem heterogenen Unternehmenswachstum in diesem Zeitraum in der deutschen Wirtschaft nur eine untergeordnete Bedeutung zu.[6]

Die Entwicklung der Unternehmenszusammenschlüsse in den 70er Jahren läßt vermuten, daß in diesem Zeitraum der Schwerpunkt zwar auf der horizontalen Ausweitung des Leistungsprogramms lag, die Zahl der vertikalen und konglomeraten Diversifikationen jedoch überproportional zunahm.[7] In einer Untersuchung der Diversifikationsprojekte der Jahre 1976 bis 1980 wurden 64 Prozent als horizontal, 26 Prozent als lateral und 10 Prozent als vertikal identifiziert.[8]

In den einzelnen Unternehmen und Branchen verlief die Entwicklung recht unterschiedlich. Während einige Firmen sich weiterhin auf ihr Stammgeschäft konzentrierten, diversifizierte eine nicht unbeträchtliche Zahl kontinuierlich in neue Betätigungsfelder. Zwischen 1950 und 1980 waren es in erster Linie die Unternehmen der Chemisch-

---

1 Vgl. Hitt/Ireland (1985), S. 799.
2 Vgl. z.B. Rumelt (1986), Williams/Paez/Sanders (1988) sowie die Stichprobe der "Fortune 500" bei Keats/Hitt (1988), S. 578. Auch Porter (1986), S. 408 f., spricht von einem Wandel in der "Diversifikationsphilosophie", da die Unternehmen seit Anfang der 70er Jahre stärker in verwandte Geschäftsfelder diversifiziert hätten.
3 Vgl. Thanheiser (1972); Dyas/Thanheiser (1976), S. 76; Schwalbach (1987), S. 90 - 102. Zum Diversifikationsgrad der Unternehmen in Frankreich vgl. Dyas (1972), zu Großbritannien vgl. Channon (1973 und 1975) sowie Luffman/Reed (1982) und zu Italien vgl. Pavan (1972).
4 Vgl. hierzu auch Wittek (1980), S. 58.
5 Vgl. Dyas/Thanheiser (1976) sowie Schwalbach (1985).
6 Vgl. Küting (1978), S. 389.
7 Vgl. Bühner/Spindler (1986), S. 601, nach einer Zusammenstellung der Monopolkommission.
8 Vgl. Peschen (1981), S. 95 ff., zitiert nach Becker (1990), S. 141.

pharmazeutischen und in zweiter Linie die der Mineralölverarbeitenden Industrie, die den stärksten Diversifikationsgrad aufwiesen. Aber auch in den Wirtschaftszeigen Kunststoff, Eisen und Stahl sowie Elektrotechnik war das durchschnittliche Ausmaß der Diversifikation recht groß. Dagegen konzentrierten sich in diesem Zeitraum Unternehmen anderer Branchen, etwa in der Nahrungs- und Genußmittelindustrie, stärker auf ihre Schwerpunkttätigkeit.[1]

In den 80er Jahren nahm das Diversifizierungsstreben der Industriebetriebe wieder deutlich ab. Die Mehrheit der Unternehmen dürfte nach wie vor keinen sehr großen Diversifikationsgrad aufweisen. In der Untersuchung von *Schwalbach* war nur etwa jedes zehnte Unternehmen sehr stark diversifiziert.[2] Für die Zukunft wird aufgrund einer Gewichtsverschiebung von den Economies of Scale (Größeneffekte) hin zu Economies of Scope (Verbundeffekte) - z.B. forciert durch den zunehmenden Einsatz flexibler Fertigungstechnologien wie CAD, CAM und CIM - eine Entwicklung hin zur horizontalen Diversifikation bei gleichzeitig zurückgehender Fertigungstiefe erwartet.[3]

---

[1] Vgl. Schwalbach (1987), S. 99.
[2] Vgl. Schwalbach (1987), S. 92 f. Zu ähnlichen Befunden kommt die vorliegende Untersuchung: Vgl. hierzu die deskriptiven Ergebnisse in Kapitel D I.
[3] Vgl. Ihde (1986), S. 18.

C Bezugsrahmen und Anlage der Untersuchung

Um die im Rahmen unserer Untersuchung vorgenommenen Versuche zur Aufdeckung strategischer Erfolgsfaktoren von Diversifikationen auf eine fundierte Grundlage zu stellen, bedarf es eines **konzeptionellen Bezugsrahmens** (C I.). Diesem kommt die Aufgabe zu, die Suche und Analyse potentieller Einflußfaktoren des Erfolgs von Diversifikationsentscheidungen in Unternehmen zu erleichtern.[1]

Um zu einer groben Systematisierung relevanter Einflußbereiche des Diversifikationserfolgs gelangen zu können, gilt es dann in der **Anlage der Untersuchung** (C II.), zunächst ein **Grundkonzept** der Untersuchung (C II. 1.1) zu erarbeiten. Dieses basiert zum einen auf den Erkenntnissen der empirischen Erfolgsfaktorenforschung, zum anderen auf untersuchungsrelevanten Theorien und theoretischen Ansätzen. Mit diesem sehr allgemeinen Grundkonzept wird eine theoretische Ausgangsbasis für die weitere detaillierte Suche von Erfolgsdeterminanten und die Entwicklung von Hypothesen über deren Wirkungszusammenhänge geschaffen.

Die Konkretisierung dieses Grundkonzepts erfolgt im Rahmen eines **Detailkonzepts** (C II. 1.2). Hier werden die bisher noch recht globalen potentiellen Einflußbereiche des Diversifikationserfolgs vertiefend analysiert und weiter differenziert. Die Ausführungen zum theoretischen Untersuchungsdesign schlagen sich in unterschiedlichen Modellen hypothetischer Diversifikations-Erfolgsfaktoren nieder, die schließlich einer empirischen Prüfung unterzogen werden.

I. Der Bezugsrahmen der Untersuchung

1. Kennzeichnung, Probleme und wissenschaftlicher Forschungsstand der empirischen Erfolgsfaktorenforschung unter besonderer Berücksichtigung der Diversifikation

1.1 Kennzeichnung der Erfolgsfaktorenforschung

Anliegen der Erfolgsfaktorenforschung ist es, Einflußgrößen aufzudecken, die den Erfolg von Unternehmen maßgeblich beeinflussen. Das Erfolgsfaktorenkonzept wurde bereits recht früh bei der Entwicklung effizienter, strategisch ausgerichteter Informations-

---

[1] Allgemein formuliert dient ein Bezugsrahmen "der Strukturierung und Generierung von Wahrnehmungs- und Interpretationsleistungen"; Silberer (1978), S. 2; vgl. auch Silberer/Raffée (1984), S. 18.

und Kontrollsysteme für das Management angewendet.[1] Man war der Meinung, daß ein Informations- und Kontrollsystem die Führungskräfte über eine reine Erfolgsmessung hinaus auch mit sog. Schlüsselvariablen ("critical success factors") versorgen sollte, die den Unternehmenserfolg signifikant beeinflussen.[2] Mit Hilfe der identifizierten Schlüsselvariablen konnten nun die Entscheidungsträger über Informationen verfügen, die in besonderer Weise erfolgsbestimmend wirken und bei der Planung, im operativen Geschäft und im Rahmen von Kontrollmaßnahmen benötigt werden.[3]

Etwa zur gleichen Zeit wurden in den USA erste Untersuchungen über den Einfluß von Marketing-Mix-Variablen auf die Höhe des Marktanteils bestimmter Konsumgüter durchgeführt.[4] Später wurde das Erfolgsfaktorenkonzept auch auf die strategische Unternehmensplanung übertragen, indem die Marketing-Mix-Variablen um Merkmale der Marktstruktur, der Organisation und der verfolgten Strategien ergänzt wurden.[5] Eine breite empirische Fundierung fand das Konzept in diesem Zusammenhang im Rahmen der PIMS-Forschung (**Profit Impact of Market Strategies**),[6] die Anfang der 60er Jahre von *General Electric* initiiert, 1972 vom *Marketing Science Institute* der *Harvard Business School* weiterentwickelt wurde und seit 1975 von einem eigenständigen Institut, dem *Strategic Planning Institute*, durchgeführt wird.[7] Die Hauptzielsetzung des Forschungsprojekts besteht darin, Führungskräfte mit Informationen über den Erfolg verschiedener Geschäftsfelder in unterschiedlichen Wettbewerbssituationen zu versorgen.[8] Das Erfolgsfaktorenkonzept weist enge Bezüge zur Stärken-/Schwächen-Analyse auf[9] und fand später auch Eingang in die Portfolio-Konzeption, die sich im Rahmen der Analyse strategischer Geschäftseinheiten und der Planung geeigneter Norm-Strategien auf einige zentrale Erfolgsfaktoren konzentriert.[10]

Die breiteste Beachtung unter den Erfolgsfaktorenstudien dürfte sowohl in der Unternehmenspraxis als auch in der Wissenschaft die Veröffentlichung "In Search of Excel-

---

[1] Vgl. Leidecker/Bruno (1984), S. 23; Hoffmann (1986), S. 832.
[2] Vgl. Anthony/Dearden/Vancil (1965), S. 107; Daniel (1961), S. 116.
[3] Vgl. Daniel (1961); derselbe (1965), S. 311; Rockart (1979).
[4] Als eine der ersten Erfolgsfaktorenstudien nennen Craig/Douglas (1982, S. 101) die Studie von Banks (1961), bei der ein starker Einfluß der Werbeausgaben auf den Marktanteil bei Kaffee ermittelt wurde.
[5] Vgl. Craig/Douglas (1982), S. 102 f.
[6] Vgl. z.B. Schoeffler/Buzzell/Heany (1974); Strategic Planning Institute (1977). Vgl. auch die Ausführungen zur PIMS-Studie in Abschnitt C I. 1.3 dieser Arbeit.
[7] Zur Geschichte des PIMS-Projekts vgl. Schoeffler/Buzzell/Heany (1974), S. 138; Welge (1985), S. 173; McNamee (1985), S. 181 f.; Meffert (1988), S. 9 f.; Venohr (1988).
[8] Vgl. Schoeffler/Buzzell/Heany (1974), S. 137.
[9] So auch Hinterhuber (1982), S. 90 - 93, und Kreutzer (1989), S. 116.
 Zur Stärken-/Schwächen-Analyse vgl. beispielsweise Aurich/Schroeder (1972); Hinterhuber (1980), S. 46 - 57; Kreikebaum (1987), S. 44 - 46; Wiedmann/Kreutzer (1989), S. 95 f.
[10] Zur Portfolio-Konzeption vgl. z.B. Hedley (1977); Day (1977); Dunst (1979); Roventa (1979). Einen guten Überblick über die zahlreichen Portfoliovarianten gibt Welge (1985), S. 328 - 391.

lence" der früheren *McKinsey*-Mitarbeiter *Thomas Peters* und *Robert Waterman* gefunden haben.[1] Diese aus dem Jahr 1982 stammende Publikation induzierte eine Vielzahl weiterer mehr oder weniger fundierter Analysen von Unternehmenserfolgen.

Die Erfolgsfaktorenforschung beschäftigt sich mit unterschiedlichen Untersuchungsobjekten. Es lassen sich Studien ausmachen, die sich auf den Erfolg von Managern, von organisatorischen und/oder strategischen Teilbereichen (einschließlich der Erfolge von Geschäfts- und Unternehmensbereichen), auf den Erfolg einzelner Strategien - z.B. der Diversifikations- oder der Kooperationsstrategie - sowie auf den Gesamterfolg von Unternehmen beziehen.[2] So stellt etwa das PIMS-Projekt auf die Analyse von Erfolgen auf Geschäftsbereichsebene ab, während die meisten anderen Untersuchungen den Erfolg auf Unternehmensebene zum Gegenstand haben. Weiterhin können Studien unterschieden werden, die generelle, branchenübergreifende Erfolgsfaktoren zu identifizieren suchen, und solche, die auf die Ermittlung markt- oder branchenspezifischer Schlüsselvariablen abzielen.

Erfolgsfaktoren lassen sich auf unterschiedlichem Wege ermitteln. Sie können aus Plausibilitätsüberlegungen, aus den Erfahrungen von Entscheidungsträgern, aus theoretischen Erkenntnissen und/oder aus den Ergebnissen empirischer Untersuchungen abgeleitet werden. Je nachdem, wie die Einsichten über Erfolgsfaktoren gewonnen werden, sind Validität und Reliabilität der Ergebnisse zu bewerten[3] und die Erkenntnisse entweder den sogenannten Alltags- bzw. Laientheorien oder den wissenschaftlichen Theorien zuzurechnen.[4]

Laientheorien basieren auf persönlichen, meist durch die eigene Erfahrung geprägten Vorstellungen über die Ursachen des Erfolgs von Unternehmen. Diese Art von "Theorien", die durchaus auch von Experten vertreten werden können, mag in dem einen oder anderen Fall sicherlich zutreffen. Als nicht unproblematisch erweist sich allerdings der Umstand, daß sie teilweise nicht explizit ausformuliert sind, einer wissenschaftlich nachvollziehbaren empirischen Grundlage entbehren[5] und daher, selbst wenn sie für den Einzelfall Gültigkeit haben, nicht generalisiert werden können.

---

1 Vgl. Peters/Waterman (1984).
2 Vgl. ähnlich Lingenfelder (1990), S. 56; Hoffmann (1986), S. 833; Hildebrandt (1986), S. 39; Segler (1986), S. 43.
3 Vgl. Lange (1982), S. 31.
4 Vgl. Trux/Müller/Kirsch (1984), S. 226; Grimm (1983), S. 11 f.; Reichert (1984), S. 162-164; Patt (1988), S. 5 f. Folgende Veröffentlichungen sind z.B. primär den Alltagstheorien zuzurechnen und werden bei der folgenden Analyse der Erfolgsfaktorenforschung nicht weiter aufgegriffen: Köllhofer (1987); Reutner (1987); Wagner (1986); Lynch (1985); Quinn (1985).
5 Vgl. Reichert (1984), S. 162 f.

Während Alltagstheorien also primär auf persönlichen Erfahrungen beruhen, die - in meist nicht nachprüfbarer Weise - vom Einzelfall abgeleitet verallgemeinert werden (induktive Methode), stützen sich die **wissenschaftlichen Erfolgstheorien** demgegenüber auf theoretisch fundierte Modelle von möglichst allgemeingültigem Charakter (deduktive Methode).[1] Die Erfolgsfaktorenforschung wird dem letztgenannten Typus zugerechnet.[2] Da es sich bei den Erkenntnissen der Erfolgsfaktorenforschung jedoch nicht um ein geschlossenes Konzept empirisch überprüfter und bestätigter Gesetzeshypothesen von allgemeiner Gültigkeit handelt und der Gültigkeitsanspruch der vorhandenen Forschungskonzepte nicht zuletzt in zeitlicher und räumlicher Hinsicht stark eingeschränkt ist, kann in diesem Zusammenhang allenfalls von **theoretischen Ansätzen** bzw. **Quasi-Theorien** gesprochen werden.[3]

Die Erfolgsfaktorenforschung wurde in den vergangenen Jahren zunehmend geprägt durch das Konzept "kritischer" oder "strategischer" Erfolgsfaktoren. Dieses basiert auf der Annahme, daß es einige wenige Einflußfaktoren gibt, die trotz der Mehrdimensionalität und Multikausalität des Erfolgs diesen maßgeblich bestimmen. Es geht bei diesen Forschungsbemühungen also darum, die wesentlichen und langfristig gültigen Schlüsselfaktoren des Erfolges von Unternehmen oder Geschäftsbereichen zu identifizieren.[4]

In der empirischen Erfolgsfaktorenforschung lassen sich zwei verschiedene Richtungen ausmachen, die auf unterschiedlichen Analysemethoden basieren:

- Die **qualitative Erfolgsfaktorenforschung** bedient sich i.d.R. explorativer Expertengespräche und arbeitet die Schlüsselvariablen fallstudienartig heraus. Besonderes Augenmerk wird hier Aspekten wie Unternehmensleitlinien, Unternehmenskultur, unternehmerischen "Grundtugenden", Führungsprinzipien etc. geschenkt.

- Die **quantitative Erfolgsfaktorenforschung** versucht dagegen, mittels standardisierten Erhebungsmethoden quantifizierbare Daten über die interessierenden Unternehmen sowie über deren Umweltsituation zu erfassen und auf statistischem Wege (meist über multivariate Analyseverfahren) auszuwerten. Ziel dieser Forschungsrichtung ist es, quantifizierbare Wirkungszusammenhänge zwischen Unternehmens-

---

[1] Vgl. Patt (1988), S. 5.
[2] Vgl. Patt (1988), S. 6.
[3] Zu den Begriffen Theorie und Quasitheorie vgl. Raffée (1974), S. 30 und 39.
[4] Vgl. Fritz (1990), S. 92; Hoffmann (1986), S. 832 f.; Leidecker/Bruno (1984), S. 24. Wie Lingenfelder (1990, S. 54) feststellt, leidet die aktuelle Diskussion der Erfolgsfaktoren unter einem Mangel an terminologischem Konsens; so werden beispielsweise die Begriffe "kritische Faktoren", "Engpaßfaktoren", "Schlüsselfaktoren", "strategische Prizipien" und "strategische Erfolgsfaktoren" von einigen Autoren synonym, von anderen wiederum differenzierend verwendet.

merkmalen und der Umwelt auf der einen Seite und Erfolgsgrößen (beispielsweise ROI oder Gewinnwachstum) auf der anderen Seite aufzudecken.[1]

Da in den neueren Studien nicht nur die "harten" Erfolgsfaktoren der traditionellen Managementlehre, sondern auch "weiche" Merkmale (z.B. Unternehmenskultur und Managementqualität) untersucht werden, sieht man im Konzept kritischer Erfolgsfaktoren den bisher umfassendsten und im Rahmen der Organisations- und Managementlehre am weitesten fortgeschrittenen Forschungsansatz.[2] Obwohl die empirische Erfolgsfaktorenforschung ein durchaus zufriedenstellendes Konzept zur Gewinnung von Erkenntnissen darstellt, kann jedoch nicht davon ausgegangen werden, daß die Identifikation derartiger Faktoren tatsächlich immer auf wissenschaftlich exaktem Wege möglich ist. Vielmehr stellen sich zahlreiche Probleme, die im nachfolgenden Abschnitt behandelt werden sollen.

1.2 Grundlegende Probleme der Erfolgsfaktorenforschung

Die Identifikation von Erfolgsfaktoren ist mit zahlreichen Problemen behaftet. Sie setzt eine Analyse von Ursache-Wirkungs-Zusammenhängen zwischen i.d.R mehreren potentiell erfolgsbeeinflussenden Merkmalen und einem oder mehreren Erfolgsgrößen voraus. Hierzu ist eine genaue Identifikation von Wirkungsrichtung und Wirkungsintensität der relevanten Kriterien erforderlich.

1.2.1 Die Komplexität der zu untersuchenden Zusammenhänge

Der Versuch, Erfolgsfaktoren zu identifizieren, wird zunächst durch die allgemeine **Kausalitätsproblematik** erschwert.[3] Diese liegt darin begründet, daß grundsätzlich jeder Ursache-Wirkungs-Vermutung entgegengehalten werden kann, daß nicht der untersuchte Erfolgsfaktor, sondern eine andere, vorgeschaltete Größe oder eine intervenierende Größe die festgestellte Wirkung erzeugt oder zumindest stark mitbeeinflußt:

"If one says that the bicycle pedals make the bicycle go, another can argue that it is the linkage of the chain and the sprockets that makes the bicycle go. Someone else can argue

---

1 Vgl. Patt (1988), S. 6 - 9.
2 Vgl. hierzu Hoffmann/Rebstock (1989), S. 668 f.; Fritz (1989b), S. 4.
3 Vgl. hierzu z.B. Simon (1970); Picot (1977).

on the level of friction, another on the molecular level, etc. One just cannot demonstrate a 'real' cause-and-effect relationship in a material sense."[1]

Dieses Beispiel verdeutlicht ferner, daß die erfolgsbeeinflussenden Merkmale keineswegs unabhängig voneinander sind, sondern über vielfältige Ursache-Wirkungs-Beziehungen miteinander verbunden sein können.[2] Auch hinter den Erfolgen von Unternehmen, Geschäftseinheiten etc. steht eine multidimensionale Kausalstruktur von mehreren Faktoren, deren Effekte verstärkender, vermindernder oder kompensierender Art sind.[3] Aufgrund dieser Multidimensionalität der Zusammenhänge stellt sich im Rahmen der Ursache-Wirkungsbeurteilung ein Zurechnungsproblem. Da jede Ursache (hier Erfolgsfaktor) i.d.R. mehrere Wirkungen (hier auf den Erfolg) aufweist und jede Wirkung ihrerseits auf unterschiedliche Ursachen zurückgeführt werden kann, gilt es die Frage zu beantworten, in welchem **relativen Maße** ein bestimmter Erfolgsfaktor im Vergleich zu anderen Faktoren zur Erklärung des Erfolgs beitragen kann.[4] Erschwerend tritt hinzu, daß das Phänomen der Multidimensionalität aufgrund möglicher wechselseitiger Abhängigkeit auch für die Erfolgsfaktoren untereinander gilt. Diese Multidimensionalität kommt dadurch zustande, daß bestimmte Schlüsselvariablen häufig nicht nur direkt auf den Unternehmenserfolg wirken, sondern zugleich auch über einen Einfluß auf andere erfolgsbeeinflussende Merkmale einen **indirekten Effekt** auf die Erfolgsgröße aufweisen, was die Identifikation des Erklärungsbeitrags eines einzelnen Erfolgsfaktors sehr erschwert.[5]

Hieraus resultiert ein Freiraum in der Untersuchung von Kausalzusammenhängen, der durch die persönliche Erfahrung und durch individuelles Wissen der Urteilspersonen einem subjektiven Einfluß unterliegt.[6] Die subjektiven Einflüsse dürften um so größer sein, je stärker persönliche Meinungen, etwa von Experten aus der Praxis, Eingang in die Analyse finden und je weniger geeignete statistische Verfahren, etwa der Kausalanalyse, bei der Datenauswertung zum Einsatz gelangen.

Die Komplexität der Zusammenhänge zeigt sich auch bei näherer Betrachtung der möglichen **Wirkungsintensität** von Erfolgsfaktoren, die von großer Bedeutung für die Entwicklung und Bewertung von Strategien ist.[7] Die Wirkungsintensität läßt sich nach

---

1 Simon (1970), S. 228.
2 So auch Möller (1983), S. 62 f.
3 Vgl. Wilde (1989), S. 59.
4 Vgl. Lange (1982), S. 29.
5 Vgl. Wilde (1989), S. 63; Lange (1982), S. 29.
6 Vgl. Lange (1982), S. 28 f.
7 Vgl. Lange (1982), S. 29; Wilde (1989), S. 55

Wilde u.a. auf die Wirkungselastizität und die Variabilität von Erfolgsbeziehungen zurückführen.[1]

- Die **Wirkungselastizität** des Erfolgsfaktors gibt an, um wieviele Einheiten sich die Erfolgsgröße ändert, wenn sich der betreffende Erfolgsfaktor um eine Einheit ändert.

- Die **Variabilität** eines Erfolgsfaktors drückt die Bandbreite aus, in der sich dieser aufgrund aktiver Beeinflussung oder einer unternehmensexternen Entwicklung bewegen kann.

1.2.2 Zur Vollständigkeit der Erfolgsfaktoren

Ein weiteres Problem stellt die Zahl der in die Untersuchung einzubeziehenden potentiellen Erfolgsfaktoren dar. Betrachtet man die Hierarchie von Erfolgsfaktoren, welche durch die sukzessive Aufspaltung globaler Schlüsselvariablen auf immer spezifischere Faktoren bis hin zu ganz konkreten Situationen und Einzelmaßnahmen gekennzeichnet ist,[2] lassen sich fast beliebig viele Erfolgsfaktoren ausmachen.

Auf der einen Seite liegt der Wunsch nahe, möglichst alle erfolgsbeeinflussenden Faktoren aufzudecken. Auf der anderen Seite vermag die Berücksichtigung sämtlicher bestimmbarer Einflußgrößen die Qualität der Ergebnisse mitunter nicht unbedingt zu verbessern, da sich mit zunehmender Anzahl von Erklärungsvariablen auch deren interkorrelative Beziehungen erhöhen und damit die Zurechnungsprobleme weiter verschärfen würden. Zudem wäre die Einbeziehung möglichst aller Faktoren insbesondere aufgrund der Kosten der Datenbeschaffung unter Kosten-/Nutzengesichtspunkten nicht zu vertreten. Somit steht dem Wunsch nach Vollständigkeit die Forderung nach Handhabbarkeit und Transparenz entgegen.[3]

Insbesondere die bereits angesprochene Multikausalität und Multidimensionalität dürften einer vollständigen Erklärbarkeit des Unternehmenserfolgs im Wege stehen.[4] In dem Konzept der Erfolgsfaktoren drückt sich jedoch, wie erwähnt, die Vorstellung aus, daß es eine überschaubare Zahl "kritischer" Schlüsselfaktoren gibt, die den Unternehmenserfolg maßgeblich beeinflussen. Angesichts der Komplexität von Kausalstrukturen, die mit wachsender Zahl der analysierten Faktoren stark ansteigt, bietet sich eine Konzentra-

---
1 Vgl. Wilde (1989), S. 56 f.
2 Vgl. Wilde (1989), S. 59 und 64 f.
3 Vgl. Lange (1982), S. 29.
4 So auch Hoffmann (1986), S. 832 f.

tion auf die Untersuchung der wichtigsten Erfolgsfaktoren an. Beispielsweise empfiehlt *Wilde* im Zusammenhang mit der Bewertung von Produkt-Markt-Strategien, daß die Forderung nach Vollständigkeit auf die strategischen Schlüsselfaktoren begrenzt werden sollte, da man durch diese das strategische Erfolgspotential bereits weitgehend erklären könnte.[1] So ist der Vollständigkeit auf diesem Abstraktionsniveau der Erfolgsfaktoren Vorrang zu geben vor einer weiteren Detailliertheit der Erklärungsvariablen.

Dem steht allerdings nicht entgegen, die Zahl der in die Untersuchung einzubeziehenden Schlüsselgrößen zu erhöhen, wenn sich mit einer zunächst geringen Zahl auf vergleichsweise hohem Abstraktionsniveau keine befriedigende Erklärung der Erfolgsvarianz erzielen läßt. Selbst im PIMS-Projekt, das über die zur Zeit wohl größte Datenbank zur Erforschung von Geschäftsbereichserfolgen verfügt, werden immerhin 37 Faktoren herangezogen, um ca. 80 Prozent der Varianz der Erfolgsgröße zu erklären.[2]

1.2.3 Zur theoretischen Fundierung der Erfolgsfaktorenforschung

Für weite Bereiche der Erfolgsfaktorenforschung ist eine unzureichende theoretische Fundierung festzustellen. Insbesondere wenn starke subjektive Einflüsse der Urteilspersonen in den Studien ihren Niederschlag finden, kann dies bei fehlender kritischer Hinterfragung der Kausalannahmen dazu führen, daß die Ergebnisse falsch beurteilt, Kausalbeziehungen umgekehrt und wichtige Einflußgrößen nicht aufgedeckt werden, wodurch die Validität dieser Untersuchungen in Frage gestellt werden muß.

Aber selbst der Versuch einer gründlichen, theoretisch gestützten Vorgehensweise ist mit dem Problem behaftet, daß für die Erarbeitung umfassend angelegter Untersuchungskonzepte im betriebswirtschaftlichen Forschungsbereich noch kein befriedigendes theoretisches Instrumentarium zu Verfügung steht. Eine allgemein akzeptierte und empirisch fundierte umfassende Theorie, die zur Untersuchung diesbezüglicher Zusammenhänge herangezogen werden könnte, wurde bisher noch nicht entwickelt. So kann die Erfolgsfaktorenforschung lediglich auf Theorien und theoretische Ansätze ökonomischer oder verhaltenswissenschaftlicher Teilgebiete zurückgreifen,[3] wodurch u.U. relevante Fakto-

---

1 Vgl. Wilde (1989), S. 56.
2 Vgl. Schoeffler/Buzzell/Heany (1974), S. 137; Buzzell/Gale/Sultan (1975), S. 97; Schoeffler (1980), S. 2.
3 Schanz spricht in diesem Zusammenhang von der "Heterogenität der Betriebswirtschaftslehre" und weist darauf hin, daß es gegenwärtig kein allseits verbindliches Erklärungs-Paradigma in diesem Fach gibt. Vgl. Schanz (1988), S. 111; ähnlich auch derselbe (1975a), S. 803.

ren des Unternehmungserfolgs bei der Entwicklung des Forschungskonzepts übersehen und/oder Teilergebnisse nur unzureichend begründet werden können.

1.2.4 Probleme bei der Datenerhebung und der Umsetzung der Untersuchungsergebnisse in die Unternehmenspraxis

Im Rahmen der Erfolgsfaktorenforschung stellt sich das Problem, daß Experten aus der Unternehmenspraxis, auf deren Mithilfe man in aller Regel angewiesen ist, äußerst zurückhaltend sind hinsichtlich der Erteilung von Auskünften über strategische Fragen im allgemeinen[1] und über Determinanten des Erfolgs oder Mißerfolgs ihrer Unternehmen im besonderen. Damit ist das Risiko verbunden, daß aufgrund der Bedenken der Befragungspersonen, mit der Auskunft möglicherweise wertvolle Wettbewerbsvorteile preiszugeben, die Datenbasis für die Anwendung bestimmter statistischer Auswertungsmethoden zu klein ausfällt und/oder eine angestrebte Verallgemeinerung der Untersuchungsergebnisse nur in stark eingeschränktem Maße möglich ist. Daher muß auch eine Reihe praktischer Probleme gelöst werden, um eine ausreichende Zahl geeigneter Unternehmen für die Teilnahme an einer Erfolgsfaktorenuntersuchung zu gewinnen.[2] Aber auch im Falle hoher Auskunftsbereitschaft der Unternehmen können Schwierigkeiten auftreten, da u.U. mit der Weitergabe von Fehlperzeptionen zu rechnen ist. So müssen insbesondere die Resultate jener Erfolgsfaktorenuntersuchungen, bei denen im Rahmen global-direkter Analysemethoden beispielsweise Führungskräfte nach den zentralen strategischen Erfolgsfaktoren befragt werden,[3] mit großer Vorsicht interpretiert werden.

Im Hinblick auf die praktische Verwertbarkeit der Ergebnisse von Erfolgsfaktorenuntersuchungen ergibt sich das Problem, daß generelle Aussagen über die Erfolgsträchtigkeit bestimmter Verhaltensweisen oder Situationen kaum möglich sind. Wäre dem so, ließen sich die Strategien und Maßnahmen der Unternehmen ausschließlich als logische Konsequenz aus Marktgesetzen und Rahmenbedingungen ableiten und würden zwangsläufig zu guten Ergebnissen führen. Die Realität ist jedoch viel zu komplex, als daß die bloße Anwendung solcher Kalküle ausreichte, einem Unternehmen zu überdurchschnittlichem Erfolg zu verhelfen.[4] Die Erkenntnisse der Erfolgsfaktorenforschung bieten zwar wertvolle Informationen für strategische Entscheidungen, sie dürfen jedoch nicht unkritisch

---

1 Vgl. hierzu z.B. Rosenbloom (1980), S. 118.
2 So auch Wohlgemuth (1989), S. 93.
3 Zur Unterscheidung zwischen einer global-direkten und analytisch-indirekten Untersuchungsmethode der Erfolgsfaktorenforschung vgl. z.B. Lingenfelder (1990), S. 56.
4 Vgl. Venohr (1988), S. 189 - 192; Pümpin (1980), S. 15.

übernommen und auf die eigene Unternehmens- und Marktsituation übertragen werden. Vielmehr müssen die ermittelten Zusammenhänge jeweils auf ihre Relevanz für das eigene Unternehmen hin überprüft werden.[1]

Gegen eine globale Anwendung der Ergebnisse von Erfolgsfaktorenstudien, die ja häufig branchenübergreifend angelegt sind, sprechen insbesondere auch die Befunde einiger empirischer Untersuchungen, die unter Einbeziehung verschiedener Branchen ganz unterschiedliche Wirkungsstrukturen zwischen Erfolgsgröße und Erfolgsfaktoren offenlegten.[2] Nach *Pümpin* verlangen strategische Unternehmensentscheidungen aufgrund der situativen Bedingtheit des Unternehmenserfolgs ein Zusammenfließen von kreativem Denken, Intuition, praktischer Erfahrung und wissenschaftlichen Erkenntnissen und Systematiken.[3]

Darüber hinaus ist ein Problem darin zu sehen, daß sich Intensität und Wirkungsrichtung einzelner Erfolgsfaktoren im Zeitablauf bzw. im Zuge sich wandelnder Rahmenbedingungen verändern können.[4] Damit entbindet eine einmal ermittelte Erfolgsfaktorenstruktur die Unternehmensstrategen keinesfalls von sorgfältig durchgeführten Situationsanalysen, die Hinweise darauf zu liefern vermögen, welchen Faktoren vor dem Hintergrund der aktuellen Unternehmenssituation besonderes Gewicht beizumessen ist und welche möglicherweise vernachlässigt werden können.[5] Allerdings deuten die Ergebnisse der PIMS-Forschung darauf hin, daß man grundsätzlich durchaus von einer stabilen Wirkung der Erfolgsfaktoren ausgehen kann, da deren Effekte trotz erheblicher Strukturwandlungen über einen Zeitraum von mehreren Jahrzehnten weitgehend konstant geblieben sind.

Im folgenden soll nun geprüft werden, welchen Beitrag die bisherige Erfolgsfaktorenforschung für unsere Untersuchung leisten kann. Die Ergebnisse der vorliegenden Studien bieten ein heuristisches Potential zur Generierung von Hypothesen über mögliche Erfolgsfaktoren von Diversifikationsstrategien. Bei der nachfolgenden Analyse dieser Befunde ist zunächst davon auszugehen, daß sich nicht nur diversifikationsspezifische Merkmale auf den Diversifikationserfolg auswirken, sondern auch sonstige Faktoren

---

1 Vgl. Wiedmann/Kreutzer (1985), S. 86; Kreutzer (1989), S. 118.
2 Vgl. z.B. Woo/Cooper (1981a, 1981b, 1982, 1984); Phillips/Chang/Buzzell (1983); Montgomery (1979); Bass/Cattin/Wittink (1978).
3 Vgl. Pümpin (1980), S. 15.
4 Beispielsweise steckten mehrere in der Untersuchung von Peters und Waterman als exzellent bezeichnete Unternehmen bereits zwei Jahre nach Veröffentlichung der Ergebnisse in ernsthaften Schwierigkeiten; vgl. Carroll (1983); Frese (1985); Hitt/Ireland (1987); Wohlgemuth (1989). Zur Dynamik strategischer Erfolgsfaktoren vgl. auch Abell (1978), S. 24.
5 Vgl. Pümpin (1980), S. 15; Wiedmann/Kreutzer (1985), S. 79.

einen Einfluß auf den Erfolg von Diversifikationsprojekten ausüben können.[1] Daher sollen im folgenden neben empirischen Untersuchungen, die sich speziell mit der Diversifikation beschäftigen, auch solche Studien berücksichtigt werden, die sich mit den Bestimmungsgrößen des globalen Unternehmenserfolgs auseinandersetzen. Schließlich gilt es auch, empirische Untersuchungen zum Erfolg von Unternehmensakquisitionen für unsere Betrachtung heranzuziehen, da sich hierin häufig die Strategie der Diversifikation widerspiegelt.[2]

In den folgenden Abschnitten werden die einzelnen Untersuchungen zunächst skizziert und anschließend in zusammenfassender Form die zentralen Erkenntnisse, die in die vorliegende Problemstellung einbezogen werden können, herausgearbeitet. Es sollen dabei nur solche Untersuchungen herangezogen werden, die der Erfolgsfaktorenforschung im engeren Sinne zuzurechnen sind. Damit bleiben Studien, die lediglich einen bivariaten Zusammenhang zwischen betrieblichen Größen oder die Wirkung einzelner absatzpolitischer Instrumente auf den Erfolg analysieren, außer Betracht.[3]

1.3 Der Stand der derzeitigen empirischen Erfolgsfaktorenforschung vor dem Hintergrund einer Suche nach Erfolgsdeterminanten der Diversifikationsstrategie von Industrieunternehmen

1.3.1 Darstellung und kritische Würdigung des PIMS-Programms

Die bekannteste Untersuchung über strategische Erfolgsfaktoren dürfte die PIMS-Studie sein.[4] Auf die PIMS-Datenbasis zurückzuführende Forschungsergebnisse wurden mittlerweile in über 100 Veröffentlichungen dargelegt und diskutiert.[5] Das PIMS-Programm wurde Anfang der 60er Jahre bei dem US-amerikanischen Elektrokonzern *General Electric* als ein firmeninternes Forschungsprogramm ins Leben gerufen,[6] um **allgemeingültige strategische Gesetzmäßigkeiten** ("laws of the marketplace") zu identifizieren und in diesem Zusammenhang Faktoren zu ermitteln, die insbesondere den

---

1 So beispielsweise auch ein Ergebnis bei Biggadike (1979b), S. 107.
2 So stehen in den USA bereits seit den 60er Jahren konglomerate Zusammenschlüsse im Zentrum der Fusionsaktivitäten. Vgl. Bühner (1990), S. 314.
3 Zu dieser Abgenzung der Erfolgsfaktorenforschung vgl. auch Hildebrandt (1986), S. 42 f., und Patt (1988), S. 18.
4 Einen knappen Überblick über Forschungskonzeption und zentrale Ergebnisse des Projektes vermitteln beispielsweise Wittek (1980), S. 160 - 166; Kreikebaum (1987), S. 97 - 102; Wakerly (1984); Welge (1985), S. 171 - 180; Luchs/Müller (1985); Malik (1987); Meffert (1988), S. 9 - 27; Neubauer (1989), Sp. 1363 -1370. Eine ausführlichere Darstellung findet man bei Buzzell/Gale (1987), Kreilkamp (1987), S. 369 - 445, und Venohr (1988).
5 Vgl. Buzzell/Gale (1987), S. VIII und 301 - 312.
6 Vgl. Kreikebaum (1987), S. 97; Luchs/Müller (1985), S. 80.

Return on Investment (ROI) und den Cash flow als Indikatoren des Erfolgs strategischer Geschäftseinheiten positiv beeinflussen.[1]

Die Datenbasis des zunächst auf 100 Geschäftsbereiche von *General Electric* beschränkten Programms[2] wurde im Jahr 1972 verbreitet, als es im Rahmen der Umwandlung in ein Mehrfirmenprojekt dem *Marketing Science Institute* der *Harvard Business School* unterstellt und einem Kreis von zunächst rund 35 Unternehmen mit ca. 350 Geschäftseinheiten zugänglich gemacht wurde.[3] Nach erfolgreicher Testphase wurde das Forschungsprogramm ab etwa Mitte der 70er Jahre auf breiter Basis ausgebaut.[4] Im Jahr 1975 erfolgte die Institutionalisierung des Projekts in Form des gemeinnützigen und unabhängigen *Strategic Planning Institute* (SPI) in Cambridge/Massachusetts.[5] Neben dieser PIMS-Zentrale bestehen Niederlassungen in London, Göteborg, St. Gallen und Köln.[6] Zum PIMS-Programm haben bisher etwa 450 Unternehmen verschiedener Branchen mit Informationen beigetragen. Zur Zeit enthält die Hauptdatenbank Informationen über rund 3000 strategische Geschäftseinheiten.[7] Daneben entwickelte das *Strategic Planning Institute* weitere Datenbanken, die sich mit **spezifischen Anwendungsproblemen** befassen.[8]

- Die PIMS-Start-up-Datenbank läßt auf der Basis der Geschäftsdaten von etwa 200 Geschäftseinheiten die Analyse von Neugründungen zu.

- Die PIMS-Portfolio-Datenbank mit 60 Geschäftsbereichs-Portfolien dient der Erforschung von Synergieeffekten zwischen Geschäftseinheiten.

- Die PIMS-Datenbank für Qualität und Differenzierung enthält Informationen über Qualitätskriterien, Bedeutung und Bewertung von ca. 200 strategischen Geschäftseinheiten und soll zu einer Verbesserung der Qualität und der Markendifferenzierung beitragen.

---

1 Vgl. Schoeffler (1980). Allerdings verfolgt man mittlerweile eine realistischere Zielsetzung und ist von dem Versuch, "Marktgesetze" aufzudecken, abgekommen. Buzzell und Gale (1987) formulieren die aktuelle Aufgabe des PIMS-Projekts dahingehend, daß "strategy principles" erforscht werden sollen (S. 2), wobei man sich der situativen Relativierität der Strategie-Erfolgs-Zusammenhänge durchaus bewußt ist (S. VIII, 2 und 102). Hierfür spricht auch folgende Empfehlung des Strategic Planning Institute: "Don't ignore what the model says, don't believe what the model says" (McNamee, 1985, S. 208), womit das Forschungsinstitut selber vor einer allzu engen Interpretation und Verwendung der Ergebnisse warnt.
2 Vgl. Luchs/Müller (1985), S. 80.
3 Vgl. Schoeffler/Buzzell/Heany (1974), S. 138.
4 Vgl. Luchs/Müller (1985), S. 81.
5 Vgl. Wakerly (1984), S. 92.
6 Vgl. Kreikebaum (1987), S. 98; Venohr (1988), S. 68.
7 Vgl. Buzzell/Gale (1989), S. 3.
8 Vgl. Buzzell/Gale (1989), S. 227 und 231.

- Die PIMS-OASIS-Datenbank mit etwa 60 Geschäftseinheiten dient der Untersuchung von Beziehungen zwischen personalpolitischen Merkmalen, Wettbewerbsstrategien und Unternehmenserfolg.

Die am PIMS-Projekt beteiligten Geschäftseinheiten stammen zu etwa 60 bis 70 Prozent aus den Bereichen Produktions- und Investitionsgüter, zu 20 bis 30 Prozent aus dem Konsumgüterbereich und zu ca. 5 bis 10 Prozent aus den Bereichen Groß- und Einzelhandel sowie Dienstleistungen.[1]

Die **Aufgabenbereiche** des PIMS-Projekts bestehen im wesentlichen aus einem "Research Program" (Grundlagenforschung) und einem "Applications Program" (Anwendungsforschung und Beratung). Im Rahmen des "Research Program" identifizierte man **37 Faktoren**, die insgesamt etwa 80 Prozent der Unterschiede in der Höhe des ROI einzelner Geschäftsbereiche erklären können.[2] Von den untersuchten Einflußgrößen leistet der **Marktanteil** den höchsten Erklärungsbeitrag. Allerdings vermag er alleine nicht mehr als 20 Prozent der ROI-Varianz zu erklären.[3] Als ähnlich bedeutsam wie der Marktanteil wurden in den PIMS-Untersuchungen die Merkmale Produktqualität und Investitionsintensität identifiziert.[4]

Die übrigen Einflußgrößen lassen sich folgendermaßen zusammenfassen:

- Merkmale der Marktstruktur,
- Wettbewerbsposition,
- Charakteristika des Produktionsprozesses,
- Höhe einzelner Budgets (Marketing, Forschung und Entwicklung),
- Art der verfolgten Strategie (z.B. Abschöpfungs- oder Wachstumsstrategie).[5]

Zur **Datenauswertung** wurde im PIMS-Modell zunächst die multiple Regressionsanalyse herangezogen. Später erfolgte eine Überprüfung einiger PIMS-Ergebnisse auch mit Hilfe der methodisch anspruchsvolleren Kausalanalyse.[6] Die Ergebnisse werden in zahlreichen Arbeitspapieren, "PIMS-Letters" und sonstigen Publikationen veröffentlicht.

---

1 Vgl. Schoeffler/Buzzell/Heany (1974), S. 139 f.; Abell/Hammond (1979), S. 274; Venohr (1988), S. 68.
2 Vgl. Schoeffler/Buzzell/Heany (1974), S. 137; Buzzell/Gale/Sultan (1975), S. 97; Schoeffler (1980), S. 2.
3 Vgl. Wittek (1980), S. 160.
4 Vgl. Schoeffler (1978); Buzzell/Gale (1987), S. 7 - 11; Meffert (1988), S. 14 - 16.
5 Vgl. Wittek (1980), S. 160.
6 Vgl. Phillips/Chang/Buzzell (1983). Im Rahmen dieser Kausalanalyse wurden für den Konsumgüterbereich die Beziehungen zwischen der Produktqualität, den Preisen, den direkten Kosten und der Marktposition (jeweils im Vergleich zu den Wettbewerbern) sowie deren Einfluß auf die abhängige Variable ROI untersucht. Vgl. hierzu auch den knappen Überblick bei Hildebrandt (1986), S. 40 - 42.

Darüber hinaus bietet das PIMS-Programm jenen Firmen, welche ihre Daten für das Projekt zur Verfügung stellen, spezielle computergestützte Auswertungen für einzelne Geschäftseinheiten an und gewährt diesen einen direkten Zugang zu den Computer-Modellen des Forschungsprogramms zur Lösung unternehmensspezifischer Analyse- und Planungsaufgaben.[1]

Neben den häufiger in der Literatur zitierten und daher vergleichsweise bekannten Berichten[2]

- PAR-Report,
- LIM-Report,
- Strategy Analysis-Report,
- Optimum Strategy-Report und
- Report on "Look-Alikes" (ROLA)

offeriert PIMS auch einen sog. **"Start-up Business Report"**, mit dessen Hilfe versucht wird, möglichst früh eine Prognose über die zu erwartende Profitabilität einer neu gegründeten Geschäftseinheit ("Start-up Business") abzugeben. Dabei werden sowohl Marktstrukturdaten als auch Merkmale der Marktposition der neuen Geschäftseinheit herangezogen.[3] Die auf der Basis der ersten vier Geschäftsjahre prognostizierte Entwicklung der Schlüsselvariablen der neuen Geschäftseinheit werden u.a. in das LIM-PAR-ROI-Modell eingesetzt. Der durch dieses Simulationsmodell ermittelte PAR-ROI, der üblicherweise von Geschäftseinheiten mit einem vergleichbaren strategischen Profil erzielt wird (auch als Normal-ROI bezeichnet)[4], gilt als Richtwert für die zu erwartende Rendite. Mittels eines Vergleichs der prognostizierten Merkmalsausprägungen mit den ermittelten Durchschnittswerten der Start-up-Datenbank wird versucht, dem Modellanwender Aufschluß über zukünftige Stärken und Schwächen einer neuen strategischen Geschäftseinheit zu geben.[5]

---

1 Vgl. Luchs/Müller (1985), S. 94.
2 Vgl. hierzu z.B. Venohr (1988), S. 76 - 113; Meffert (1988), S. 19 - 24.
3 Vgl. Venohr (1988), S. 114 f.; Strategic Planning Institute (1978).
4 Vgl. Luchs/Müller (1985), S. 95.
5 Vgl. Venohr (1988), S. 115 f.

Obgleich der Forschungsansatz des PIMS-Projektes als richtungsweisend für die Erfolgsfaktorenforschung angesehen werden kann,[1] dürfen doch einige ausgewählte **Kritikpunkte** nicht unerwähnt bleiben:

Zwar sind heute für einige Branchen spezielle Auswertungen zu erhalten, jedoch werden die Analysen des PIMS-Projekts im großen und ganzen über verschiedene Wirtschaftszweige hinweg durchgeführt. Dies führt zu globalen Durchschnittswerten und damit zu starken Nivellierungstendenzen, wobei die Erfolgsstrukturen in den einzelnen Branchen mehr oder weniger stark voneinander abweichen können.[2]

Problematisch sind weiterhin definitorische Verknüpfungen von unabhängigen Variablen mit der abhängigen Variablen ROI[3] und die unzureichende theoretische Fundierung der PIMS-Forschung, welche die Gefahr einer unkritischen Interpretation der empirisch bestätigten statistischen Zusammenhänge nach sich zieht.[4] Vorbehalte werden auch gegenüber der Stichprobe[5] sowie hinsichtlich Vollständigkeit und Operationalisierung einzelner Variablen angemeldet.[6] Insbesondere die Methode der Datenerfassung mittels subjektiver Einschätzung der Unternehmens-, der Markt- und der Wettbewerbssituation durch die betroffenen Manager rückt in diesem Zusammenhang in das "Schußfeld der Kritik".[7] Als unbefriedigend galt bis vor kurzem ferner die unzureichende Veröffentlichung von Informationen über das verwendete Regressionsmodell (Vorzeichen und Größe der Regressionskoeffizienten, Standardabweichungen, Vertrauensintervalle etc.), wodurch eine Beurteilung der Qualität des Regressionsmodells und damit der Gültigkeit der Ergebnisse kaum möglich war.[8] Den Publikationen neueren Datums sind jedoch durchaus aussagekräftige Angaben über das verwendete Regressionsmodell zu entnehmen.[9]

Ein zentrales Ergebnis der PIMS-Forschung ist die vergleichsweise hohe positive Korrelation des Marktanteils mit dem Erfolg strategischer Geschäftseinheiten. Befunde anderer empirischer Untersuchungen sprechen jedoch gegen dieses "Marktanteils-

---

[1] So z.B. auch Hildebrandt (1986), S. 42.
[2] Wittek (1980), S. 165; Lange (1982), S. 34; Chrubasik/Zimmermann (1987), S. 443; Barzen/Wahle (1990), S. 109.
[3] So beispielsweise Investitionsintensität und ROI; vgl. Dunst (1979), S. 80; Welge (1985), S. 174.
[4] Vgl. Lange (1982), S. 36; Chrubasik/Zimmermann (1987), S. 442; Venohr (1988), S. 185.
[5] Die Mitgliedsunternehmen sind überwiegend Marktführer und befinden sich meist in der Reife- bzw. Sättigungsphase des Produktlebenszyklus; vgl. Kreilkamp (1987), S. 398; Buzzell/Gale (1989), S. 218.
[6] Vgl. hierzu die Ausführungen bei Lange (1982), S. 36 f.; Anderson/Paine (1978); Chrubasik/Zimmermann (1987), S. 441 - 443.
[7] Vgl. Hildebrandt (1986), S. 42; Barzen/Wahle (1990), S. 109.
[8] Vgl. Ramanujam/Venkatraman (1984), S. 145; Lange (1982), S. 37; Anderson/Paine (1978), S. 606.
[9] So z.B. die Veröffentlichungen von Buzzell/Gale (1987); dieselben (1989).

Rentabilitäts-Gesetz". Einige Replikationsstudien weisen darauf hin, daß ein beträchtlicher Teil der Marktanteils-Gewinn-Korrelation der PIMS-Untersuchungen auf Zufallsergebnissen und/oder auf dem Einfluß von Drittfaktoren beruht.[1] Wie Befunde von *Woo* und *Cooper* zeigen, können auch Unternehmen mit einem geringen Marktanteil sehr profitabel sein.[2]

So kritisiert auch *Meffert* den im PIMS-Projekt ermittelten Zusammenhang dahingehend, daß diese Beziehung nicht in allen Branchen gelte, da z.B. im Einzelhandel viele Fach- und Spezialgeschäfte mit geringem Marktanteil äußerst profitable Ergebnisse erzielten.[3] Allerdings dürfte sich unter Berücksichtigung des relevanten Marktes auch im Einzelhandel die Marktanteils-Rentabilitäts-Beziehung zeigen.[4] Die Perspektive des relevanten Marktes gilt es auch bei der Interpretation des *Porter*schen Ansatzes zu beachten, der eine U-förmige Beziehung zwischen Marktanteil und ROI bzw. ein hohes Erfolgspotential bei großem und kleinem Marktanteil postuliert.[5] Hinsichtlich der Marktanteilsberechnung besteht zwischen dem PIMS-Modell und dem *Porter*-Ansatz folgender wesentlicher Unterschied: *Porter* stellt auf eine branchenweite Betrachtung ab (z.B. Automobile) und berechnet auf dieser Grundlage den Marktanteil einzelner Hersteller (z.B. *Daimler Benz*-PKW). Bei dieser Betrachtung ergibt sich für die erfolgreiche Firma *Daimler Benz* ein niedriger Anteil am weltweiten Automobilmarkt. Legt man der Marktanteilsberechnung jedoch - wie im PIMS-Projekt - das Konzept des relevanten bzw. bedienten Marktes zugrunde, dann nimmt *Daimler Benz* im relevanten Segment der Luxusautomobile sehr wohl eine führende Position ein.[6]

Abschließend ist darauf hinzuweisen, daß ein Teil der hier skizzierten Schwächen des PIMS-Ansatzes wie z.B. die der Multikollinearität der unabhängigen Variablen[7] durch einen verstärkten Einsatz moderner Verfahren der Kausalanalyse weitgehend ausgeräumt werden könnte.[8]

Trotz der berechtigten Kritik gilt der PIMS-Ansatz zur Zeit als das erfolgversprechendste Forschungsprojekt zur Ermittlung strategischer Erfolgsfaktoren.[9] Obwohl man den

---

1 Vgl. Rumelt/Wensley (1981); Jacobson/Aaker (1985); Jacobson (1988).
2 Vgl. Woo/Cooper (1981); dieselben (1982).
3 Vgl. Meffert (1986a).
4 Ein positiver Einfluß des Marktanteils auf den Erfolg von Einzelhandelsunternehmen zeigt sich beispielsweise in einer empirischen Studie von Cronin und Skinner (1984).
5 Vgl. z.B. Porter (1987), S. 71 - 74.
6 Vgl. Buzzell/Gale (1989), S. 76 f.; Meffert (1988), S. 12 f.; Buzzell/Gale (1987).
7 Vgl. z.B. Anderson/Paine (1978), S. 605; Dunst (1979), S. 80; Wittek (1980), S. 165; Lange (1982), S. 34 f.
8 Vgl. Hildebrandt (1986), S. 42; Chussil (1984), S. 94; Müller/Roventa/Lückerath (1981), S. 107.
9 Vgl. Chrubasik/Zimmermann (1987), S. 445.

Versuch, auf empirisch-induktivem Wege mit Hilfe statistischer Methoden "Marktgesetze" zu entdecken, wohl als gescheitert betrachten muß,[1] ist das PIMS-Programm durchaus in der Lage, wertvolle Informationen zur Fundierung der strategischen Unternehmensplanung zu liefern. Dabei darf es allerdings nicht als alleinige Informationsquelle verstanden werden; vielmehr ist es als zusätzliches Analyseinstrument zu begreifen, welches flankierend zu anderen Planungsmethoden (Portfolio-Analyse, Szenariotechnik etc.) eingesetzt werden sollte.[2]

1.3.2 Ergebnisse der allgemeinen empirischen Erfolgsfaktorenforschung unter besonderer Berücksichtigung der Diversifikation

Bei der folgenden Analyse von Befunden der empirischen Erfolgsfaktorenforschung sollen zunächst themenrelevante Ergebnisse solcher Untersuchungen aufgegriffen werden, die sich allgemein mit Erfolgsfaktoren von Unternehmen oder deren Geschäftsbereichen auseinandersetzen. Es gilt dabei, insbesondere jene Ergebnisse herauszuarbeiten, die im Hinblick auf den Erfolg oder Mißerfolg einer Diversifikationsstrategie von besonderem Interesse sind. Im Anschluß daran wird eine detaillierte Analyse spezieller Diversifikationsstudien durchgeführt.

Es ist nicht möglich, alle verfügbaren Studien im Detail vorzustellen. Es können vielmehr nur einige wenige näher beschrieben werden. Hinsichtlich der Ergebnisse der übrigen Erfolgsfaktorenstudien sei der Leser auf die tabellarisch aufgeführten Befunde am Ende dieses Abschnitts verwiesen. Empirische Untersuchungen, die sich speziell mit den Erfolgen von Handels- und sonstigen Dienstleistungsunternehmen befassen, also Industrieunternehmen ausgrenzen, werden dabei nicht berücksichtigt.[3]

Große Resonanz sowohl in der Wissenschaft als auch in der Praxis hat die Studie der beiden Unternehmensberater *Peters* und *Waterman* gefunden.[4] Die Autoren wählten 62 hochangesehene US-amerikanische Unternehmen aus, die sie teils anhand von Pressemeldungen und Geschäftsberichten, teils auf der Basis strukturierter Interviews analy-

---

1 Vgl. Venohr (1988), S. 188.
2 Vgl. Neubauer (1989), Sp. 1369; Meffert (1988), S. 25; Chrubasik/Zimmermann (1987), S. 445.
3 Vgl. hierzu die umfassende Auswertung empirischer Untersuchungen, die sich mit den Erfolgen von Handelsunternehmen beschäftigen, bei Fritz (1989b) und Patt (1988).
4 Vgl. Peters/Waterman (1984). Zur Resonanz der Studie vgl. Simon (1986), S. 206.

sierten.[1] Sie kommen zu dem Ergebnis, daß sich die "exzellenten" Unternehmen durch die folgenden acht Merkmale auszeichnen:[2]

1. Primat des Handelns
2. Nähe zum Kunden
3. Freiraum für Unternehmertum
4. Produktivität durch Menschen
5. Sichtbar gelebtes Wertsystem
6. Bindung an das angestammte Geschäft
7. Einfacher, flexibler Aufbau
8. Straff-lockere Führung

Von diesen Merkmalen besonders erfolgreicher Unternehmen weist die **Bindung an das angestammte Geschäft** den engsten Bezug zur Diversifikation auf. "Exzellente Firmen" verfahren demzufolge nach der Devise: "Schuster bleib bei Deinen Leisten". Am erfolgreichsten seien solche Unternehmen, die ihre **spezifische Stärke** ins Zentrum der Diversifikation stellen. Daher stehen die Autoren auch einer umfangreichen Diversifikation äußerst skeptisch gegenüber. Die Probleme, die mit dem Eintritt in fremde Märkte verbunden seien, blieben nicht auf ausgesprochene Mischkonzerne beschränkt. Die Studie kommt zu dem Ergebnis, daß es für eine breite Diversifizierung eines Unternehmens "keine wirklich stichhaltige Begründung gibt."[3]

Hinsichtlich der Realisierung von Diversifikationen stellten die Autoren fest, daß internes Wachstum einer Akquisition und Fusion überlegen und ein vorsichtiges, schrittweises Eindringen in neue Märkte zu empfehlen sei.[4] Die wenigen Akquisitionen, die von den "exzellenten Unternehmen" getätigt wurden, waren kleine Firmen, die problemlos in das aufkaufende Unternehmen integriert werden konnten, ohne dessen "Wesen" zu verändern. Einige Unternehmen seien sogar durch Firmenaufkäufe "erstarkt", wobei auch sie getreu dem Motto: "small is beautiful" vorgegangen seien. Die Verfasser gelangen daher zu dem Schluß, daß kleine Akquisitionen durchaus sinnvoll und erfolgreich sein können.[5]

---

[1] Ursprünglich waren es 75 Unternehmen. Die 13 europäischen Firmen wurden jedoch wieder aus der Untersuchung herausgenommen. Zur Vorgehensweise bei dieser Studie vgl. Peters/Waterman (1984), S. 35 und 42 - 49.
[2] Als das überragende Kennzeichen besonders erfolgreicher Unternehmen wird die Intensität der Unternehmenskultur gesehen. Vgl. Peters/Waterman (1984), S. 39.
[3] Vgl. Peters/Waterman (1984), S. 338 - 340.
[4] Vgl. Peters/Waterman (1984), S. 342.
[5] Vgl. Peters/Waterman (1984), S. 344 f.

Die Veröffentlichung von *Peters* und *Waterman* blieb nicht ohne Kritik.[1] So wies z.B. *Frese* zu Recht auf die methodischen Schwächen der Untersuchung hin und kritisierte auch die teilweise oberflächliche Literaturauswertung, die journalistischen Überzeichnungen und die von den Autoren vorgenommenen Akzentuierungen.[2] Ein gravierender Einwand gegen diese Studie setzt an dem Umstand an, daß bereits kurz nach Veröffentlichung der Untersuchungsergebnisse bei vielen der als "exzellent" eingestuften Firmen entweder erhebliche Erfolgseinbußen zu verzeichnen waren oder die Aufgabe der von *Peters* und *Waterman* als Erfolgsfaktoren identifizierten Geschäftspraktiken festgestellt wurde.[3] So wirft *Leontiades* den beiden Autoren vor, daß sie aus einer subjektiven Sichtweise heraus zwischen guten und schlechten Konglomeraten unterschieden hätten. Teilweise seien "exzellente" Konzerne, deren Geschäftsbereiche als verwandt eingestuft worden seien, bereits zum Zeitpunkt der Analyse wirkliche Mischkonzerne gewesen, oder sie hätten nach Abschluß der Untersuchung begonnen, sich in branchenfremden Gebieten zu engagieren.[4]

Als besonders problematisch muß die Tatsache gewertet werden, daß sich die Analyse von *Peters* und *Waterman* auf eine Gruppe besonders erfolgreicher Unternehmen beschränkt und auf eine Kontrollgruppe verzichtet. Damit läßt sich freilich nicht feststellen, ob die bei den "exzellenten" Firmen beobachteten Merkmale wirklich Erfolgsfaktoren darstellen oder ob sie ebenso auch bei den nicht erfolgreichen Unternehmen auftreten.[5]

Nachdenklich stimmt auch der Umstand, daß in den jüngeren Studien der beiden Autoren fortwährende Innovation bzw. hohe Innovationsfähigkeit als Erfolgsfaktoren herausgestellt werden,[6] wobei dieses Merkmal in der ersten Veröffentlichung nicht unter den Erfolgsfaktoren zu finden ist. Verwunderlich ist ferner, daß in der neueren Studie von *Waterman* ("Leistung durch Innovation") die "Bindung an das angestammte Geschäft" (Erfolgsfaktor in der ersten Untersuchung) keinen Eingang gefunden hat, obwohl dieses

---

1 Zur Kritik an Peters und Waterman vgl. Frese (1985a); Johnson/Natarajan/Ashok/Rappaport (1985); Wächter (1985); Carrol (1983); Hitt/Ireland (1987); Krüger (1988); Krüger (1989); Fritz (1989b).
2 Vgl. Frese (1985a), S. 605 f. Diese Kritik greift ebenfalls bei den späteren Erfolgsfaktorenstudien der beiden Autoren: Peters/Austin (1986) und Waterman (1988).
3 Vgl. o.V. (1984).
4 Vgl. Leontiades (1987), S. 18 - 20 und 65.
5 Vgl. Frese (1985a), S. 605; Varadarajan (1989a), S. 3; derselbe (1989b), S. 12; Varadarajan/ Ramanujam (1989), S. 7; Fritz (1989b), S. 12.
6 Vgl. Peters/Austin (1986), S. 26 f.; Waterman (1988), S. 9: "Kein Unternehmen kann herausragende Leistungen erbringen und diese Leistung *noch* weiter verbessern, wenn nicht fortwährend Innovation das oberste Ziel ist" (Hervorhebung im Original).

Merkmal doch gerade auch im Rahmen einer Analyse der Innovationstätigkeit erfolgreicher Unternehmen von großem Interesse ist.[1]

Vergleichsweise wenig Beachtung fand in der Wissenschaft bisher - zumindest im deutschsprachigen Raum - eine Studie von *Clifford* und *Cavanagh*, die sich mit den Erfolgsfaktoren mittelgroßer "Spitzenunternehmen" auseinandergesetzt haben.[2] Die Autoren weisen darauf hin, daß die Ergebnisse teilweise denjenigen von *Peters* und *Waterman* gleichen.[3] Gemäß den Ausführungen von *Clifford* und *Cavanagh* zeigen erfolgreiche Unternehmen mittlerer Größe keine Spezifika bei den Merkmalen Unternehmensalter, geographische Lage und Branchenwachstum. Die Erfolge der "Spitzengewinner" basieren vielmehr hauptsächlich auf

- Innovationen, insbesondere Generierung neuer Erfahrungskurven,
- einer ausgeprägten Qualitätsorientierung (Kundennutzen steht im Vordergrund),
- der Bekämpfung des Bürokratismus im eigenen Unternehmen, indem die Angestellten zu Unternehmern gemacht und große Stabsabteilungen vermieden werden,
- einer ausgeprägten Unternehmenskultur,
- einem außergewöhnlichen Engagement des Managements, das sich durch Zielorientierung und langfristiges Denken auszeichnet, sowie auf
- der Strategie der Marktsegmentierung und dem Auf- und Ausbau von Marktnischen.[4]

Darüber hinaus verfolgen die Spitzengewinner oftmals die **Strategie der Diversifikation**.[5] Sie diversifizieren gemäß den Untersuchungsergebnissen in **verwandte** Geschäftsbereiche, wobei sie häufig den Weg der **Akquisition** zuvor sorgfältig ausgewählter Unternehmen gehen. Sie haben dabei nicht vorrangig Umsatz- und Gewinn-

---

[1] Waterman (1988), S. 16 - 24, ermittelt folgende acht Erfolgsfaktoren: 1. Informierter Opportunismus; 2. Anordnung und Ermächtigung; 3. Freundliche Fakten, kongeniale Kontrollen; 4. Ein anderer Spiegel; 5. Teamwork, Vertrauen, Politik und Macht; 6. Stabilität in der Bewegung; 7. Haltung und Aufmerksamkeit; 8. Aufgaben und Engagement. Peters und Austin stellen 1. die Kundenbetreuung, 2. permanente Innovationen, 3. die Führungsqualität ("Managing by Wandering Around") und 4. die Fähigkeit, Menschen zu begeistern, als Erfolgsfaktoren heraus; vgl. Peters/Austin (1986), S. 27.

[2] Vgl. Clifford/Cavanagh (1986). Die Untersuchung basiert auf der Analyse von 100 Mitgliedsfirmen der American Business Conference (ABC), deren Umsätze zu Beginn des Forschungsprojektes zwischen 25 Millionen und 1 Milliarde Dollar betrugen und die in den vorangegangenen Jahren ein Gewinn- oder Umsatzwachstum von über 15 Prozent per annum auswiesen. Aufgrund der aufwendigen Methodenkombination kann diese Studie zu den quantitativen Untersuchungen der Erfolgsfaktorenforschung gezählt werden. Die mittels Literaturanalyse und Befragung gewonnenen Ergebnisse wurden anhand von Kontrollgruppen aus den Datenpools von Standard & Poor's sowie Dun & Bradstreet überprüft. Zusätzlich griffen die Autoren auf Datenmaterial und Software des PIMS-Programms zurück. Zur Methodik der Untersuchung vgl. ebenda, S. 17 - 20 und 295 - 300.

[3] Wie Peters und Waterman waren auch die Autoren dieser Studie zum Untersuchungszeitpunkt Mitarbeiter der Beratungsgesellschaft McKinsey & Company.

[4] Vgl. Clifford/Cavanagh (1986), S. 21 - 40.

[5] Vgl. Clifford/Cavanagh (1986), S. 33, 87 und 331. Nur 2 Prozent der Unternehmen beschränken sich bei ihrer Tätigkeit auf einen einzigen Produkt-Markt-Bereich.

ziele im Auge als vielmehr den Erwerb von Ideen und Know-how.[1] Die Diversifikationsstrategie dieser Firmen ist geprägt durch das Eindringen in verwandte **Marktnischen** unter Nutzung bereits vorhandener **Stärken**.[2]

Mit dem Ziel, die charakteristischen Merkmale des Management erfolgreicher britischer Unternehmen zu ermitteln, analysierten *Goldsmith* und *Clutterbuck* Anfang der 80er Jahre in Großbritannien 23 besonders erfolgreiche Firmen.[3] In Interviews mit dem Top-Management ermittelten die Autoren folgende acht Erfolgsfaktoren:[4]

1. Führung (enger Kontakt zu den Mitarbeitern, eindeutige Unternehmensphilosophie, klare Zielsetzung, Bereitstellung notwendiger Ressourcen)

2. Hoher Grad an Autonomie der Führungskräfte (u.a. durch flexible, relativ unbürokratische Organisation)

3. Hoher Stellenwert von Planung und Kontrolle (unter Berücksichtigung ausreichender Flexibilitätsspielräume)

4. Hohes Involvement der Mitarbeiter (durch Vermittlung eines Zugehörigkeitsgefühls, Berücksichtigung sozialer Interessen der Mitarbeiter, hoher Informationsfluß innerhalb des Unternehmens)

5. Ausgeprägte Marktorientierung (gründliche Behandlung von Kundenreklamationen, Qualitätsorientierung, marktorientierte F&E, intensive Erfassung und Auswertung von Marktinformationen)

6. Offensive Innovationsstrategie (hohe Innovationsrate, Marktinnovationen)

7. Hohe Integrität gegenüber Mitarbeitern, Lieferanten, Kunden sowie der breiten Öffentlichkeit

8. Orientierung am angestammten Tätigkeitsbereich

Der zuletzt aufgeführte Erfolgsfaktor rekurriert explizit auf die Frage, ob Unternehmen diversifizieren sollen oder nicht. Spitzenunternehmen halten demnach in Großbritannien am angestammten Tätigkeitsgebiet fest. In jenen Fällen, in denen von diesem Prinzip abgewichen wird, erfolgt kurze Zeit später eine Rückkehr zu den Kern-Geschäftsfeldern,

---

1 Vgl. Clifford/Cavanagh (1986), S. 31 f.
2 Vgl. Clifford/Cavanagh (1986), S. 87.
3 Vgl. Goldsmith/Clutterbuck (1984).
4 Vgl. Goldsmith/Clutterbuck (1984), S. 13 - 130.

was - so die Autoren - auch für die in der Stichprobe befindlichen Unternehmen mit breitem Diversifikationsprogramm gelte, die kaum aus dem einmal gewählten Spektrum von Geschäftsfeldern ausbrechen würden.[1] Dieses Resultat ist insofern überraschend (und nicht ganz widerspruchsfrei), als sich in der Stichprobe der besonders erfolgreichen Unternehmen einige Konglomerate befinden, die jeweils in sehr unterschiedlichen Branchen tätig sind. So kommen die Autoren an anderer Stelle zu der Aussage:

"Our sample also suggests that the day of the conglomerate is far from over. Hanson Trust, BTR, Trafalgar House and Grand Metropolitan are all diversified groups and all return very healthy profits."[2]

Auch die Befunde von *Goldsmith* und *Clutterbuck* müssen daher mit Vorsicht interpretiert werden.

Eine umfassend angelegte Erfolgsfaktorenstudie wurde in der Bundesrepublik in den Jahren 1981 und 1982 von *Töpfer* durchgeführt. Es handelt sich um eine schriftliche Befragung von 196 Unternehmen des Verarbeitenden Gewerbes mit über 500 Beschäftigten, bei der das Datenmaterial mittels eines kombinierten Einsatzes univariater, bivariater und multivariater Verfahren ausgewertet wurde. Die wichtigsten Befunde der Untersuchung werden im folgenden vorgestellt.[3]

Die erfolgreicheren Unternehmen dieser Stichprobe sind gekennzeichnet durch

- eine stärkere Ausprägung der Marketingdenkhaltung in Form der marktorientierten Unternehmensführung (umfassendere Nutzung der Marktforschung, z.B. häufigere Durchführung von Markttests vor der Einführung neuer Produkte),

- eine intensivere strategische Planung,

- eine stärkere Dezentralisierung der strategischen Planung (häufiger auch im Gegenstromverfahren und unter stärkerer Abstimmung der Globalstrategie mit den Einzelstrategien),

- eine aktive Marktbeeinflussung,

- eine hohe Wertschätzung der Produktinnovationsstrategie.

---

[1] Vgl. Goldsmith/Clutterbuck (1984), S. 99 - 101.
[2] Goldsmith/Clutterbuck (1984), S. 8.
[3] Zu den Untersuchungsergebnissen vgl. Töpfer (1984), S. 61 - 66. Die aufgezeigten Ergebnisse sind auf dem 95 Prozentniveau signifikant.

Hinsichtlich der **Diversifikationsstrategie** zeigen die Untersuchungsergebnisse, daß erfolgreiche Unternehmen häufiger Diversifikationen in der **gleichen** oder in einer **produktverwandten Branche** durchführen. Dabei wird der **Akquisition** anderer Firmen und der Unternehmensbeteiligung ein höherer Stellenwert beigemessen als dem internen Wachstum.

Die folgenden Tabellen sollen einen umfassenderen Einblick in den gegenwärtigen Stand der allgemeinen Erfolgsfaktorenforschung vor dem Hintergrund unserer Themenstellung vermitteln. Für die einzelnen Studien werden jeweils die Untersuchungsanlage und die Befunde zur Unternehmensdiversifikation aufgeführt. Wie die Ergebnisse zeigen, konzentrieren sich diese Studien auf die Ermittlung des Einflusses von Diversifikationsgrad sowie Verwandtschaft zwischen neuen Geschäftsfeldern und Stammgeschäft auf den Unternehmenserfolg. Tabelle 2 faßt jene allgemeinen empirischen Erfolgsfaktorenstudien zusammen, die das **Ausmaß der Diversifikation** als einen Erfolgsfaktor von Unternehmen untersuchen. Tabelle 3 gibt anschließend einen Überblick über solche Untersuchungen, welche die **Ähnlichkeit zwischen neuen und bisherigen Geschäftsfeldern** analysieren.[1]

Tab. 2: Merkmale und Befunde allgemeiner Erfolgsfaktorenuntersuchungen zum Einfluß des Diversifikationsausmaßes auf den Unternehmenserfolg

Verfasser	Erfolgsmaß	Untersuchungsrelevante Ergebnisse/ Erfolgsfaktoren	Untersuchungsebene	Untersuchungsart
Schoeffler/ Buzzell/ Heany (1974)	ROI	Geschäftsbereiche von stark diversifizierten Unternehmen erzielen den höchsten, Geschäftseinheiten von Unternehmen mit mittlerem Diversifikationsgrad den niedrigsten ROI	Erfolg von 620 Geschäftseinheiten aus 57 Unternehmen (PIMS-Datenbank)	quantitativ (multiple Regressionsanalyse)
Ravenscraft (1983)	Rentabilität	Ausmaß der Diversifikation ist positiv mit dem Erfolg verbunden	Erfolge von 3.186 Geschäftseinheiten aus 258 Industriezweigen	quantitativ (multiple Regressionsanalyse)

---

[1] Überschneidungen zwischen diesen Klassifikationsmerkmalen lassen sich nicht völlig vermeiden, da in einigen Untersuchungen bei der Operationalisierung der Diversifikationsintensität auch die Ähnlichkeit zwischen den Geschäftsfeldern herangezogen wurde: vgl. hierzu z.B. die Studien von Hitt/Ireland (1985) und Grinyer/McKiernan/Yasai-Ardekani (1988).

Fortsetzung Tab. 2:

Verfasser	Erfolgsmaß	Untersuchungs-relevante Ergebnisse/ Erfolgsfaktoren	Untersuchungs-ebene	Unter-suchungsart
Loomis (1984)	mind. durch-schnittlich 20 % Return on Share-holder's Equity im Zeitraum von 1974 bis 1983; niemals weniger als 15 % pro Jahr	Konzentration auf das Stammgeschäft	Erfolg von 13 besonders erfolg-reichen Unterneh-men der Fortune 500 (1984)	qualitativ
Hitt/Ireland (1985)	Shareholder Return	Diversifikationsgrad (Wrigley-Klassifikation) ohne Auswirkung auf den Unternehmenserfolg; Akquisition erfolgreicher als interne Entwicklung	Erfolg von 185 großen Industrie-unternehmen	quantitativ (multiple Regres-sionsanalyse)
Johnson/ Thomas (1987)	Umsatzwachs-tum, Return on Equity, Return on Capital Employed	Diversifikation hat negativen Einfluß auf den Unternehmenserfolg	Erfolg von 21 britischen Brau-ereien	quantitativ (Varianzanalyse, Scheffés Verfah-ren der multiplen Vergleiche; multi-ple Regressions-analyse)
Chang/Choi (1988)	Gewinn nach Steuern	Diversifikationsgrad ohne nennenswerten Einfluß auf den Unternehmenserfolg	Erfolg von 182 koreanischen Indu-strieunternehmen	quantitativ (multiple Regres-sionsanalyse)
Keats/Hitt (1988)	Return on Equi-ty, ROI, Return on Assets, Mar-ket Return, Capital Market Performance	Diversifikationsgrad be-einflußt den Markterfolg von Unternehmen positiv	Erfolg von 110 großen US-ameri-kanischen Indu-strieunternehmen	quantitativ (LISREL)
Loomis (1989)	mind. durch-schnittlich 20% Return on Stockholder's Equity im Zeitraum von 1979 bis 1988; niemals weni-ger als 15% pro Jahr	Konzentration auf das Stammgeschäft	Unternehmenser-folg von 21 be-sonders erfolg-reichen Unter-nehmen der Fortune 500 (1988)	qualitativ
Varadarajan/ Ramanujam (1989)	Globale Er-folgseinschät-zung der Zeit-schrift Busi-ness Month	breites, diversifiziertes Produktprogramm	Erfolg der 74 "best managed compa-nies" der Zeitschrift Business Month in den Jahren 1979 bis 1986	quantitativ (Häufigkeits-auswertung)

Tab. 3: Merkmale und Befunde allgemeiner Erfolgsfaktorenuntersuchungen zum Einfluß der Ähnlichkeit von Stammgeschäft und neuem Geschäftsbereich auf den Unternehmenserfolg

Verfasser	Erfolgsmaß	Untersuchungs-relevante Ergebnisse/ Erfolgsfaktoren	Untersuchungs-ebene	Unter-suchungsart
Töpfer (1984)	Effizienz und Effektivität des Marketing	enge Verwandtschaft der Diversifikation mit angestammtem Geschäft, Akquisition und Beteiligung sind erfolgreicher als eine interne Entwicklung	Erfolg von 196 Unternehmen des verarbeitenden Gewerbes	quantitativ (Faktorenanalyse, Clusteranalyse, Varianzanalyse)
Peters/Waterman (1984)	Vermögenszuwachs, Eigenkapitalwachstum, Marktwert zu Buchwert, Gesamtkapitalrendite, Eigenkapitalrendite, Umsatzrendite, Innovationskraft	enge Bindung der Diversifikation an das angestammte Geschäft; interne Entwicklung erfolgreicher als Akquisition und Fusion; vorsichtiger, schrittweiser Markteintritt; im Falle der Akquisition: Kauf kleiner Firmen	Erfolg von 62 US-Firmen	qualitativ
Goldsmith/ Clutterbuck (1984)	Umsatz-/Gewinnwachstum; guter Ruf und solides Ansehen	Orientierung am angestammten Tätigkeitsbereich	Erfolg von 38 britischen Firmen	qualitativ
Maidique/Hayes (1984)	(nicht ersichtlich)	enge Verwandtschaft zwischen den Produktlinien	Erfolg von 250 High-Tech-Firmen	qualitativ
Clifford/ Cavanagh (1986); Cavanagh/ Clifford (1983)	Umsatz-/Gewinnwachstum	Diversifikation in verwandte Bereiche, Eintritt in Marktnischen, Ausnutzen vorhandener Stärken	Erfolg von 100 mittelgroßen US-Firmen	quantitativ
Grinyer/ McKiernan/ Yasai-Ardekani (1988)	Umsatzrendite, Umsatzwachstum	enge Verwandtschaft (Wrigley- und Rumelt-Klassifikation) ohne signifikanten Einfluß auf den Unternehmenserfolg	Erfolg von 45 britischen Industrieunternehmen der Elektronikbranche	quantitativ (multiple Regressionsanalyse)
Hill/Snell (1989)	Produktivität (Wertschöpfung je Mitarbeiter)	Diversifikation in verwandte Geschäftsfelder wirkt sich erfolgserhöhend, Diversifikation in fremde Bereiche dagegen erfolgsmindernd aus	Erfolg von 122 Industrieunternehmen der Fortune 500	quantitativ (einfache Regressionsanalyse; Pfadanalyse)

1.3.3 Ergebnisse spezieller empirischer Untersuchungen über den Erfolg von Diversifikationen

1.3.3.1 Untersuchungen über den Zusammenhang zwischen Diversifikationsstrategie und Unternehmenserfolg

Die erste systematische Untersuchung der **Diversifikationsstrategie** wurde von *Gort* durchgeführt.[1] Im Zentrum der Analyse standen 111 US-amerikanische Großunternehmen, die er im Hinblick auf die **Wirkung der Diversifikation auf den Unternehmenserfolg** im Zeitraum zwischen 1929 bis 1954 untersuchte. Allerdings konnten seine Hypothesen durch die Daten nicht bestätigt werden: Weder wurde ein eindeutiger Einfluß des Diversifikationsumfangs auf das Unternehmenswachstum festgestellt, noch ließ sich ein statistisch signifikanter Zusammenhang zwischen dem Diversifikationsgrad und der Höhe des Gewinns ermitteln.

In den Folgejahren wurde eine Vielzahl weiterer Forschungsarbeiten über den Zusammenhang zwischen dem **Diversifikationsausmaß** eines Unternehmens und dessen Erfolg durchgeführt. Wie Tabelle 4 verdeutlicht, zeigten sich in vielen dieser Studien signifikante Wirkungen einer Diversifikation auf den Unternehmenserfolg. Eine eindeutige Aussage über die Wirkungsrichtung läßt sich jedoch aufgrund z.T. gegensätzlicher Befunde nicht treffen. Dennoch sprechen die Resultate im großen und ganzen dafür, daß stark diversifizierte Unternehmen weniger erfolgreich sind als schwach oder oder gar nicht diversifizierte Firmen.

Zu diesem Befund kam für deutsche Unternehmen beispielsweise auch *Löbler*.[2] Er untersuchte den Einfluß des Diversifikationsgrades von 56 stark und 84 gering diversifizierten Unternehmen im Zeitraum zwischen 1961 und 1983. Seine Studie kommt zu dem Ergebnis, daß in jedem Beobachtungsjahr (ausgenommen 1975) der Wert der durchschnittlichen Gesamtkapitalrendite der stark diversifizierten Unternehmen zwei bis vier Prozentpunkte unter dem der nur schwach diversifizierten Firmen liegt. Besser schneiden erstgenannte dagegen in bezug auf das Risiko ab. So zeigt sich bei jenen eine deutlich geringere Varianz der Rendite gegenüber schwächer diversifizierten Unternehmen.

---

[1] Vgl. Gort (1962), S. 75 - 77.
[2] Vgl. Löbler (1988).

*Tab. 4: Merkmale und Befunde spezieller Untersuchungen der
Diversifikationsforschung zum Einfluß des Diversifikationsausmaßes auf den
Unternehmenserfolg*

Verfasser	Erfolgsmaß	Untersuchungs-relevante Ergebnisse/ Erfolgsfaktoren	Untersuchungs-ebene	Unter-suchungsart
Gort (1962)	Unternehmens-wachstum; Rentabilität	kein signifikanter Einfluß des Diversifikationsgrades auf den Unternehmens-erfolg	Erfolg von 111 Großunternehmen	quantitativ
Arnould (1969)	Relation Net Profit zu Net Worth	kein Einfluß des Diversifikationsausmaßes auf den Unternehmens-erfolg	Erfolg von 104 großen Unterneh-men der Lebens-mittelindustrie	quantitativ (Korrelationen)
Carter (1977)	Return on Equity	diversifizierte Unterneh-men sind erfolgreicher als spezialisierte	Erfolg von 374 In-dustrieunternehmen der Fortune 500	quantitativ (multiple Regres-sionsanalyse; t-Test)
Grinyer/Yasai-Ardekani/ Al-Bazzaz (1980)	diverse Wachs-tumsmaße (Growth in ROI, in Capital Employed, in Sales, in Net Profits und in Number Em-ployed)	negative Beziehung zwischen Diversifikations-grad und Erfolg	Erfolg von 48 großen britischen Unternehmen	quantitativ (t-Test)
Bühner (1983)	Performance-Maß von Sharpe auf der Basis der Aktienrendite	Diversifikation führt zu abnehmender risikoberei-nigter Aktienrendite; zunehmende Diversifika-tion mindert unsystemati-sches Risiko, nicht aber das systematische Risiko	Rendite-Risiko-Erfolg von 40 Großunternehmen zwischen 1966 und 1981	quantitativ (einfache Re-gressionsanalyse; Korrelationen)
Varadarajan (1986)	Return on Equity; Return on Total Capital; Sales Growth Rate; Earnings-per-Share Growth Rate	negativer Zusammenhang zwischen Diversifikations-ausmaß und Erfolg	Erfolg von 223 großen Unterneh-men	quantitativ (Korrelationen)
Bühner (1987)	Return on Assets; Return on Equity; Jensen's (1969) Risk adjusted Performance Measure	Produktdiversifikation wirkt sich negativ auf den Unternehmenserfolg aus	Erfolg von 40 großen bundes-deutschen Unter-nehmen (1966 bis 1981)	quantitativ (multiple Regres-sionsanalyse)
Schwalbach (1987)	Eigen- und Ge-samtkapital-rendite; Be-triebs- und Umsatzrenta-bilität; Markt-wert	tendenziell negativer Einfluß des Diversifi-kationsgrades auf den Unternehmenserfolg	Erfolg von 262 Aktiengesell-schaften und Konzernen	quantitativ (multiple Regres-sionsanalyse)

Fortsetzung Tab. 4:

Verfasser	Erfolgsmaß	Untersuchungs-relevante Ergebnisse/ Erfolgsfaktoren	Untersuchungs-ebene	Unter-suchungsart
Grant/Jammine (1988)	Return on Assets; Return on Equity; Return on Sales	diversifizierte Unternehmen sind erfolgreicher als spezialisierte; keine signifikanten Erfolgsunterschiede zwischen Diversifikationen in verwandte und nicht-verwandte Bereiche	Erfolg von 305 großen Industrieunternehmen zwischen 1972 und 1984	quantitativ (multiple Regressionsanalyse)
Hill/Snell (1988)	Return on Assets	Diversifikation wirkt sich negativ auf den Erfolg aus	Erfolg von 94 Unternehmen forschungsintensiver Industriezweige der Fortune 500	quantitativ (multiple Regressionsanalyse)
Löbler (1988)	Gesamtkapitalrentabilität	die durchschnittliche Rendite der stark diversifizierten Unternehmen liegt in jedem Beobachtungsjahr (außer 1975) 2 bis 4 Prozentpunkte unter der Rendite der nur gering diversifizierten Firmen; das Risiko (Varianz der Rendite) ist bei stark diversifizierten Unternehmen deutlich niedriger als bei schwach diversifizierten Firmen	Erfolg von 56 stark und 84 gering diversifizierten Unternehmen der "Bonner Stichprobe" zwischen 1961 und 1983	quantitativ
Chang/Thomas (1989)	Return on Assets	weder signifikante Erfolgs- noch Risikounterschiede bei unterschiedlichem Diversifikationsgrad der Unternehmen	Erfolg und Risiko von 64 Unternehmen der Fortune 500	quantitativ (multiple Regressionsanalyse)

Bei einer weiteren Gruppe empirischer Arbeiten der Diversifikationsforschung steht das Ausmaß an **Ähnlichkeit** bzw. der **Verwandtschaftsgrad** zwischen den Geschäftsbereichen im Mittelpunkt des Interesses. Einen Meilenstein auf diesem Weg der Diversifikationsforschung setzte *Rumelt* mit seiner Anfang der 70er Jahre veröffentlichten Arbeit.[1] Er untersuchte für den Zeitraum zwischen 1949 und 1969 den Diversifikationserfolg von 246 Unternehmen, die gemäß *Fortune magazine* zu den 500 größten US-amerikanischen Firmen gehörten. Er bildete dazu für die Jahre 1949, 1959 und 1969 drei Stichproben und versuchte, den Einfluß unterschiedlicher **Diversifikationsstrategien** auf den Unternehmenserfolg zu ermitteln.

Zur Untersuchung des Einflusses unterschiedlicher **Diversifikationsstrategien** entwickelte *Rumelt* ein **Klassifikationssystem**, das später auch in zahlreiche andere

---

1 Vgl. Rumelt (1974); derselbe (1986).

empirische Untersuchungen Eingang fand. Dabei ging er von *Wrigleys* Klassifikationsansatz aus, den er aber weiterentwickelte und stärker differenzierte.[1] Dieser unterteilte die Unternehmen nach ihrem Spezialisierungsgrad in (1) Single Product-Firms, (2) Dominant Product-Firms, (3) Related Product-Firms und (4) Unrelated Product-Firms. Zur weiteren Präzisierung führte *Rumelt* neben dem **Spezialisierungsgrad** einer Unternehmung den **Grad der Verwandtschaft** zwischen den Geschäftsbereichen als Unterscheidungskriterium ein und bildete Unterklassen. Unter dem Spezialisierungsgrad ("specialization ratio") wird hier der Ertragsanteil derjenigen Geschäftsfelder einer Unternehmung verstanden, die dem Hauptgeschäft zuzurechnen sind. Der Verwandtschaftsgrad ("related ratio") wird definiert als der Anteil derjenigen Geschäftseinheiten, die in Beziehung zueinander stehen. Diese Beziehungen der Geschäftseinheiten untereinander können locker ("linked relatedness") oder intensiv sein ("constrained relatedness").[2] Die folgenden Kategorien spiegeln dabei die unterschiedlichen Diversifikationsstrategien der Unternehmen wider:[3]

1) **Single Business:**
Single Business-Firmen beschränken sich hauptsächlich auf ein Geschäft.

2) **Dominant Business:**
Dominant Business-Unternehmen sind in gewissem Ausmaß diversifiziert, erzielen ihren Umsatz aber zum überwiegenden Teil in dem Schwerpunktgeschäft. Sie werden zusätzlich unterteilt in die Subkategorien:
   a) **Dominant-Vertical** (vertikal integrierte Unternehmen),
   b) **Dominant-Constrained** (Unternehmen zeigen enge Verflechtungen zwischen ihren Geschäftsbereichen),
   c) **Dominant-Linked** (Unternehmen mit lockeren Verflechtungen zwischen ihren Geschäftsbereichen) und
   d) **Dominant-Unrelated** (Firmen weisen zwischen ihren Geschäftsbereichen keinerlei Beziehungen auf).

3) **Related Business:**
Unter diese Firmen-Kategorie fallen Unternehmen, die aufgrund ihrer hohen Diversifikationsintensität einen Spezialisierungsgrad ("specialization ratio") von unter 0,7 aufweisen. Dagegen zeigt das Beziehungsmaß ("related ratio") einen Wert von 0,7 oder höher, da diese Firmen in erster Linie dergestalt diversifizieren, daß sich Berührungspunkte der neuen Geschäfte mit dem angestammten Bereich ergeben.

---
1 Vgl. Wrigley (1970), S. 9, sowie Rumelt (1974), S. 3 f. und 11 f.
2 Vgl. Rumelt (1974), S. 29.
3 Zur Strategien- bzw. Unternehmensklassifikation vgl. Rumelt (1974), S. 29 - 32.

Der Subkategorie **Related-Constrained** werden solche stark diversifizierten Firmen subsumiert, bei denen sehr enge Verbindungen zwischen den Geschäftsfeldern existieren. Als **Related-Linked** werden hingegen diejenigen Unternehmen bezeichnet, bei denen nur lockere Beziehungen zwischen den Bereichen zu erkennen sind.

4) **Unrelated Business:**
Hierzu zählen stark diversifizierte Unternehmen, die geringe oder gar keine Verwandtschaft zwischen ihren neuen Betätigungsfeldern und dem etablierten Bereich aufweisen. Diese Firmen sind daher durch ein Beziehungsmaß ("related ratio") von unter 0,7 gekennzeichnet. Während sich die **Acquisitive Conglomerates** durch eine aggressive, d.h. eine zügige, kontinuierliche und umfassende Politik der Akquisition in fremde Bereiche auszeichnen, weisen **Unrelated-Passives** solche "aggressiven" Züge nicht auf.

Die Studie von *Rumelt* konnte belegen, daß sich die einzelnen Unternehmenskategorien hinsichtlich ihres Erfolges signifikant unterscheiden. In bezug auf die Erfolge unterschiedlicher Diversifikationsstrategien erzielten die Dominant-Constrained- und Related-Constrained-Firmen, also solche Unternehmen, bei denen **enge Verflechtungen** zwischen den einzelnen Geschäftsbereichen existieren, die besten Ergebnisse. Die Strategie dieser Unternehmen zielt offenbar darauf ab, sich nur mit neuen Geschäften zu befassen, die auf zentralen Stärken und Kompetenzbereichen des angestammten Tätigkeitsfeldes basieren und diese ausbauen helfen. Related-Linked- und Single Business-Unternehmen sowie die Acquisitive Conglomerates erzielten Erfolge mittlerer Größenordnung. Deutlich unterdurchschnittliche Resultate wiesen unter den nicht oder nur schwach diversifizierten Unternehmen die vertikal integrierten Firmen und unter den stärker diversifizierten die Unrelated-Passives auf.[1]

Rumelts Strategienklassifikation wurde von *Luffman* und *Reed* auf die Diversifikation britischer Großunternehmen angewendet.[2] Sie kamen zu Ergebnissen, die von *Rumelts* Befunden deutlich abweichen. So verzeichneten die **konglomeraten** Unternehmen

---

1 Vgl. Rumelt (1974), S. 88 - 127. Die Reliabilität des Rumeltschen Klassifikationssystems wurde wegen der subjektiven Kategorienzuweisung in Frage gestellt. Montgomery (1982) konnte jedoch im Rahmen einer Reliabilitätsprüfung anhand eines komprimierten 6-Kategorien-Systems (ursprünglich waren es bei Rumelt 10 Kategorien) und unter Heranziehung des Diversifikationsmaßes auf Basis des SIC-Codes eine hohe Übereinstimmung beider Klassifikationsmethoden nachweisen (SIC steht für Standard Industrial Classificationsystem). Aufgrund ihrer Analyse kommt Montgomery auch zu der Vermutung, daß die Beziehungen zwischen den Geschäftsfeldern einer Unternehmung (constrained vs. linked) mit dem Ausmaß der jeweiligen Diversifikationstätigkeit korrespondieren; vgl. Montgomery (1982), S. 305.
2 Vgl. Luffman/Reed (1984).

dieser Stichprobe die **höchsten** Diversifikationserfolge, während jene in der Studie von *Rumelt* lediglich mittlere (die Acquisitive Conglomerates) bzw. deutlich unterdurchschnittliche Resultate (die Unrelated-Passives) erzielten. Dagegen hatten die Related-Constrained-Firmen, die bei *Rumelt* zusammen mit den Dominant-Constrained-Unternehmen die besten Ergebnisse aufwiesen, in der britischen Studie nur moderaten Erfolg. Ferner sind die vertikal integrierten Einproduktunternehmen bei *Luffman* und *Reed* unter den erfolgreichsten Firmen zu finden, wohingegen die vertikal integrierten Unternehmen in *Rumelts* Untersuchung ausgesprochen schlecht abschneiden.[1]

Weitere Forschungsergebnisse hinsichtlich des Einflusses der Ähnlichkeit zwischen den Aktivitätsfeldern von Unternehmen können Tabelle 5 entnommen werden. Auch diese empirischen Untersuchungen kommen zum Teil zu widersprüchlichen Befunden. Insgesamt dominieren jedoch jene Studien, welche zu dem Resultat kommen, daß mit zunehmender Ähnlichkeit von Geschäftsfeldern diversifizierter Unternehmen deren Erfolg steigt bzw. daß konglomerat diversifizierte Unternehmen schlechter abschneiden als horizontal diversifizierte.

Tab. 5: Merkmale und Befunde spezieller Untersuchungen der Diversifikationsforschung zum Einfluß der Ähnlichkeit von Geschäftsfeldern auf den Unternehmenserfolg

Verfasser	Erfolgsmaß	Untersuchungsrelevante Ergebnisse/ Erfolgsfaktoren	Untersuchungsebene	Untersuchungsart
Ansoff/Weston (1963)	Growth in Earnings per Share; Growth in Market Price per Share; Ausmaß des Absatz- und Gewinnrückgangs in der Rezession	konzentrische Diversifikation ist erfolgreicher als die konglomerate Diversifikation	Erfolg von 12 US-amerikanischen Industrieunternehmen	quantitativ (Mittelwertvergleich)
Melicher/Rush (1973)	Rentabilität	keine Erfolgsunterschiede zwischen konglomeraten und nicht-konglomeraten Unternehmen	Erfolg von 90 Großunternehmen	quantitativ
Rumelt (1974; 1986)	Umsatz-/Gewinnwachstum; Rentabilität	mittlerer Diversifikationsgrad und enge Verwandtschaft; divisionale Organisationsstruktur	Erfolg von 246 Großunternehmen	quantitativ (multiple Regressionsanalyse)

---

[1] Vertikal integrierte Einproduktunternehmen waren in Rumelts Stichprobe nicht vertreten. Zu den aufgezeigten Befunden vgl. Luffman/Reed (1984), insbesondere S. 104 - 107, und die vorausgegangenen Ausführungen zu Rumelts Erfolgsfaktorenstudie in diesem Abschnitt.

Fortsetzung Tab. 5:

Verfasser	Erfolgsmaß	Untersuchungs-relevante Ergebnisse/ Erfolgsfaktoren	Untersuchungs-ebene	Untersuchungsart
Holzmann/ Copeland/Hayya (1975)	Rentabilität	Nicht-Konglomerate sind erfolgreicher als Konglomerate	Erfolg von 51 Unternehmen	quantitativ (t-Test)
Beattie (1980)	Risk/Return-Indices (modifizierter Jensen-Index und Westerfield-Index)	kein eindeutiger Zusammenhang zwischen konglomerater Diversifikation und finanzwirtschaftlichem Erfolg; kein eindeutiger Effekt des konglomeraten Diversifikationsprozesses auf das Ausmaß des systematischen Risikos; positive Beziehung zwischen Diversifikationsausmaß und "Diversifikationseffizienz" (Ausmaß, in dem das diversifizierbare Risiko reduziert wird)	Unternehmenserfolg und -risiko von 10 US-amerikanischen Konglomeraten zwischen 1948 und 1972	quantitativ (Varianzanalyse)
Bettis (1981)	Rentabilität	enge Verwandtschaft	Erfolg von 80 Großunternehmen	quantitativ (Varianzanalyse, Scheffés Verfahren der multiplen Vergleiche; multiple Regressionsanalyse)
Rumelt (1982)	um Brancheneffekte bereinigte Kapitalrentabilität	mittlerer Diversifikationsgrad und enge Verwandtschaft	Erfolg von 273 Großunternehmen	quantitativ (multiple Regressionsanalyse)
Dundas/ Richardson (1982)	Return on Capital; Return on Equity	Beschränkung auf drei oder vier Hauptgeschäftsfelder, die ähnliche Erfolgsfaktoren aufweisen; keine zu großen Tochtergesellschaften (nicht mehr als 30 Prozent des Gesamtunternehmens); Marktführer bei den Hauptgeschäftsbereichen; Markteintritt über Akquisition	Erfolg konglomerat diversifizierter Unternehmen	qualitativ
Hill (1983)	Return on Sales; Return on Capital Employed; Umsatzwachstum	Erfolg von konglomerat diversifizierten Unternehmen ist weniger stabil als der Erfolg nicht konglomerat diversifizierter Unternehmen	Erfolg von 60 britischen Großunternehmen (Times 1000)	quantitativ (Mittelwertvergleich)
Luffman/Reed (1984)	Umsatzwachstum; Kapitalrendite; Aktionärsrendite	Unternehmenskonglomerate erfolgreicher als Nicht-Konglomerate	Erfolg von 496 Großunternehmen	quantitativ

Fortsetzung Tab. 5:

Verfasser	Erfolgsmaß	Untersuchungs-relevante Ergebnisse/ Erfolgsfaktoren	Untersuchungs-ebene	Unter-suchungsart
Michel/Shaked (1984)	Gewinnmaße (unter Einbezug von Risiko-maßen) nach Sharpe (1966), Treynor (1965) und Jensen (1968)	konglomerate Diversifikation ist erfolgreicher als nicht-konglomerate Diversifikation	Erfolg von 48 großen britischen Unternehmen	quantitativ (einfache Regressionsanalyse)
Wells (1984)	ROI	Portfolios, deren strategische Geschäftseinheiten in ähnlichen Märkten angesiedelt sind, weisen größere Erfolge auf als solche mit heterogenen Geschäftseinheiten	Erfolg von 59 Unternehmens-Portfolios der PIMS-Datenbank	quantitativ (multiple Regressionsanalyse)
Bettis/Mahajan (1985)	Return on Assets	nicht-konglomerat diversifizierte Unternehmen erzielen bessere Erfolgs- und Risikokennzahlen als konglomerat diversifizierte Unternehmen; die Diversifikation in ähnliche Geschäftsfelder stellt jedoch keine Garantie für gute Risiko/Gewinngrößen dar	Erfolg und Risiko von 80 Großunternehmen	quantitativ (Clusteranalyse)
Montgomery (1985)	Return on Firm's invested Capital	kein Einfluß unterschiedlicher Formen der Diversifikationsstrategie auf die Unternehmensrentabilität	Erfolg von 128 Unternehmen der Fortune 500	quantitativ (t-Test; multiple Regressionsanalyse)
Palepu (1985)	Rentabilität	engere Verwandtschaft führt zu höherem Rentabilitäts-Wachstum; ein geringerer Diversifikationsgrad ist mit höherer Rentabilität verbunden	Erfolg von 30 Firmen der Lebensmittelindustrie	quantitativ (t-Test; Mann-Whitney U-Test)
Dubofsky/ Varadarajan (1987)	Gewinnmaße (unter Einbezug von Risiko-maßen) nach Sharpe (1966), Treynor (1965) und Jensen (1968) sowie Return on Assets	Bestätigung der Untersuchungsergebnisse von Michel/Shaked (1984); keine signifikanten Ergebnisse hinsichtlich der Beziehung Diversifikationsgrad und Return on Assets	Erfolg von 51 großen Unternehmen der Fortune 250 (Replikationsstudie zu Michel/ Shaked (1984))	quantitativ (Duncans Test)
Varadarajan/ Ramanujam (1987)	Return on Equity; Return on Total Capital; Sales Growth Rate; Earnings-per-Share Growth Rate	Nicht-konglomerat diversifizierte Unternehmen sind erfolgreicher als konglomerat diversifizierte Unternehmen	Erfolg von 216 großen Unternehmen aus den 25 größten Branchen der USA	quantitativ (Varianzanalyse)

Fortsetzung Tab. 5:

Verfasser	Erfolgsmaß	Untersuchungs-relevante Ergebnisse/ Erfolgsfaktoren	Untersuchungs-ebene	Unter-suchungsart
Capon/Hulbert/ Farley/Martin (1988)	Rentabilität; Umsatzwachstum	nicht-konglomerat diversifizierte Unternehmen sind erfolgreicher als Unternehmenskonglomerate	Erfolg von 112 Firmen der Konsumgüter- und Investitionsgüterbranche	quantitativ (t-Test)
Amit/Livnat (1988)	Cash-flow und Rentabilität (auf Basis des Return on Assets)	nicht-konglomerat diversifizierte Unternehmen erzielen eine höhere Rentabilität als Konglomerate; Konglomerate weisen eine geringere Variabilität des Cash-flow auf als nicht-konglomerat diversifizierte Unternehmen (geringeres Risiko)	Erfolg und Risiko von 289 bzw. 300 Großunternehmen	quantitativ (t-Test)
Geringer/Beamish/da Costa (1989)	Return on Sales; Return on Assets	Diversifikation in verwandte Bereiche ist erfolgreicher als in völlig fremde Bereiche oder als die vertikale Integration; keine signifikanten Interaktionseinflüsse von Internationalisierungsgrad und Diversifikationsart auf den Erfolg	Erfolg von 200 großen multinationalen Unternehmen aus den USA und aus Europa	quantitativ (Varianzanalyse)
Hoffmann (1989)	Anteil der im Unternehmensportfolio verbliebenen Diversifikationsprojekte	gründliche Prüfung der Diversifikationsvoraussetzungen; Realisierung von Synergiepotential durch Eintritt in verwandte Produktbereiche	Diversifikationserfolg von 80 Großunternehmen aus dem Industrie-, Dienstleistungs- und Handelssektor	quantitativ (Häufigkeiten)
Kim/Hwang/ Burgers (1989)	Wachstum und Stabilität von Operating Profit Margin und Return on Assets	Unternehmen mit verwandten Geschäftsfeldern und starker internationaler Ausrichtung sind erfolgreicher als Unternehmen mit sehr unterschiedlichen Geschäftsbereichen und geringem Internationalisierungsgrad	Erfolg von 62 multinationalen Unternehmen	quantitativ

Eine weitere Gruppe von Diversifikationsstudien geht über die Untersuchung des Einflusses von Diversifikationsausmaß und Verwandtschaftsgrad auf den Unternehmenserfolg hinaus und ermittelt weitere Erfolgsfaktoren. Vielfach beschäftigen sich diese Studien mit der Wirkung von Marktstrukturmerkmalen auf den Unternehmenserfolg. Einige typische Beispiele sollen im folgenden etwas ausführlicher vorgestellt werden. Untersuchungsanlage und Befunde weiterer Studien können Tabelle 6 entnommen werden.

In einer im Jahr 1982 veröffentlichten Studie unterzog *Rumelt* die Diversifikationsstrategien der amerikanischen Großunternehmen des Zeitraums 1949 bis 1974 einer weiteren Analyse,[1] bei der er die Erfolgsgröße Return on Capital um die Variation der jeweiligen **Branchenrendite** bereinigte. Diese Untersuchung ergab, daß sich sowohl die niedrigen Erfolge der vertikal diversifizierten Unternehmen als auch die hohen Erfolge der Related-Constrained-Firmen eindeutig auf **Unterschiede der Branchenrendite** zurückführen lassen.[2] Zu einem ähnlichen Resultat kamen bereits andere Forscher, welche die Stichprobe *Rumelts* um Marktstrukturdaten, etwa auch um den hohen Anteil von Unternehmen der Pharmazeutischen Industrie, bereinigten. Diese Studien vermochten zum Teil keine signifikanten Erfolgsunterschiede zwischen den verschiedenen Diversifikationskategorien festzustellen.[3]

So gelang es *Christensen* und *Montgomery* mit einer aktualisierten Stichprobe[4] nur in sehr eingeschränktem Maße, die Erfolgsunterschiede zwischen den Diversifikationsstrategien *Rumelts* empirisch zu stützen.[5] Sie fanden ihre Vermutung bestätigt, daß seine Ergebnisse lediglich korrelative Zusammenhänge zwischen Diversifikationsstrategie und Unternehmensergebnis widerspiegeln, jedoch **nicht als kausale Zusammenhänge** zu interpretieren seien. Sie kamen in diesem Zusammenhang zu der Erkenntnis, daß sich die mit hohem oder niedrigem Erfolg verbundenen Diversifikationskategorien bezüglich einer Reihe von **Marktstrukturvariablen**, nämlich in der Höhe der **Branchenrendite**, des **Marktanteils** und der **Branchenkonzentration**, signifikant unterscheiden. Während Related-Constrained-Firmen im Untersuchungszeitraum in Märkten mit höherer Branchenrendite, schnellerem Wachstum und stärkerer Konzentration als die übrigen Unternehmen der Stichprobe operierten, wiesen die Unrelated-Firmen einen niedrigeren Marktanteil auf, betätigten sich in weniger profitablen und konzentrierten Märkten und waren darüber hinaus auch kleiner als die anderen untersuchten Unternehmen.[6] Eine multivariate Datenanalyse ergab, daß die Marktstrukturvariablen einen stärkeren Einfluß auf den Erfolg ausüben als die Strategievariablen.[7]

---

1 Zur Stichprobe dieser Untersuchung siehe Rumelt (1982), S. 361.
2 Vgl. Rumelt (1982), S. 367 f.
3 Vgl. Wells (1984); Buzzell/Gale (1987), S. 233. Die Untersuchung von Nathanson und Cassano (1982) zeigte dagegen "roughly parallel results" zur Rumeltschen Studie; vgl. Rumelt (1986), S. VII. Auch die Untersuchung von Capon, Hulbert, Farley und Martin (1988) konnte unter Verwendung des Rumeltschen Klassifikationsschemas diese Befunde weitgehend bestätigen (S. 68 f.).
4 Die Merkmale von 128 Unternehmen der Stichprobe Rumelts wurden für den Untersuchungszeitraum zwischen 1972 und 1977 aktualisiert.
5 Vgl. Montgomery (1979), S. 206 - 209; Christensen/Montgomery (1981), S. 333 - 336.
6 Vgl. Montgomery (1979), S. 209 - 212; Christensen/Montgomery (1981), S. 337 f. Ähnliche Befunde zeigten sich bei Montgomery (1985): Zur Erklärung des ROI der in der Stichprobe befindlichen Unternehmen (es wurde wieder die aktualisierte Teilstichprobe Rumelts mit 128 Firmen verwendet) konnten zwar die Variablen Branchenrentabilität, Marktanteil und Marktwachstum Erklärungsbeiträge leisten, nicht aber das Ausmaß der Unternehmensdiversifikation.
7 Siehe Montgomery (1979), S. 210.

Auch *Bettis* und *Hall* gingen in ihrer Untersuchung der Frage nach, ob in der Studie *Rumelts* die Unterschiede in den Diversifikationserfolgen zwischen den Unternehmenskategorien auf **Brancheneffekte** zurückzuführen sind.[1] Da sich unter den sechs erfolgreichsten Related-Constrained-Firmen der Stichprobe *Rumelts* vier bedeutende Unternehmen der Pharmazeutischen Industrie befanden (*Merck, Bristol-Myers, Johnson & Johnson* und *Sterling Drug*), überprüften sie mögliche Erfolgsunterschiede zwischen den Diversifikationstypen sowohl unter Einbezug als auch unter Ausschluß dieser Firmen.[2] Die Untersuchung ergab, daß **ohne** Berücksichtigung der Pharmaunternehmen **keine** signifikanten Unterschiede zwischen den Diversifikationsstrategien festzustellen waren, hingegen bei deren Einbeziehung signifikant höhere Erfolge der Related-Constrained- im Vergleich zu den Unrelated-Firmen ermittelt werden konnten.

Den Diversifikationserfolg speziell von **Mischkonzernen** analysierte *Leontiades*.[3] Der Autor wendet sich mit seiner qualitativ angelegten Studie gegen die weithin verbreitete Auffassung, daß Unternehmenskonglomerate wenig effizient seien. Den Erfolg vieler Mischkonzerne führt *Leontiades* in erster Linie auf die Realisierung von **Synergieeffekten** zurück. Allerdings bedarf es einer kreativen und systematischen **Planung** zur Realisierung dieser Synergien. Dabei sollte ein besonderes Augenmerk auf den richtigen Diversifikationszeitpunkt, auf die Wahl der Branchen, die Analyse der zur Übernahme anstehenden Firmen und auf deren Integration in die Organisation des akquirierenden Unternehmens gelegt werden. Darüber hinaus verlangt die erfolgreiche Führung von Mischkonzernen gemäß den Resultaten dieser Studie nach einer systematischen, strategischen Konzeption auf der **Ebene des Gesamtkonzerns** und einer **Begrenzung der Anzahl von Firmenübernahmen** innerhalb eines Zeitraums auf ein "verkraftbares" Maß.[4] Schließlich betont der Autor die Bedeutung des **richtigen Managements** von Konglomeraten für deren Erfolg. In diesem Zusammenhang müßten spezifische Lösungswege bei der Entwicklung einer neuen Organisationsstruktur des akquirierenden Unternehmens, bei der Förderung spezifischer Fähigkeiten sowie bei der Auswahl der richtigen Manager für die Leitung eines Mischkonzerns gefunden werden.[5]

---

1 Vgl. Bettis/Hall (1982).
2 Die Stichprobe umfaßte 80 Unternehmen, wobei die Related-Firmen auch in der Originalstichprobe Rumelts zu finden sind; für die Unrelated-Kategorie wurden zusätzliche Unternehmen ausgewählt, um vergleichbare Gruppengrößen zu erhalten. Die Daten der Untersuchung stammen aus dem Zeitraum von 1973 bis 1977.
3 Vgl. Leontiades (1987).
4 Vgl. Leontiades (1987), S. 21 f., 24 und 235 - 293.
5 Vgl. Leontiades (1987), S. 22 f. und 203 - 231.

Tab. 6: *Merkmale und Befunde spezieller Untersuchungen der Diversifikationsforschung zum Einfluß sonstiger Faktoren auf den Unternehmenserfolg*

Verfasser	Erfolgsmaß	Untersuchungs-relevante Ergebnisse/ Erfolgsfaktoren	Untersuchungs-ebene	Unter-suchungsart
Miller (1968)	Return on Capital	schwacher positiver Zusammenhang zwischen Diversifikationsgrad der Unternehmen in einer Branche und der Branchenrendite	Branchenrendite von 106 Industriezweigen	quantitativ (multiple Regressionsanalyse)
Bettis/Hall/ Prahalad (1978)	Rentabilität	erfolgreiche Unternehmen zeichnen sich durch Planung und Wettbewerbsorientierung in den neuen Geschäftsbereichen und durch die Fähigkeit zur Integration der Geschäftsbereiche aus	Erfolg von 12 diversifizierten Großunternehmen	quantitativ
Montgomery (1979); Christensen/ Montgomery (1981)	Umsatz-/Gewinnwachstum; Rentabilität	zunächst weitgehende Bestätigung der Ergebnisse von Rumelt (1974); die höheren Erfolge der Unternehmen mit verwandten Geschäftsbereichen werden in einem weiteren Analyseschritt jedoch auf Marktstrukturvariablen zurückgeführt: Related-Constrained-Firmen sind in profitableren, schneller wachsenden und stärker konzentrierten Märkten tätig als die übrigen Unternehmen der Stichprobe	Erfolg von 128 Großunternehmen	quantitativ (F-Test; t-Test; multiple Regressionsanalyse)
Bettis/Hall (1982)	Rentabilität	nicht die Diversifikationsart, sondern die Branchenzugehörigkeit beeinflußt den Erfolg in der Studie von Rumelt (1974)	Erfolg von 80 Großunternehmen	quantitativ (Varianzanalyse, Scheffés Verfahren der multiplen Vergleiche; einfache Regressionsanalyse)
Horovitz/ Thietart (1982)	Umsatzwachstum; Gewinn	Oganisationsstruktur; Planungssystem; Kontrollsystem	Erfolg von 52 diversifizierten Unternehmen	quantitativ (Diskriminanzanalyse)
Leontiades (1987)	(nicht ersichtlich)	Realisierung von Synergieeffekten; Diversifikationsplanung; Gesamtkonzernkonzeption; Begrenzung von Firmenübernahmen; Management von Konglomeraten	Unternehmenserfolg von Konglomeraten (deren Anzahl ist der Studie nicht zu entnehmen)	qualitativ

Fortsetzung Tab. 6:

Verfasser	Erfolgsmaß	Untersuchungs- relevante Ergebnisse/ Erfolgsfaktoren	Untersuchungs- ebene	Unter- suchungsart
Mahajan/Wind (1988)	ROI	Absatz- und Managementsynergien weisen einen positiven Effekt, Investitionssynergien (gemeinsam genutzte Anlagen) einen negativen Effekt auf den Erfolg der untersuchten Geschäftseinheiten auf (große Abweichungen zwischen verschiedenen Branchen)	Erfolg von 1.638 Geschäftseinheiten der PIMS-Datenbank	quantitativ
Spindler (1988)	Aktienrendite	Diversifikationsstrategie in Abhängigkeit vom konjunkturellen Umfeld: in konjunkturell ungünstigen Zeiten sind stark diversifizierte Unternehmen anderen überlegen; in günstigen Konjunkturphasen dagegen keine Erfolgsunterschiede zwischen stark und schwach diversifizierten Firmen	Unternehmenserfolg der 40 größten bundesdeutschen Industrieaktiengesellschaften	quantitativ (t-Test; multiple Regressionsanalyse)

1.3.3.2 Untersuchungen über Erfolgsfaktoren von Diversifikations- und Akquisitionsprojekten

Die bisher aufgeführten empirischen Studien zielten auf die Untersuchung der Wirkung der Diversifikationsstrategie auf den Unternehmenserfolg ab. Im folgenden werden typische Studien jener Forschungsrichtung näher vorgestellt, die versucht, Erfolgsfaktoren von Diversifikations- und Akquisitionsprojekten zu ermitteln.

Tabelle 7 verdeutlicht, daß die Analyse der Erfolgsfaktoren von **Diversifikationsprojekten** bisher primär auf Daten der PIMS-Forschung basiert. Eine schon als klassisch zu bezeichnende empirische Arbeit dieser Art stammt von *Biggadike*, der Mitte der 70er Jahre den Erfolg von 40 jungen, in der PIMS-Datenbank erfaßten Geschäftsfeldern von 20 US-amerikanischen Unternehmen analysierte.[1] Der Diversifikationserfolg wurde in dieser Studie in Form des **finanzwirtschaftlichen** und des **Markterfolgs** differenziert erfaßt. Der Markterfolg, operationalisiert über den Marktanteil, wurde dabei

---

1 Vgl. Biggadike (1979a), derselbe (1979b).

nicht nur als abhängige Variable, sondern auch als eine den finanziellen Erfolg beeinflussende Größe herangezogen.[1]

Die in die Stichprobe einbezogenen Diversifikationsprojekte benötigten im Schnitt sieben bis acht Jahre, bis sie einen positiven ROI erzielten. Hinsichtlich des **finanzwirtschaftlichen Erfolgs** zeigte sich auf der einen Seite, daß ROI, Cash-flow und Gewinn vor Steuern der neuen Geschäftsfelder um so höhere Werte annahmen, je größer der relative **Marktanteil**[2] war, den sie nach zwei bzw. vier Jahren nach Eintritt in den neuen Markt dort erreicht hatten. Auf der anderen Seite **reduzierte** sich das finanzielle Ergebnis nach Maßgabe der **Geschwindigkeit**, mit der der Marktanteil anstieg. So schnitten "rapid share builders" deutlich schlechter ab als "moderate share builders" oder "share holders". Der Autor interpretiert das Ergebnis dahingehend, daß insbesondere das Streben nach einem hohen Marktanteil von einer niedrigen Marktanteilsbasis aus mit Schwierigkeiten verbunden ist. Diejenigen Unternehmen, die ein schnelles Marktanteilswachstum verzeichnen konnten, mußten sich mit niedrigeren Gewinnen zufrieden geben als die "share holders". "That is, they charged lower prices and carried higher direct costs than did their competitors. To gain share from a low share position, several ventures had to offer customers a better bargain, at the same time bearing the financial disadvantages of low share."[3]

Daraus folgert *Biggadike*, daß neue Geschäfte in ein und derselben Zeitperiode nicht gleichzeitig finanzielle Erfolge und Markterfolge erzielen können. Aufgrund dieses Ergebnisses und unter Bezugnahme auf andere Studien, die den positiven Zusammenhang zwischen Marktanteil und ROI in etablierten Geschäftsfeldern ermittelten, empfiehlt er als Zielsetzung für junge Geschäftsfelder, Marktanteile ohne Rücksicht auf damit verbundene finanzielle Ergebniseinbußen aufzubauen und möglichst mit hoher Kapazität in den neuen Markt einzudringen. Weiterführende Analysen stützten seine These von der Vorteilhaftigkeit eines "large-scale entry".

Biggadike ermittelte auch die Stärke der Beziehung bzw. Verwandtschaft (relatedness), die neue Geschäftsbereiche mit den etablierten verbindet. Er unterschied dabei zwischen

---

[1] Die Daten wurden mittels Kreuz-Tabellierung ausgewertet. Als finanzwirtschaftliche Erfolgsindikatoren zog Biggadike insbesondere den ROI, den Cash-flow und die Umsatzrentabilität heran. Zur Operationalisierung der Variablen und Vorgehensweise bei der Studie vgl. Biggadike (1979a), S. 13 - 47.

[2] Der relative Marktanteil errechnet sich aus dem Marktanteil der neuen Geschäftseinheit im Verhältnis zur Summe der Marktanteile der drei größten Wettbewerber. Zur Wirkung des Marktanteils auf das finanzielle Ergebnis siehe Biggadike (1979a), S. 75 - 89, sowie derselbe (1979b), S. 107 - 109.

[3] Biggadike (1979b), S. 108.

Verwandtschaft im Rahmen einer Vorwärtsintegration,[1] in der Technologie sowie im Marketing (Kenntnisse über die Kunden, gemeinsame Marketingprogramme, Imagetransfer bekannter Marken) und untersuchte deren Wirkung auf den Diversifikationserfolg. Die Prüfung der Zusammenhänge ergab, daß diejenigen Unternehmen, bei denen das **Marketing** der neuen Geschäftsfelder **eng** mit dem des **etablierten Bereichs** verbunden war, sowohl hinsichtlich sämtlicher finanzwirtschaftlicher Erfolgskennzahlen als auch im Hinblick auf den Marktanteil **am besten** abschnitten.[2] Diese Ergebnisse wurden bei einer späteren Untersuchung, die auf einer breiteren Datenbasis von 113 PIMS-Geschäftsbereichen basiert, bestätigt.[3]

Analysiert wurde auch der Zusammenhang zwischen der **Struktur des neuen Marktes** und dem Erfolg des Diversifikationsprojektes. *Biggadike* stellte fest, daß der Diversifikationserfolg mit der **Stellung im Lebenszyklus**, in der sich der Markt zum Zeitpunkt des Eintritts befand, variiert. Neue Geschäftsfelder in der Einführungsphase des Marktlebenszyklus erzielten einen höheren ROI als solche in der Wachstumsphase, und diese wiederum bessere Resultate als neue Geschäfte in der Reifephase.[4] Hinsichtlich des Marktwachstums als potentiellem Erfolgsfaktor führte die Untersuchung zu der Erkenntnis, daß neue Geschäftsfelder in moderat wachsenden Märkten den höchsten ROI erwirtschafteten. Am schlechtesten waren die Ergebnisse bei Eintritt in stagnierende oder schrumpfende Märkte. Es zeigte sich jedoch ebenfalls, daß in den moderat wachsenden Märkten der jeweilige Marktanteil am niedrigsten war. Weitaus höhere Anteile vermochten die neuen Geschäftsfelder dagegen in Märkten mit hohem Wachstum zu erzielen.[5]

Hinsichtlich der Wirkung weiterer Eintrittsstrategien kam der Autor zu folgenden Ergebnissen:[6]

- Unternehmen, die mit einer **Marktinnovation** diversifizieren, erreichen zwar einen deutlich höheren Marktanteil, aber ein schlechteres finanzielles Ergebnis als solche,

---

[1] Gemäß der in der vorliegenden Arbeit verwendeten Terminologie zählt die vertikale Integration nicht zur Diversifikation.
[2] Vgl. Biggadike (1979a), S. 90 - 115. Dieses Resultat ist hinsichtlich des Erfolgsindikators Marktanteil jedoch nicht eindeutig. Der Median weist für den Marktanteil dieser Geschäftsfelder zwar den höchsten Wert auf, der Mittelwert dagegen den kleinsten. Biggadike mißt dem Median jedoch die größere Bedeutung bei. Vgl. ebenda, S. 110.
[3] Vgl. Buzzell/Gale (1987), S. 234; dieselben (1989), S. 198.
[4] Die ermittelten Daten sind jedoch sehr vorsichtig zu interpretieren, da die Streuung der abhängigen Variablen in den einzelnen Marktphasen sehr hoch und das Bestimmtheitsmaß nur sehr klein sind. Vgl. Biggadike (1979a), S. 121 - 125.
[5] Vgl. Biggadike (1979a), S. 127 - 132. Eine Analyse der Marktform ergab, daß das Engagement in weiten Oligopolen bessere finanzielle Ergebnisse und auch einen höheren relativen Marktanteil erbrachte als der Eintritt in enge oligopolistische Märkte; vgl. ebenda, S. 125 - 127.
[6] Vgl. hierzu Biggadike (1979a), S. 133 - 167.

die mit einer für das eigene Unternehmen zwar neuen, im Markt allerdings bereits bekannten Technologie diversifizieren.

- Unternehmen, die eine **aggressive Markteintrittsstrategie** verfolgen, erzielen bessere finanzielle Resultate als weniger aggressiv vorgehende Firmen und erreichen zudem einen höheren Marktanteil.

- **Nischenanbieter** sowie Unternehmen, die mit ihren Produkten einen **breiten** Absatzmarkt im neuen Betätigungsfeld bedienen, weisen ein besseres Ergebnis auf als Unternehmen, die Marktsegmente mittlerer Breite ansprechen. Der Marktanteil der auf "Marktbreite" ausgerichteten Firmen ist um ein Vielfaches höher als jener der anderen Newcomer.

Als weiteren Faktor prüfte *Biggadike*, inwieweit sich die **Reaktionen der etablierten Wettbewerber** auf den Erfolg auswirken. Wie erwartet werden konnte, waren die **finanziellen** Ergebnisse besser, wenn die Konkurrenten **nicht** reagierten. Allerdings zeigen die Daten höhere **Marktanteile** für Einsteiger, wenn die etablierten Wettbewerber **aktiv** wurden. Das Bestimmtheitsmaß ist jedoch für diese Einflußgröße äußerst gering, so daß *Biggadike* zu der Schlußfolgerung kommt, daß die Reaktionen der etablierten Anbieter wider Erwarten keinen wesentlichen Einfluß auf den Diversifikationserfolg ausüben.[1]

Eine empirische Studie neueren Datums legten *Smith* und *Cooper* vor. Sie versuchten, Erfolgsfaktoren sowohl von 29 Diversifikationsprojekten aus fünf Industriebranchen als auch von zehn Diversifikationsprojekten aus dem Mikrowellenherd-Markt in den USA zu ermitteln. Gemäß den Untersuchungsergebnissen steigt die Erfolgswahrscheinlichkeit bei Diversifikationen mit wachsender **Firmengröße** des diversifizierenden Unternehmens und mit steigender **Finanzkraft**. Ferner ist ein höherer Erfolg mit dem Eintritt in einer **frühen Lebenszyklusphase** des **neuen** Marktes verbunden. Dagegen **sinkt** die Erfolgswahrscheinlichkeit mit **wachsender Reife** des **angestammten** Marktes, in dem das diversifizierende Unternehmen agiert.[2] Letzteres läßt sich damit begründen, daß Firmen in reifen Märkten häufig weder den nötigen Innovationsgrad noch die organisatorische Flexibilität aufweisen, um in jungen, dynamischen Märkten erfolgreich bestehen zu können.[3]

---

[1] Vgl. Biggadike (1979a), S. 168 - 190.
[2] Vgl. Smith/Cooper (1988), S. 117 - 119.
[3] Vgl. Smith/Cooper (1988), S. 112 f.

Speziell mit dem Erfolg einer Diversifikation, die über die Akquisition von Firmen realisiert wird, beschäftigt sich die *McKinsey*-Studie von *Coley* und *Reinton*.[1] Die Autoren analysierten 116 Akquisitionen von Firmen, die in fremden Märkten tätig waren. Hiernach **sinkt** die Erfolgswahrscheinlichkeit einer Diversifikation mittels Akquisition mit zunehmender **Größe der übernommenen Unternehmung**, und sie **steigt** mit der **Ähnlichkeit** zum angestammten Geschäft.[2] Neben der Unternehmensgröße und dem Verwandtschaftsgrad ermittelten die Autoren weitere Einflußfaktoren auf den Erfolg bzw. Mißerfolg von Akquisitionen. Ursachen von **Mißerfolgen** liegen gemäß den Untersuchungsergebnissen in einer zu optimistischen Einschätzung des **Marktpotentials**, in einem überhöhten **Kaufpreis** und in einer unzureichenden **Integration** des Akquisitionsprojektes in das übernehmende Unternehmen.[3]

Yip untersuchte auf der Basis des PIMS-Datenmaterials den Erfolg von 59 Markteintrittsversuchen.[4] Als Indikator dienten die Höhe des Marktanteils (bei interner Entwicklung) bzw. das Marktanteilswachstum (im Falle der Unternehmensakquisition), das die diversifizierende Unternehmung im neuen Markt erzielte.[5] Der mit Hilfe dieser Indikatoren ermittelte Erfolg eines Markteintritts war signifikant **positiv** korreliert mit dem Diversifizierungsgrad der Muttergesellschaft, mit der Höhe der Preise bzw. des Qualitätsniveaus der Leistung sowie mit dem Ausscheiden etablierter Anbieter aus dem neuen Markt. Dagegen wirkten sich zunehmende Größe der etablierten Wettbewerber, abnehmende Verwandtschaft zwischen altem und neuem Betätigungsbereich und steigende relative Kosten **negativ** auf den Eintrittserfolg aus. Der Umfang der Aufgabenzentralisierung zwischen neuem Geschäftsfeld und Muttergesellschaft hatte bei einem Markteintritt per Eigenentwicklung positive und bei Akquisitionen negative Auswirkung auf den Erfolg.[6]

---

1 Vgl. Coley/Reinton (1988).
2 Die Ähnlichkeit zum angestammten Geschäft konnten auch Singh und Montgomery (1987) in ihrer Studie empirisch nachweisen.
3 Vgl. Coley/Reinton (1988), S. 29 f. Von den 116 in den USA und in Großbritannien durchgeführten Akquisitionen waren lediglich 27 eindeutig erfolgreich. Vergleichbare Untersuchungen wurden bisher für die Bundesrepublik noch nicht angestellt. Dies mag darin begründet liegen, daß Unternehmensakquisitionen hierzulande erst in jüngerer Zeit an Bedeutung gewonnen haben und die Ermittlung von Erfolgsfaktoren auf der Basis des verfügbaren Datenmaterials mit großen Problemen verbunden ist; vgl. Coenenberg/Sautter (1988), S. 692. Allerdings kann vermutet werden, daß auch in der Bundesrepublik eine zentrale Ursache für den Mißerfolg von Akquisitionsprojekten in überschätzten Synergiepotentialen zu sehen ist; vgl. hierzu Nolte (1987).
4 Bei diesen Markteintrittsversuchen handelt es sich nicht in jedem Fall um eine Diversifikation, da Yip auch einen Markteintritt in bisher nicht bearbeitete Regionen und einen solchen von neu gegründeten Unternehmen einbezieht; vgl. hierzu Yip (1982c), S. 2.
5 Vgl. Yip (1982c).
6 Vgl. hierzu Yip (1982c), S. 119 - 126.

Auch *Guiniven* und *Fisher* nutzten die PIMS-Datenbank speziell unter dem Gesichtspunkt des Einstiegs in neue Geschäftsfelder. Sie kamen zu dem Ergebnis, daß Diversifikationen im wesentlichen deshalb scheitern, weil sich Unternehmen vor dem Einstieg zu oberflächlich mit den verborgenen Risiken eines neuen Geschäftsfelds beschäftigen und sie das Projekt aufgrund fehlender realistischer Maßstäbe zur Erfolgsbeurteilung zu früh aufgeben.[1]

Der Schlüssel zur erfolgreichen Erschließung eines neuen Geschäftsfelds liege in einer **aggressiven Wettbewerbsstrategie** in den ersten Jahren des Markteinstiegs, folgern die Autoren aus den Untersuchungsergebnissen. Weiterhin sei eine sorgfältige **strategische Planung** des Diversifikationsprojekts eine wichtige Voraussetzung für dessen Erfolg. Der Plan solle Gewinnziele zugunsten von Marktanteilszielen vernachlässigen. Neue Geschäftsfelder überschritten erst nach etwa sieben Jahren die Gewinnschwelle. Eine starke Gewichtung von Marktanteilszielen könne jedoch die Gefahr einer zu frühen Aufgabe des neuen Geschäftsfeldes in Grenzen halten.[2] Ferner wird dem **Neuheitsgrad** der Leistungen und deren **Kundengerechtigkeit** eine wichtige Rolle für den Diversifikationserfolg beigemessen.[3]

Zu den gleichen Resultaten kommt auch eine Analyse der in der Start-up-Datenbank gespeicherten Informationen durch *Meyer* und *Heyder*, die schwerpunktmäßig solche Diversifikationsvorhaben des PIMS-Projekts untersuchten, die als Eigenentwicklung realisiert wurden. Zusätzlich zu den von *Guiniven* und *Fisher* identifizierten Erfolgsfaktoren ermittelten sie die Vorteilhaftigkeit eines **frühen Markteintritts** und eines Einstiegs in Märkte mit einem **hohen Marktwachstum**. Ferner zeigte sich, daß der Erfolg mit zunehmender **Größe** des diversifizierenden Unternehmens und mit wachsendem Ausmaß realisierter **F&E-Synergien** steigt.[4]

---

1 Vgl. Guiniven/Fisher (1986), S. 60; Guiniven (1986).
2 Vgl. Guiniven/Fisher (1986), S. 60 f.; Guiniven (1986).
3 Vgl. Guiniven/Fisher (1986), S. 65; Guiniven (1986).
4 Vgl. Meyer/Heyder (1989).

Eine Langzeitanalyse des Diversifikationserfolgs US-amerikanischer Konzerne führte *Porter* durch.[1] Die überwiegend auf sekundärstatistischen Daten basierende Untersuchung ergab, daß sich die meisten Firmen von dem größten Teil der neuen Geschäftseinheiten bereits nach kurzer Zeit wieder trennen.[2] *Porter* ermittelte drei Bedingungen einer erfolgreichen Diversifikation: (1) Die ausgewählten Märkte müssen eine "**attraktive**" **Branchenstruktur** aufweisen. Fehlen attraktive Strukturmerkmale, so müssen diversifizierende Unternehmen über **Stärken** verfügen, welche die Branchenstruktur verbessern können. (2) Die **Kosten des Markteintritts** dürfen den Barwert aller zukünftigen Gewinne nicht übersteigen. (3) Aufgrund der Verbindung des neuen Geschäftsfelds mit dem Gesamtunternehmen müssen sich über die Nutzung von **Synergie**effekten **Wettbewerbsvorteile** für die eine oder andere Seite ergeben. Angesichts dieser Erfolgsfaktoren hält *Porter* einen Marktattraktivitätstest, einen Eintrittskostentest sowie einen Synergietest für geboten.[3]

Tab. 7: Merkmale und Befunde spezieller Untersuchungen über die Erfolgsfaktoren von Diversifikationsprojekten

Verfasser	Erfolgsmaß	Untersuchungsrelevante Ergebnisse/ Erfolgsfaktoren	Untersuchungsebene	Unterschungsart
Biggadike (1979a; 1979b)	ROI; Cashflow; Marktanteil; Bruttogewinn; Umsatzrentabilität	Hoher Marktanteil; enge Verwandtschaft; Eintritt in einer frühen Phase des Produkt-Lebenszyklus; moderates bis starkes Marktwachstum; aggressive Markteintrittsstrategie; Eintritt in Nischenmärkte und in breite Märkte ist erfolgreicher als der Eintritt in mittelgroße Märkte; Marktinnovationen führen zu höheren Marktanteilen, aber zu schlechteren finanziellen Ergebnissen als der Eintritt mit einer bekannten Technologie	Erfolg von 40 Diversifikationsprojekten aus 20 in der PIMS-Datenbank erfaßten Unternehmen	quantitativ (Kreuztabellierung)

---

1 Porter untersuchte die Diversifikationsprojekte von 33 mittels Zufallsauswahl aus allen großen Branchen der US-amerikanischen Wirtschaft bestimmten Unternehmen im Zeitraum zwischen 1950 und 1986. Die analysierten Konzerne betätigten sich durchschnittlich in 80 verschiedenen Branchen, wobei ca. 70 Prozent der Diversifikationen in Form von Akquisitionen, 22 Prozent über Neugründungen und 8 Prozent mittels Joint Ventures realisiert wurden. Als Erfolgskriterium verwendete Porter die Information, ob eine Geschäftseinheit (Diversifikationsprojekt) im Laufe der Zeit im Portfolio behalten oder aber wieder veräußert oder liquidiert wurde. Er ging dabei davon aus, daß ein Unternehmen i.d.R. eine erfolgreiche Geschäftseinheit nicht verkauft oder schließt. Vgl. Porter (1987a), S. 31 - 34, sowie Porter (1987b und 1988a).
2 Vgl. Porter (1987a), S. 30.
3 Vgl. hierzu Porter (1987a), S. 33 - 35.

Fortsetzung Tab. 7:

Verfasser	Erfolgsmaß	Untersuchungs-relevante Ergebnisse/ Erfolgsfaktoren	Untersuchungs-ebene	Unter-suchungsart
Neubauer/Bane (1981)	Liquidations-rate	mittlere Ausprägungen von Diversifikationsgrad und Größenhomogenität der Geschäftsfelder führen zu hohen Liquidationsraten; schnelle Expansion führt zu hoher Liquidationsrate	Erfolg von Diversi-fikationsprojekten im Ausland von 80 Unternehmen	quantitativ
Yip (1982c)	Marktanteils-wachstum	positiv auf den Eintritts-erfolg wirken sich aus: Marktaustritt der etablier-ten Wettbewerber, ein hoher Diversifikationsgrad der Unternehmung, enge Verwandtschaft zum Stammgeschäft, ein hohes Maß an Aufgabenzentrali-sierung und ein günstiges Preis-/Qualitätsverhältnis der Leistung; zunehmende Größe der etablierten Unter-nehmen und hohe relative Kosten sind erfolgshem-mend	Erfolg von 59 Markteintritten	quantitativ (multiple Re-gressionsanalyse)
Hobson/ Morrison (1983)	Marktanteil	große Überkapazität in der Fertigung; Betreuung durch Linienmanager; Eintritt in konzentrierte Märkte; hohes Marktwachstum; hohe Produktqualität; hohe F&E- sowie hohe Marketingausgaben in den ersten zwei Jahren nach Markteintritt	Erfolge von in der PIMS-Datenbank gespeicherten New Ventures	quantitativ (Kreuztabellie-rung)
Berry (1983)	ROI; Marktanteil; Desinvestition bzw. Beibehal-tung	Verwandtschaft zum ange-stammten Geschäft; Ver-trautheit mit den in den neuen Märkten angewand-ten Marketingstrategien und den verwendeten Tech-nologien; intensive Markt-forschung vor Markt-eintritt	Erfolge und Miß-erfolge von je 12 Diversifikations-projekten eines diversifizierten Technologieunter-nehmens	quantitativ (Fisher Exact Test)
DeSouza (1986)	ROI; Marktanteil	Einstieg in Marktnischen; aggressiver Markteintritt; Marketingorientierung statt Technologieorientie-rung; hohe (relative) Qua-lität des Produktes und des Kundendienstes aus Kun-densicht; gutes Manage-ment; unternehmerische Organisationskultur	Erfolg von New Ventures, die in der PIMS-Datenbank gespeichert sind	quantitativ (Kreuztabellie-rung)
Guiniven (1986); Guiniven/Fisher (1986)	(nicht ersicht-lich)	aggressiver Markteintritt; Wettbewerbsvorteil des Angebots aus Kundensicht; strategische Projektpla-nung	Erfolg von New Ventures, die in der PIMS-Datenbank gespeichert sind	quantitativ

Fortsetzung Tab. 7:

Verfasser	Erfolgsmaß	Untersuchungs-relevante Ergebnisse/ Erfolgsfaktoren	Untersuchungs-ebene	Unter-suchungsart
Porter (1987a; 1987b; 1988)	Aufgabe bzw. Beibehaltung der Geschäfts-einheit	attraktive Branchen-struktur; vertretbare Markt-eintrittskosten; Realisieren des Synergiepotentials; Gesamtstrategiekonzept	Erfolge der Diversi-fikationsprojekte von 33 Unter-nehmen	qualitativ
Coley/Reinton (1988)	Shareholder Value	Größe der akquirierten Unternehmung; Ähnlich-keit zum angestammten Ge-schäft; Kaufpreis; realisti-sche Einschätzung des Marktpotentials; Integra-tion der neuen Firma	Diversifikations-erfolg mittels Akquisitionen in 116 Unternehmen	(nicht ersichtlich)
Smith/Cooper (1988)	Aufgabe/Bei-behaltung der Geschäftsein-heit und des Marktanteils	Firmengröße; finanzielle Stärke; früher Zeitpunkt des Markteintritts; geringer Marktreifegrad des Stamm-geschäfts; auch tendenziell höherer Erfolg, wenn die Muttergesellschaft ein heterogenes Produkt-programm aufweist	Erfolg von 29 Diversifikations-projekten unter-schiedlicher Indu-striezweige sowie von 10 Diversifika-tionsprojekten aus der Mikrowellen-herd-Branche	quantitativ (t-Test; Mann-Whitney U-Test; Chi-Quadrat-Test)
Meyer/Heyder (1989)	ROI; Marktan-teil	aggressiver Markteintritt; sorgfältige Vorbereitung; Marktwachstum; früher Markteintritt; F&E-Synergien; relative Größe des diversifizierenden Unternehmens im Ver-gleich zum Hauptwett-bewerber; hoher Innova-tionsgrad des Angebots; gutes Preis-Leistungs-verhältnis	Erfolge von ca. 200 Diversifikations-projekten (aus-schließlich Eigen-entwicklungen) amerikanischer und westeuropäischer Großunternehmen (PIMS Start-up Datenbank)	quantitativ (Mittelwertver-gleiche)
Jacobs/Dobler (1989; 1990)	Globales Erfolgsmaß	Marktwachstum; geringe Wettbewerbsintensität; externe Diversifikation; Synergieeffekte; Qualität des Management (insbe-sondere Kenntnisse im neuen Geschäftsfeld); de-zentrale organisatorische Eingliederung; Übernahme des Management bei Akquisitionen; systema-tische, kontinuierliche und flexible Planung	Erfolg der Diversi-fikationsprojekte von acht Einzel-handelsunterneh-men	qualitativ

Da eine Diversifikation vielfach mit einer Akquisition von bereits im "Zielmarkt" agieren-der Unternehmen verbunden ist, interessieren vor dem Hintergrund unserer Problem-stellung auch die Befunde jener empirischen Untersuchungen, die sich mit den Erfolgen von **Unternehmensakquisitionen** beschäftigen. Tabelle 8 vermittelt einen Überblick über Anlage und Resultate solcher Studien. Eine typische Untersuchung dieser Forschungsrichtung neueren Datums stammt von *Bühner*; sie soll im folgenden kurz vorgestellt werden.

Bühner untersuchte die Erfolge von 90 Akquisitionen, die zwischen 1973 und 1985 von deutschen Großunternehmen des Verarbeitenden Gewerbes erzielt wurden. Als Erfolgsindikator diente dabei die Reaktion des Kapitalmarktes auf einen Zusammenschluß als Ausdruck der erwarteten langfristigen Erfolgswirkung.[1] Insgesamt zeigen die Befunde, daß sich durch Unternehmenskäufe der Marktwert der Akquisiteure nicht erhöht hat. Im Gegenteil: Für den gesamten Untersuchungszeitraum wurde eine negative kumulierte "abnormale Rendite" registriert.[2] Dies deutet darauf hin, daß die Unternehmensübernahmen den akquirierenden Firmen nicht den erwarteten Erfolg einbrachten.[3]

Differenziert man die Betrachtung nach der Art der Akquisition, so zeigt sich zudem, daß **konglomerate** Übernahmen vom Kapitalmarkt weitaus **negativer** beurteilt werden als horizontale und vertikale. Die überaus schlechte Bewertung konglomerater Zusammenschlüsse führt *Bühner* darauf zurück, daß die Aktionäre ihr Aktienportefeuille selbst effizienter "diversifizieren" können, nicht-vermögenssteigernde Motive der Unternehmensführung wie Macht- und Prestigestreben bei konglomeraten Firmenübernahmen dominieren und das Management sich in seiner Fähigkeit, fremde Geschäfte erfolgreich zu führen, häufig überschätzt.

Neben dieser Akquisitionsrichtung wirken sich weitere Merkmale auf den Erfolg aus. So sind nach den Befunden *Bühners* **akquisitionsorientierte** Unternehmen bei Übernahmen erfolgreicher als nicht-akquisitionsorientierte Firmen. Ferner ergab sich, daß **Klein**akquisitionen erfolgreicher sind als solche größeren Umfangs.[4]

---

[1] Vgl. Bühner (1990), S. 296.
[2] Die Reaktionen des Kapitalmarktes wurden über die Ermittlung der "abnormalen Rendite" operationalisiert. Jene repräsentiert die durch eine Akquisition bedingte Abweichung der Aktienrendite von einer normalen Durchschnittsentwicklung.
[3] Vgl. Bühner (1990), S. 303.
[4] Vgl. Bühner (1990), S. 308 - 314.

Tab. 8: Merkmale und Befunde spezieller Untersuchungen über die Erfolgsfaktoren von Akquisitionsprojekten

Verfasser	Erfolgsmaß	Untersuchungsrelevante Ergebnisse/ Erfolgsfaktoren	Untersuchungsebene	Untersuchungsart
Kitching (1967)	Globale Erfolgsbeurteilung	Vorhandensein eines "Manager of Change" (steuert den Kombinationsprozeß und setzt Synergiepotentiale frei), eines Gesamtkonzepts zur Übernahme von Firmen und die Rücksichtnahme auf spezifische Belange der Tochtergesellschaft bei Änderungen von Informations- und Planungssystemen wirken positiv auf den Akquisitionserfolg; Übernahme kleiner Objekte vermindert die Erfolgschancen	Erfolg von 69 Akquisitionen in 20 US-amerikanischen Unternehmen	qualitativ
Kusewitt (1985)	Accounted Return on Assets (ROA); Market Return	Erfolg sinkt mit zunehmender Größe der Akquisitionsobjekte in Relation zur Größe des erwerbenden Unternehmens, je mehr Akquisitionsobjekte pro Jahr durchgeführt werden, je fremder die Märkte, auf denen die übernommenen Firmen tätig sind, und je höher der Anteil an "Cash-Akquisitionen"; positiv ist der Erfolg dagegen mit der Höhe der Rentabilität der akquirierten Unternehmen verbunden	Erfolg der Akquisitionsstrategie von 138 US-amerikanischen Unternehmen mit etwa 3.500 Akquisitionen im Zeitraum von 1967 bis 1976	quantitativ (multiple Regressionsanalyse)
Chatterjee (1986)	Abnormal Returns	die in Form lateraler Zusammenschlüsse übernommenen Unternehmen erzielen höhere abnormale Renditen als die übernommenen Firmen bei vertikalen Zusammenschlüssen; keine signifikanten Auswirkungen der Akquisitionsrichtung auf den Erfolg der erwerbenden Unternehmen	Erfolge von 55 an Unternehmenszusammenschlüssen beteiligten Firmen und 261 Kontrollfirmen	quantitativ (einfache Regressionsanalyse)
Montgomery/ Wilson (1986)	Wiederveräußerung oder Festhalten an akquirierten Unternehmen	im Rahmen konglomerater Akquisitionen erworbene Unternehmen werden etwas (aber nicht signifikant) häufiger wieder verkauft als zugekaufte Unternehmen, die in ähnlichen Geschäftsfeldern wie die Muttergesellschaft tätig sind	Erfolg von 354 Akquisitionsprojekten US-amerikanischer Unternehmen im Zeitraum von 1967 bis 1969	quantitativ (Chi-Quadrat-Test)

Fortsetzung Tab. 8:

Verfasser	Erfolgsmaß	Untersuchungs-relevante Ergebnisse/ Erfolgsfaktoren	Untersuchungs-ebene	Unter-suchungsart
Lubatkin (1987)	Stockholder Returns	Akquisitionen wirken sich positiv auf den Erfolg aus; keine signifikanten Erfolgsunterschiede zwischen konzentrischen und konglomeraten Akquisitionen	Erfolg von 1.031 Unternehmensakquisitionen aus der Sicht der Aktionäre der erwerbenden und der übernommenen Unternehmung	quantitativ (t-Test; multiple Regressionsanalyse)
Singh/Montgomery (1987)	Aktienrendite	Ähnlichkeit zum angestammten Geschäft	Erfolge von 77 Akquisitionsprojekten	quantitativ
Balakrishnan (1988)	Abnormal Returns	signifikante positive Auswirkung der 15 %-Beteiligung der Firma IBM an der Rolm Inc. im Jahr 1983; kein signifikanter Einfluß der ein Jahr danach erfolgten 100 %-Übernahme	Erfolg der Übernahme von Rolm Inc. durch IBM	quantitativ (t-Test)
Shelton (1988)	der bei Akquisitionen erzielte standardisierte Wertzuwachs für Aktionäre	positiver Zusammenhang zwischen der produkt- und kundenbezogenen Ähnlichkeit der beteiligten Unternehmen einerseits und dem Akquisitionserfolg andererseits; Akquisitionserfolg steigt mit zunehmender relativer Größe der akquirierten Firma	Erfolg von 218 Unternehmensakquisitionen im Zeitraum von 1962 bis 1983 (Fortune 500)	quantitativ (multiple Regressionsanalyse)
Bühner (1990)	Reaktionen des Kapitalmarktes (kumulierte abnormale Rendite)	horizontale Akquisitionen sind erfolgreicher als kon-konglomerate; akquisitionsorientierte Unternehmen sind erfolgreicher als nicht-akquisitionsorientierte; Kleinakquisitionen sind erfolgreicher als Großakquisitionen	Erfolg von 90 Unternehmensakquisitionen durch bundesdeutsche Großunternehmen des Verarbeitenden Gewerbes zwischen 1973 und 1985	quantitativ (t-Test)

1.3.4 Zusammenfassende kritische Würdigung bisheriger Befunde der empirischen Erfolgsfaktorenforschung

Betrachtet man die in den vergangenen Abschnitten vorgestellten empirischen Erfolgsfaktorenstudien im Überblick, so fällt zunächst die Heterogenität der Untersuchungsansätze, der empirischen Basis, der herangezogenen Erfolgsindikatoren und der in die Untersuchung einbezogenen potentiellen Erfolgsfaktoren auf. So verwundert es nicht, daß die Studien zum Teil völlig unterschiedliche Erfolgsfaktoren ermitteln. Nicht selten widersprechen sich die Ergebnisse sogar.

Obgleich die Resultate aufgrund der unterschiedlichen Untersuchungsmethoden nur bedingt vergleichbar sind, werden die am häufigsten ermittelten Erfolgsfaktoren der in den Abschnitten 1.3.2 und 1.3.3 dargestellten Studien in Tab. 9 zusammengefaßt. Es handelt sich um eine Komprimierung der Befunde von insgesamt 79 empirischen Erfolgsfaktorenstudien, die sich in ihrer Untersuchungsmethode zum Teil erheblich voneinander unterscheiden: Ein Teil der Studien versucht, den Erfolg von Unternehmen oder Geschäftseinheiten zu erforschen, wobei Merkmale der Diversifikation einen von mehreren potentiellen Erfolgsfaktoren darstellen. Eine zweite Kategorie empirischer Untersuchungen ist dadurch charakterisiert, daß sie den Erfolg diversifizierter Unternehmen analysieren und den Einfluß verschiedener Ausprägungen der Diversifikationsstrategie auf den Erfolg dieser Unternehmen in den Mittelpunkt ihrer Betrachtung rücken. Die dritte Gruppe der Studien schließlich versucht, die Erfolgsfaktoren von Diversifikationsprojekten per se zu ermitteln.

Es gilt zu beachten, daß die in Tab. 9 (in Klammern) angegebenen Nennungshäufigkeiten nicht in hinreichendem Maße auf die Bedeutung der betreffenden Erfolgsfaktoren für die Erklärung des Erfolges schließen lassen, da in den verschiedenen Untersuchungen nur zum Teil dieselben potentiellen Erfolgsfaktoren einbezogen wurden und Angaben über die relative Erklärungskraft eines Faktors im Vergleich zu anderen den Veröffentlichungen nicht immer zu entnehmen sind.[1] Wie aus dieser Tabelle zu erkennen ist, wurde bisher eine ganze Reihe von Erfolgsfaktoren ermittelt. Sie lassen sich zusammenfassen zu Merkmalen der Marktstruktur, des Markteintritts, der Unternehmensführung sowie der Unternehmensstruktur und Unternehmensstrategie.

---

1 Vgl. auch Fritz (1990), S. 104.

Marktstrukturmerkmale: (22 Nennungen)	**Merkmale des Markteintritts:** (21 Nennungen):
• Marktwachstum (5)	• Realisierungsform der Diversifikation (9)
• Marktgröße (4)	• Aggressivität des Markteintritts (4)
• Marktonzentration und Wettbewerbsintensität (4)	• Zeitpunkt des Markteintritts (4)
• Marktreife (3)	• Innovationsgrad (2)
• Branchenrendite (2)	• Rentabilität des Akquisitionsobjekts (1)
• "Attraktivität" der Branchenstruktur (2)	• Markteintrittskosten (1)
• Marktaustritt etablierter Anbieter (1)	**Merkmale der Unternehmensstruktur und Unternehmensstrategie:** (98 Nennungen):
• Konjunkturelle Situation (1)	• Diversifikationsgrad des Leistungsprogramms (37)
Merkmale der Unternehmensführung: (25 Nennungen):	• Verwandtschaft bzw. Ähnlichkeit zwischen den Geschäftsbereichen (24)
• Fundierte Analyse, Planung und Kontrolle (9)	• Größenverhältnis der Geschäftsfelder (8)
• Erzielbarkeit von Wettbewerbsvorteilen (6)	• Nutzung von Synergieeffekten (7)
• Managementqualität (4)	• Merkmale der Organisationsstruktur (5)
• Grad der Integration neuer Geschäftsfelder (2)	• Expansionsgeschwindigkeit (4)
• Marketing- und F&E-Aufwendungen (2)	• Merkmale der Organisationskultur (3)
• Einsatz von Linienmanagern in Diversifikationsprojekten (1)	• Marktanteil (2)
• Übernahme des Inhabers bzw. des Management bei Akquisitionen (1)	• Unternehmensgröße (2)
	• Aufbau auf den Stärken des Stammgeschäfts (2)
	• Gesamtstrategienkonzept (1)
	• Kapazitätsauslastung (1)
	• Aufgabenzentralisierung (1)
	• Finanzielle Stärke (1)

Tab. 9: Die bisher ermittelten Erfolgsfaktoren einer Diversifikationsstrategie im Überblick

Insgesamt ist festzustellen, daß die Befunde der bisherigen Untersuchungen auf unsere Problemstellung nur begrenzt übertragen werden können. Die Anzahl derjenigen Arbeiten, die zumindest ähnliche Fragestellungen verfolgen wie die vorliegende Untersuchung, ist zwar ansehnlich, doch lassen die unterschiedlichen Untersuchungsdesigns sowie die teilweise widersprüchlichen Ergebnisse eine eindeutige Beantwortung der hier interessierenden Fragestellung nicht zu.

So sind die meisten Erfolgsfaktorenstudien ausländischer Herkunft und wurden in einem Umfeld durchgeführt, das kaum mit der deutschen Marktsituation zu vergleichen ist. Wenn man auch davon ausgehen kann, daß die verschiedenen nationalen Absatzmärkte einander immer ähnlicher werden, so sind die spezifischen Angebots- und Nachfrageverhältnisse sowie die Rahmenbedingungen (auch zwischen den USA und der Bundesrepublik) freilich noch so verschieden, daß eine ungeprüfte Übernahme der Ergebnisse der ausländischen Untersuchungen nicht angeraten erscheint.[1]

Zudem weisen zahlreiche Studien teilweise gravierende methodische Schwächen auf:

- So basieren manche Ergebnisse auf einer persönlichen, subjektiven Beobachtung und Einschätzung der Autoren und sind, auch weil häufig keine quantitativen Analysemethoden eingesetzt wurden, intersubjektiv kaum überprüfbar.

- Mitunter fehlen Angaben über die verwendeten Erfolgsindikatoren oder Auswertungsverfahren.

- Das Fehlen statistischer Test läßt keine Aussagen darüber zu, ob tatsächlich signifikante Wirkungszusammenhänge entdeckt wurden oder ob es sich nur um zufällige Untersuchungsergebnisse handelt.

- Darüber hinaus verzichten die Studien teilweise auf die Berücksichtigung von Kontrollgruppen oder messen ihnen keine große Bedeutung bei.[2]

Ferner ist festzustellen, daß die Mehrzahl der empirischen Forschungsarbeiten auf den Einfluß der Diversifikationsstrategie auf den Erfolg des Unternehmens als solchen abstellt. Angesichts der großen Bedeutung, welche der Diversifikation heute in der Unternehmenspraxis zukommt, verwundert es, daß bislang nur vergleichsweise **wenige** fundierte empirische Untersuchungen über die **Faktoren**, die den Erfolg einer **Diversifikation** an sich beeinflussen, vorliegen. Mit dieser Fragestellung beschäftigten sich bisher die Arbeiten von *Biggadike, Yip, Hobson/Morrison, Berry, DeSouza, Guiniven/ Fisher, Porter, Coley/Reinton, Smith/Cooper, Meyer/Heyder* sowie *Jacobs/Dobler*.[3]

---

[1] Vgl. ähnlich auch Meffert (1987), S. 18.
[2] So z.B. Peters und Waterman, die lapidar meinen: "Zu Vergleichszwecken untersuchten wir auch einige leistungsschwächere Unternehmen, doch legten wir darauf nicht sehr viel Gewicht, da wir meinten, angesichts unserer zusammen 24 Jahre als Unternehmensberater über Leistungsmängel genügend im Bilde zu sein" (S. 35). Es drängt sich die Frage auf, ob nicht auch die Leistungsstärken der "exzellenten" Unternehmen eher aus der Berufserfahrung der Autoren heraus anstatt aufgrund einer systematischen Analyse entwickelt wurden.
[3] Vgl. Biggadike (1979a/b); Yip (1982c); Hobson/Morrison (1983); Berry (1983); DeSouza (1986); Guiniven/Fisher (1986); Porter (1987a/b und 1988); Coley/Reinton (1988); Smith/Cooper (1988); Meyer;Heyder (1989); Jacobs/Dobler (1989 und 1990).

Aber gegen diese besonders themenrelevanten empirischen Arbeiten muß eingewendet werden, daß es sich fast ausschließlich um Veröffentlichungen handelt, die entweder auf Einzelfälle rekurrieren, über ein exploratives Forschungsstadium nicht hinauskommen, auf eine quantitative Datenauswertung weitgehend verzichten, sich um keinen Nachweis statistischer Validität bemühen oder keine Industrieunternehmen in ihrer Stichprobe enthalten.[1]

Häufig ist die Zahl der untersuchten Einflußgrößen zudem gering. Fundierte, breit angelegte und theoriegeleitete Studien über Erfolgsfaktoren der Diversifikation fehlen bislang völlig. Wie auch bei anderen Veröffentlichungen der empirischen Erfolgsfaktorenforschung mangelt es hier weitgehend an einer Offenlegung und "theoretischen Untermauerung" der implizit in der jeweiligen Untersuchung berücksichtigten Hypothesen über die kausalen Wirkungszusammenhänge zwischen den analysierten Variablen.[2]

Diese Kritik gilt in besonderem Maße für eine Reihe von Publikationen, die der PIMS-Forschung zuzurechnen sind. Wie viele Veröffentlichungen des PIMS-Programms sind überwiegend auch jene sehr oberflächlich dokumentiert, die sich mit Erfolgsfaktoren der Diversifikation auseinandersetzen. Zu kritisieren ist beispielsweise, daß keine Ergebnisse multivariater Datenanalysen veröffentlicht werden, sofern überhaupt über eine statistische Untersuchung bivariater Beziehungen hinausgegangen wird. Mit Ausnahme der Studien von *Biggadike* und *Yip* beschränkt sich die Analyse auf einfache zweidimensionale Gegenüberstellungen mit Prozentangaben.[3] Auf komplexere Auswertungsverfahren wird offensichtlich verzichtet; ebenso fehlen Angaben über die Signifikanz der Ergebnisse. Aber selbst die Resultate der methodisch anspruchsvollen und sorgfältig dokumentierten Studie von *Yip* müssen mit Blick auf unsere Problemstellung mit großer Vorsicht interpretiert werden, da nicht alle in die Analyse einbezogenen Markteintritte auch Diversifikationen darstellen.[4]

Angesichts der überwiegend methodischen Defizite ist eine weitere Schwäche dieser Studien festzustellen: Sie beschränken sich auf die Beleuchtung einfacher Ursache-Wirkungsbeziehungen zwischen Erfolgsfaktor und Erfolgsindikator. Sie vermögen jedoch nicht die Beziehungsstruktur zwischen den Erfolgsfaktoren offenzulegen, was mit

---

[1] Zu den letzteren zählen die Studien von Berry (1983), Hobson und Morrison (1983), Guiniven und Fisher (1986), DeSouza (1986), Porter (1987a/b; 1988), Coley und Reinton (1988), Meyer und Heyder (1989) sowie Jacobs und Dobler (1989).
[2] Zur Zweckmäßigkeit theoriegeleiteter Forschung vgl. Friedrichs (1985), S. 60 - 62, und Dichtl (1983), S. 61.
[3] Vgl. Biggadike (1979a/b); Yip (1982c).
[4] Wie bereits erwähnt, werden in diese Untersuchung auch der Markteintritt in bisher nicht bearbeitete Regionen und der Einstieg neu gegründeter Unternehmen einbezogen; vgl. hierzu Yip (1982c), S. 2.

Hilfe moderner Verfahren der Kausalanalyse wie beispielsweise des LISREL-Ansatzes durchaus möglich wäre. Von den weiter oben referierten 79 Erfolgsfaktorenuntersuchungen kam lediglich in der Studie von *Keats* und *Hitt* ein solches Verfahren zur Anwendung, die zudem der Gruppe der allgemeinen Erfolgsfaktorenstudien ohne speziellen Diversifikationsbezug zuzurechnen ist.[1]

Vor dem Hintergrund des **unzulänglichen wissenschaftlichen Standes der Forschung** sind die vorliegenden empirischen Ergebnisse auf die hier zu untersuchende Problemstellung selbstverständlich nicht unmodifiziert übertragbar. Allerdings erzeugen die skizzierten Forschungsansätze sowie die Ergebnisse dieser Studien ein durchaus wichtiges **heuristisches Potential** für die Generierung und Prüfung untersuchungsrelevanter Hypothesen zu den Beeinflussungsfaktoren des Diversifikationserfolgs von Industrieunternehmen.[2] Der folgende Abschnitt wird darüber Aufschluß geben, welche Theorien und theoretischen Ansätze geeignet erscheinen, zusätzlich zu den bisherigen Befunden der Erfolgsfaktorenforschung bei der Hypothesengenerierung unserer Untersuchung herangezogen zu werden.

2. Untersuchungsrelevante Theorien und theoretische Ansätze

Entsprechend der hier zugrundegelegten Konzeption **theoriegeleiteter Forschung** werden im Rahmen der Entwicklung des Untersuchungsdesigns auch **Theorien** und **theoretische Ansätze** herangezogen, um den Erfolg einer Diversifikationsstrategie zu erklären. Dabei muß dem Umstand Rechnung getragen werden, daß die Erkenntnisse über die Unternehmung weder in der Betriebswirtschaftslehre noch in den benachbarten Sozialwissenschaften zu einem einheitlichen, homogenen Theoriengebäude geführt haben. Vielmehr existiert eine ganze Reihe von Theorien und theoretischen Ansätzen, die für sich alleine genommen ganz sicher nicht in der Lage sind, die Dynamik und Komplexität der Unternehmen zu erfassen und zu erklären.[3] Daher werden in der vorliegenden Untersuchung im Sinne eines **theoretischen Pluralismus**[4] mehrere untersuchungsrelevante Theorien zur Erklärung des Diversifikationserfolgs von Industrieunternehmen herangezogen.

---

1 Vgl. Keats/Hitt (1988).
2 Ähnlich beurteilt Hildebrandt (1986, S. 42) den Nutzen der PIMS-Ergebnisse für die Erfolgsfaktorenforschung.
3 Vgl. Wohlgemuth (1989), S. 93.
4 Zum theoretischen Pluralismus vgl. Fritz (1984), S. 116 - 120, und Schanz (1973), S. 133 - 138.

2.1 Der entscheidungstheoretische Ansatz

Vergegenwärtigt man sich, daß mit einer Diversifikation strategische und operative Entscheidungen von meist großer Tragweite für die betroffenen Unternehmen verbunden sind, dann wird die Relevanz des **entscheidungstheoretischen Ansatzes** zur Erklärung des Erfolgs einer Diversifikationsstrategie deutlich. Gegenstand der entscheidungstheoretischen Forschung ist das Verhalten von Organisationen als Ergebnis individueller Entscheidungen und organisationaler sowie externer Bedingungen.[1] Dabei geht das Erkenntnisinteresse über individuelle Entscheidungen des einzelnen Organisationsteilnehmers hinaus und berührt auch die Perspektive der Gesamtunternehmung.[2]

Für die vorliegende Untersuchung ist weniger die mathematische Variante, sondern vielmehr die **verhaltenswissenschaftliche** Richtung des entscheidungstheoretischen Ansatzes von Bedeutung. Bezüge zu der vorliegenden Thematik lassen sich etwa in der "Behavioral Theory of the Firm" erkennen. Dies wird deutlich, wenn wir uns die zentralen Konzepte der von *Cyert* und *March* entwickelten Theorie der Unternehmung vergegenwärtigen wie beispielsweise problemgerichtetes Suchverhalten und organisationales Lernen.[3]

Insgesamt hat sich der entscheidungstheoretische Ansatz als recht ausbaufähig erwiesen und z.B. in einer Weiterentwicklung auch zum Marketingansatz geführt.[4] Nicht zuletzt aufgrund der Entscheidungsorientierung der modernen Betriebswirtschaftslehre erscheint es gerechtfertigt, den Entscheidungsansatz als eine **Grundkonzeption der modernen Betriebswirtschaftslehre** zu bezeichnen;[5] er sollte schon deshalb bei der Entwicklung der Untersuchungshypothesen unter allen Umständen Berücksichtigung finden.

2.2 Der situative Ansatz

Der Ursprung des **situativen Ansatzes**, der auch als Bedingtheits- oder Kontingenzansatz bezeichnet wird, liegt in der angloamerikanischen vergleichenden Organisationsforschung. Ein frühes Anliegen des situativen Ansatzes war die situationsbezogene Erklärung des Zustandekommens und der Gestalt von unterschiedlichen Organisationsstrukturen. In diesem Zusammenhang wird der Versuch unternommen, den Einfluß

---

[1] Vgl. Heinen (1985), S. 7.
[2] Vgl. Kieser/Kubicek (1978b), S. 69.
[3] Vgl. hierzu Cyert/March (1963) sowie Fritz (1984), S. 155.
[4] Vgl. Raffée (1989b), S. 33.
[5] Vgl. Raffée (1974), S. 94.

situativer Variablen, etwa der Umweltdynamik, des verwendeten Fertigungsverfahrens oder der Größe einer Unternehmung, auf die formale Struktur von Organisationen empirisch zu ermitteln.[1]

Vor dem Hintergrund des hier zu analysierenden Problemfeldes ist diese Aufgabenstellung allerdings nur von untergeordneter Bedeutung. Vielmehr gewinnt für unsere Untersuchung ein weiterer Forschungsschwerpunkt des situativen Ansatzes an Gewicht: die Untersuchung der Wirkung **situativer Faktoren** und unterschiedlicher **Organisationsstrukturen** auf das **Verhalten und die Effizienz von Organisationen.**[2] Für diese Arbeit rückt insbesondere die Frage ins Blickfeld, welche Auswirkungen unterschiedliche Organisationsstrukturen auf den **Diversifikationserfolg** der Unternehmen zeigen.

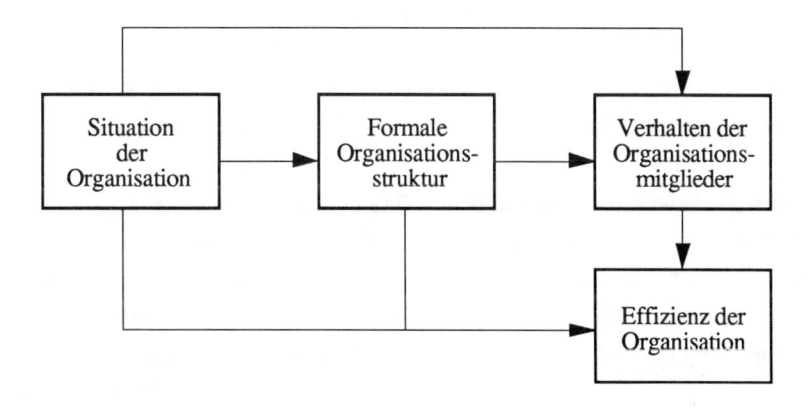

Abb. 4: Das Forschungsprogramm des situativen Ansatzes
Quelle: Kieser/Kubicek (1978b), S. 112.

Der situative Ansatz wird heute nicht mehr nur für die Erklärung organisationstheoretischer Fragen herangezogen. Vielmehr findet er beispielsweise auch in der Führungslehre, im Bereich der Planung, im Marketing und in der empirischen Zielforschung Beachtung. So läßt sich auch der situative Ansatz als eine Grundkonzeption einer gestaltungsorientierten Betriebswirtschaftslehre verstehen,[3] deren Leitidee als "Postulat situativer Relativierung" betriebswirtschaftlicher Sachverhalte bezeichnet

---

1 Vgl. Kieser/Kubicek (1978b), S. 105 ff.; Raffée (1989b), S. 37 f.
2 Vgl. Kieser/Kubicek (1978b), S. 112 f.
3 Vgl. Raffée (1974).

werden kann.[1] Insofern wird der situative Ansatz auch in der vorliegenden Arbeit nicht bei der Betrachtung organisationaler Aspekte stehenbleiben, sondern soll als ein **bereichsübergreifender Erklärungsansatz** bei den nachfolgenden Ausführungen Berücksichtigung finden.

2.3 Der Ansatz der Industrieökonomik

Ähnlich wie im situativen Ansatz spielen auch in der **Industrieökonomik** (Industrial Organization) als **wettbewerbstheoretischem** Ansatz Kontextvariablen eine zentrale Rolle.[2] Anliegen der Industrieökonomik ist es, Marktverhalten und -ergebnis durch Merkmale der Industrie- und Marktstruktur zu erklären. Da davon ausgegangen werden kann, daß auch die **Wettbewerbsverhältnisse** sowie **sonstige strukturbestimmende Merkmale** neuer Märkte den Erfolg von Diversifikationen beeinflussen, dürfte der Ansatz der Industrieökonomik ebenfalls zur Erklärung beitragen.[3]

Die Forschungsarbeiten der Industrieökonomik wurden durch die frühe Veröffentlichung von *Mason* angeregt,[4] der die Meinung vertrat, daß eine deterministische Beziehung zwischen der **Struktur eines Marktes** und dem durchschnittlichen **Erfolg** der in diesem Markt tätigen Unternehmen bestehe.[5] Der industrieökonomische Ansatz verfolgt das Ziel, den Einfluß der Marktstruktur auf das Verhalten von Industrieunternehmen und schließlich auf das daraus resultierende Markt- bzw. Unternehmensergebnis zu erforschen.[6] Dieser als "market structure-conduct-performance"-Paradigma bezeichnete Zusammenhang ist der Vorgehensweise der **Erfolgsfaktorenforschung** sehr ähnlich, die ebenfalls erfolgsbeeinflussende Merkmale aufzudecken versucht. Die Hauptelemente der Marktstruktur, die Gegenstand der industrieökonomischen Forschung sind, umfassen Variablen wie beispielsweise Marktwachstum, Umfang von Markteintrittsbarrieren, Grad der Produktdifferenzierung und Preiselastizität der Nachfrage.[7]

---

1 Vgl. Raffée (1989b), S. 38.
2 Allerdings ist der Kontextbegriff im situativen Ansatz weiter gefaßt und umschließt neben den unternehmensexternen Merkmalen auch Organisations- und damit unternehmensinterne Merkmale; vgl. Kieser/Kubicek (1976), S. 185 - 188. Fritz weist jedoch zu Recht darauf hin, daß auch in der Industrieökonomik teilweise unternehmensinterne Merkmale zur Erklärung von Marktverhalten und -ergebnis herangezogen werden; vgl. Fritz (1984), S. 197, Fußnote 5.
3 Zur Industrieökonomik bzw. Industrial Organization vgl. z.B. Böbel (1978); Neumann (1979); Kaufer (1980); Scherer (1980); Porter (1981).
4 Vgl. Mason (1939).
5 Vgl. Bass/Cattin/Wittink (1978), S. 3; Scherer (1980), S. 4.
6 Vgl. Caves (1967), S. 17 und 37; Scherer (1980), S. 4. Kritisch in bezug auf den Nutzen der Industrial Organization-Forschung für die Strategiewahl der Unternehmungen äußert sich Porter (1981).
7 Vgl. Caves (1967), S. 16. Es wird davon ausgegangen, daß die Strukturelemente untereinander durchaus Korrelationen aufweisen; vgl. Caves (1967), S. 36; Neumann (1979), S. 649.

Die traditionelle Richtung der Industrieökonomik konzentrierte sich auf die Erklärung von Erfolgsunterschieden zwischen den Unternehmen aufgrund von **Branchenein-flüssen**. Es wurden, von der Unternehmensgröße einmal abgesehen, keine Unterschiede **innerhalb** einer Branche analysiert. Erst zu Beginn der 70er Jahre ging man von der Vorstellung eines undifferenzierten brancheninternen Wettbewerbs ab.[1] Schließlich folgte in der angelsächsischen und der deutschsprachigen Literatur eine Reihe von Studien, welche die bis dato zu verzeichnende Forschungslücke schließen halfen, indem sie die Marktstruktur spezieller Branchen untersuchten.[2]

Bereits durch die Einführung des Konzepts der strategischen Gruppen[3] erfolgte ein Brückenschlag zwischen der Gesamtmarktbetrachtung des industrieökonomischen Forschungsansatzes und dem auf die einzelne Unternehmung als Untersuchungsgegenstand abstellenden Strategischen Management-Ansatz.[4] Zum Beispiel wurde der industrieökonomische Ansatz von der PIMS-Forschung aufgegriffen und auf die Analyse des Erfolgs auf Geschäftsfeldebene übertragen. So baut das PIMS-Projekt auf dem Industrial-Organization-Ansatz auf, was die Interdependenzen zwischen den Ergebnissen von Erfolgsfaktorenstudien einerseits und erklärungsrelevanten Theorien und theoretischen Ansätzen andererseits deutlich werden läßt.[5]

2.4 Der Marketingansatz

Schließlich läßt sich zur Erklärung von Diversifikationserfolgen auch der **Marketingansatz** heranziehen, der als Richtschnur für betriebswirtschaftliche Gestaltungsaufgaben dienen kann.[6] Es wird eine **aktive Gestaltung marktlicher Beziehungen** empfohlen, bei der mittels eines zielgerichteten Einsatzes des absatzpolitischen Instrumen-

---

1 Vgl. Minderlein (1989), S. 185.
2 Vgl. beispielsweise die Branchenstrukturanalysen bei Oberender (1984).
3 Der Begriff der strategischen Gruppe wurde von Hunt (1972, S. 57) geprägt. In einer strategischen Gruppe werden diejenigen Unternehmen zusammengefaßt, die eine gleiche oder ähnliche Strategie verfolgen; vgl. hierzu auch McGee (1985), S. 298; Trux/Müller/Kirsch (1984), S. 90; Porter (1987), S. 177.
4 Vgl. McGee (1985).
5 Vgl. Buzzell/Gale (1987), S. 28. Die Befunde des industrieökonomischen Ansatzes haben darüber hinaus auch in andere zentrale Bereiche der wissenschaftlichen und praktischen Managementlehre Eingang gefunden. So finden sich viele der Strukturvariablen dieses Ansatzes im Marktattraktivitäts-/Wettbewerbsvorteils-Portfolio von McKinsey wieder. Auch in Porters Branchenstruktur-Modell, welches das Wettbewerbsverhalten der Unternehmen innerhalb der Branche, die Verhandlungsmacht von Kunden und Zulieferern, die Bedrohung durch Substitute sowie Markteintrittsbarrieren als zentrale Faktoren zum Aufbau von Wettbewerbsvorteilen herausstellt, gingen wichtige Erkenntnisse der Industrieökonomik ein. Vgl. hierzu auch Coenenberg/Sautter (1988), S. 696.
6 Zum Marketingansatz als Grundkonzeption einer gestaltungsorientierten Betriebswirtschaftslehre vgl. Raffée (1974), S. 106 - 112, und derselbe (1989b), S. 42 - 44.

tariums Bedürfnis- und Bedarfslücken systematisch aufgespürt, befriedigt und teilweise auch geschaffen werden.[1]

Dabei wird ein **weiter** Marketingbegriff zugrunde gelegt, der Marketing als eine **Führungskonzeption** und **Denkhaltung** von Organisationen auffaßt, die unter Einsatz spezieller Marketing-Technologien von den Märkten her und auf diese hin gerichtet sind.[2] Folgt man diesem Begriffsverständnis, so ist davon auszugehen, daß dem Marketing eine wesentliche Bedeutung für den Diversifikationserfolg von Unternehmen zukommt. So fand der Marketingansatz auch bereits häufig Berücksichtigung in empirischen Untersuchungen der Erfolgsfaktorenforschung. Beispielsweise sind in das **PIMS-Projekt** neben industrieökonomischen auch marketingwissenschaftliche Überlegungen eingeflossen, wobei wettbewerbstheoretische und marketingwissenschaftliche Perspektiven miteinander verschmelzen.[3]

---

[1] Vgl. hierzu Raffée (1974), S. 106 f.
[2] Damit folgt der Verfasser dem umfassenden Marketingverständnis von Raffée. Vgl. Raffée (1989), S. 5; derselbe (1981).
[3] Vgl. Fritz (1989a), S. 60.

II. Die Anlage der empirischen Untersuchung

1. Das theoretische Design

1.1 Das Grundkonzept der Untersuchung

Im vorhergehenden Gliederungspunkt wurde mit der Skizzierung untersuchungsrelevanter Theorien und theoretischer Ansätze bereits der Grundstock des in diesem Abschnitt zu behandelnden allgemeinen Bezugsrahmens einer eigenen empirischen Untersuchung gelegt. Danach sind für die Analyse der hier interessierenden Fragestellungen der Entscheidungstheoretische Ansatz, der situative Ansatz, der Ansatz der Industrial Organization und der Marketingansatz heranzuziehen.

Zusammen mit den in den vorangegangenen Abschnitten erörterten Erkenntnissen der Erfolgsfaktorenforschung steht damit bereits eine wichtige **konzeptionelle Basis zur Erklärung von Diversifikationserfolgen** zur Verfügung. Die Erfolgsfaktorenforschung wie auch die Theorieansätze gehen als theoretischer Hintergrund und Quelle für untersuchungsbedürftige Hypothesen in das Grundkonzept der Untersuchung ein. Im folgenden wird nun eine **weitere Systematisierung** potentieller Bestimmungsfaktoren des Erfolgs von Diversifikationsstrategien vorgenommen.

Aus den vorhergehenden Ausführungen wurde deutlich, daß sowohl unternehmensexterne als auch -interne Sachverhalte den Erfolg von Diversifikationen beeinflussen können. Dies spricht dafür, das Untersuchungskonzept breit anzulegen und sowohl die vom Unternehmen mehr oder weniger beeinflußbaren Variablen als auch die weitgehend unbeeinflußbaren Merkmale der Marktstruktur einzubeziehen. Hinsichtlich der **Marktstrukturmerkmale** kommt für Diversifikationsprojekte den Eintrittsbarrieren neuer Märkte eine besondere Bedeutung zu. Aber auch Merkmale der Marktattraktivität wie z.B. die Intensität des Wettbewerbs oder die Branchenrendite werden in unsere Betrachtung einfließen.

Als unternehmensinterne Faktoren finden Merkmale der **Unternehmensstruktur**, z.B. Organisationsmerkmale, die Unternehmensgröße und Aspekte der Unternehmenskultur, Eingang in unsere Untersuchung. Ein maßgeblicher Einfluß auf den Diversifikationserfolg darf ebenfalls von der **Unternehmensführung**, insbesondere von der strategischen Planung, erwartet werden. In diesem Zusammenhang gilt es auch, den Einfluß unterschiedlicher **Konzernstrategien** auf den Diversifikationserfolg zu untersuchen. Ferner spricht vieles dafür, daß auch die **Markteintrittsstrategie** über Erfolg und Mißerfolg von Diversifikationsaktivitäten entscheidet. Schließlich liegt es nahe, daß gerade beim Eintritt in neue Geschäftsfelder auch Art und Umfang der **Synergienutzung** für die Erklärung des Erfolges einen Beitrag leisten können.

Die Auswahl potentieller Erfolgsfaktoren wird aufgrund von wissenschaftlichen Publikationen und Expertengesprächen vorgenommen. Sie sollen sowohl theoretisch begründet werden können als auch praxisrelevante Aspekte erfüllen, nämlich bei der Ausgestaltung der Diversifikationsstrategie anwendbar und hinsichtlich der vermuteten Aussagekraft ausreichend interessant sein.[1]

1.2 Das Detailkonzept der Untersuchung

Der in Kapitel C aufgespannte Bezugsrahmen sowie das soeben skizzierte Grundkonzept der Studie stellen die Ausgangsbasis für die weiteren Untersuchungsschritte dar. Ihnen kommt die Funktion zu, die Suche und Auswahl spezieller Erklärungsvariablen des Diversifikationserfolges zu systematisieren und zu kanalisieren. Der Erarbeitung des Bezugsrahmens und des Grundkonzepts der Untersuchung muß sich nun eine **differenziertere Problemanalyse** im Rahmen eines **Detailkonzepts** anschließen. Dabei werden mit Hilfe der Erkenntnisse der Erfolgsfaktorenforschung und der theoretischen Erklärungsansätze **plausible Hypothesen** über den Einfluß einzelner unternehmensinterner und -externer Variablen auf den Erfolg von Diversifikationen entwickelt. Um angesichts der Vielzahl zu betrachtender Variablen und in Anbetracht der vermutlich vielfältigen Wirkungen dieser Parameter untereinander den Umfang dieser Arbeit in Grenzen zu halten, sollen nur die "zentralen Hypothesen" abgeleitet und begründet, d.h. nur die Wirkung der in die empirische Analyse einbezogenen potentiellen Erfolgsfaktoren auf die zu erklärenden Erfolgs**größen** betrachtet werden. Das Beziehungsgeflecht, wie es **zwischen** den einzelnen Erfolgsfaktoren vermutet wird, kann aus den genannten Gründen nur im Rahmen von "**Basishypothesen**" dargestellt werden. Unter Bezugnahme insbesondere auf den situativen Ansatz und den Ansatz der Industrieökonomik, welche die Bedeutung von Kontextvariablen bei der Erklärung des Unternehmenserfolgs herausstellen, werden folgende drei Basishypothesen aufgestellt:

Basishypothese 1: Merkmale der Marktstruktur beeinflussen den Diversifikationserfolg sowohl direkt als auch indirekt über das Verhalten der diversifizierenden Unternehmen.

---

[1] Vgl. hierzu auch Wohlgemuth (1989), S. 100.

Basishypothese 2: Merkmale der diversifizierenden Unternehmen beeinflussen den Diversifikationserfolg.

Basishypothese 3: Sowohl Marktstrukturmerkmale als auch Unternehmensmerkmale weisen untereinander kausale Beziehungen auf.

Die aus den Resultaten der Erfolgsfaktorenuntersuchungen und theoretischen Erklärungsansätzen in Verbindung mit Plausibilitätsüberlegungen aufgestellten Hypothesen werden in einem späteren Analyseschritt einer **empirischen Überprüfung** unterzogen.

1.2.1 Die Entwicklung von Untersuchungshypothesen zum Erfolg von Diversifikationsprojekten in Industrieunternehmen

1.2.1.1 Der Erfolg von Diversifikationsprojekten

1.2.1.1.1 Der finanzielle Erfolg von Diversifikationsprojekten

Will man die Erfolgsfaktoren der Diversifikation erforschen, so muß man sich zunächst darüber klar werden, was unter einer erfolgreichen oder auch weniger erfolgreichen Diversifikation verstanden werden soll. Hierzu bedarf es einer **Konkretisierung** des globalen Erfolgsbegriffes. Das Spektrum möglicher Beurteilungsmerkmale bzw. konkreter Dimensionen des Erfolgs ist groß. Es überrascht daher nicht, daß die bisherigen Versuche, Erfolge bzw. Mißerfolge einer Diversifikation zu analysieren, auf einer Vielzahl unterschiedlicher Indikatoren basieren. Bei der Durchsicht der einschlägigen Literatur fällt auf, daß die Forschungsaktivitäten bislang noch zu keinen entsprechenden, allgemein anerkannten Kriterien geführt haben.[1]

Eine Reihe von Veröffentlichungen, welche den Erfolg von Firmenübernahmen im allgemeinen oder der Diversifikation mittels Unternehmenskauf im besonderen zum Gegenstand haben, zieht beispielsweise die Differenz der **Börsennotierung** des akquirierenden Unternehmens oder die **Aktionärsrendite** vor und nach Bekanntgabe der Firmenübernahme als Erfolgsindikator heran, wobei die Untersuchungszeiträume vergleichsweise kurz bemessen sind und zwischen wenigen Tagen und mehreren Monaten schwanken.[2] Es ist jedoch offensichtlich, daß diese kurzfristigen Reaktionen der Kapitalanleger keineswegs **eine valide Bewertung** von Akquisitionsprojekten erlauben.

---
1 Vgl. hierzu auch Biggadike (1979b), S. 34, und Porter (1987a), S. 31.
2 Vgl. z.B. Bühner (1990); Shelton (1988); Coley/Reinton (1988); Balakrishnan (1988); Lubatkin (1987); Singh/Montgomery (1987); Chatterjee (1986); Luffman/Reed (1984).

Börsennotierungen und Aktionärsgewinne stellen u.E. keine verläßlichen Indikatoren für Diversifikationserfolge dar, da Kursveränderungen und Börsengewinne (Kursgewinn plus Dividende) oder -verluste nicht eindeutig der Diversifikation zuzurechnen sind.[1] Vielmehr erscheint es angezeigt, den längerfristigen Erfolg von Diversifikationen zu messen und der Ermittlung von Erfolgsfaktoren validere Indikatoren zugrundezulegen; dies um so mehr, als häufig festgestellt wird, daß Diversifikationsprojekte mehrere Jahre benötigen, bis sie Erfolge aufweisen können. So kommen *Guiniven, Guiniven* und *Fisher, Weiss* sowie *Biggadike* aufgrund ihrer Untersuchungen neuer Geschäftsfelder zu dem Ergebnis, daß sich bei diesen erst nach vielen Jahren finanzielle Erfolge zeigen.[2] Die in die Stichprobe von *Biggadike* einbezogenen Diversifikationsprojekte benötigten, wie bereits an anderer Stelle erwähnt, im Durchschnitt sieben bis acht Jahre, bis sie einen positiven ROI erzielten.[3]

Einige Studien ziehen zur Erfolgsmessung das Merkmal heran, ob das neue Geschäftsfeld im Unternehmensportfolio **behalten** oder aber **abgestoßen** bzw. **liquidiert** wird.[4] Dieser Ansatz geht davon aus, daß ein Unternehmen i.d.R. eine erfolgreiche Geschäftseinheit nicht verkauft oder schließt. Dieses (Miß-)Erfolgskriterium setzt also die Veräußerung oder Liquidation mit einem Flop gleich und schließt andere Ursachen aus. Die Beibehaltung eines neuen Geschäftsfeldes dagegen wird pauschal als Diversifikationserfolg gewertet. Daß es sich bei dieser "Erfolgsmessung" um eine allzu starke Vereinfachung handelt,[5] ist offensichtlich. So werden Diversifikationsprojekte nicht erst zum Zeitpunkt des Verkaufs oder der Liquidation zu erfolglosen Projekten. Ferner kommt es durchaus vor, daß auch Gewinn erwirtschaftende Geschäftsbereiche veräußert werden. So ist es z.B. das Ziel einer Sanierungsstrategie, kranke Unternehmen aufzukaufen und durch geeignete Maßnahmen wieder in die Gewinnzone zu bringen. Ist dies erreicht, wird der gesundete Geschäftsbereich veräußert, und die Suche nach einem neuen sanierungsbedürftigen Unternehmen beginnt.[6]

Ein Diversifikationsprojekt vermag dagegen sicher dann als erfolgreich eingestuft zu werden, wenn es die **finanziellen** Erwartungen erfüllt und die angestrebten finanzwirt-

---

1 Vgl. auch Porter (1987a), S. 31.
2 Vgl. Guiniven (1986); Guiniven/Fisher (1986); Weiss (1981); Biggadike (1979a und 1979b).
3 Einen kürzeren Zeitraum bis zum Erreichen der Gewinnschwelle ermittelte Berry (1983). Wie die Untersuchungsergebnisse zur internen Entwicklung von Diversifikationen zeigen, benötigen diese einen durchschnittlichen Zeitraum von knapp drei Jahren, bis sie Gewinne erwirtschaften. Allerdings untersuchte Berry die Diversifikationsprojekte nur eines einzigen Unternehmens. In der Studie von Weiss (1981) wurden die neuen Geschäftsfelder nach durchschnittlich vier Jahren profitabel.
4 So die Untersuchungen von Hoffmann (1989); Smith/Cooper (1988); Porter (1987a, 1987b, 1988); Montgomery/Wilson (1986); Berry (1983); Neubauer/Bane (1981).
5 Vgl. Jacobs/Dobler (1989), S. 7
6 Vgl. Porter (1987a), S. 38.

schaftlichen Ziele erreicht. Angesichts der aufgezeigten Schwächen der Erfolgsmerkmale Börsennotierung und Beibehalten versus Abstoßen eines neuen Geschäftsbereichs soll daher in unserer Untersuchung dessen **finanzieller Diversifikationserfolg** herangezogen werden. Wichtige finanzielle Erfolgsindikatoren stellen beispielsweise Gewinn, Umsatz, Umsatzrentabilität und Rentabilität des Gesamtkapitals (ROI) dar.

Entsprechend der Unterscheidung von Unternehmenszielen werden im Rahmen der Erfolgsanalyse von Diversifikationsprojekten neben den finanziellen Indikatoren auch Kriterien des **Markterfolgs** einbezogen.[1] Dabei wird der Markterfolg nicht nur als isolierter Indikator des Diversifikationserfolgs betrachtet, sondern es wird vermutet, daß jener auch den **finanziellen Erfolg** von Diversifikationsprojekten positiv **beeinflußt**.[2] Die Annahme, daß der Markterfolg nicht nur eine von den Erfolgsfaktoren abhängige Größe darstellt, sondern auch seinerseits ein **Erfolgsfaktor** ist, bedarf - insbesondere vor dem Hintergrund umfangreicher und zum Teil sehr heterogener empirischer Befunde - einer näheren Begründung. Daher soll im nächsten Abschnitt das Konstrukt Markterfolg als eine den finanziellen Diversifikationserfolg beeinflussende Variable ausführlich diskutiert werden.

1.2.1.1.2 Der Markterfolg von Diversifikationsprojekten

Der **Markterfolg** von Diversifikationsprojekten drückt sich in deren erreichter **Wettbewerbsposition** aus. Jene erfährt eine Konkretisierung im Ausmaß der **Wettbewerbsvorteile** eines neuen Geschäftsbereichs und in der Höhe des erzielten **Marktanteils**. Der Wettbewerb hat einen großen Einfluß auf Erfolg und Mißerfolg von Unternehmen. Hat sich ein diversifizierendes Unternehmen im neuen Markt eine der vorderen Wettbewerbspositionen erkämpft, kann dies als Diversifikationserfolg gewertet werden. Ein Unternehmen, das in einer - beispielsweise mit Blick auf die Rentabilität - attraktiven Branche tätig wird, dürfte keinen zufriedenstellenden Gewinn erwirtschaften, wenn es sich in einer schlechten Wettbewerbsposition befindet.[3]

---

1 Der Marktanteil als Indikator des Markterfolgs von Diversifikationsprojekten wurde auch in den empirischen Untersuchungen von Meyer/Heyder (1989), DeSouza (1986), Hobson/Morrison (1983), Berry (1983), Yip (1982c) und Biggadike (1979a/b) verwendet. Vgl. auch die vorhergehenden Ausführungen in Abschnitt C I. 1.3.3.2.
2 Ähnlich ist beispielsweise auch die Untersuchung von Biggadike (1979a/1979b) angelegt.
3 Vgl. Porter (1986), S. 19.

1.2.1.1.2.1 Die Erzielung von Wettbewerbsvorteilen als Indikator des Markterfolgs

Die langfristige strategische Linie einer Unternehmung muß den Erfordernissen des Marktes entsprechen und **Wettbewerbsvorteile** garantieren. Angesichts der sich verschärfenden Wettbewerbssituation in vielen Märkten sind die Unternehmen gezwungen, konsequenter als bisher Vorteile gegenüber den Konkurrenten zu schaffen und zu verteidigen. Gerade wenn ein neuer Markt erobert werden soll, sind Wettbewerbsvorteile von besonderer Bedeutung für den Unternehmenserfolg, da die Abnehmer einen Newcomer nur dann akzeptieren werden, wenn er einen oder mehrere Vorteile im Vergleich zu den etablierten Anbietern aufweist. Zahlreiche Autoren fordern daher, daß das Leistungsprogramm gezielt in solche Tätigkeitsfelder ausgeweitet werden soll, in denen die diversifizierende Unternehmung Wettbewerbsvorteile erlangen kann.[1]

Die analoge Anwendung des "Überlebensprinzips" der Evolutionstheorie impliziert, daß Unternehmen mindestens **einen strategischen Wettbewerbsvorteil** haben sollten, wobei jener nach *Simon* dadurch gekennzeichnet ist, daß er folgende drei Kriterien erfüllt:[2]

1. Der Vorteil muß ein für den Kunden wichtiges Leistungsmerkmal betreffen.
2. Der Vorteil muß vom Kunden wahrgenommen werden.
3. Der Vorteil darf von den Konkurrenten nicht schnell einholbar sein.

Wettbewerbsvorteile lassen sich in einem neuen Markt grundsätzlich über Leistungsvorteile und/oder Kosten- bzw. Preisvorteile erzielen.[3] Darüber hinaus können sie aber auch über innovative Formen des Wettbewerbsverhaltens aufgebaut werden, die bisher auf dem Zielmarkt noch nicht üblich waren (z.B. Einführung aggressiver Preis- und Werbestrategien in einem Markt, in dem bisher kein nennenswerter Preiswettbewerb geführt wurde und in dem die Werbebudgets der Konkurrenten vergleichsweise gering waren).

Obwohl die Bedeutung strategischer Wettbewerbsvorteile offensichtlich ist, scheint deren Realisierung in der Unternehmenspraxis mit erheblichen Problemen verbunden zu sein. In einer Untersuchung von *Simon* gaben über 60 Prozent der befragten Unternehmen an, keinen strategischen Wettbewerbsvorteil zu besitzen.[4]

---

1 Vgl. z.B. Hainzl (1987), S. 151 - 154; Porter (1987c), S. 434 f.; Bartels (1966), S. 42.
2 Zum "Management strategischer Wettbewerbsvorteile" vgl. Simon (1988).
3 Vgl. Porter (1986), S. 31, und insbesondere Porter (1987c).
4 Vgl. Simon (1988), S. 466.

Aber auch bei Vorhandensein eines oder auch mehrerer Wettbewerbsvorteile ist der Diversifikationserfolg noch nicht gesichert. Zahlreiche Beispiele aus der Praxis belegen, daß neue Markt-/Leistungskombinationen trotz eines objektiv vorhandenen Wettbewerbsvorteils scheiterten. So wurde in den 80er Jahren bei einem Vergleich des Videosystems 2000 von *Philips/Grundig* mit dem konkurrierenden VHS-System von *Matsushita* das europäische System von Experten als das technisch überlegene Produkt eingestuft. Dennoch gelang es den europäischen Anbietern nicht, das Rennen um den Weltmarkt zu gewinnen, da sie einer weltweiten Penetration ihres Systems zu wenig Aufmerksamkeit geschenkt hatten und ihnen der japanische Anbieter zuvorkam.[1] Offensichtlich war die Markt- bzw. Wettbewerbsorientierung der Japaner stärker ausgeprägt als bei ihren Konkurrenten, was dazu geführt hat, daß das technisch unterlegene Produkt das technisch überlegene so gut wie aus dem Markt gedrängt hat.

Obwohl ein strategischer Wettbewerbsvorteil oftmals mit hohen Gewinnen verbunden sein dürfte, wird er sich in solchen Situationen nicht auszahlen, (1) in denen der Markt nicht lebensfähig ist, (2) der Anbieter mit ernsten Problemen im operativen Geschäft zu kämpfen hat oder (3) taktische Manöver der Konkurrenten (z.B. Preissenkungen und Investitionen in Marktanteile) den Wettbewerbsvorteil nicht zum Tragen kommen lassen.[2]

Eine Reihe **empirischer Studien** hat die Bedeutung von Wettbewerbsvorteilen für den Diversifikationserfolg nachgewiesen. Wie *Bettis*, *Hall* und *Prahalad* ermittelten, hängt der Erfolg diversifizierender Unternehmen u.a. vom Ausmaß ihrer Wettbewerbsorientierung ab.[3] Für Produktinnovationen im Konsumgüterbereich kam beispielsweise *Davidson* zu dem Befund, daß nur solche Leistungen eine ausreichende Erfolgschance haben, die entweder einen Leistungs- oder einen Preisvorteil aufweisen.[4] Zu ähnlichen Ergebnissen gelangen *Yip*, *Hobson* und *Morrison* sowie *Meyer* und *Heyder*, die eine hohe Produktqualität oder eine gute Preis-/Leistungsrelation als Erfolgsfaktoren eines Einstiegs in fremde Märkte identifizierten.[5]

Die These, daß objektiv vorhandene Wettbewerbsvorteile jedoch nicht unbedingt auch zu dem gewünschten Erfolg führen, wird durch die Befunde einiger empirischer Untersuchungen gestützt, die auf die Bedeutung der von Kunden wahrgenommenen Wettbewerbsvorteile für den Diversifikationserfolg schließen lassen. Bei ihrer Analyse des

---

1 Vgl. Simon (1987), S. 367; Ohmae (1985), S. 33; Simon (1988), S. 461.
2 Vgl. Coyne (1988), S. 26.
3 Vgl. Bettis/Hall/Prahalad (1978).
4 Vgl. Davidson (1976).
5 Vgl. Yip (1982c); Hobson/Morrison (1983); Meyer/Heyder (1989).

Erfolgs von New Ventures aus der PIMS-Datenbank kamen beispielsweise *Guiniven* und *Fisher* zu dem Resultat, daß der Erfolg neuer Geschäftseinheiten maßgeblich durch die von den Abnehmern wahrgenommenen Wettbewerbsvorteile des Leistungsangebots determiniert wird.[1] Ähnlich fallen die Befunde bei *DeSouza* aus, der die hohe relative Qualität des Produktes und des Kundendienstes aus der Kundenperspektive als Erfolgsfaktoren ermittelte.[2]

1.2.1.1.2.2 Der Marktanteil als Indikator des Markterfolgs

Vielfach wird dem **hohen Marktanteil** ein positiver Einfluß auf den monetären Unternehmenserfolg zugewiesen. Die Vermutung, daß der Marktanteil einen positiven Effekt auf den Unternehmenserfolg ausübt, geht maßgeblich auf Beobachtungen der *Boston Consulting Group* zurück.[3] Im Rahmen des von ihr untersuchten **Erfahrungskurveneffekts** wurde festgestellt, daß mit jeder Verdoppelung der kumulierten Ausbringungsmenge die auf die Wertschöpfung bezogenen, inflationsbereinigten Stückkosten tendenziell um etwa 20 bis 30 Prozent sinken können.[4] Aufgrund des Erfahrungskurveneffekts im allgemeinen und der damit verbundenen Lerneffekte und Spezialisierungsvorteile im besonderen wird davon ausgegangen, daß Unternehmen mit hohem Marktanteil erfolgreicher sind als ihre kleineren Wettbewerber.[5]

Neben dem Erfahrungskurveneffekt werden auch Betriebsgrößenersparnisse bzw. Economies of Scale[6] zur Begründung der positiven Marktanteils-/Rentabilitäts-Beziehung herangezogen.[7] Während letztere mit der **gegenwärtigen** Produktionsmenge eine zeitpunktbezogene Betrachtung verkörpert, spiegelt der Erfahrungskurveneffekt mit der **kumulierten** Produktionsmenge die zeitraumbezogene Perspektive wider.[8]

Darüber hinaus kann argumentiert werden, daß Unternehmen mit einem hohen Marktanteil über eine große **Macht** gegenüber Lieferanten, Kunden und Wettbewerbern verfügen und deshalb höhere Gewinne erzielen.[9] Ihre Marktmacht erlaubt es ihnen

---

1 Vgl. Guiniven (1986) und Guiniven/Fisher (1986).
2 Vgl. DeSouza (1986).
3 Vgl. Woo (1983), S. 123; Jacobson/Aaker (1985), S. 11; Ropella (1989), S. 36.
4 Vgl. Henderson (1984); Ropella (1988), S. 36. Gälweiler weist darauf hin, daß die Prozentsätze in der Reife- und Sättigungsphase deutlich niedriger ausfallen; vgl. Gälweiler (1987), S. 37 und 191.
5 Vgl. hierzu z.B. Ropella (1989), S. 36.
6 Zu Economies of Scale siehe auch die Erläuterungen in Abschnitt C II. 1.2.1.2.5 dieser Arbeit.
7 Vgl. Jacobson/Aaker (1985), S. 11; Jacobson (1988), S. 70; Buzzell/Gale/Sultan (1975), S. 98; Buzzell/Gale (1989), S. 67.
8 Vgl. Yip (1982c), S. 19.
9 Vgl. Woo/Cooper (1984), S. 72; Buzzell/Gale (1989), S. 67; Buzzell/Gale/Sultan (1975), S. 98; Jacobson (1988), S. 69; Jacobson/Aaker (1985), S. 12.

beispielsweise, von ihren Lieferanten günstigere Konditionen zu erhalten und auf ihren Absatzmärkten höhere Preise für ihre Produkte zu erzielen als ihre kleineren Konkurrenten.[1]

Zu sehr heterogenen Ergebnissen gelangen die **empirischen Untersuchungen**, die den Zusammenhang zwischen der Höhe des Marktanteils und dem finanziellen Erfolg von Geschäftseinheiten analysieren. Einen sehr starken positiven Einfluß des Marktanteils auf den Erfolg propagierten die frühen Veröffentlichungen des PIMS-Projekts.[2] Hieraus wurde z.T. die Empfehlung für Unternehmen mit kleinen Marktanteilen abgeleitet, sich entweder einen größeren Anteil am Gesamtmarkt zu erkämpfen oder aber aus dem Markt auszuscheiden.[3] Von dieser "**Marktanteils-Euphorie**" haben sich die PIMS-Mitarbeiter allerdings mittlerweile **distanziert**.[4] Die reserviertere Haltung zum Marktanteils-/ROI-Zusammenhang dürfte auf die Kritik an den Untersuchungsergebnissen und auf die Bemühungen zurückzuführen sein, Drittvariablen-Einflüsse für den statistisch ermittelten Zusammenhang (mit-)verantwortlich zu machen.

Die Versuche, **Drittvariablen-Effekte** aufzudecken sowie direkte von indirekten Marktanteils-/Rentabilitäts-Effekten zu trennen, kommen zu keinem einheitlichen Ergebnis. *Gale* und *Branch* identifizierten zwar Drittvariablen-Einflüsse, kamen aber zu dem Resultat, daß sie keine starke Wirkung auf die Marktanteils-/Rentabilitäts-Beziehung ausüben.[5] Allerdings wurde gegen das von *Gale* und *Branch* herangezogene Untersuchungskonzept eingewendet, daß mit der vorgenommenen Operationalisierung nicht alle entsprechenden Einflüsse erfaßt werden. So versuchten *Jacobson* und *Aaker*, diese Drittvariablen-Effekte möglichst umfassend zu berücksichtigen, und bezogen konstante firmenspezifische Merkmale und kurzfristig wirkende Einflüsse ("exogene Schocks") über entsprechende Indikatoren ein.[6] Unter Berücksichtigung dieser Indikatoren ließen sich nur **schwache direkte Wirkungen** des Marktanteils auf den ROI ermitteln.[7]

---

[1] Weitere Untersuchungen zur Klärung des (statistischen) Zusammenhangs zwischen Marktanteil und Erfolg ziehen gemeinsame Drittvariablen, insbesondere die Managementqualität, heran oder führen die Beziehung auf Glück oder Zufall zurück; vgl. hierzu Buzzell/Gale (1989), S. 67; Buzzell/Gale/Sultan (1975), S. 98; Gale/Branch (1979), S. 1; Jacobson/Aaker (1985), S. 12; Jacobson (1988), S. 69.
[2] Vgl. Buzzell/Gale/Sultan (1975). Aber auch Shepherd (1972) ermittelte unter Verwendung von Daten der Fortune Directory einen starken positiven Einfluß des Marktanteils auf den Erfolg.
[3] Vgl. kritisch gegenüber dieser Generalisierung der PIMS-Ergebnisse Hamermesh/Anderson/Harris (1978), S. 95.
[4] Vgl. Buzzell/Gale (1989), S. 88.
[5] Vgl. Gale/Branch (1982). Zu ähnlichen Befunden gelangen auch Cool, Dierickx und Jemison (1989), die den Einfluß des Marktanteils auf Risiko- und Gewinnindikatoren bei 21 Banken des US-Bundesstaates Indiana mittels Pfadanalyse untersuchten.
[6] Vgl. Jacobson/Aaker (1985); Jacobson (1988).
[7] Zu ähnlichen Ergebnissen kamen auch Rumelt und Wensley (1981). Nur schwache positive Effekte des Marktanteils auf den Unternehmenserfolg ermittelten ferner Hansen und Wernerfelt (1989). Zur Kritik an den von Jacobson/Aaker (1985) und Jacobson (1988) verwendeten Indikatoren vgl. Buzzell/Gale (1989), S. 81 und 237 f.

Oftmals wird auch die i.d.R. unterstellte lineare positive Beziehung zwischen Marktanteil und Erfolg kritisiert. So lassen beispielsweise die Befunde von *Porter* erkennen, daß der höchste Marktanteil nicht immer auch zu dem besten Unternehmensergebnis führt. Vielmehr zeigen sich hier deutliche Unterschiede zwischen einzelnen Branchen. Immerhin wiesen in der Stichprobe *Porters* in 15 von 38 untersuchten Wirtschaftszweigen die "Verfolger" eine höhere Rentabilität auf als die Marktführer.[1] Auch *Woo* und *Cooper*[2] identifizierten aus einer Stichprobe von 649 Geschäftseinheiten der PIMS-Datenbank 40 Firmen, die auch bei kleinem Marktanteil einen hohen ROI erzielten.[3] *Hamermesh, Anderson* und *Harris* ermittelten auf der Datenbasis von über 900 Firmen, die in "Forbes Annual Report on American Industry" enthalten sind, zahlreiche erfolgreiche Unternehmen mit niedrigem Marktanteil.[4] Im Zusammenhang mit diesen Befunden ist auch der Ansatz von *Porter* zu sehen, der vor dem Hintergrund seines Strategiekonzepts und oben genannter Marktführer-/Marktfolger-Untersuchung einen U-förmigen Zusammenhang zwischen Marktanteil und Unternehmenserfolg postuliert.[5]

Weitere Vorbehalte gegenüber der Gültigkeit des Marktanteils-/Erfolgs-Zuammenhangs sind angesichts der Untersuchungsergebnisse von *Schendel* und *Patton* angezeigt, die für die Brauereibranche sogar eine negative Beziehung zwischen Marktanteil und Erfolg feststellten. Während höhere nationale Marktanteile mit höheren Gewinnen verbunden waren, zeigte sich in den Teilgruppen der Stichprobe (lokale, regionale und nationale Anbieter) ein umgekehrter Zusammenhang.[6]

Wie bereits in den Ausführungen zum PIMS-Projekt dargelegt,[7] gilt es bei der Beurteilung der soeben skizzierten Untersuchungsbefunde zu berücksichtigen, daß der Marktbegriff in den einzelnen Studien unterschiedlich definiert wird. Von *Porter* beispielsweise wird der Marktbegriff sehr weit, im PIMS-Projekt hingegen vergleichsweise

---

1 Vgl. Porter (1979) und derselbe (1987c), S. 196 - 198. Daß auch Marktführer mitunter einen niedrigen ROI erzielen, zeigt die Untersuchung von Woo (1981 und 1983). Von 112 analysierten Marktführern weisen 71 einen hohen, 41 einen niedrigen ROI auf.
2 Vgl. Woo/Cooper (1981, 1982 und 1984).
3 Mittels einer Clusteranalyse von 126 Geschäftseinheiten konnten Woo und Cooper das wirtschaftliche Umfeld charakterisieren, in denen sich erfolgreiche Unternehmen mit niedrigem Marktanteil häufig bewegen: 1. Industriekomponenten und Zulieferteile, 2. niedriges Wachstum, 3. seltener Produktwechsel, 4. standardisierte Produkte, 5. wenig Serviceleistung, 6. hohe Umschlagshäufigkeit und 7. hohe Wertschöpfung. Vgl. kritisch hierzu Buzzell/Gale (1989), S. 87.
4 Genauere Angaben sind der Veröffentlichung nicht zu entnehmen; vgl. Hamermesh/Anderson/ Harris (1978), S. 96. Drei Unternehmen unterzogen sie einer näheren Betrachtung. Hiernach sind erfolgreiche Firmen mit niedrigem Marktanteil dadurch gekennzeichnet, daß sie nur eine eng begrenzte Anzahl von Segmenten in ihrer Branche bearbeiten, eine effiziente F&E-Politik betreiben, dem Gewinn vor einem hohen Marktanteil den Vorzug geben und von einer das ganze Unternehmen durchdringenden Führungspersönlichkeit gelenkt werden.
5 Vgl. Porter (1987c), S. 71 - 74 und 196 - 198.
6 Vgl. Schendel/Patton (1978).
7 Vgl. hierzu Abschnitt C I. 1.3.1 dieser Arbeit.

eng gefaßt. So dürften die unterschiedlichen, sich zum Teil widersprechenden empirischen Resultate nicht zuletzt auch auf Unterschiede in der Definition des Marktes zurückzuführen sein.

Zu dem hier diskutierten Zusammenhang zwischen Marktanteil und Erfolg ist darauf hinzuweisen, daß ein schneller Auf- und Ausbau von Marktanteilen erhebliche Investitionen erfordern kann, die sich - zumindest kurzfristig - in einem niedrigeren finanziellen Erfolg niederschlagen werden. So haben bereits *Buzzell, Gale* und *Sultan* auf die in der PIMS-Forschung häufig negativ mit dem ROI korrelierte Größe Marktanteils**wachstum** verwiesen.[1]

Die skizzierten Befunde sind insofern zu relativieren, als das PIMS-Datenmaterial primär aus großen Geschäftsfeldern stammt, die sich in der Reife- und Sättigungsphase ihres Lebenszyklus befinden,[2] und daher auf die hier interessierenden Zusammenhänge im Rahmen von Diversifikationsprojekten nur bedingt übertragbar sind. Aussagekräftiger hinsichtlich des Einflusses des erzielten Marktanteils auf den finanziellen Erfolg ist dagegen die Studie von *Biggadike*, der einen positiven Effekt des Marktanteils auf den Erfolg von Diversifikationsprojekten nachweisen konnte.[3] Auch bei langfristiger Betrachtung der in der PIMS-Datenbank gespeicherten Start-up-Ventures zeigt sich, daß jene, die einen hohen Marktanteil erreichen, auch ein besseres finanzielles Ergebnis erzielen.[4]

Die bisherigen Ausführungen dürften verdeutlicht haben, daß nachstehende Hypothese über den Zusammenhang zwischen Markterfolg und Diversifikationserfolg überprüfungsbedürftig ist:

H 1: Mit zunehmendem Markterfolg von Diversifikationsprojekten steigt auch deren finanzieller Erfolg.

Um Mißverständnissen vorzubeugen, ist darauf hinzuweisen, daß bei der Formulierung der Hypothesen zu den Erfolgsfaktoren von Diversifikationsprojekten in den folgenden Abschnitten (C II. 1.2.1.2 bis 1.2.1.5) allgemein von der Wirkung auf den "Diversifikationserfolg" gesprochen wird. Auf eine Differenzierung zwischen Markterfolg und

---

[1] Vgl. Buzzell/Gale/Sultan (1975), S. 103 f. Bei Gale und Branch (1982) ergibt sich dagegen ein schwacher positiver Zusammenhang zwischen Marktanteilswachstum und ROI.
[2] Vgl. Lange (1982), S. 37.
[3] Vgl. Biggadike (1979a/b).
[4] Vgl. z.B. Hobson/Morrison (1983), S. 18.

finanziellem Erfolg soll der Einfachheit halber verzichtet werden. Im Rahmen der Hypothesentests wird jedoch eine differenzierte Prüfung der Wirkungen auf den Markterfolg einerseits und den finanziellen Diversifikationserfolg andererseits vorgenommen.

1.2.1.2 Zum Einfluß ausgewählter Merkmale der Marktstruktur auf den Erfolg von Diversifikationsprojekten

Insbesondere vor dem Hintergrund der industrieökonomischen Forschung und des situativen Ansatzes ist davon auszugehen, daß auch die **Wettbewerbsverhältnisse** sowie **sonstige strukturbestimmende Merkmale neuer Märkte** für den Erfolg von Diversifikationen eine nicht unbeträchtliche Rolle spielen. So kann als Bestandteil einer erfolgreichen Unternehmensstrategie die Auswahl des "richtigen" Marktes angesehen werden. Einige Märkte bergen ein hohes Erfolgspotential, in anderen wiederum mögen auch effizient geführte Unternehmen nur bescheidene Gewinne erwirtschaften.[1] Welche Marktcharakteristika einen Markteintritt erfolgreich erscheinen lassen, soll im folgenden diskutiert werden. Dabei wird von dem positiven Einfluß "attraktiver" Märkte oder Branchen auf den Diversifikationserfolg ausgegangen.[2] Der Begriff der "Marktattraktivität" ist dabei als übergeordnete Dimension mehrerer Attraktivitätsmerkmale zu verstehen,[3] die es einem Unternehmen mehr oder weniger lohnend erscheinen lassen, ein fremdes Geschäftsfeld zu erschließen.[4]

Verständlicherweise können nicht alle Marktstrukturmerkmale in unserer Untersuchung berücksichtigt werden. Im folgenden sollen die Attraktivitätsmerkmale **Marktwachstum, Branchenrendite, Marktgröße, Wettbewerbsintensität, Markteintrittsbarrieren** und **konjunkturelle Situation** näher beleuchtet werden, da es sich um häufig von diversifizierenden Unternehmen herangezogene Orientierungsgrößen handelt.[5] Obgleich in den nachstehenden Ausführungen diese Attraktivitätsmerkmale von Märkten einzeln behandelt und auch separate Hypothesen hinsichtlich ihrer Wirkung auf den Diversifikationserfolg aufgestellt werden, darf nicht übersehen werden, daß von zahlreichen Kausalbeziehungen auch zwischen diesen Marktstrukturmerkmalen ausgegangen werden muß. So kann beispielsweise vermutet werden, daß mit abnehmendem Marktwachstum eine Intensivierung des Wettbewerbs einhergeht, die Branchenrendite

---

1 Vgl. Buzzell/Gale (1989), S. 47.
2 Vgl. hierzu auch die empirischen Befunde bei Porter (1987a/b, 1988).
3 Vgl. z.B. Wernerfelt/Montgomery (1986); Drexel (1981); Müller/Roventa/Lückerath (1981); Hinterhuber (1980).
4 Vgl. ähnlich Backhaus (1990), S. 184.
5 Vgl. Porter (1987c), S. 297.

sinkt und sich die Markteintrittsbarrieren für Newcomer erhöhen. Mit zunehmender Größe des neuen Marktes wird ebenfalls mit einer Intensivierung des Wettbewerbs, geringeren Branchenrenditen und höheren Markteintrittsbarrieren zu rechnen sein. Die vielfältigen Effekte zwischen den potentiellen Erfolgsfaktoren - und dies gilt nicht nur für die Variablen der Marktstruktur, sondern auch für die anderen erfolgsbeeinflussenden Merkmale einer Diversifikationsstrategie - können aus Platzgründen im folgenden nicht im einzelnen theoretisch oder aus sachlogischen Überlegungen heraus begründet werden. Hier sei der Leser auf die Interpretation der Untersuchungsergebnisse in Kapitel D II. verwiesen, wo die Struktur zwischen den zu analysierenden Variablen aufgezeigt und die wichtigsten empirischen Zusammenhänge im Detail erläutert werden.

1.2.1.2.1 Das Marktwachstum

Es kann davon ausgegangen werden, daß die **Höhe des Marktwachstums** ein wichtiges Kriterium bei der Auswahl attraktiver neuer Geschäftsfelder darstellt[1] und hohe Wachstumsraten den Eintritt fremder Wettbewerber fördern.[2] Unternehmen werden offensichtlich von der Devise geleitet, daß ein schnelles Wachstum eines Geschäftsbereiches in einer schnell wachsenden Branche prinzipiell eher möglich erscheint als in einer stagnierenden oder gar schrumpfenden Branche.[3] Dies läßt sich z.B. damit begründen, daß in schwach wachsenden Märkten mit einem **intensiveren Wettbewerb** zu rechnen ist als in solchen mit höherem Wachstum.[4] Dieser Zusammenhang wirkt sich u.a. dadurch auf den Diversifikationserfolg aus, daß in schwach wachsenden, stagnierenden oder rückläufigen Märkten der Eintritt eines Newcomers für die etablierten Anbieter mit Marktanteils- und Gewinneinbußen verbunden ist, so daß das diversifizierende Unternehmen mit massiven Vergeltungsmaßnahmen rechnen muß.[5]

Auf der anderen Seite können mit einem Eintritt in stark wachsende Märkte auch nicht unerhebliche **Risiken** verbunden sein. So ist ein Einstieg dort oftmals mit einem erheblich höheren Kapitalbedarf verbunden als der Eintritt in Märkte mit moderatem Wachs-

---

1 Vgl. Ansoff/Anderson/Norton/Weston (1969), S. 298; Gort (1962); Meyer/Heyder (1989), S. 355.
2 Vgl. Porter (1974), S. 432. Eine empirische Bestätigung dieser Vermutung gelang beispielsweise Yip, der einen signifikanten positiven Zusammenhang zwischen der Zahl der Eintritte als abhängiger Variablen und der Höhe der Marktwachstumsrate als unabhängiger Variablen ermittelte. Vgl. Yip (1982c), S. 130.
3 Vgl. Ropella (1989), S. 37; Miller/Guiniven/Camp (1985), S. 1.
4 Vgl. Miller/Guiniven/Camp (1985), S. 3.
5 Vgl. Berry (1983), S. 109 f. Allerdings zeigte sich in der Studie von Biggadike (1979a) kein Einfluß von Vergeltungsmaßnahmen auf den Diversifikationserfolg.

tum. Dies dürfte unvorbereitete Unternehmen nicht selten vor Finanzierungsprobleme stellen, die unter Umständen den Erfolg des neuen Geschäftsbreichs gefährden.[1]

Die Gefahren, die von einem Eintritt in Märkte mit hohem Wachstum ausgehen, zeigen beispielsweise *Aaker* und *Day* auf:[2]

- Die Wachstumsraten ziehen mehr Wettbewerber an, als der Markt verkraftet (Überbesetzung).

- Adäquate Vertriebswege sind nicht vorhanden.

- Der Newcomer verfügt nicht über die notwendigen Ressourcen (z.B. finanzieller, organisatorischer und personeller Art), um sich im rasch wachsenden Markt gegen die Wettbewerber durchsetzen zu können (gilt insbesondere für kleine Firmen).

- Die Erfolgsfaktoren ändern sich, und das Unternehmen kann sich nicht schnell genug umstellen.

- Die Technologie ändert sich, da sich noch kein Industriestandard herausgebildet hat.

- Ein Wettbewerber bricht in den attraktiven Markt mit einem qualitativ besseren Produkt oder einem Kostenvorteil ein.

- Das Marktwachstum erreicht nicht die erwartete Höhe.

Trotz der aufgezeigten Risiken vermochte eine Reihe **empirischer Untersuchungen** einen signifikanten positiven Einfluß des Marktwachstums auf den Unternehmenserfolg zu ermitteln. Hierzu zählen u.a. Studien von *George, Rhoades, Porter, Ravenscraft* sowie von *Bass, Cattin* und *Wittink*.[3] Auch die Veröffentlichungen zum PIMS-Projekt[4] weisen auf eine positive Beziehung zwischen Marktwachstum und Unternehmenserfolg hin. Die PIMS-Analysen ergaben, daß der ROI von Geschäftseinheiten, die in einem sich sehr schnell ausdehnenden Markt agieren[5], im Durchschnitt 4 Prozentpunkte höher liegt als in schrumpfenden Branchen.[6]

---

1 Vgl. Meyer/Heyder (1989), S. 362.
2 Vgl. Aaker/Day (1986), S. 415 - 418.
3 Vgl. George (1968); Rhoades (1973); Porter (1974), S. 431; Bass/Cattin/Wittink (1978); Ravenscraft (1983).
4 Vgl. Buzzell/Gale (1989), S. 50.
5 Marktwachstum von 10 Prozent p.a. oder mehr.
6 Marktschrumpfung um 5 Prozent p.a. oder mehr.

Auch *Miller, Guiniven* und *Camp*, die eine spezielle Analyse relativ junger Geschäftseinheiten der PIMS-Datenbank vornahmen,[1] gelang es, die Marktwachstumsrate als einen signifikanten Erfolgsfaktor zu identifizieren.[2] Die Autoren ermittelten eine etwa dreimal so hohe durchschnittliche Rentabilität neuer Geschäftseinheiten in Märkten mit hohem Wachstum im Vergleich zu jenen in nur schwach wachsenden Märkten.[3] Eine Analyse speziell der Start-up-Geschäftsfelder des PIMS-Projekts führten *Hobson* und *Morrison* durch. Die Befunde zeigen einen linearen positiven Effekt zwischen dem Marktwachstum während der ersten vier Jahre nach Markteintritt und dem Erfolg der New Ventures.[4] Dieser positive Einfluß wurde in einer späteren Untersuchung der PIMS-Start-up-Geschäftsbereiche von *Meyer* und *Heyder* bestätigt.[5] Dagegen kam *Biggadike* bei der Analyse von 40 Diversifikationsprojekten der PIMS-Datenbank Anfang der 70er Jahre zu dem Befund, daß Geschäftseinheiten in mäßig wachsenden Märkten den höchsten ROI erzielten. Die schlechtesten finanziellen Ergebnisse erzielten allerdings auch hier die Unternehmen, die in stagnierende oder schrumpfende Märkte eintraten.[6]

Einige Autoren untersuchten den Einfluß des Marktwachstums speziell auf den **Markterfolg**. Sowohl *Hobson* und *Morrison* als auch *Biggadike* kamen zu dem Resultat, daß Marktanteile im Rahmen von Diversifikationsvorhaben in schnell wachsenden Märkten einfacher zu gewinnen sind als in Branchen mit geringem Wachstum. So konnten die neuen Geschäftsfelder in stark wachsenden Branchen viel höhere Marktanteile erzielen als Geschäftsfelder mit niedrigeren Wachstumsraten.[7] Diese Befunde wurden durch die spätere Untersuchung der in der PIMS-Start-up-Datenbank gespeicherten Diversifikationsprojekte von *Meyer* und *Heyder* bestätigt.[8]

Die bisher aufgeführten Untersuchungsergebnisse weisen alle auf einen **positiven Effekt** des Marktwachstums auf den Erfolg neuer Geschäftseinheiten hin. Wie die Erfahrung zeigt, blieben aber auch viele Bemühungen der Unternehmen erfolglos, in stark wachsenden Märkten Fuß zu fassen. Als Beispiel seien die Eintrittsversuche in die Computerbranche angeführt, bei denen viele Unternehmen, so etwa *Exxon, General*

---

[1] Um die Erfolge besser beurteilen zu können, untersuchten sie 84 Geschäftseinheiten, bei denen seit der Gründung acht Jahre vergangen waren (sogenannte "Adolescent Businesses").
[2] Vgl. Miller/Guiniven/Camp (1985), S. 2.
[3] Vgl. Miller/Guiniven/Camp (1985), S. 3. Mit Blick auf Produktinnovationen sprechen auch die Ergebnisse von Cooper für einen positiven Einfluß des Marktwachstums auf den Innovationserfolg. Vgl. Cooper (1984b), S. 156.
[4] Vgl. Hobson/Morrison (1983), S. 9.
[5] Vgl. Meyer/Heyder (1989).
[6] Vgl. Biggadike (1979a), S. 127 - 132.
[7] Vgl. Biggadike (1979a), S. 127 - 132; Hobson/Morrison (1983), S. 9.
[8] Vgl. Meyer/Heyder (1989).

Electric und *Texas Instruments*, scheiterten.[1] So ist es nicht verwunderlich, daß die Untersuchungen von *Craig* und *Douglas* auf Basis der PIMS-Datenbank entgegen den weiter oben aufgeführten Befunden kaum einen bedeutsamen signifikanten Einfluß des Marktwachstums auf den Erfolg festzustellen vermochten.[2] Auch in den Untersuchungen von *Clifford* und *Cavanagh* sowie *Krüger* fand sich **kein entsprechender Zusammenhang**. Diese Befunde weisen darauf hin, daß Unternehmen auch in ungünstigen Marktsituationen Erfolg haben können, sofern das "Erfolgskonzept" für diese Branche stimmt.[3]

Vor dem Hintergrund der dargelegten konzeptionellen Überlegungen und der bisherigen empirischen Befunde wird vermutet, daß mit zunehmender Stärke des Marktwachstums des neuen Geschäftsbereiches der Markterfolg und der finanzielle Erfolg von Diversifikationsprojekten zunehmen.

Bevor die Untersuchungshypothese formuliert wird, ist ein Hinweis unter Vorgriff auf die Ausführungen zur Operationalisierung der Erfolgsindikatoren notwendig:[4] Analog der Operationalisierung der finanziellen Erfolgsindikatoren, welche - um der spezifischen Unternehmenssituation (Rentabilität des Stammgeschäfts, Branchenrendite) Rechnung zu tragen - in Form von Zielerreichungsgraden durchgeführt wird, erscheint auch eine Relativierung bei der Messung von Marktattraktivitätsmerkmalen zweckmäßig. So soll die nachstehende Hypothese nicht auf die Wirkung der absoluten Wachstumsrate eines Zielmarktes auf den Diversifikationserfolg abstellen, sondern auf die Wirkung der **relativen** Höhe des Marktwachstums im Vergleich zum Stammgeschäft der diversifizierenden Unternehmung.[5] Relative Größen werden auch bei der Entwicklung weiterer Hypothesen berücksichtigt, die den Einfluß von Marktattraktivitätsmerkmalen auf den Diversifikationserfolg betreffen.

Es soll folgende Hypothese geprüft werden:

H 2: Je größer das Marktwachstum eines Diversifikationsfeldes im Vergleich zum Stammgeschäft des diversifizierenden Unternehmens ist, desto größer ist der Diversifikationserfolg.

---

1 Vgl. Meyer/Heyder (1989), S. 359.
2 Vgl. Craig/Douglas (1982), S. 105 f.
3 Vgl. Clifford/Cavanagh (1986); Krüger (1988a).
4 Zur Operationalisierung des Diversifikationserfolgs vgl. die Ausführungen in Abschnitt C II. 2.1.2 dieser Arbeit.
5 Mit dieser Relativierung ist allerdings auch der Nachteil verbunden, daß sich keine Aussagen bezüglich der Erfolgswirkung des absoluten Marktwachstums treffen lassen.

1.2.1.2.2 Die Branchenrentabilität

Auch die **Branchenrentabilität** stellt eine Marktstrukturvariable dar, von der angenommen werden kann, daß sie in nicht unerheblichem Maße den Diversifikationserfolg beeinflußt. Einen positiven Zusammenhang zwischen der Branchenrentabilität und dem Unternehmenserfolg ermittelten *Hansen* und *Wernerfelt* sowie *Montgomery*.[1] Der Einfluß der Branchenrendite auf den Erfolg diversifizierter Unternehmen war bereits Gegenstand einer Untersuchung von *Christensen* und *Montgomery*. Sie kamen in einer Replikationsstudie zur Untersuchung *Rumelts*[2] zu dem Ergebnis, daß die dort festgestellten Erfolgsunterschiede diversifizierter Unternehmen u.a. auf die Höhe der Branchenrenditen zurückzuführen sind.[3] Eine empirische Stütze finden diese Befunde auch in einer Studie von *Wernerfelt* und *Montgomery*, die belegt, daß die Branchenrentabilität derjenigen Märkte, in denen "Conglomerates" tätig sind, signifikant niedriger ist als in Märkten, in denen Firmen mit einem geringeren Diversifikationsgrad in verwandten Geschäftsfeldern agieren.[4]

Folgende Hypothese soll überprüft werden:

H 3: Je höher die Rendite des neuen Marktes im Vergleich zum Stammgeschäft des diversifizierenden Unternehmens ist, desto größer ist der Diversifikationserfolg.

1.2.1.2.3 Die Marktgröße

Als attraktiv gelten im allgemeinen auch **Marktnischen**, da die Unternehmen hier spezifische Wettbewerbsvorteile ausspielen können und vor einem Preiswettbewerb, der im Extrem zu ruinösen Preiskämpfen führen kann, relativ geschützt sind. Vorteile stellen sich in Nischen beispielsweise dahingehend ein, daß Führungspositionen in diesen vergleichsweise engen Märkten recht schnell erreicht und auch gehalten werden können. In großen Märkten dagegen, mit häufig homogenen Produkten und anfänglich zahlreichen Anbietern, stellt sich oftmals ein intensiver Wettbewerb ein, so daß eine große Zahl von Anbietern gezwungen wird, aus dem Markt auszuscheiden.

Ein Beispiel für den Erfolg einer Marktnischenstrategie stellt der Einstieg der Firma *3M* in den Diskettenmarkt dar: "The latest example of *3M's* nichemanship comes from the

---
[1] Vgl. Hansen/Wernerfelt (1989); Montgomery (1985).
[2] Vgl. Rumelt (1974).
[3] Vgl. Montgomery (1979); Christensen/Montgomery (1981); Montgomery (1985).
[4] Vgl. Wernerfelt/Montgomery (1986), S. 1227 f.

personal computer market. While a hundred companies battle for the right to sell machines, *3M* has quietly established itself as a leading supplier of the diskettes that the machines use."[1]

Die These, daß eine Diversifikationsstrategie in Marktnischen hinein erfolgreich ist, wird z.B. durch eine **empirische Untersuchung** von *Clifford* und *Cavanagh* gestützt.[2] Allerdings sprechen die Befunde von *Biggadike* dafür, daß auch ein Eintritt in große Märkte überdurchschnittlich erfolgreich ist. Er gelangte zu dem Resultat, daß sowohl Unternehmen, die in eine **Marktnische**, als auch solche, die in einen **breiten Absatzmarkt** hineinstoßen, bessere Ergebnisse aufweisen als Unternehmen, die in einen Markt mittlerer Breite eintreten.[3]

Vor dem Hintergrund der vorangegangenen Ausführungen zur Attraktivität von Marktnischen wird für die vorliegende Untersuchung ein negativer Zusammenhang zwischen Marktgröße und Erfolg vermutet. Es wird davon ausgegangen, daß der Eintritt in Marktnischen erfolgreicher ist als der in große Märkte. Es soll folgende Hypothese geprüft werden:

H 4: Je größer der Markt ist, in den diversifizierende Unternehmen eintreten, desto geringer ist der Diversifikationserfolg.

1.2.1.2.4 Die Wettbewerbsintensität

Es liegt auf der Hand, daß der Eintritt in Märkte mit hoher **Wettbewerbsintensität** besonders schwierig zu bewältigen sein wird. Die hohe Wettbewerbsintensität kann sich beispielsweise in einem niedrigen Preisniveau, in geringen Renditen, niedrigen Kosten und häufigen Produktverbesserungen widerspiegeln. Insbesondere branchenfremde Unternehmen haben es erfahrungsgemäß schwer, sich in solchen Märkten zu behaupten.

So kam *Cooper* in seiner Studie über die Erfolgsfaktoren von Produktinnovationen zu dem Ergebnis, daß Innovationen in Märkten mit einer starken Wettbewerbsintensität und hohen Marktsättigung relativ häufig zu Mißerfolgen führen.[4] In einer späteren Untersuchung analysierte *Cooper* die Erfolge unterschiedlicher Innovationsstrategien. Es zeigte

---

1 DeSouza (1986), S. 13.
2 Vgl. Clifford/Cavanagh (1986), S. 87.
3 Vgl. Biggadike (1979a). Für die Vorteilhaftigkeit von Innovationen in großen Märkten sprechen auch die Ergebnisse von Cooper (1984b), S. 156.
4 Vgl. Cooper (1979a), S. 101.

sich, daß die erfolgreichste Strategie u.a. dadurch gekennzeichnet war, daß die Innovationen in Märkten mit einer geringen Wettbewerbsintensität getätigt wurden.[1] Zu ähnlichen Befunden gelangte *Link*, der die Wettbewerbsintensität als Mißerfolgsfaktor von Innovationen ausmachte.[2]

Mit Blick auf die Diversifikationsstrategie sind auch Ergebnisse von *Miller, Guiniven* und *Camp* von Interesse. Sie kamen aufgrund des PIMS-Datenmaterials zu dem Resultat, daß junge Geschäftseinheiten,[3] bei denen sich die Wettbewerbsintensität durch den Eintritt neuer Konkurrenten erhöht, weniger erfolgreich abschneiden als Geschäftseinheiten, die von neuen Wettbewerbern verschont bleiben.[4]

H 5: Je größer die Wettbewerbsintensität des Zielmarktes im Vergleich zum Stammgeschäft des diversifizierenden Unternehmens ist, desto geringer ist der Diversifikationserfolg.

1.2.1.2.5 Die Eintrittsbarrieren des neuen Marktes

Diversifizierende Unternehmen, die in neue Märkte eingetreten sind oder einen Eintritt beabsichtigen, sehen sich im allgemeinen mit **Markteintrittsbarrieren** konfrontiert. Diversifikationsversuche können durch solche Barrieren zumindest erschwert, wenn nicht sogar gänzlich verhindert werden.[5] Die Marktzutrittsschranken schützen die im Zielmarkt etablierten Firmen in zweifacher Weise. Zum einen vermögen sie eintrittswillige Unternehmen von ihrem Vorhaben abzuhalten, zum anderen können sie einen Erfolg derjenigen Firmen, die den Eintritt wagen, verhindern oder zumindest schmälern.[6]

---

[1] Vgl. Cooper (1984b), S. 156. In einer anderen Studie vermochte Cooper dagegen keinen signifikanten Zusammenhang zwischen dem Ausmaß der Wettbewerbsintensität und dem Innovationserfolg nachzuweisen; vgl. Cooper (1979b), S. 127.
[2] Vgl. Link (1987), S. 110.
[3] Analysiert wurden Strategische Geschäftseinheiten, bei denen seit ihrer Gründung acht Jahre vergangen waren.
[4] Vgl. Miller/Guiniven/Camp (1985), S. 5. Die Autoren weisen darauf hin, daß eine Analyse der gesamten PIMS-Datenbank zu gegensätzlichen Ergebnissen kommt. Hier erzielen Geschäftseinheiten, die über den Eintritt neuer Konkurrenten berichteten, eine höhere Profitabilität als Geschäftseinheiten, bei denen kein Markteintritt neuer Wettbewerber verzeichnet wurde. Die Autoren vermuten, daß die Ergebnisse der Gesamtdatenbank den Sachverhalt widerspiegeln, daß Märkte mit hohen Renditen Wettbewerber anziehen.
[5] Vgl. Miller/Guiniven/Camp (1985), S. 5. Schwalbach (1987), S. 149 - 151, konnte empirisch nachweisen, daß Markteintrittsbarrieren die Diversifikationsbemühungen von Unternehmen behindern.
[6] Vgl. Yip (1982a), S. 87. Allerdings weisen vorliegende Befunde darauf hin, daß sich Unternehmen weit seltener von Markteintrittsbarrieren abschrecken lassen, als im allgemeinen angenommen wird. Vgl. Yip (1982a), derselbe (1984).

Es lassen sich **unternehmensstrategische** und **strukturelle** bzw. **natürliche** Eintrittsbarrieren (sogenannte "innocent entry barriers") unterscheiden.[1] Erstere werden von den etablierten Unternehmen bewußt errichtet, um Newcomer abzuschrecken oder zur Aufgabe und zum Marktaustritt zu bewegen. Letztere stellen dagegen Marktstrukturelemente dar, die aufgrund von irreversiblen Kostenstrukturen, Economies of Scale, habituellem Nachfrageverhalten etc. entstehen.[2] Eine weitere Art von Eintrittsbarrieren bilden die **institutionellen** Marktzutrittsschranken, die auf staatlichen Gesetzen und Normen, nichttarifären Handelshemmnissen usw. beruhen.[3]

Auf die wichtigsten Eintrittsbarrieren, die z.T. Interdependenzen aufweisen, soll im folgenden näher eingegangen werden. Zunächst werden solche struktureller Art aufgeführt:[4] **Betriebsgrößenersparnisse** (Economies of Scale) liegen vor, wenn die Stückkosten eines Produkts mit steigender absoluter Menge **pro Zeiteinheit** sinken. Verfügen die etablierten Anbieter über hohe Economies of Scale, werden Newcomer gezwungen, mit hohen Produktionskapazitäten in den Markt einzusteigen oder andernfalls Kostennachteile in Kauf zu nehmen. Betriebsgrößenersparnisse sind jedoch nicht auf die Produktion begrenzt, sondern können auch in anderen Funktionsbereichen eines Unternehmens auftreten. **Erfahrungsbedingte Größenersparnisse**, also Lerneffekte, technologische Fortschrittseffekte und Rationalisierungseffekte, stellen sich mit zunehmender **kumulierter** Ausbringungsmenge ein. Erfahrungsbedingte Kostendegressionen entstehen beispielsweise dadurch, daß die Produktionsmethoden weiterentwickelt oder Meß- und Kontrollverfahren für die Produktionsprozesse verfeinert werden. Auch die erfahrungsbedingten Größenvorteile sind nicht auf den Produktionsbereich beschränkt. Sie lassen sich ebenfalls im Marketing, in der Logistik und in sonstigen Bereichen des Unternehmens realisieren.

---

[1] Vgl. Minderlein (1989), S. 106 - 109. Der Begriff Markteintrittsbarrieren wird hier auf den Fall bezogen, daß Newcomer aus einer fremden Branche vorhaben, in eine andere einzudringen. Es sei aber darauf hingewiesen, daß darüber hinaus Barrieren auch den Wechsel von Wettbewerbern innerhalb einer Branche erschweren können, und zwar das Eindringen in eine andere strategische Gruppe. Zu den Mobilitätsbarrieren strategischer Gruppen vgl. Porter (1979), S. 216, und Porter (1983), S. 180 - 185.
[2] Vgl. Kantzenbach/Kruse (1987), S. 72 f.
[3] Vgl. Kantzenbach/Kruse (1987), S. 72.
[4] Vgl. hierzu die Ausführungen bei Minderlein (1989); Scholz (1987); Schwalbach (1987); Yip (1984); Porter (1983); Meffert/Ohlsen (1982); Yip (1982a, 1982c); Caves (1967); Bain (1962). Zur Kritik der Chicago School an diesen von der Industrieökonomik konstatierten Markteintrittsschranken vgl. Bork (1978). Die Chicago School vertritt die Auffassung, daß es sich bei den vermeintlichen Marktzutrittsschranken häufig um wettbewerbsimmanente Zutrittshemmnisse handelt, die allein daher rühren, daß überlegene etablierte Anbieter die Wünsche der Abnehmer effizient erfüllen. Als Markteintrittsbarrieren seien lediglich solche Zutrittsschranken zu bezeichnen, die von den bestehenden Anbietern künstlich geschaffen werden und nicht auf deren überlegene Effizienz zurückzuführen sind.

Neben den bisher genannten größenabhängigen Vorteilen etablierter Anbieter zählen auch **absolute (größenunabhängige) Vorteile** zu den Markteintrittsbarrieren. So verfügen etablierte Unternehmen vielfach über wichtige Standorte, abgesicherten Zugang zu den Beschaffungs- und Absatzmärkten (beispielsweise im Rahmen vertraglicher Vertriebssysteme) und über qualifizierte Fachkräfte. Letztere stellen insbesondere dann einen Engpaß beim Eintritt in neue Märkte dar, wenn das Angebot an qualifizierten Arbeitskräften (z.B. bestimmten Spezialisten) sehr begrenzt ist.[1]

Oftmals benötigen die Unternehmen für den Eintritt in eine neue Branche viel Kapital, so daß der hohe **Kapitalbedarf** zur Eintrittsbarriere wird. Dabei wirkt sich nicht nur das Problem der Kapitalbeschaffung als hinderlich für den Markteintritt aus. Vielmehr schreckt auch die riskante Verwendung der benötigten finanziellen Mittel die Newcomer ab. Schließlich ist auch eine **staatliche Reglementierung** als institutionelle Markteintrittsbarriere zu nennen. Staatliche Auflagen wie beispielsweise Umweltschutz-, Sicherheits- oder wettbewerbsrechtliche Vorschriften sowie die Vergabe von Konzessionen oder öffentlichen Mitteln können den Markteintritt behindern oder sogar gänzlich verhindern.

Strategische Markteintrittsbarrieren werden von den Unternehmen gezielt zur **Abwehr** potentieller neuer Konkurrenten aufgebaut.[2] **Limitpreisstrategien** bzw. speziell auf den Schutz vor Newcomern ausgerichtete **Niedrigpreisstrategien** werden verfolgt, um über ein niedriges Preisniveau die potentiellen Konkurrenten nicht zu motivieren, in den Markt einzutreten. Die Preise werden dabei so gesetzt, daß der Eintritt für neue Wettbewerber unattraktiv bzw. unrentabel wird.[3] Auch die sogenannte **Überkapazitätsstrategie** versucht, potentielle Wettbewerber vom eigenen Markt fernzuhalten. Dies geschieht z.B. dadurch, daß der zukünftige Kapazitätsbedarf des Marktes vorzeitig durch zusätzliche Investitionen der etablierten Anbieter abgedeckt wird. Tritt dennoch ein Wettbewerber in den betreffenden Markt ein, so vermag er die erhoffte Rentabilität nicht zu erzielen, was ihn zum Rückzug veranlassen wird.[4]

Ferner ist die **Produktproliferationsstrategie** bzw. die Strategie der **Produktdifferenzierung** anzuführen. Der Bewegungsspielraum für neue Wettbewerber wird dabei gezielt dadurch stark eingeschränkt, daß die Insiderunternehmen eine Vielzahl von Pro-

---

1 Hier wird eine Schwäche der Klassifizierung von Markteintrittsbarrieren des industrieökonomischen Ansatzes deutlich, da die aufgeführten strukturellen Eintrittsbarrieren mitunter auch strategischen Charakter aufweisen bzw. gezielt zur Abwehr neuer Wettbewerber eingerichtet werden können (z.B. die Sicherung des Zugangs zu den Absatz- und Beschaffungsmärkten).
2 Vgl. Minderlein (1989), S. 107; Schwalbach (1987), S. 59; Bain (1962).
3 Vgl. Minderlein (1989), S. 70 - 76; Schwalbach (1987), S. 59 - 64.
4 Vgl. Schwalbach (1987), S. 64 - 67.

duktvarianten anbieten und möglichst viele Marktnischen besetzen. Die Produktdifferenzierung kann von physischen Produktunterschieden, von Serviceunterschieden oder von gezielten Werbemaßnahmen herrühren. Häufig ist sie mit bekannten Markennamen gekoppelt, die mit einer hohen Kundenloyalität verbunden sind.[1]

Zum Schutz vor unliebsamen neuen Wettbewerbern läßt sich auch eine **Mehrbetriebsstrategie** verfolgen. Dabei werden mehrere Betriebsstätten gegründet, die geographisch so zu verteilen sind, daß ein Newcomer keinen zufriedenstellenden Gewinn erzielen kann, wenn er den Markteintritt wagen sollte. Insbesondere in forschungs- und entwicklungsintensiven Branchen besteht ferner die Möglichkeit, daß etablierte Unternehmen die Patentanmeldung als strategisches Mittel zur Abwehr neuer Wettbewerber einsetzen (**Patentstrategie**).[2]

Die notwendige Überwindung struktureller, strategischer und/oder institutioneller Markteintrittsbarrieren kann sich im Extremfall als so schwierig für das diversifizierende Unternehmen herausstellen, daß das betreffende Diversifikationsprojekt zum Scheitern verurteilt ist. Umgekehrt dürften die Chancen für den Erfolg eines Diversifikationsvorhabens mit abnehmenden Markteintrittsbarrieren wachsen.[3]

Hohe Markteintrittsbarrieren sind jedoch häufig auch mit **hohen Gewinnen** verbunden. Für Unternehmen, die in diesen Märkten agieren, stellen Eintrittsbarrieren **Schutzwälle** dar, in denen sie relativ ungestört vor unbequemen neuen Wettbewerbern agieren können, was sich positiv auf deren Erfolg auswirken dürfte.

Zu erklären ist das große Gewinnpotential in diesen Märkten auch durch Konzentrationserscheinungen und Kollusionsverhalten der Anbieter. So wird davon ausgegangen, daß in konzentrierten Märkten Absprachen und stillschweigendes Parallelverhalten begünstigt werden, die wiederum zu überdurchschnittlich hohen Preisen und Gewinnen führen.[4]

---

1 Vgl. Bain (1962), S. 130; Schwalbach (1987), S. 69 - 71.
2 Vgl. Schwalbach (1987), S. 68 f. und 72 f.
3 Die Mobilität von Unternehmen kann neben Markteintrittsbarrieren auch durch Marktaustrittsbarrieren beeinträchtigt werden. Antizipiert das diversifizierende Unternehmen vor einem Markteintritt bereits hohe Austrittsbarrieren und rechnet es sich nur für einen kurz- oder mittelfristigen Zeitraum mit überdurchschnittlichen Renditen, so können diese das Unternehmen (trotz möglicherweise niedriger Eintrittsbarrieren) von einem Markteintritt fernhalten. Zu den Marktaustrittsbarrieren zählen beispielsweise branchen- oder standortspezifische Betriebsanlagen, die ausschließlich für die Leistungserstellung in diesem Markt geeignet sind, Interdependenzen zwischen der neuen Geschäftseinheit und anderen Teilen des Unternehmens, soziale Kosten (Sozialpläne, Abfindungen) und administrative Restriktionen. Vgl. hierzu Porter (1983), S. 45 f.; Schwalbach (1987), S. 73. Um die vorliegende Untersuchung nicht zu breit anzulegen, soll die Höhe der Marktaustrittsbarrieren bei der Hypothesenbildung und -prüfung unberücksichtigt bleiben.
4 Vgl. Minderlein (1989), S. 204 f.

Gelingt es nun einem diversifizierenden Unternehmen, diese Barrieren - etwa aufgrund besonderer Fähigkeiten oder sonstiger Ressourcen sowie unter Umgehung der direkten Konfrontation mit den Eintrittsbarrieren[1] - zu überwinden, sind, zumindest solange diese Eintrittsschranken existieren, für den Newcomer hohe Gewinne in diesem (geschützten) Geschäftsfeld zu erwarten. Niedrige Eintrittsbarrieren werden dagegen die Erfolgschancen für etablierte Firmen einschränken. So ist auch der Erfolg von Diversifikationsprojekten u.U. gefährdet, wenn zusätzliche Wettbewerber in den neuen Markt hineinstoßen.

Die **empirischen Studien** zum Einfluß von Markteintrittsbarrieren auf den Erfolg kommen zu unterschiedlichen Ergebnissen. Für etablierte Unternehmen ermittelten *Mann, Fuchs, Comanor* und *Wilson, Miller* sowie *Porter* einen positiven Effekt auf den **Unternehmenserfolg**.[2] Mit Blick auf den spezifischen Einfluß von Markteintrittsbarrieren auf den Erfolg **diversifizierter** Unternehmen interessieren unter den vorliegenden empirischen Untersuchungen insbesondere Befunde von *Christensen* und *Montgomery*. Sie stellten fest, daß diversifizierte Unternehmen, die in stärker konzentrierten Märkten tätig sind, erfolgreicher abschneiden als Firmen, die in Branchen mit einem geringeren Konzentrationsgrad agieren.[3]

Die Eintrittsbarrieren von **Diversifikationsprojekten** wurden bislang nur von *Hobson* und *Morrison* untersucht. Sie gelangten zu dem Resultat, daß der Einstieg in stark konzentrierte Märkte erfolgreicher ist als jener in weniger konzentrierte Märkte.[4]

Die aufgeführten empirischen Befunde sind nicht von großer Aussagekraft. Es gilt zu berücksichtigen, daß der in den meisten Studien verwendete Indikator "Marktkonzentration" zur Messung der Stärke von Eintrittsbarrieren eine sehr globale Größe darstellt, welche differenzierte Aussagen über den Einfluß einzelner Formen von Zutrittsschranken (Ausmaß an Produktdifferenzierung, staatliche Restriktionen usw.) nicht zuläßt. Darüber hinaus konzentrieren sich die vorliegenden empirischen Studien überwiegend auf deren Einfluß auf den Erfolg etablierter Unternehmen und vernachlässigen die Wirkung auf den Erfolg diversifizierender, also neu in einen Markt eintretender Unternehmen.

---

1 Diese stellen jene zwei Möglichkeiten dar, welche nach Yip (1982c) strukturelle Markteintrittsbarrieren reduzieren oder eliminieren können.
2 Vgl. Mann (1966); Fuchs (1961); Comanor/Wilson (1967); Miller (1968); Porter (1974). In den Untersuchungen von Rhoades (1970) und Sato (1961) konnten dagegen keine signifikanten Zusammenhänge zwischen der Höhe der Eintrittsbarrieren und dem Unternehmenserfolg festgestellt werden; vgl. hierzu auch die Übersicht bei Böbel (1984), S. 33 - 42.
3 Vgl. Christensen/Montgomery (1981), S. 338.
4 Vgl. Hobson/Morrison (1983), S. 6 f.

Vor dem Hintergrund obiger Ausführungen stellt sich die Beurteilung des endgültigen Einflusses von Markteintrittsbarrieren auf den Erfolg von Diversifikationen schwierig dar: Zum einen können sie den Diversifikationsversuch zum Scheitern bringen, zum anderen bieten sie Schutz vor unliebsamen neuen Wettbewerbern, wenn es dem Unternehmen gelungen ist, die Barrieren zu überwinden. Vor dem Hintergrund der Position des industrieökonomischen Ansatzes zur Wirkung von Markteintrittsbarrieren auf den Erfolg von Newcomer-Unternehmen ist bei der Hypothesenbildung davon auszugehen, daß die negativen Effekte der Eintrittsbarrieren überwiegen. Daher sollen folgende Hypothesen überprüft werden:

H 6: Je niedriger die strategischen Eintrittsbarrieren des neuen Marktes zum Zeitpunkt des Markteintritts sind, desto größer ist der Diversifikationserfolg.

H 7: Je niedriger die strukturellen Eintrittsbarrieren des neuen Marktes zum Zeitpunkt des Markteintritts sind, desto größer ist der Diversifikationserfolg.

H 8: Je niedriger die institutionellen Eintrittsbarrieren des neuen Marktes zum Zeitpunkt des Markteintritts sind, desto größer ist der Diversifikationserfolg.

1.2.1.2.6 Die konjunkturelle Situation

Es ist zu erwarten, daß nicht nur die speziellen Merkmale einer Branche, in die das diversifizierende Unternehmen eintritt, einen Einfluß auf den Diversifikationserfolg ausüben, sondern daß auch die allgemeine konjunkturelle Situation zum Zeitpunkt des Markteintritts den Erfolg beeinflußt.

Für den deutschen Markt ging *Spindler* der Frage nach, inwieweit konjunkturbedingte Unterschiede zwischen den Erfolgen von Unternehmensdiversifikationen existieren.[1] Gemäß den Befunden dieser Studie bestehen in einem konjunkturell günstigen Umfeld keine Erfolgsunterschiede zwischen stark und schwach diversifizierten Firmen. Für konjunkturell ungünstige Zeiten konnte jedoch eine deutliche Überlegenheit der spezialisierten gegenüber den diversifizierten Unternehmen festgestellt werden. In einem konjunkturell schwierigen Umfeld dürften die Anforderungen an das Management diversifizierter Unternehmen wachsen, so daß steigende Koordinationsprobleme potentielle Synergieeffekte möglicherweise überkompensieren.[2]

---

1 Vgl. Spindler (1988).
2 Vgl. Spindler (1988), S. 871.

Die Untersuchung Spindlers stellt zwar auf den Einfluß der Konjunktur auf den Erfolg unterschiedlich **diversifizierter** Unternehmen ab. Dennoch läßt sich aus den Befunden die Vermutung ableiten, daß der Markteintritt **diversifizierender** Unternehmen bei günstiger Konjunktur die Erfolgschance erhöht, während der Eintritt in einer ungünstigen Konjunkturphase den Diversifikationserfolg negativ beeinflußt. Es soll folgende Hypothese einer empirischen Überprüfung unterzogen werden:

H 9: Je günstiger das konjunkturelle Umfeld zum Zeitpunkt des Eintritts in einen neuen Markt ist, desto größer ist der Diversifikationserfolg.

1.2.1.2.7 Zusammenfassung der Untersuchungshypothesen über die Wirkungen zwischen Marktstrukturvariablen und dem Erfolg von Diversifikationsprojekten

Folgende Hypothesen wurden in diesem Abschnitt über die Wirkungszusammenhänge zwischen Marktstrukturvariablen und Diversifikationserfolg aufgestellt:

H 2: Je größer das Marktwachstum eines Diversifikationsfeldes im Vergleich zum Stammgeschäft des diversifizierenden Unternehmens ist, desto größer ist der Diversifikationserfolg.

H 3: Je höher die Rendite des neuen Marktes im Vergleich zum Stammgeschäft des diversifizierenden Unternehmens ist, desto größer ist der Diversifikationserfolg.

H 4: Je größer der Markt ist, in den diversifizierende Unternehmen eintreten, desto geringer ist der Diversifikationserfolg.

H 5: Je größer die Wettbewerbsintensität des Zielmarktes im Vergleich zum Stammgeschäft des diversifizierenden Unternehmens ist, desto geringer ist der Diversifikationserfolg.

H 6: Je niedriger die strategischen Eintrittsbarrieren des neuen Marktes zum Zeitpunkt des Markteintritts sind, desto größer ist der Diversifikationserfolg.

H 7: Je niedriger die strukturellen Eintrittsbarrieren des neuen Marktes zum Zeitpunkt des Markteintritts sind, desto größer ist der Diversifikationserfolg.

H 8: Je niedriger die institutionellen Eintrittsbarrieren des neuen Marktes zum Zeitpunkt des Markteintritts sind, desto größer ist der Diversifikationserfolg.

H 9: Je günstiger das konjunkturelle Umfeld zum Zeitpunkt des Eintritts in einen neuen Markt ist, desto größer ist der Diversifikationserfolg.

1.2.1.3 Zum Einfluß ausgewählter Aspekte des Markteintritts auf den Erfolg von Diversifikationsprojekten

1.2.1.3.1 Die Diversifikationserfahrung der Unternehmen zum Zeitpunkt des Markteintritts

Firmen, die in neue Märkte eintreten, müssen die schwierige Aufgabe bewältigen, ein nunmehr diversifiziertes Unternehmen zu führen. Dies erfordert notwendige organisatorische Veränderungen und Anpassungen in den Ablaufprozessen.[1] Ist die neue Branche sehr dynamisch, stellt dies eine zusätzliche Herausforderung für das Management dar.[2]

Nun kann vor dem Hintergrund lerntheoretischer Erkenntnisse[3] davon ausgegangen werden, daß mit zunehmender Diversifikationserfahrung diese Aufgaben besser bewältigt werden. So ist anzunehmen, daß mit jedem weiteren Diversifikationsprojekt das Management Erfahrungen sammelt, welche die Erfolgswahrscheinlichkeit weiterer Diversifikationsvorhaben positiv beeinflussen.[4] Die Lerneffekte dürften sich insbesondere darin äußern, daß Diversifikationsvorhaben besser vorbereitet und begangene Fehler nicht noch einmal gemacht werden.[5]

---

1 Vgl. Wicher (1988), S. 323; Gebert (1983), S. 95.
2 Vgl. Smith/Cooper (1988), S. 111 f.
3 Unternehmen können nach Rühli (1988), S. 37, als lernende soziale Systeme begriffen werden.
4 Vgl. Yip (1982c), S. 107; speziell für Unternehmensübernahmen: Leiendecker (1971), S. 68 f., sowie Möller (1983), S. 280.
5 Gemäß Untersuchungsergebnissen von Möller (1983), S. 281 f., bereiten Unternehmen, die mit den durchgeführten Akquisitionen nicht zufrieden sind, zukünftige Zusammenschlüsse besser vor, führen dabei eine gründlichere Bewertung potentieller Akquisitionsobjekte durch und widmen mehr Aufmerksamkeit den personellen Belangen einer Übernahme.

So werden mit zunehmender Zahl durchgeführter Diversifikationen Erfahrungen im Bereich der systematischen Planung und Analyse gewonnen. Es kann davon ausgegangen werden, daß - insbesondere nach fehlgeschlagenen Diversifikationsversuchen - Ursachen für Abweichungen zwischen erwartetem und tatsächlich realisiertem Erfolg gesucht und die verwendeten Analyse- und Planungsmethoden verbessert werden. Damit lassen sich die Chancen und Risiken zukünftiger Diversifikationsprojekte realistischer einschätzen, so daß deren Erfolg treffender prognostiziert werden kann.[1] Voraussetzung ist selbstverständlich die Bereitschaft diversifizierender Unternehmen, aus Irrtümern zu lernen.[2] Zum Lernen aus Irrtümern bedarf es einer effizienten Überprüfung von Fehlern und deren Korrektur bei der nächsten Planungsaufgabe. Auf diese Weise kann unter realistischer Einschätzung der Grenzen von Zukunftsvorhersagen ein strategisch orientierter Lernprozeß in Gang gesetzt bzw. im Fluß gehalten werden.[3]

Die Autoren **empirischer Untersuchungen**, die den Einfluß der Erfahrung auf den Diversifikations- oder Akquisitionserfolg analysiert haben, kommen zu unterschiedlichen Resultaten. *Berry* beispielsweise, der die Wirkung der Diversifikationserfahrung auf den Diversifikationserfolg überprüfte, ermittelte zwar keinen signifikanten, aber zumindest einen tendenziellen positiven Effekt.[4] Eine Untersuchung der Akquisitionsforschung von *Burgman* deckte dagegen einen negativen Zusammenhang zwischen der Zahl bereits durchgeführter Firmenübernahmen und dem Erfolg auf. Je mehr Akquisitionen zum Untersuchungszeitpunkt von dem betreffenden Unternehmen bereits durchgeführt waren, desto geringer fiel der Erfolg des Akquisitionsprojekts aus.[5]

Angesichts der oben skizzierten lerntheoretischen Erkenntnisse und des bisher unzureichenden empirischen Forschungsstandes zu dem hier interessierenden Zusammenhang soll folgende Hypothese überprüft werden:

H 10: Je größer die Diversifikationserfahrung der Unternehmen zum Zeitpunkt des Eintritts in einen neuen Markt ist, desto größer ist der Diversifikationserfolg.

---

1 Zur Verbesserung der unternehmerischen Planung aufgrund von Erfahrung vgl. Gluck (1980), S. 32
2 In diesem Sinne sollte die Aussage "Planung ersetzt den Zufall durch den Irrtum" verstanden werden, da sich zwar aus Irrtümern, kaum jedoch aus Zufällen lernen läßt. Vgl. Kirsch/Esser/Fischbacher (1987), S. 28.
3 Vgl. Kirsch/Esser/Fischbacher (1987), S. 28.
4 Vgl. Berry (1983), S. 110 f.
5 Vgl. Burgman (1983), S. 312.

1.2.1.3.2 Die Realisierungsform der Diversifikation

Hinsichtlich der Realisierungsform läßt sich die interne und die externe Diversifikation unterscheiden. Bei der **internen Diversifikation** versucht das Unternehmen, aus eigener Kraft heraus den Markteintritt zu bewältigen. Die **externe Diversifikation** dagegen umfaßt alle Möglichkeiten zum Aufbau neuer Aktivitätsfelder, bei denen die Unternehmung nicht allein neue Tätigkeitsbereiche aufbaut, sondern sich hierfür die Unterstützung anderer Unternehmen sichert. Bei dieser Form der Diversifikation vollzieht sich die Ausweitung des Leistungsprogramms hauptsächlich durch Kooperation (von relativ lockeren gegenseitigen Bindungen der Partner bis zur Gründung von Gemeinschaftsunternehmen), durch Akquisition oder durch Fusion.[1]

Obwohl das Spektrum alternativer Markteintrittsvarianten von der Eigenentwicklung über diverse Formen der Kooperation bis hin zur Akquisition und Fusion reicht, konzentriert sich die folgende Diskussion vorrangig auf die Frage nach der Vorteilhaftigkeit von Eigenentwicklung einerseits und Akquisition andererseits.

Häufig wird bei der Diversifikationsstrategie der Weg über den **Firmenkauf** gewählt.[2] Mit der Akquisition ist eine Reihe von **Vorteilen** für das diversifizierende Unternehmen verbunden. Mit einem Firmenkauf werden neue Ressourcen (inkl. vorhandene Rechte), neue Absatz- und Beschaffungsmärkte und möglicherweise auch zusätzliche Wettbewerbsvorteile von der erwerbenden Unternehmung übernommen. Die damit einhergehenden Zugriffsmöglichkeit auf ein spezielles Leistungserstellungs- oder Markt-Know-how, auf einen entsprechend geschulten und im neuen Betätigungsfeld erfahrenen Mitarbeiterstamm sowie die Übernahme von Marktanteilen erhöhen die Chancen eines relativ schnellen und problemlosen Einstiegs in ein fremdes Geschäftsfeld. So vermag die diversifizierende Unternehmung auf Erfahrungswerte der akquirierten Firma zurückzugreifen, um sich einen schnellen Überblick über die spezifischen Chancen und Risiken des neuen Marktes zu verschaffen und die insbesondere mit der internen Diversifikation verbundenen Risiken zu reduzieren.[3] Damit ist mit einem Eintritt per Akquisition der Vorteil verbunden, daß die betreffenden Unternehmen ihre Expansionspolitik im neuen Markt auf der Basis einer etablierten Position aufbauen können.[4] Die Erfolgschancen werden besonders dann als hoch eingeschätzt, wenn gute und gesunde Unternehmen

---

1 Vgl. z.B. Borschberg (1974a), S. 88; Wittek (1980), S. 182 f.; Gebert (1983), S. 40 - 46.
2 Der Umfang der Akquisitionsaktivitäten hat in den vergangenen Jahren zugenommen. Vgl. hierzu o.V. (1990b), S. 14.
3 Vgl. Kerin/Varaiya (1985), S. 15; Paine/Power (1984), S. 103; Gebert (1983), S. 43; Yip (1982b), S. 91; Fricker (1974), S. 17; Weyand (1976), S. 15.
4 Vgl. Schwarz (1988), S. 67; Yip (1982c), S. 109.

einschließlich des Management übernommen werden.[1] Die Möglichkeit, ein Diversifikationsvorhaben schnell verwirklichen zu können und auf bereits vorhandenen Marktanteilen aufzubauen, stellt einen bedeutenden Vorteil gegenüber der internen Diversifikation dar. Insbesondere ein Einstieg in völlig fremde Geschäftsfelder scheint in größerem Ausmaß effizient nur über den Kauf eines bereits in diesem Markt etablierten Unternehmens durchführbar zu sein.[2]

Darüber hinaus erweist es sich als vorteilhaft, daß mit dem Kauf eines etablierten Unternehmens die Zahl der Anbieter auf dem Zielmarkt konstant bleibt. Würde sich mit dem Eintritt des diversifizierenden Unternehmens die Zahl der Anbieter erhöhen, hätte dies unweigerlich eine Intensivierung des Wettbewerbs zur Folge. *Yip* stellte in seiner Studie beispielsweise fest, daß der Markteintritt über Akquisition eine geeignete Strategie darstellt, um Vergeltungsmaßnahmen etablierter Konkurrenten zu vermeiden. Unter den 36 untersuchten Fällen vermochte er bei jenen, in denen der Eintritt über Akquisition erfolgte, keine nennenswerten Vergeltungsmaßnahmen festzustellen.[3]

Allerdings sind die Preise, die für Akquisitionsobjekte gezahlt werden müssen, vielfach hoch. Sie enthalten i.d.R. eine Prämie für das Überspringen der Marktbarrieren, da es mittels Firmenkauf weitgehend überflüssig wird, Markteintrittsbarrieren abzubauen oder zu umgehen.[4] Darüber hinaus muß vom Käufer meistens ein Gegenwert des Risikos bezahlt werden, das der bisherige Eigentümer mit dem Aufbau des Unternehmens auf sich genommen hat.[5]

Häufig werden die Kaufpreise wegen der strategischen Bedeutung einer Akquisition durchaus berechtigt über dem historisch ermittelten Ertragswert des Akquisitionsobjekts liegen.[6] Ein **Risiko** der Akquisitionsstrategie ist jedoch darin zu sehen, daß angesichts

---

[1] Vgl. Tietz (1989), S. 79. Allerdings bedarf es wohl besonderer Anstrengungen, um das Managementpotential der übernommenen Firmen zu sichern; wie Hayes (1979) ermittelte, waren im Durchschnitt fünf Jahre nach einer Akquisition nur noch 42 Prozent der Top-Manager in den übernommenen Unternehmen tätig. Kritisch gegenüber den Möglichkeiten des Einkaufs von Top-Managern mittels Akquisition äußert sich auch Drucker (1981). Borschberg (1974b), Sp. 482, weist auf die Gefahren hin, die bei Unternehmenszusammenschlüssen daraus erwachsen können, daß sich zwei relativ schwache Partner zusammenfinden.
[2] Vgl. Geneen (1984), S. 397; Servatius (1989); Küting (1978), S. 389 f.; Yip (1982a); Yip (1982c), S. 85 f. In der Studie von Yip (1982c), S. 101, ließ sich jedoch kein signifikanter statistischer Zusammenhang zwischen der Verwandtschaft eines neuen Marktes mit dem bisherigen Betätigungsfeld und der Markteintrittsform ermitteln. Auch vermochten Chatterjee und Wernerfelt keinen signifikanten Zusammenhang zwischen der Ähnlichkeit des Diversifikationsprojekts und der Art der Eintrittsstrategie festzustellen. Vgl. Chatterjee/Wernerfelt (1986), S. 20f. und 24.
[3] Vgl. Yip (1982c), S. 118 f.
[4] Vgl. Yip (1984), S. 50.
[5] Vgl. Ansoff (1966), S. 203.
[6] Zur Berücksichtigung strategischer Überlegungen bei Akquisitionsprojekten vgl. Sieben/Diedrich (1990) und Schneider (1989). Ein Beispiel, bei dem der hohe Kaufpreis eines Akquisitionsobjekts mit

der zunehmenden Transparenz im Markt für Firmenübernahmen und der relativen Knappheit des Angebots die Unternehmen heute vielfach ungerechtfertigt hohe Kursaufschläge akzeptieren müssen, um vor anderen Interessenten zum Zuge zu kommen. So werden häufig für Neuerwerbungen Preise gezahlt, die über eine vernünftige Einschätzung des Firmenwertes weit hinausgehen.[1] Die Ursachen überhöhter Akquisitionspreise sind oft auch in einer Selbstüberschätzung der Eigentümer oder der angestellten Manager des Käuferunternehmens zu suchen. Sie sind irrtümlich davon überzeugt, ein mögliches Kaufobjekt besser bewerten zu können als der Markt, und sind auch bereit, für das betreffende Unternehmen einen überhöhten Preis zu bezahlen. Überhöhte Kaufpreise werden häufig auch in den Fällen akzeptiert, bei denen das Streben nach Macht und Prestige das maßgebliche Motiv der Firmenübernahme darstellt.[2]

Aufgrund ungerechtfertigt hoher Kaufpreise sind die "Gewinner" solcher Transaktionen häufig die Aktionäre der übernommenen Unternehmen, da der Kaufpreis - beispielsweise in Form eines Übernahmeangebots - oftmals erheblich über dem jeweiligen Börsenkurs liegt. Im Falle *Du Pont/Conoco* z.B. trieben die bietenden Unternehmen den Kaufpreis offenbar so weit in die Höhe, daß die Aktionäre des akquirierten Unternehmens bis zu 70 Prozent Wertsteigerung verbuchen konnten.[3] Analysen von Unternehmensakquisitionen belegen, daß demgegenüber die Aktionäre der Akquisiteure einen Zusammenschluß eher skeptisch beurteilen, was sich in einem Rückgang des Marktwertes der betreffenden Firma widerspiegelt.[4]

Um einen hohen Kaufpreis zu rechtfertigen, fühlen sich Manager vielfach genötigt, schnelle Erfolge vorzuweisen,[5] wodurch das langfristige Überleben des Diversifiktionsprojekts möglicherweise gefährdet wird. Häufig entstehen Probleme auch dadurch, daß das durch die hohe Kaufsumme belastete Mutterunternehmen einen immer höheren Cashflow von der neuen Tochtergesellschaft fordert oder notwendige Investitionsmittel nicht bereitstellt.

---

    der strategischen Bedeutung dieses Erwerbs begründet wurde, stellt die Übernahme von Dobleday & Co. durch den Bertelsmann Konzern dar; vgl. hierzu Schneider (1989), S. 217.
1 Vgl. Porter (1987a); Leiendecker (1978), S. 67; Haugen/Langetieg (1975), S. 1003. Coley und Reinton (1988), S. 29 f., kommen aufgrund empirischer Studien zu dem Ergebnis, daß die Mißerfolge von Akquisitionen u.a. auf einen überhöhten Kaufpreis zurückzuführen sind. Kusewitt (1985) vermochte keinen signifikanten Einfluß der Höhe eines Preisindikators von Akquisitionsobjekten (Jahresgewinn nach Steuern des übernommenen Unternehmens in Prozent des Kaufpreises) auf den Akquisitionserfolg nachzuweisen.
2 Vgl. Bühner (1989b), S. 160.
3 Vgl. Bühner/Spindler (1986), S. 602.
4 Vgl. hierzu die Befunde der bei Bühner und Spindler (1986) aufgeführten Untersuchungen.
5 Vgl. Yip (1982b), S. 92.

Ein Beispiel für Finanzierungsprobleme stellt der Kauf des Stahlunternehmens *Youngstown Steel Products Co.* durch das Frachtunternehmen *Lykes Bros. Steamship Co. Inc.* dar.[1] *Lykes* mußte sich hoch verschulden, um das vermeintlich attraktive Stahlunternehmen zu kaufen. Aufgrund der hohen finanziellen Belastung überließ *Lykes* der neuen Tochtergesellschaft nur wenig Investitionsmittel, die zur notwendigen "Generalüberholung" des Stahlwerks erforderlich gewesen wären. Ein Großteil des alten *Youngstown*-Management kündigte und mußte mit hohen Abfindungen versehen werden. *Lykes* setzte einen eigenen Topmanager an die Spitze von *Youngstown*, der jedoch nichts vom Stahlgeschäft verstand. Unvollständige Modernisierung der Produktionsanlagen und fehlendes Know-how des von der Muttergesellschaft eingesetzten Management führten dazu, daß die Produktivität von *Youngstown* in kurzer Zeit um ein Drittel zurückging.

Ein weiteres Risiko der Akquisition zeigt sich darin, daß man in der Unternehmenspraxis immer wieder die Bedeutung der Folgekosten von Firmenübernahmen unterschätzt.[2] So wird vor einem Unternehmenserwerb oftmals übersehen, daß mit ihm z.T. erhebliche Kosten und ein hoher Zeitbedarf wegen erforderlicher Koordinations- und Integrationsmaßnahmen verbunden sind, um die An- oder Eingliederung der bisher selbständigen Wirtschaftseinheiten zu bewerkstelligen (z.B. Abstimmung und Zusammenlegen von Aufgabengebieten, Umsetzungen, Entlassungen und Abfindungen, Integration von Planungs-, Informations- und Kommunikationssystemen).[3] Darüber hinaus muß mit "Kompromißkosten" bei einer Angleichung von Führungskonzepten, Organisationskulturen, Verhaltensmustern etc. und mit größenbedingten Inflexibilitätskosten gerechnet werden.[4]

Aufgrund der häufig überhöhten Kaufpreise und der skizzierten Folgekosten wird die **interne Diversifikation**, auch als interne Entwicklung bezeichnet, als Eintrittsstrategie oftmals günstiger eingestuft als die Akquisition.[5] Insbesondere wenn Verflechtungen zwischen neuem Geschäftsfeld und Stammgeschäft existieren, ermöglicht es eine interne Diversifikation häufig, mit niedrigeren Kosten als andere potentielle Newcomer

---

1 Vgl. hierzu die Fallstudie bei Ravenscraft/Scherer (1985) sowie o.V. (1986).
2 Vgl. Krüger (1988b), S. 373. Bühner (1985) berichtet, daß im Zusammenhang mit der Übernahme von The Budd-Company (ein Zulieferer der Automobil- und Nutzfahrzeugindustrie) durch die Thyssen AG im Jahre 1978 angenommen wird, daß dieses Engagement Thyssen neben einem Kaufpreis von $ 295 Mio. Verluste in Höhe von mindestens dem Doppelten des Kaufpreises gekostet hat. Vgl. Bühner (1985), S. 183 und 185.
3 Vgl. Krüger (1988b), S. 372; Gebert (1983), S. 48 f.; Becker (1977), S. 70 - 73.
4 Die Unterschiede in den Werthaltungen und Führungsstilen werden um so größer sein, je stärker sich die Branchen, in denen die beteiligten Unternehmen aktiv sind, unterscheiden. Diese Unterschiede können im Extremfall zum "Kulturschock" führen. Vgl. Krüger (1988b), S. 373.
5 Vgl. hierzu Ansoff (1966), S. 156.

die Eintrittsbarrieren einer neuen Branche zu überwinden.[1] Ein weiterer Vorteil ist darin zu sehen, daß sie bei erfolgreichen Erstinnovationen einen Wettbewerbsvorsprung garantiert.[2] Darüber hinaus spricht für die interne Diversifikation, daß sich die organisatorischen Probleme in engen Grenzen halten, da der neue Geschäftsbereich von innen heraus wächst und kein fremdes, möglicherweise in bezug auf Organisationsstruktur und -kultur völlig unterschiedliches Unternehmen integriert werden muß.[3]

Allerdings können auch bei der internen Diversifikation durch die Vielzahl der Unwägbarkeiten zusätzliche Kosten entstehen, die über die in der Entwicklungssphase geplanten Kosten des Diversifikationsprojektes weit hinausgehen und den Erfolg des Projektes gefährden.[4] Insbesondere die Diversifikation in nicht-verwandte Leistungsbereiche gestaltet sich über die interne Entwicklung schwierig und besonders risikoreich.[5] Da sie beim Einstieg in das neue Tätigkeitsfeld auf dem bisherigen Know-how der Unternehmung aufbaut, ist diese Realisationsform der Diversifikation häufig dort anzutreffen, wo der neue Geschäftsbereich eine gewisse Affinität zum angestammten Bereich aufweist. Bei geringer Verwandtschaft oder nur schwachem Synergiepotential wird die Eigenentwicklung dagegen von Nachteil sein.[6] Auch in stark konzentrierten Märkten bzw. bei stabilen Marktverhältnissen, in denen die etablierten Anbieter durch hohe Markteintrittsbarrieren geschützt sind, dürfte die Akquisition eines Insiderunternehmens vorteilhafter sein als die interne Entwicklung.[7] Ein weiteres Problem der internen Diversifikation liegt, wie bereits erwähnt, darin begründet, daß sie i.d.R. mehr Zeit benötigt als der Markteinstieg über den Kauf eines etablierten Wettbewerbers.[8]

Die vorliegenden **empirischen Befunde** zum Einfluß der Realisationsform auf den Diversifikationserfolg sind widersprüchlich. Während die Analyse von *Clifford* und *Cavanagh* ergab, daß die erfolgreichen Unternehmen bei ihrer Diversifikation häufiger den Weg der Akquisition wählen,[9] kamen *Peters* und *Waterman* zu dem Resultat, daß die interne Entwicklung zum Eintritt in neue Märkte der Akquisition überlegen ist.[10] Für die

---

1 Vgl. Porter (1986), S. 475.
2 Vgl. Wieselhuber (1984), S. 433.
3 Vgl. Becker (1990), S. 146.
4 Vgl. Ansoff (1966), S. 203.
5 Vgl. Hitt/Ireland (1985), S. 805 f.; Leontiades (1980).
6 Vgl. Ansoff (1966).
7 Vgl. Singh/Montgomery (1987), S. 379; Ansoff (1966), S. 206. Eine empirische Fundierung erhielt diese These durch die Untersuchung von Yip (1982c), S. 131 f. Wenn dennoch viele Unternehmen die interne Diversifikation bevorzugen, dann oftmals deshalb, weil sie dem "not-invented-here-Syndrom" unterliegen, wobei die Know-how-Beschaffung von außen als nicht zu akzeptierendes Eingeständnis eigener Schwächen angesehen wird; vgl. Ansoff (1965).
8 Vgl. Wieselhuber (1984), S. 433 f.; Ansoff (1966), S. 206; Gilmore/Coddington (1966).
9 Vgl. Clifford/Cavanagh (1986), S. 31 f.
10 Vgl. Peters/Waterman (1984), S. 342.

Vorteilhaftigkeit der internen Diversifikation sprechen auch Untersuchungsergebnisse von *Pitts* und *Berg*. Sie zeigen, daß bei der internen Entwicklung in weit höherem Maße eine gemeinsame Ressourcennutzung durch die bisherigen und die neuen Geschäftsfelder erfolgt als im Falle der Akquisition.[1]

Vor dem Hintergrund der vorangegangenen Diskussion wird für die vorliegende Untersuchung vermutet, daß Diversifikationsprojekte, die mit einer Unternehmensbeteiligung oder einer Akquisition verbunden sind, höhere Erfolge aufweisen als solche, die ausschließlich über Eigenentwicklung realisiert werden. Es soll daher folgende Hypothese empirisch überprüft werden:

H 11: Mit zunehmendem Ausmaß an externer Diversifikation steigt der Erfolg von Diversifikationsprojekten.

1.2.1.3.3 Der Zeitpunkt des Markteintritts

Die Zeit gewinnt im Wettbewerb zwischen Unternehmen zunehmend strategische Bedeutung. So ist in zahlreichen Märkten angesichts des zunehmenden Wettbewerbsdrucks eine hohe Anpassungsgeschwindigkeit an Veränderungen in der Marktstruktur für den Unternehmenserfolg wichtig.[2] Aber nicht nur die Geschwindigkeit, auch der richtige Zeitpunkt kann den Erfolg positiv beeinflussen. Gerade bei der Markteinführung grundlegender Innovationen, bei Akquisitionen sowie beim Ersatz alter durch neue Produkte wird die Wahl des richtigen Zeitpunkts im allgemeinen als besonders wichtig erachtet.[3] Es liegt daher die Vermutung nahe, daß sich auch der Zeitpunkt des Markteintritts auf den Erfolg einer Diversifikationsstrategie auswirkt.

Im Zusammenhang mit dem Markteintrittszeitpunkt stellt sich häufig die Frage, ob der Eintritt als "Pionier" oder aber als "Imitator" (etwa als "früher Folger" oder "später Folger") vorteilhafter ist.[4] Pioniere und frühe Folger treten in der Entstehungsphase eines Marktes, späte Folger dagegen frühestens in der Wachstumsphase ein.[5] Die Führer-/Folger-Position und die Phasen des Lebenszyklus eines neuen Marktes (Einführung, Wachstum, Reife und Abschwung) stehen folglich in enger Beziehung zueinander. Dem

---

1 Vgl. Pitts (1976); Berg (1973); vgl. hierzu auch Pitts (1977).
2 Vgl. Raffée/Wiedmann (1987), S. 8.
3 Vgl. Simon (1989), S. 72.
4 Vgl. Clifford/Cavanagh (1986); Robinson/Fornell (1986); Perillieux (1987); Buzzell/Gale (1987); Meffert/Remmerbach (1988).
5 Vgl. Meffert/Remmerbach (1988), S. 335.

Lebenszyklus-Konzept liegt die Vorstellung zugrunde, daß die Marktentwicklung im Laufe der Zeit einem allgemeingültigen Muster folgt. Varianten dieses Konzepts stellen z.B. der Produkt-, der Branchen- und der Technologie-Lebenszyklus dar. Der Lebenszyklus von Produkten, Branchen und Technologien läßt sich in idealtypischer Weise dadurch charakterisieren, daß nach einer Einführungs- und starken Wachstumsphase das Wachstumspotential zunehmend ausgeschöpft wird und sich Sättigungserscheinungen einstellen, die dazu führen, daß der Markt in eine Stagnations- und schließlich in eine Degenerations- bzw. Schrumpfungsphase übergeht.[1]

Von einem **frühen** Markteintritt verspricht man sich im allgemeinen eine frühe und nachhaltige Realisierung von Wettbewerbsvorteilen.[2] So sind Pioniere beispielsweise prinzipiell in der Lage, früher als ihre Konkurrenten von Lernprozessen zu profitieren und diese in eine Qualitätsverbesserung der angebotenen Leistung umzusetzen. Die Pioniere dürften auch dauerhafte Wettbewerbsvorteile dadurch aufbauen, daß es ihnen als erste im Markt leichter fallen wird, ein leistungsfähiges Absatzsystem zu entwickeln, Vertrauen bei den Abnehmern zu gewinnen und auf diese Weise Kunden langfristig zu binden.[3] Häufig können Pionierunternehmen auch davon profitieren, daß sie bei der Definition von Industriestandards mitwirken und über ein besseres Produkt- und Serviceimage verfügen als die später in den Markt eintretenden Wettbewerber.[4] Vielfach werden die Konkurrenzvorteile der Pioniere auch auf Patente und Produktionsgeheimnisse zurückzuführen sein.[5]

Allerdings ist der Markteinstieg eines diversifizierenden Unternehmens als Pionier auch mit speziellen Risiken verbunden. So trägt der Pionier die hohen Kosten der Markterschließung, wobei er damit rechnen muß, daß später eintretende Unternehmen ebenfalls von der Markterschließung profitieren werden. Darüber hinaus trägt er das Risiko, das mit einer ungewissen Nachfrageentwicklung in neuen Märkten einhergeht. Auch technologische Sprünge wirken sich negativ auf den Pionier aus, da seine Investitionen möglicherweise obsolet werden.[6]

---

1 Zum Lebenszyklus-Konzept vgl. z.B. Scheuch (1989), S. 318 f.; Nieschlag/Dichtl/Hörschgen (1991), S. 170 - 175; Gardner (1987); Meffert (1986), S. 369 - 373; Wittek (1980), S. 115 - 118.
2 Vgl. z.B. Stalk (1989).
3 Vgl. hierzu Smith/Cooper (1988), S. 112; Simon (1989), S. 72; Meffert/Remmerbach (1988), S. 337 f.; Robinson/Fornell (1986), S. 3; Aaker/Day (1986), S. 410.
4 Vgl. Robinson/Fornell (1986), S. 3.
5 Zwar wurde einerseits von Robinson und Fornell (1986), S. 5, festgestellt, daß der Einfluß von Patenten auf die Höhe des Marktanteils nur als vergleichsweise gering einzustufen ist, andererseits vermochten jedoch Miller, Guiniven und Camp (1985), S. 3 f., eine etwa doppelt so hohe Rentabilität von jungen Geschäftseinheiten mit Produktpatenten zu ermitteln im Vergleich zu solchen, die nicht über solche Patente verfügten.
6 Vgl. Meffert/Remmerbach (1988), S. 338; Aaker/Day (1986), S. 414 - 418.

Demgegenüber läßt sich für die Vorteilhaftigkeit einer Folgerposition anführen, daß die Imitatoren in der Lage sind, die Anfangsfehler der Pioniere zu vermeiden und daraus entsprechende Lehren zu ziehen.[1] Diversifizierende Unternehmen, die als Folger in den neuen Markt eintreten, können die modernsten Fertigungstechnologien einsetzen, wohingegen die etablierten Anbieter an ihre Investitionen in bestehende, u.U. weniger effiziente Produktionsanlagen gebunden sind.[2] Gelingt es dem Folger, eine völlig neue Technologie einzusetzen, so kann er die Vorteile der Größendegressionseffekte des Pioniers außer Kraft setzen.[3] So ließ der japanische Anbieter *Matsushita* häufig andere Unternehmen einen Markt entwickeln und trat dann mit einem billigeren und besseren Produkt als die etablierten Wettbewerber in diesen ein.[4]

Aber auch die Folgerposition ist mit Risiken verbunden. Insbesondere die vom Pionier errichteten Markteintrittsbarrieren stellen eine bedeutende Gefahrenquelle für den Folger dar.[5] So wird beispielsweise gerade der späte Folger mit dem Problem konfrontiert, daß in reifen und gesättigten Märkten häufig ein fundiertes branchenspezifisches Wissen eine wichtige Voraussetzung für den Unternehmenserfolg darstellt, was in Wachstumsmärkten weniger der Fall ist.[6]

Die **empirischen Ergebnisse** des PIMS-Projekts lassen vermuten, daß neue Geschäftsfelder in der **Einführungsphase des Lebenszyklus** einen höheren finanziellen Erfolg als solche in der Wachstumsphase und letztere wiederum bessere Ergebnisse als jene in der Reifephase erzielen. So weisen die Befunde der allgemeinen PIMS-Forschung darauf hin, daß die Rentabilität der Geschäftstätigkeit im Verlauf der Marktentwicklung tendenziell abnimmt.[7] Auch Ergebnisse von *Meyer* und *Heyder*, die ca. 200 Diversifikationsprojekte amerikanischer und europäischer Großunternehmen der PIMS-Start-up Datenbank untersuchten, stützen die These, daß ein früher Markteintritt vorteilhafter als ein später Einstieg ist.[8] Ähnlich stellten *Smith* und *Cooper* sowie *Biggadike* fest, daß der Diversifikationserfolg mit der Phase im Produkt-Lebens-Zyklus zum Zeitpunkt des Eintritts in dieser Weise variiert.[9]

---

1 Vgl. Simon (1989), S. 87.
2 Vgl. Yip (1984), S. 48.
3 Vgl. Meffert/Remmerbach (1988), S. 341.
4 Vgl. Aaker/Day (1986), S. 414.
5 Vgl. Meffert/Remmerbach (1988), S. 340.
6 Vgl. Gälweiler (1989), Sp. 1939 f.
7 Vgl. Buzzell/Gale (1989), S. 52.
8 Vgl. Meyer/Heyder (1989).
9 Vgl. Smith/Cooper (1988), S. 117; Biggadike (1979a), S. 121 - 125.

Auch hinsichtlich der **Führer-/Folger-Perspektive** ermittelte das *Strategic Planning Institute* die Vorteilhaftigkeit eines frühen Markteinstiegs.[1] Sowohl in der Datenbank der Start-up-Geschäftsbereiche[2] als auch in der Gruppe der "Adolescents"[3] erzielten die Pionierunternehmen mit deutlichem Abstand den höchsten Marktanteil, gefolgt von den "Early followers" und den "Late entrants".[4] Zieht man dagegen Rentabilitätskennzahlen als Erfolgsgrößen heran, schneiden in den ersten vier Geschäftsjahren die Pionierunternehmen am schlechtesten ab. Offensichtlich müssen die frühen Einsteiger in den ersten Jahren hohe Kosten tragen, um den Markt auf- und auszubauen.[5] Das Bild ändert sich jedoch, wenn die zweiten vier Jahre der Geschäftstätigkeit in das Blickfeld gerückt werden. In diesem Zeitraum weisen die "Pioneers" nun die höchste, die "Late entrants" die niedrigste Rentabilität auf.[6] Die vorliegenden empirischen Untersuchungen zum Einfluß des Markteintrittszeitpunktes weisen insgesamt darauf hin, daß die Pionierunternehmen mit einem höheren Erfolg rechnen können als die Folgerunternehmen.[7]

Aufgrund der bisherigen Befunde kann vermutet werden, daß der Erfolg von Diversifikationen um so größer ist, je früher der Markteintritt erfolgt. Daß zusätzliche Variablen diesen Pioniereffekt konterkarieren können,[8] zeigt der Eintritt von *IBM* in den Markt für Personal Computer, wobei *IBM* aufgrund seiner überlegenen Marketingressourcen in der Lage war, den Pionier *Apple* von seiner Führerposition ohne allzu große Mühe zu verdrängen.

Es soll folgende Hypothese einer empirischen Prüfung unterzogen werden:

H 12: Je jünger der Markt ist, in den das diversifizierende Unternehmen vorstößt, desto größer ist der Diversifikationserfolg.

---

1 Vgl. Lambkin (1987).
2 In der Start-up-Datenbank sind die Daten der Geschäftseinheiten aus den ersten vier Jahren nach deren Gründung erfaßt.
3 Die Daten der Adolescent-Datenbank umfassen die zweiten vier Jahre der Geschäftsbereiche.
4 Vgl. Lambkin (1987), S. 3. Auch für Geschäftseinheiten, die sich bereits in reifen Märkten befinden, wurde dieser Zusammenhang festgestellt. Allerdings erodiert der hohe Marktanteil der Pionierunternehmen im Zeitverlauf, während die später in den Markt eingetretenen Firmen ihren Marktanteil im Reifestadium leicht ausbauen können; vgl. hierzu Robinson/Fornell (1986), S. 1 - 3.
5 Vgl. Lambkin (1987), S. 4.
6 Vgl. Lambkin (1987), S. 5; zu ähnlichen Ergebnissen kommen bei der Analyse der "Adolescents" auch Miller/Guiniven/Camp (1985).
7 Vgl. die tabellarische Übersicht diesbezüglicher Untersuchungsergebnisse bei Simon (1989), S. 86.
8 Vgl. hierzu Simon (1989), S. 87.

1.2.1.3.4 Die Aggressivität des Markteintritts

Newcomer, insbesondere wenn es sich um solche handelt, die in einer späten Lebenszyklusphase in den Markt eintreten, versuchen die Eintrittsbarrieren häufig mittels aggressiver Niedrigpreise und eines massiven Werbedrucks zu überwinden.[1] Angesichts der hohen Kosten und der damit einhergehenden Ertragseinbußen, die mit einer solchen aggressiven Markteintrittsstrategie verbunden sind, stellt sich die Frage, ob es sich hierbei wirklich um eine erfolgversprechende Strategievariante handelt.

Spezielle Auswertungen von Start-up-Businessdaten lassen Aufschluß hinsichtlich der hier interessierenden Thematik erwarten. *Hobson* und *Morrison*, *MacMillan* und *Day*, *Guiniven* und *Fisher*, *Meyer* und *Heyder* sowie *DeSouza* werteten die PIMS-Daten der Start-up-Geschäftsfelder u.a. unter dem Gesichtspunkt der Aggressivität des Markteintritts aus.[2] Die Autoren kommen zu dem Resultat, daß aggressive Marktanteilsziele und hohe Marketingausgaben den Erfolg positiv beeinflussen. Eine positive Wirkung eines aggressiven Marketing auf den Erfolg neuer Geschäftseinheiten konnte auch in einer Analyse des "Adolescent-Sample" der PIMS-Daten nachgewiesen werden.[3] Unter diesen etwa acht Jahre "jungen" Geschäftsbereichen erzielten diejenigen die höchsten Renditen, die eine aggressive Marktanteilsstrategie verfolgten.[4]

Dies schließt nicht aus, daß kurzfristig mit einer solchen Strategie schlechte finanzielle Ergebnisse in Kauf genommen werden müssen. "The key to developing a business that is healthy and attractive for the long term is aggression in the early years - and aggression never comes cheap."[5]

Daß hinsichtlich der Geschwindigkeit, mit der die Marktanteile gewonnen werden, Vorsicht geboten ist, zeigen Befunde von *Biggadike*, der einige Jahre zuvor ebenfalls PIMS-Daten analysierte. Er deckte eine negative Korrelation zwischen dem Marktanteils<u>wachstum</u> und dem finanziellen Ergebnis auf: Das finanzielle Ergebnis reduzierte sich mit zunehmender Geschwindigkeit, mit der der Marktanteil anstieg.[6] Da sich jedoch auch in dieser Studie eine positive Wirkung des Marktanteils auf den finanziellen Erfolg zeigte, kommt Biggadike zu der Empfehlung, daß Diversifikationsprojekte möglichst mit einer

---

1 Vgl. Meffert/Remmerbach (1988), S. 343.
2 Es handelt sich hierbei um neue Geschäftseinheiten, die seit ca. vier Jahren existieren. Vgl. Hobson/Morrison (1983); MacMillan/Day (1986); DeSouza (1986); Guiniven/Fisher (1986); Meyer/Heyder (1989).
3 Vgl. hierzu Miller/Guiniven/Camp (1985), S. 7 f.
4 Vgl. Miller/Guiniven/Camp (1985), S. 8.
5 Guiniven (1986).
6 Vgl. Biggadike (1979a und 1979b) sowie die Ausführungen in Abschnitt C I. 1.3.3.2 dieser Arbeit.

hohen Kapazität in den neuen Markt eindringen sollten, um ausreichende Möglichkeiten zur Gewinnung eines hohen Anteils mitzubringen. Eine weiterführende Analyse stützt diese These von der Vorteilhaftigkeit einer "large-scale entry". Unternehmen, die nach dieser Eintrittsstrategie verfuhren,[1] erzielten nicht nur einen höheren ROI, sondern im vergleichbaren Zeitraum auch einen höheren Marktanteil als jene, die auf einem niedrigen Kapazitätsniveau in den Markt eindrangen.[2]

"These findings provide persuasive support for the argument that entering on a large scale is likely to lead to better financial results earlier than does the intuitively obvious approach, entering on a small scale. In fact, small-scale entries are doubly handicapped. Their immediate financial performance is terrible, and satisfactory market position remains undeveloped."[3]

Allerdings birgt eine unüberlegte aggressive Ausweitung des Produkt-/Marktfeldes auch erhebliche Gefahren in sich. *Hauschildt* z.B. identifiziert die überhastete Expansion als einen von zwölf Mißerfolgsfaktoren von Unternehmen.[4] Auch *Peters* und *Waterman* plädieren aufgrund ihrer Analyse für ein vorsichtiges und schrittweises Eindringen in neue Branchen.[5]

Die bisherigen empirischen Befunde weisen im großen und ganzen auf die Zweckmäßigkeit eines aggressiven Markteintritts hin. Es soll daher folgende Hypothese überprüft werden:

H 13: Je aggressiver der Markteintritt des diversifizierenden Unternehmens ist, desto größer ist der Diversifikationserfolg.

1.2.1.3.5 Vergeltungsmaßnahmen etablierter Anbieter

Insbesondere wenn sich das diversifizierende Unternehmen in der neuen Branche einigen wenigen großen und i.d.R. auch marktanteilsstarken etablierten Konkurrenten gegenübersieht, muß es damit rechnen, daß der Markteintritt zu heftigen Gegenmaßnahmen führen wird, wobei die Insiderfirmen zur Verteidigung ihrer Marktanteile gezielte Ver-

---

1 Diese Eintrittsform wurde durch die Höhe der Produktions- und Marketingkapazität bei Markteintritt operationalisiert.
2 Vgl. Biggadike (1979b), S. 108 f.
3 Biggadike (1979b), S. 109.
4 Vgl. Hauschildt (1983).
5 Vgl. Peters/Waterman (1984), S. 342.

geltungs- und Verdrängungspraktiken anwenden dürften.[1] Dabei können die etablierten Großunternehmen ihre Economies of Scale in die Abwehrmaßnahmen einbringen und beispielsweise über niedrigere Einkaufspreise und günstigere Logistikkosten ihre Größenvorteile ausspielen. Vergeltungsmaßnahmen äußern sich z.B. in Preissenkungen, in einer Steigerung der Werbeaktivitäten oder in Boykottandrohungen gegenüber Lieferanten oder Abnehmern. Es ist zu erwarten, daß diese Praktiken um so wirkungsvoller sind, je eher die etablierten Firmen zu abgestimmten Verhaltensweisen neigen, was mit abnehmender Anzahl von Wettbewerbern wahrscheinlicher wird.[2]

Es ist offensichtlich, daß die Strenge solcher Vergeltungsmaßnahmen den Erfolg von Diversifikationsprojekten nicht unwesentlich determiniert.[3] Mit intensiven Vergeltungsmaßnahmen ist insbesondere dann zu rechnen, wenn

- die Marktwachstumsrate gering ist,
- problemlose Produkte bzw. Leistungen angeboten werden,
- die Unternehmen hohe Fixkosten aufweisen,
- der Markt von alteingesessenen Insiderfirmen geprägt ist, insbesondere wenn diese nur über eine enge Produktpalette verfügen und daher von diesem Markt relativ abhängig sind.[4]

Daß Vergeltungsmaßnahmen nicht in jedem Fall durch einen Markteintritt ausgelöst werden, zeigt der erfolgreiche Einstieg der *Telex Corporation* in den Markt für Computer-Peripheriegeräte, der bis dato von *IBM* beherrscht wurde. Der *IBM*-Konzern vermochte aufgrund seiner Preisstrategie sowie im Vertrauen auf die Kundenbindung kurzfristig nicht zu reagieren, als *Telex* mit qualitativ vergleichbaren Produkten, aber deutlich niedrigeren Preisen in den Markt für Peripheriegeräte eintrat. Es dauerte mehrere Jahre, bis der *IBM*-Konzern Gegenmaßnahmen einleitete und seine Preis- und Vertriebspolitik veränderte. *Telex* war allerdings durch das "offene Fenster" geschlüpft, bevor *IBM* es zuschlagen konnte.[5]

Sowohl präventive Maßnahmen[6] als auch Vergeltungsmaßnahmen etablierter Anbieter, insbesondere wenn sie von marktbeherrschenden oder marktstarken Unternehmen durch-

---

[1] Vgl. Kantzenbach/Kruse (1987), S. 71.
[2] Vgl. Neumann (1979), S. 647. Die Höhe der Konzentrationsrate im neuen Markt allein zeigte in der Untersuchung von Yip (1982c), S. 123 f., noch keinen signifikanten negativen Einfluß auf die Erfolgsgröße Marktanteil.
[3] Im Hinblick auf den Markterfolg vgl. Yip (1982c), S. 110.
[4] Vgl. Yip (1982c), S. 110; Porter (1987c), S. 426 f.
[5] Vgl. Guiniven (1986).
[6] Beispiele für präventive Maßnahmen etablierter Anbieter finden sich bei Porter (1986), S. 610 - 621.

geführt werden, erhöhen die mit dem Eintritt verbundenen Risiken des Newcomers und verringern dessen Erfolgschancen u.U. erheblich,[1] da zusätzliche Kosten zur Überwindung der Barrieren und damit Wettbewerbsnachteile in Kauf genommen werden müssen.

Wie die **empirischen Befunde** von *Biggadike* zeigen, fallen die **finanziellen** Ergebnisse von Diversifikationsprojekten in der Tat tendenziell besser aus, wenn keine Reaktion der Konkurrenten erfolgt bzw. Vergeltungsmaßnahmen ausbleiben. Betrachtet man aber den **Markterfolg**, so ergibt sich ein ganz anderes Bild: Höhere Marktanteile erzielen in der Stichprobe *Biggadikes* solche Diversifikationsprojekte, bei denen die etablierten Anbieter aufgrund des Eintritts aktiv wurden.[2]

Es erscheint folgende Hypothese überprüfungsbedürftig:

H 14: Je geringer die Vergeltungsmaßnahmen der etablierten Anbieter sind, desto größer ist der Diversifikationserfolg.

1.2.1.3.6 Eintrittsbarrieren des neuen Marktes

Auf die Bedeutung von Markteintrittsbarrieren wurde bereits im Abschnitt über den Einfluß von Branchenstrukturvariablen auf den Diversifikationserfolg näher eingegangen.[3] Sie sollen in dem hier skizzierten Zusammenhang ein weiteres Mal in der empirischen Untersuchung berücksichtigt werden, da zu vermuten ist, daß zwischen den bisher beschriebenen Variablen und den Eintrittsbarrieren enge kausale Beziehungen bestehen. So können beispielsweise Vergeltungsmaßnahmen etablierter Anbieter die Höhe der Markteintrittsbarrieren beeinflussen oder hohe Eintrittsbarrieren das diversifizierende Unternehmen dazu bewegen, den Markteinstieg über den Kauf eines Insiderunternehmens zu bewältigen.

Auch in diesem Zusammenhang wird erwartet, daß mit zunehmender Höhe der Markteintrittsbarrieren die Erfolgschancen eines Diversifikationsprojekts sinken. Die Hypothesen H 6, H 7 und H 8 gelten daher analog.

---

[1] Als (einen problematischen) Indikator für Vergeltungsmaßnahmen zog Yip die Größe der etablierten Unternehmen heran. Seine Untersuchungen ergaben einen signifikanten negativen Zusammenhang zwischen der Größe etablierter Anbieter einerseits und dem Marktanteilserfolg der diversifizierenden Unternehmen andererseits; vgl. Yip (1982c), S. 111, 121 und 124.
[2] Vgl. Biggadike (1979a), S. 190.
[3] Vgl. Abschnitt C II. 1.2.1.2.5 dieser Arbeit.

1.2.1.3.7 Die Ressourcensituation der diversifizierenden Unternehmung

Jedes diversifizierende Unternehmen steht vor dem Problem, die Eintrittsbarrieren des neuen Marktes überwinden zu müssen. Häufig dürfte es an dem notwendigen Knowhow, den erforderlichen finanziellen Mitteln oder an sonstigen Ressourcen fehlen, um in einen ansonsten attraktiven Markt hineinzustoßen. Insofern ist zu erwarten, daß der Erfolg der Diversifikation nicht unerheblich von der Quantität und Qualität der vorhandenen Ressourcen der diversifizierenden Unternehmung beeinflußt wird.[1] Die vorhandenen Ressourcen stellen eine Plattform dar, von der aus die Markteintrittsbarrieren übersprungen werden können.[2]

Auf der Basis einer guten Ressourcenausstattung können nicht nur Markteintrittsbarrieren leicht überwunden, sondern darüber hinaus auch in kurzer Zeit Wettbewerbsvorteile gegenüber den etablierten Anbietern aufgebaut oder gesichert werden. Stellt die Produktdifferenzierung beispielsweise für einen neuen Markt eine Eintrittsbarriere dar und wird diese mittels entsprechenden **Werbemaßnahmen** und hohen **-ausgaben** geschaffen, so vermag ein in der Werbung noch versierteres branchenfremdes Unternehmen mit einem sehr hohen Budget diese Markteintrittsbarriere nicht nur zu überwinden, sondern sogar gegen die etablierten Wettbewerber zu wenden.[3]

Gerade beim Eintritt in Märkte, in denen die Beherrschung einer bestimmten Technologie erforderlich ist, kommt den technologischen oder **F&E-Ressourcen** des diversifizierenden Unternehmens eine wichtige Rolle zu. Selbst Akquisitionen in Technologie-Märkte dürften nur dann erfolgreich verlaufen, wenn das Käuferunternehmen über die notwendige technologische Kompetenz verfügt. Darüber hinaus ist davon auszugehen, daß auch eine ausgeprägte Marktorientierung sowie fundierte **Marketingkenntnisse** für den Diversifikationserfolg von Bedeutung sind. Solche Voraussetzungen fehlten offenbar bei dem mißglückten Diversifikationsversuch des *Volkswagen-Konzerns*, als dieser sich bemühte, über den Kauf von *Triumph-Adler* in den Markt für Büromaschinen und Elektronische Datenverarbeitung einzusteigen.[4]

---

1 Eine Reihe von Autoren betont die Bedeutung, die den Unternehmensressourcen bei Diversifikationsentscheidungen beizumessen ist: vgl. z.B. Penrose (1959); Kehrmann (1972); Rubin (1973); Hofer/Schendel (1978); Wernerfelt (1984); Hainzl (1987); Chatterjee/Wernerfelt (1991).
2 Vgl. Yip (1982b), S. 87.
3 Vgl. Yip (1982c), S. 87 f.
4 Vgl. Viehöver (1989), S. 55.

In jüngerer Zeit wird immer wieder auf die wachsende Bedeutung der **Personalqualität** für den Unternehmenserfolg hingewiesen.[1] Es ist zu erwarten, daß gerade im Rahmen von Diversifikationsaktivitäten, bei denen das Unternehmen ja in mehr oder weniger fremde Geschäftsfelder hineinstößt, die Qualifikation der Mitarbeiter einen erheblichen Einflußfaktor auf den Erfolg der Diversifikationsprojekte darstellt. Insbesondere der Qualität des Management wird für Diversifikationserfolge eine besondere Bedeutung beigemessen.[2]

Offensichtlich werden notwendige Maßnahmen im Bereich der Human-Ressourcen im Zuge wichtiger strategischer Änderungen jedoch allzu oft vernachlässigt.[3] Dies mag zum einen darin begründet liegen, daß die Kenntnisse, die für ein erfolgreiches Abschneiden im neuen Markt benötigt werden, im diversifizierenden Unternehmen nicht in ausreichendem Maße vorhanden sind. Zum anderen stellen die Unternehmen selten ihre besten Mitarbeiter für neue Geschäftsbereiche ab, und sie sind zudem oftmals zurückhaltend in der Rekrutierung kompetenter externer Führungskräfte. Ein Beispiel stellt der erfolglose Einstieg von *General Electric* in den Markt der Computerproduzenten dar. Dieser Fehlschlag wird u.a. darauf zurückgeführt, daß *General Electric* nicht gewillt war, erstklassigen Managern des Unternehmens für einen längeren Zeitraum die Führung von Diversifikationsprojekten zu übertragen.[4]

Die vorliegenden **empirischen Untersuchungen** vermögen den hier skizzierten Zusammenhang zwischen Unternehmensressourcen und Diversifikationserfolg zu belegen. Das Ausmaß an finanzieller Stärke war beispielsweise eines der Erfolgskriterien von Diversifikationsprojekten, die in der Untersuchung von *Smith* und *Cooper* ermittelt wurden.[5] Die Qualität des Management identifizierte *DeSouza* in einer Studie über Corporate Ventures der PIMS-Datenbank als Erfolgsfaktor von Diversifikationen.[6] Die Bedeutung der Qualität der Humanressourcen speziell für die Diversifikation durch Unternehmenskauf geht aus einer Untersuchung von *Kitching* hervor. Er fand heraus, daß es bei den nicht erfolgreichen Firmenübernahmen an den geeigneten Managern ("Manager of Change") fehlte, die eine hohe Flexibilität besitzen und in der Lage sind, einen Kombinationsprozeß zweier Unternehmen sinnvoll zu steuern und Synergieeffekte freizusetzen.[7]

---

1 Vgl. z.B. Dundas/Richardson (1982); Duch (1984), S. 373; Melohn (1984), S. 55; Laukamm/Walsh (1985), S. 112; Hitt/Ireland (1985), S. 806; Jacobs/Thiess/Söhnholz (1987), S. 205; Laukamm (1989), S. 244.
2 Vgl. Miller/Guiniven/Camp (1985), S. 1; Lauenstein (1985), S. 53 f.
3 Vgl. OASIS (1986), S. 1.
4 Vgl. DeSouza (1986), S. 14.
5 Vgl. Smith/Cooper (1988).
6 Vgl. DeSouza (1986).
7 Vgl. Kitching (1967).

Es soll folgende Hypothese überprüft werden:

H 15: Je besser die Ressourcensituation im Hinblick auf die Erfordernisse des neuen Marktes zum Zeitpunkt des Markteintritts ist, desto größer ist der Diversifikationserfolg.

1.2.1.3.8 Zusammenfassung der Untersuchungshypothesen über die Wirkungen zwischen Markteintrittsvariablen und dem Erfolg von Diversifikationsprojekten

Folgende Hypothesen wurden in diesem Abschnitt über die Wirkung verschiedener Varianten des Markteintritts auf den Diversifikationserfolg entwickelt:

H 10: Je größer die Diversifikationserfahrung der Unternehmen zum Zeitpunkt des Eintritts in einen neuen Markt ist, desto größer ist der Diversifikationserfolg.

H 11: Mit zunehmendem Ausmaß an externer Diversifikation steigt der Erfolg von Diversifikationsprojekten.

H 12: Je jünger der Markt ist, in den das diversifizierende Unternehmen vorstößt, desto größer ist der Diversifikationserfolg.

H 13: Je aggressiver der Markteintritt des diversifizierenden Unternehmens ist, desto größer ist der Diversifikationserfolg.

H 14: Je geringer die Vergeltungsmaßnahmen der etablierten Anbieter sind, desto größer ist der Diversifikationserfolg.

H 15: Je besser die Ressourcensituation im Hinblick auf die Erfordernisse des neuen Marktes zum Zeitpunkt des Markteintritts ist, desto größer ist der Diversifikationserfolg.

1.2.1.4 Zum Einfluß ausgewählter Aspekte der Unternehmensführung auf den Erfolg von Diversifikationsprojekten

Auch Merkmale der Unternehmensführung, also der zielbezogenen Gestaltung und Steuerung eines Unternehmens bzw. allgemeiner eines sozialen Systems,[1] sollten in einer Untersuchung der Diversifikationsstrategie Berücksichtigung finden. Ein wichtiges Element der Unternehmensführung stellt die Planung dar,[2] auf die im folgenden Abschnitt näher eingegangen wird.

1.2.1.4.1 Analyse, Planung und Kontrolle des Diversifikationsprozesses

Die Antizipation relevanter Entwicklungen im Unternehmen selber und in dessen Umfeld sowie die rechtzeitige Reaktion auf diese Entwicklungen waren wohl schon immer ein Merkmal erfolgreicher Unternehmensführung. Während in früheren Jahren aber das unternehmerische Gespür und die Intuition des Managers dominierten, dürfte der Unternehmenserfolg heute und in Zukunft immer mehr durch die Anwendung komplexer Analyse- und Planungsmethoden bestimmt werden.[3] Strategische Analyse und Planung dienen dabei der systematischen Identifikation und Weiterentwicklung des Erfolgspotentials eines Unternehmens.[4] Planungsaktivitäten sollen auf diese Weise zu einer Verbesserung der Entscheidungs- und damit der Führungsqualität dienen.[5] Insbesondere im Rahmen innovativer Prozesse müssen die einzelnen Schritte der künftigen Vorgehensweise festgelegt, potentielle Wettbewerber und Imitatoren analysiert sowie Marktveränderungen registriert und antizipiert werden.[6]

Gerade auch im Hinblick auf die erfolgreiche Durchführung von Diversifikationen und Unternehmensakquisitionen wird immer wieder auf die Wichtigkeit einer gründlichen Analyse- und Planungsaktivität hingewiesen.[7] Es lassen sich in diesem Zusammenhang die beiden Bereiche "Diversifikations-Gesamtplanung" und "Diversifikations-Projektplanung" unterscheiden. Gegenstand dieses Abschnittes ist die Planung auf **Projekt-**

---

1 Vgl. Bea/Dichtl/Schweitzer (1987), S. 1; Kuhn (1982), S. 4; Wild (1974), S. 19.
2 Vgl. Rühli (1988), S. 56; Hinterhuber (1983), S. 72; Kuhn (1982), S. 5.
3 Vgl. Wiedmann/Kreutzer (1989), S. 62.
4 Vgl. Kirsch/Esser/Fischbacher (1987), S. 18; ähnlich auch Picot/Laub/Schneider (1989), S. 24.
5 Vgl. Rühli (1988), S. 63.
6 Vgl. Picot/Laub/Schneider (1989), S. 24.
7 Vgl. z.B. Hoffmann (1989), S. 58; Sontheimer (1989), S. 1 f.; Servatius (1989); Schneider (1989), S. 219; Ansoff (1988), S. 73; Krüger (1988c), S. 4; Coenenberg/Sautter (1988), S. 695 - 702; Remmerbach (1989), S. 173; derselbe (1988), S. 102; Leontiades (1987); Schwarz (1987); Barney (1986), S. 1239; Barney (1986), S. 1239; Allen/Oliver/Schwallie (1981); Abell (1978); Leiendecker (1978), S. 68; Henksmeier (1977), S. 10; Reed (1977); Vancil/Lorange (1975), S. 81; Zellekens (1969), S. 9; Ansoff/Anderson/Norton/Weston (1969), S. 297.

ebene. Der Einfluß einer Gesamtplanung im Sinne einer Konzernplanung auf den Diversifikationserfolg von Unternehmen wird in einem späteren Abschnitt (C II. 1.2.2.1) diskutiert.

Die Notwendigkeit intensiver Analyse- und Planungsaktivitäten bei der Durchführung von Diversifikationsprojekten ergibt sich u.a. daraus, daß die diversifizierende Unternehmung bei der Auswahl neuer Betätigungsfelder vor einem gravierenden Informationsproblem steht, da sie über keine Erfahrung in den neuen Märkten verfügt. Dieses Informationsproblem ist insbesondere dann sehr groß, wenn Märkte erst geschaffen werden sollen und deren Entwicklung nur sehr schwer prognostiziert werden kann.[1] *Abell* betont daher im Rahmen seines auf den Eintritt in neue Märkte abstellenden "strategic window"-Konzepts die Bedeutung einer sorgfältigen und möglichst exakten Analyse sowohl der Marktentwicklung als auch der Fähigkeiten der Unternehmung, sich auf Schlüsselfaktoren dieses Marktes adäquat einzustellen.[2] Dabei sind eine sorgfältige Analyse der Stärken und Schwächen der diversifizierenden Unternehmung sowie eine möglichst breite Suche nach neuen Geschäftsfeldern notwendig, in denen sie ein "offenes Fenster" findet und ihre spezifischen Kenntnisse verwenden kann.[3] Gründliche Analyse- und Planungstätigkeiten können Aufschluß darüber geben, in welche Märkte, zu welchem Zeitpunkt und mit welcher Strategie die diversifizierende Unternehmung eintreten sollte.

Allerdings konstatieren einige Autoren der Planung innovativer Prozesse nur eine eingeschränkte Bedeutung. So plädiert *Waterman* für eine Planung "der großen Linie", nicht jedoch für das Aufstellen datailierter Pläne, die wegen der Umweltdynamik und -komplexität häufig nicht eingehalten werden können. Einer detaillierten Analyse und Planung wird die Intuition der Manager entgegengesetzt, die gerade auch für die Entwicklung neuer Geschäftsfelder erfolgreich genutzt werden könne. Eine starre Planung hingegen erschwere es, sich zufällig ergebende Chancen wahrzunehmen und zu nutzen. Trotz der eingeschränkten Bedeutung der strategischen Planung sei jedoch ein hohes Informationsniveau als besonders wichtig zu erachten, um überdurchschnittliche Erfolge bei Innovationsvorhaben zu erzielen.[4]

---

1 Vgl. Remmerbach (1989), S. 176. Coley und Reinton (1988), S. 29 f., kommen beispielsweise zu dem empirischen Befund, daß Mißerfolge im Rahmen von Akquisitionen häufig auf eine zu optimistische Einschätzung des Marktpotentials zurückzuführen sind.
2 Vgl. Abell (1978), S. 22.
3 Vgl. Abell (1978), S. 25.
4 Vgl. Waterman (1988), S. 50 - 63.

Einen ähnlich kritischen Standpunkt vertreten *Peters* und *Austin*, die sich zwar für eine strategische Planung aussprechen, eine Schwerpunktsetzung bei Analyse- und Planungstechniken jedoch als falsch und gefährlich ansehen. Sie vertreten die Auffassung, daß Unwägbarkeiten eine Chance darstellen, die es zu nutzen gilt.[1] Aber nicht nur in den stärker praxisverwurzelten Publikationen, sondern auch in der wissenschaftlichen Literatur wird darauf hingewiesen, daß die strategische Planung lediglich eine Hilfsfunktion bei der Handhabung komplexer Probleme auszuüben vermag und keine exakte analytische Lösung verspricht. Vielmehr wird auch hier die Bedeutung des kreativen Unternehmertums bekräftigt.[2] So sind Unternehmen sicher gut beraten, wenn sie der Planung einen hohen Stellenwert einräumen und gleichzeitig ausreichende Flexibilitätsspielräume belassen.[3]

Die bisherigen Ausführungen beschränkten sich auf die Bereiche Analyse und Planung. Diese hängen aber eng mit **Kontrollaktivitäten** zusammen. So wird im allgemeinen davon ausgegangen, daß Interdependenzen zwischen Planung und Kontrolle insofern existieren, als eine explizite Planung einen Vergleich zwischen erwarteter und tatsächlicher Entwicklung zuläßt.[4] Die Kontrolle dient der Ermittlung von Abweichungen zwischen Plan- und Istgrößen sowie zur Analyse dieser Differenzen; sie soll sicherstellen, daß die durchgeführten Maßnahmen trotz möglicher Störungen zur Zielerreichung führen.[5] Für den Diversifikationsprozeß sind Kontrollaktivitäten insofern nützlich, als bei nicht zufriedenstellendem Projektverlauf rechtzeitig Plankorrekturen vorgenommen werden können, die einen höheren Zielerreichungsgrad gewährleisten.

Während US-amerikanische Unternehmen beim Einstieg in neue Geschäftsfelder eine oberflächliche oder z.T. auch überhaupt keine Überprüfung externer und interner Erfolgsmerkmale vornehmen, zeigen deutsche Unternehmen eine gründlichere Analyse- und Planungsbereitschaft.[6] Häufig sind aber Diversifikationsaktivitäten wohl eher das Ergebnis zufälliger unternehmensexterner Ereignisse bzw. Gelegenheiten als die konsequente Umsetzung einer geplanten Diversifikationsstrategie,[7] wobei gemäß Befunden

---

1 Vgl. Peters/Austin (1986), S. 149 und 157. Ähnlich vertreten bereits Linneman und Kennell (1977) die Auffassung, daß auch moderate Analyse- und Planungsaktivitäten sehr effizient sein können. Eine strategische Planung erfordere nicht unbedingt große Planungsabteilungen und die Verwendung ausgefeilter strategischer Analyse- und Planungsinstrumente.
2 Vgl. Picot/Laub/Schneider (1989), S. 25.
3 Zu diesem Ergebnis kam die Studie von Goldsmith und Clutterbuck (1984).
4 Vgl. Rühli (1988), S. 64.
5 Vgl. Schweitzer (1987), S. 61; Ulrich/Fluri (1988), S. 124 f.
6 Vgl. hierzu die Untersuchung von Hoffmann (1989), S. 58.
7 Vgl. Nehls (1986), S. 190.

von *Poensgen* und *Hort* im allgemeinen mit zunehmender Unternehmensgröße der Einsatz detaillierter und formalisierter Planung wahrscheinlicher wird.[1]

Die bislang vorliegenden **empirischen Studien** stützen überwiegend die hier vermuteten Zusammenhänge. Eine Untersuchung von *Berry* beispielsweise ergab, daß eine intensive Marktanalyse ein signifikantes diskriminierendes Merkmal zwischen erfolgreichen und nicht erfolgreichen Diversifikationsprojekten darstellt.[2] Für Diversifikationen mittels Eigenentwicklung wird ein positiver Zusammenhang zwischen Planung und Erfolg von *Guiniven* und *Fisher* sowie von *Meyer* und *Heyder* ermittelt.[3]

Die Befunde der Innovationsforschung von *Cooper* und *Kleinschmidt*, *Maidique* und *Zirger* sowie *Cooper* stützen ebenfalls die These, daß eine sorgfältige Analyse- und Planungstätigkeit den Erfolg neuer Leistungen positiv beeinflußt.[4] Auch *Picot, Laub* und *Schneider* ermittelten im Rahmen ihrer Untersuchung über innovative Unternehmensgründungen deren erfolgssteigernden Einfluß.[5] In den Studien von *Burgman* und *Möller* konnte dagegen im Rahmen der Akquisitionsforschung kein signifikanter Zusammenhang zwischen einer Akquisitionsplanung und dem Erfolg nachgewiesen werden.[6]

Wie die bisherigen Ausführungen verdeutlichen, werden unterschiedliche Standpunkte zur Erfolgswirkung systematischer Analyse- und Planungsaktivitäten vertreten. Mit Bezug auf den Entscheidungsansatz der Betriebswirtschaftslehre, der weitgehend auf rationales Handeln der Unternehmen abstellt[7] und eine systematische Analyse und Planung bei wachsender Komplexität der Unternehmen sowie deren Umwelt als notwendig erachtet,[8] soll im Rahmen unserer Untersuchung nachstehende Hypothese überprüft werden:

H 16: Mit zunehmendem Ausmaß sorgfältiger Analyse- und Planungstätigkeit steigt der Diversifikationserfolg.

---

1 Vgl. Poensgen/Hort (1981).
2 Vgl. Berry (1983), S. 108.
3 Vgl. Guiniven/Fisher (1986); Guiniven (1986); Meyer/Heyder (1989).
4 Vgl. z.B. Cooper (1979b), S. 131; Maidique/Zirger (1984), S. 201; Cooper/Kleinschmidt (1987a), S. 180.
5 Vgl. Picot/Laub/Schneider (1989), S. 134 f.
6 Vgl. Burgman (1983), S. 331; Möller (1983), S. 135 - 139.
7 Vgl. Raffée (1989a), S. 33.
8 Vgl. z.B. Heinen (1985), S. 63.

1.2.1.4.2 Die Entscheidungskompetenz der Projektleitung

Es spricht einiges dafür, daß die Erfolgschancen mit zunehmender Entscheidungskompetenz des für das Diversifikationsprojekt verantwortlichen Mitarbeiters und zunehmender Eigenständigkeit des Diversifikationsprojekts innerhalb der Organisation steigen. So verfügt im allgemeinen eine **Stabsstelle** nur über ein sehr begrenztes Maß an Entscheidungskompetenz, was die Durchsetzung eines Diversifikationsprojekts gefährden kann. Die **Einbindung** in einen **bestehenden Funktions- oder Geschäftsbereich** dagegen vermag zumindest aufgrund der Weisungsrechte der mit dem Aufbau des neuen Betätigungsfeldes beauftragten Mitarbeiters dessen Durchsetzung zu forcieren. Darüber hinaus spricht für einen Einsatz von Linienmanagern der Umstand, daß diese eher als Stabsmanager mit den unternehmerischen Aufgaben vertraut sind, die für einen erfolgreichen Aufbau eines neuen Geschäftsfeldes bewältigt werden müssen.

Allerdings ist mit der Integration des Diversifikationsprojektes in eine bereits vorhandene Geschäftseinheit das Risiko verbunden, daß sich die Führungskräfte, da sie mit ihren traditionellen Aufgaben i.d.R. ausgelastet sind, dem neuen Geschäftsfeld nicht mit dem erforderlichen Elan widmen können. Darüber hinaus besteht die Gefahr, daß sich eine Spartenleitung bei kurzfristiger Gewinnorientierung gegen die Aufnahme eines neuen Produkt-/Marktfeldes wehren wird, da die in der Anlaufphase auftretenden Verluste die Spartenerfolgsrechnung negativ beeinflussen.[1]

Häufig bietet sich daher die Schaffung einer **Projektorganisation** an, in der ein Projektleiter zumindest über funktionale Weisungsbefugnisse gegenüber den Projektmitarbeitern verfügt. In der **Matrix-Projektorganisation** verbleiben die Mitarbeiter in den Stammabteilungen. Der Projektleiter entscheidet über das "Was" und "Wann", die Leiter der Linienbereiche über das "Wie" und "Wer".[2] In der **reinen Projektorganisation** sind Mitarbeiter und Leiter zu einem selbständigen Organisationsbereich zusammengefaßt. Hier verfügt der Projektleiter über umfassende Weisungsrechte gegenüber allen Projektmitarbeitern, die im Extremfall keiner Stammabteilung mehr angehören, sondern ständig mit neuen Sonderaufgaben betraut werden.[3] Die erfolgreiche Realisierung einer Diversifikation setzt in diesem Fall voraus, daß der Projektleiter eine wirksame Unterstützung durch die Unternehmensleitung erfährt.[4]

---

1 Vgl. Arbeitskreis "Diversifizierung" der Schmalenbach-Gesellschaft (1973), S. 315.
2 Vgl. Bühner (1985), S. 221.
3 Vgl. Bühner (1985), S. 221.
4 Vgl. Arbeitskreis "Diversifizierung" der Schmalenbach-Gesellschaft (1973), S. 314.

Ein hohes Maß an Selbständigkeit für die neuen Diversifikationsvorhaben wird insbesondere durch die Schaffung **eigenständiger Geschäftsbereiche** gewährleistet. Die Übertragung der Verantwortung auf Linienmanager soll sicherstellen, daß der neue Tätigkeitsbereich mit einem Höchstmaß an Motivation geführt wird, möglichst schnell aus der Verlustzone herauskommt und in die Gewinnphase eintritt.

Unabhängig von der konkreten organisatorischen Einbindung des Diversifikationsprojektes bleibt festzuhalten, daß - nicht zuletzt auch um sich gegenüber etablierten Interessen im eigenen Unternehmen durchsetzen zu können - eine relativ **hohe hierarchische Verankerung** eines Diversifikationsprojektes als zweckmäßig erachtet wird.[1] Schließlich erweist sich der Aufbau neuer Geschäftsfelder i.d.R. als schwieriges Unterfangen und ist mit zum Teil erheblichen Risiken verbunden. Da mißglückte Diversifikationsversuche Unternehmen schon in existenzgefährdende Situationen manövriert haben, liegt es nahe, die **Verantwortung** für Diversifikationsprojekte dem **Top-Management** zu übertragen. Die Vorteile liegen insbesondere darin, daß Mitglieder des Top-Management in aller Regel ein großes Interesse an der Erreichung der Unternehmensziele und damit auch am Gelingen eines Diversifikationsprojekts haben und durch ihre starke Motivationskraft die mit den Detailaufgaben betrauten Mitarbeiter zu hohen Leistungen anspornen werden.[2]

Der hier postulierte Zusammenhang zwischen einer hohen hierarchischen Verankerung des Diversifikationsprojekts und dessen Erfolg erfuhr allerdings bei einer empirischen Prüfung auf Basis der Business Start-up-Datenbank durch *Hobson* und *Morrison* **keine Bestätigung**. Gemäß ihren Befunden führt ein "Sponsoring" von New Venture-Projekten durch die Unternehmensleitung nicht notwendigerweise auch zu einem überdurchschnittlichen Erfolg.[3] Aber sie konnten für die in der PIMS-Datenbank gespeicherten Diversifikationen empirisch belegen, daß ein Start-up-Geschäftsfeld, das von einem Linienmanager gefördert wird, größere Erfolgschancen hat als ein Projekt, das von einem Mitarbeiter einer Stabsabteilung unterstützt wird.[4]

Anders fallen dagegen die Ergebnisse aus, wenn man die Integration des Top-Management in die Diversifikationsprojekt**planung** auf ihren Erfolgseinfluß hin untersucht. Die empirischen Befunde zeigen, daß die Einbindung des Top-Management in die Planungsaufgaben oftmals eine **positive** Wirkung auf den Erfolg neuer Geschäftsbereiche ausübt. So ergab sich beispielsweise in einer Untersuchung von *Mace* und *Montgomery*,

---

1 Vgl. Arbeitskreis "Diversifizierung" der Schmalenbach-Gesellschaft (1973), S. 314.
2 Vgl. ähnlich Mace/Montgomery (1962), S. 75 - 80.
3 Vgl. Hobson/Morrison (1983), S. 5.
4 Vgl. Hobson/Morrison (1983), S. 6.

daß bei allen in diese Studie einbezogenen erfolgreichen Akquisitionsprojekten Mitglieder der Unternehmensleitung in der Planungsphase persönlich involviert waren.[1] Zu ganz ähnlichen Befunden gelangten später auch *Horovitz* und *Thietart*, die einen positiven Zusammenhang zwischen dem Erfolg diversifizierter Unternehmen und der Integration des Top-Management in die strategische Planung der Diversifikationsprojekte identifizierten.[2] Dagegen konnte *Möller* in seiner Studie die Hypothese nicht stützen, daß der Erfolg von Akquisitionen um so größer ist, je höher die Verantwortlichkeit für deren Planung organisatorisch verankert ist.[3]

Der Umstand, daß Diversifikationsprojekte in der Planungsphase organisatorisch häufig anders angesiedelt sein werden als in der Realisierungsphase, kann in der vorliegenden Untersuchung nicht berücksichtigt werden. Daher beschränkt sich die Hypothesenbildung zu den organisatorischen Aspekten von Diversifikationsprojekten auf deren **Realisierungssphase**. Es wird folgende Hypothese geprüft:

H 17: Je größer die Entscheidungsbefugnisse der Projektleitung in der Realisierungsphase sind, desto erfolgreicher ist das Diversifikationsprojekt.

1.2.1.4.3 Zur Identität von Projektplaner und Projektumsetzer

Insbesondere aus Motivationsgründen dürfte es von Vorteil sein, wenn in personeller Sicht eine Kontinuität zwischen der Planungsphase und der Umsetzungsphase von Diversifikationsprojekten gegeben ist. Es wird hier dafür plädiert, daß diejenigen Mitarbeiter, die ein Diversifikationsprojekt ins Leben gerufen und zur Umsetzungsreife gebracht haben, auch mit dessen Durchsetzung im Markt betraut werden (z.B. in Geschäftsführungsfunktion). Andererseits sollten die für die Ausführung Verantwortlichen, soweit dies zu einem frühen Zeitpunkt bereits feststeht, in die Planung des Diversifikationsprojekts einbezogen werden.[4]

Ein solches Vorgehen sollte nicht nur das Interesse an dem neuen Geschäftsfeld und die Leistungsbereitschaft der Mitarbeiter erhöhen, sondern auch gewährleisten, daß der für das Diversifikationsvorhaben verantwortliche Manager über eine umfassende Kenntnis des neuen Marktes und der neuen Technologie verfügt. Eine erste empirische Stütze erhält die hier skizzierte These durch die exploratorische Untersuchung von *Jacobs* und

---

1 Vgl. Mace/Montgomery (1962).
2 Vgl. Horovitz/Thietart (1982).
3 Vgl. Möller (1983), S. 230 f.
4 Vgl. ähnlich: Gälweiler (1989), Sp. 1942 f.

Dobler, die sich allerdings auf die Diversifikationsstrategie von Handelsunternehmen beschränkt.[1] Es sollte daher im Rahmen unserer Untersuchung folgende Hypothese geprüft werden:

H 18: Diversifikationsprojekte, bei denen Planungsverantwortliche auch mit der Umsetzung der Diversifikation betraut werden, sind erfolgreicher als Diversifikationsprojekte, bei denen keine diesbezügliche personelle Kontinuität zu beobachten ist.

1.2.1.4.4 Zur Einflußnahme auf die Unternehmenskultur des neuen Geschäftsbereichs

In neuerer Zeit wird in verstärktem Maße der Einfluß der **Corporate Identity** (Unternehmensidentität) auf den Unternehmenserfolg diskutiert. Die Corporate Identity bzw. die "spezifische Persönlichkeit eines Unternehmens" wird von der Unternehmensphilosophie (als Wertbasis) und der Unternehmenskultur (als Konkretisierung der Unternehmensphilosophie in Form von Denkmustern, Verhaltensnormen, Überzeugungen, Verhaltensweisen usw.) geprägt.[2] Mit Hilfe einer ausgeprägten Corporate Identity soll es den Unternehmen gelingen, über eine starke Einbindung der Organisationsmitglieder deren **Identifikation mit den Grundprinzipien der Unternehmung** zu erhöhen und auf diese Weise letztlich deren **Leistungsbereitschaft zu verbessern**.[3] So wird die zielgerichtete Weiterentwicklung der Corporate Identity als wirksame Strategie gesehen, um den Erfolg einer Unternehmung angesichts zeitgemäßer Herausforderungen zu sichern.[4] In diesem Zusammenhang gilt es, durch die Schaffung eines ausgeprägten "Wir-Gefühls" und die Identifikation jedes Mitarbeiters mit den gemeinsamen Zielen und Werten eines Unternehmens möglichen **Bereichsegoismen entgegenzusteuern** und den Weg für die **Realisierung von Synergieeffekten** zu ebnen. Eine starke Identifikation mit dem eigenen Unternehmen und damit auch die Nutzung des Synergiepotentials dürften sich dagegen schwierig gestalten, wenn beispielsweise bei der Übernahme eines etablierten Anbieters diesem ein hohes Maß an Unabhängigkeit von der eigenen Unternehmung zugebilligt wird.[5] Vor dem Hintergrund der mit einer Diversifikationsstrategie verbundenen veränderten Markt- und Unternehmensstrukturen bieten

---

1 Vgl. Jacobs/Dobler (1989), S. 31; dieselben (1990).
2 Zu diesem Verständnis von Corporate Identity vgl. z.B. Raffée/Werkmann (1988); Wiedmann/Jugel (1987); Wiedmann (1987). Zum Begriff der Unternehmenskultur vgl. beispielsweise Kieser (1986), S. 44 f.; Ebers (1985); Möller (1983), S. 109.
3 Vgl. ähnlich Kieser (1986), S. 45.
4 Vgl. Wiedmann (1987), S. 1.
5 Vgl. Roberts/Berry (1985), S. 14.

sich daher die Planung und Vermittlung eines Identitätswandels an,[1] der die Integration des neuen Geschäftsbereichs in die bestehende Unternehmensstruktur und -kultur erleichtert.

Allerdings gilt es dabei zu berücksichtigen, daß einem Identitätswandel Grenzen gesetzt sind und demzufolge bei der Planung von Identitätsveränderungen deren Realisierungschancen genau geprüft werden müssen.[2] So können mit einer Einflußnahme auf die Unternehmenskultur des neuen Geschäftsbereichs auch **gravierende Nachteile** verbunden sein. Im Rahmen der Diversifikation durch Akquisition beispielsweise liegen die Stärken der akquirierten Unternehmung nicht selten in ihrer spezifischen Organisationskultur begründet, so daß in diesen Fällen ein gewisses Maß an **"kultureller Eigenständigkeit"** angebracht sein dürfte.[3] *Miller, Guiniven* und *Camp* sehen sogar in der Wahrung und Förderung einer von der Muttergesellschaft unabhängigen Identität einen Schlüsselfaktor des Erfolges neuer Geschäftsfelder.[4] So ist eine allzu schnelle und unmodifizierte Übertragung bisher im traditionellen Tätigkeitsbereich gewohnter und möglicherweise auch bewährter Denkstrukturen und Entscheidungskalküle auf neue Geschäftsfelder u.U. mit erheblichen Gefahren verbunden.[5] In diesen Fällen stellen sich schnell beträchtliche Verluste ein, wenn die auf den neuen Markt übertragene Denkhaltung an den Erfordernissen des Wettbewerbs und der Kunden vorbeigeht.[6]

Die Gefahr der Wertezerstörung ist offenbar in besonderem Maße mit dem Erwerb kleiner Unternehmen durch große Muttergesellschaften verbunden: "Examples of such value destruction are common, particularly when large corporations with an extensive experience of competing in one industry acquire small entrepreneurial firms, and 'strifle' them with administrative procedures in the name of 'professional management'."[7]

Bei kleinen, innovativen Unternehmen ist der Verlust ihrer Eigenständigkeit häufig auch mit einem Verlust ihrer spezifischen Innovations- und Leistungsfähigkeit verbunden, nicht zuletzt weil sie aufgrund der Übertragung einer schwerfälligen Planungs- und Kontrollstruktur der Muttergesellschaft auf das Tochterunternehmen an Spontaneität und Kreativität einbüßen.[8] Der Einstieg von *IBM* in den Personalcomputer-Markt stellt ein Beispiel für die Umsetzung einer Denkhaltung dar, die von der Überzeugung geprägt ist,

---

1   Vgl. Wiedmann (1987), S. 7 f.
2   Vgl. Kieser (1984), S. 10; Wiedmann/Jugel (1987), S. 193 f.
3   Vgl. Krüger (1988b), S. 373 f.
4   Vgl. Miller/Guiniven/Camp (1985), S. 1.
5   Vgl. Wells (1984), S. 305 f.; ähnlich auch Bühner/Spindler (1986), S. 605; Lauenstein (1985), S. 52; Davidson (1981), S. 16.
6   Vgl. Lauenstein (1985), S. 52; Porter (1986), S. 48.
7   Wells (1984), S. 306.
8   Vgl. Bühner (1989b), S. 164.

daß den neuen Geschäftsfeldern - zumindest in der Entwicklungsphase - die Entfaltung einer unabhängigen Unternehmenskultur ermöglicht werden sollte. *Don Estridge*, der das erfolgreiche PC-Projekt von *IBM* leitete, drückt die damalige Philosophie folgendermaßen aus: "If you´re competing against people who started in a garage, you have to start in a garage."[1] In der Tat wird das in Boca Raton angesiedelte PC-Projekt als erste Geschäftseinheit angesehen, die von der Kontrolle der *IBM*-Unternehmenszentrale in Armonk abgekoppelt wurde.[2]

Die bisherigen **empirischen Untersuchungen** gelangen zu keinem einheitlichen Resultat. Daß sich der Einfluß auf die Unternehmenskultur des neuen Geschäftsbereichs positiv auf den Diversifikationserfolg auswirkt, belegen Befunde von *Coley* und *Reinton* sowie von *Bettis, Hall* und *Prahalad*, welche in der Fähigkeit zur Integration neuer Geschäftsbereiche einen maßgeblichen Erfolgsfaktor diversifizierter Unternehmen sehen.[3]

Es erscheint bei der Integration neuer Geschäftseinheiten angeraten, deren speziellen Erfordernissen Rechnung zu tragen: Gemäß der Studie von *Kitching* zeichnen sich nämlich erfolgreiche Akquisiteure u.a. dadurch aus, daß sie bei notwendigen Änderungen des Berichts-, Planungs- und Kontrollsystems Rücksicht auf die speziellen Belange der Tochterfirma nehmen.[4] *Roberts* und *Berry* kommen aufgrund einer Fallstudie sogar zu dem Ergebnis, daß Engagements in sehr fremden Tätigkeitsgebieten dann erfolgreich sind, wenn der Einfluß der Muttergesellschaft auf ein Minimum begrenzt bleibt.[5]

Da es sich bei der Diversifikation um eine Ausweitung des Betätigungsfeldes in häufig vom Stammgeschäft sehr verschiedene Bereiche handelt, ist zu vermuten, daß eine intensive Einflußnahme auf die Unternehmenskultur eher schadet als nützt. Aufgrund vorstehend skizzierter Ausführungen soll folgende Hypothese zur Unternehmenskultur überprüft werden:

H 19: Mit zunehmendem Einfluß auf die Unternehmenskultur des neuen Geschäftsbereichs sinkt der Diversifikationserfolg.

---

1 DeSouza (1986), S. 14.
2 Vgl. DeSouza (1986), S. 14.
3 Vgl. Coley/Reinton (1988); Bettis/Hall/Prahalad (1978).
4 Vgl. Kitching (1967).
5 Vgl. Roberts/Berry (1985), S. 14, sowie zur Fallstudie Berry (1983).

1.2.1.4.5 Zusammenfassung der Untersuchungshypothesen über die Wirkungen zwischen Variablen der Unternehmensführung und dem Erfolg von Diversifikationsprojekten

In dem vorangegangenen Abschnitt wurden folgende Hypothesen über die Wirkungen zwischen ausgewählten Aspekten der Unternehmensführung und dem Diversifikationserfolg aufgestellt:

H 16: Mit zunehmendem Ausmaß sorgfältiger Analyse- und Planungstätigkeit steigt der Diversifikationserfolg.

H 17: Je größer die Entscheidungsbefugnisse der Projektleitung in der Realisierungsphase sind, desto erfolgreicher ist das Diversifikationsprojekt.

H 18: Diversifikationsprojekte, bei denen Planungsverantwortliche auch mit der Umsetzung der Diversifikation betraut werden, sind erfolgreicher als Diversifikationsprojekte, bei denen keine diesbezügliche personelle Kontinuität zu beobachten ist.

H 19: Mit zunehmendem Einfluß auf die Unternehmenskultur des neuen Geschäftsbereichs sinkt der Diversifikationserfolg.

1.2.1.5 Zum Einfluß ausgewählter Aspekte der Synergierealisation auf den Erfolg von Diversifikationsprojekten

1.2.1.5.1 Synergieeffekte und Diversifikation

1.2.1.5.1.1 Synergiebereiche

Diversifikation und Synergie sind in der Literatur praktisch untrennbar miteinander verbunden.[1] Bei der Realisierung von Verbundeffekten werden strategische und operative Vorteile wahrgenommen, die keiner der Beteiligten, also beispielsweise im Rahmen von Unternehmensakquisitionen weder das erwerbende Unternehmen noch das Akquisitionsobjekt oder bei Kooperationen weder der eine noch der andere Kooperationspartner, für sich alleine erzielt hätte.[2] Der Erfolg einer Diversifikation wird sehr davon abhängen, ob es gelingt, ein Geschäftsfeld zu finden, das an den vorhandenen Fähigkeiten und Wett-

---

1 Vgl. Mahajan/Wind (1988), S. 64; Reed/Luffman (1986), S. 34.
2 Vgl. ähnlich Coenenberg/Sautter (1988), S. 694.

bewerbsvorteilen anknüpft und Verbundeffekte erwarten läßt.[1] Zahlreiche Autoren empfehlen demzufolge den Unternehmen, bei ihrer Diversifikations- und Akquisitionsaktivität solche Möglichkeiten in Angriff zu nehmen, die ein starkes Synergiepotential aufweisen.[2] Die Synergie wird sich dabei nicht in gleichem Maße in der alten und in der neuen Geschäftseinheit einstellen. Die positiven Effekte können primär für das neue Betätigungsfeld realisiert werden, um dort besondere Wettbewerbsvorteile auf- oder auszubauen, oder aber sie werden in erster Linie für die Verbesserung der Wettbewerbsstellung der Muttergesellschaft genutzt, z.B. indem das Know-how eines übernommenen Unternehmens auf das Stammgeschäft übertragen wird.[3]

Obgleich das Synergiepotential in unterschiedlichem Ausmaß genutzt werden dürfte, so können Verbundeffekte doch grundsätzlich in allen Funktionsbereichen erzielt werden.[4] Die Systematiken von *Krüger* (marktbezogene, technologiebezogene und Know-how-Synergien)[5] sowie von *Leontiades* (Synergien durch Übertragung besonderer Fähigkeiten sowie finanzielle und organisatorische Synergien)[6] lassen erkennen, daß bei den Strukturierungsversuchen sowohl Synergien einzelner **Funktionsbereiche** (z.B. Produktions- und Marketingsynergien) als auch typische Formen der **Realisation** von Verbundeffekten (z.B. Übertragung besonderer Fähigkeiten) berücksichtigt werden. Im folgenden soll daher zweckmäßigerweise zwischen **Funktionssynergien** und **Formen der Synergierealisation** differenziert werden, wobei zunächst auf die Funktionsbereiche näher eingegangen wird. Überschneidungen zwischen den Verbundeffekten dieser Funktionsbereiche lassen sich dabei nicht völlig vermeiden.[7]

Synergien im **Marketing** können beispielsweise erzielt werden, wenn das Vertriebsnetz eines diversifizierenden Industrieunternehmens auch für die Distribution des neuen Leistungsbereichs genutzt werden kann. Möglichkeiten einer gemeinsamen Ressourcenbeanspruchung ergeben sich z.B. in den Bereichen Verkaufsorganisation und Kundendienst. Die Zusammenfassung der dort verankerten Tätigkeiten führt vielfach zu einer

---

1 Vgl. Ansoff (1988), S. 73; Löbler (1988), S. 25 - 26; Ansoff (1984), S. 82; Gebert (1983), S. 23; Welge (1974), Sp. 3802.
2 Vgl. z.B. Hoffmann (1989), S. 54; Coenenberg/Sautter (1988), S. 693 und 698; Porter (1987a, 1987b); Robert/Berry (1985), S. 14; Ansoff (1966), S. 125 und 134.
3 Vgl. ähnlich Roberts/Berry (1985), S. 9. Ansoff (1966), S. 134, bezeichnet Synergieeffekte der ersten Art als "aggressive Synergie", der zweiten Art als "defensive Synergie".
4 Vgl. Möller (1983), S. 142.
5 Vgl. Krüger (1988b), S. 371; Krüger (1988c), S. 4. Bei einer dynamischen Betrachtungsweise lassen sich nach Ansoff Synergieeffekte, die bereits in der Gründungsphase einer Diversifikation entstehen (start-up synergy), von solchen, die erst im laufenden Geschäftsbetrieb erschlossen werden können (operating synergy), unterscheiden. Vgl. Ansoff (1965); ähnlich auch Gälweiler (1987), S. 91 f.
6 Vgl. Leontiades (1987), S. 88.
7 Diese Überschneidungen sind darauf zurückzuführen, daß es in einem Unternehmen sowohl primäre Funktionsbereiche (z.B. Produktion, Marketing) als auch unterstützende Funktionsbereiche (z.B. Beschaffung, F&E, Verwaltung) gibt; vgl. hierzu auch Porter (1986), S. 66 - 71.

Verringerung der Absatzkosten. Diese stellt sich u.a. aufgrund geringerer administrativer Kosten wegen einer gemeinsam genutzten Infrastruktur sowie aufgrund einer höheren Kapazitätsauslastung ein.[1]

Weitere Synergieeffekte im Marketing dürften häufig, insbesondere im Fall der horizontalen Diversifikation, über den Ausbau des Leistungsangebotes zu einem Angebotssystem zu erzielen sein. Das Angebot eines Leistungspakets kommt den Bedürfnissen der Abnehmer vielfach entgegen, so daß durch dieses möglicherweise eine Alleinstellung im Markt erzielt und u.U. sogar ein höherer Preis durchgesetzt werden kann, als wenn die einzelnen Systemkomponenten unabhängig voneinander veräußert würden.[2]

Synergien können auch in der Werbung und bei der Verkaufsförderung erzielt werden. So wird erwartet, daß sich für diversifizierte Unternehmen Vorteile durch die kommunikationspolitischen Maßnahmen des Gesamtkonzerns und durch den Einsatz eines höheren Werbebudgets im Vergleich zu Einproduktunternehmen einstellen.[3] Wegen der im Vergleich zum Stammgeschäft häufig fremden Märkte, die mit den neuen Produkten bedient werden sollen, dürften in aller Regel einer gemeinsamen Werbung und Verkaufsförderung Grenzen gesetzt sein. Allerdings lassen sich Kosteneinsparungen u.U. dadurch erzielen, daß eine bessere Auslastung der Werbeabteilung erreicht wird oder Kostenvorteile durch eine größere Verhandlungsmacht beim Einkauf von Werbekapazität realisiert werden.[4] Weitere Synergieeffekte können sich über eine gemeinsame Marktforschung oder über gemeinsam genutzte Logistikeinrichtungen in der Warendistribution einstellen.[5]

In der **Produktion** können aus der gemeinsamen Leistungserstellung verschiedener Güter Economies of Scope erwachsen.[6] Diese sind dadurch gekennzeichnet, daß die gemeinsame Fertigung unterschiedlicher Produkte kostengünstiger ist als deren getrennte Herstellung.[7] Basis für die Realisierung von Verbundwirkungen ist die Nutzbarkeit von Produktionsfaktoren für mehrere Produkte. Verbundvorteile können z.B. durch die gemeinsame und intensivere Beanspruchung maschineller Anlagen, Lagerflächen und innerbetrieblicher Transporteinrichtungen erzielt werden. Vorteile erwachsen beispielsweise daraus, daß bei unterschiedlich stark in Anspruch genommenen Betriebsmitteln die

---

1 Vgl. Yip (1984), S. 48; Sautter (1989), S. 246.
2 Vgl. Sontheimer (1989), S. 99; Sautter (1989), S. 245 f.
3 Vgl. Maisel (1984), S. 118.
4 Vgl. Sautter (1989), S. 245; Sontheimer (1989), S. 100.
5 Vgl. hierzu Sontheimer (1989), S. 101 - 103.
6 Vgl. Singh/Montgomery (1987), S. 379; Gälweiler (1989), Sp. 1936.
7 Vgl. Schwalbach (1987), S. 43; Ihde (1986), S. 7; Willig (1979), S. 346; Panzar/Willig (1977); S. 346.

Integration des neuen Geschäftsbereichs eine günstigere Verteilung des Produktionsvolumens nach sich ziehen kann.[1] Ein Beispiel für Synergien in der Produktion bietet die Firma *Fuji*, die ihre für die Fertigung von Filmen entwickelten Produktionsverfahren auch bei der Herstellung von Magnetbändern und Druckmaschinen nutzt.[2]

Insbesondere mit dem Einsatz flexibler Fertigungssysteme, die in der Lage sind, mehrere unterschiedliche Produkte zu bearbeiten, sind Economies of Scope zu realisieren.[3] Durch die Möglichkeit, ohne großen Zeitaufwand eine Vielzahl von Produktvarianten herzustellen, wird die Erstellung eines verwandten Leistungsprogramms kostengünstiger.[4] Bei dem Einsatz herkömmlicher Herstellungsverfahren sind Verbundeffekte dagegen kaum zu erzielen. Herkömmliche Produktionstechnologien sind auf Spezialisierung in der Fertigung ausgerichtet, womit Economies of Scale verbunden sind.[5] Diese haben für die Diversifikationsstrategie allerdings insofern nur eine eingeschränkte Bedeutung, als die Diversifikation gerade von einer Spezialisierung auf Kernprodukte wegführen soll.

Synergien in **Forschung und Entwicklung** lassen sich beispielsweise dadurch erzielen, daß Forschungsergebnisse, die im traditionellen Bereich angefallen und dort nicht zu verwerten sind, in einem neuen Betätigungsfeld Verwendung finden. Häufig sind Verbundvorteile auch über einen Know-how-Austausch zwischen den F&E-Bereichen unterschiedlicher Unternehmensteile (z.B. zwischen einer im Maschinenbau tätigen Muttergesellschaft und einem neu erworbenen Unternehmen der Elektronikbranche) zu realisieren. Von Vorteil kann auch ein Verbund bei hohen und risikoreichen Investitionen (z.B. solche in die Entwicklung neuer Fertigungsprozesse oder in bahnbrechende Produktinnovationen) sein, die die Leistungsfähigkeit eines einzigen Unternehmens oder Geschäftsbereichs übersteigen würden. Hier bieten sich Möglichkeiten der Kostensenkung beispielsweise durch eine gemeinsame Nutzung der F&E-Ausstattung, durch die Vermeidung von Doppelinvestitionen und durch eine Verringerung des Materialverbrauchs.[6]

Oftmals liegt ein Synergiepotential aber auch darin, daß der Zugriff auf Technologien eines Geschäftsbereichs eine frühere Einführung von Produktinnovationen in einem

---

1 Vgl. Sautter (1989), S. 247.
2 Vgl. Dichtl (1990), S. 67.
3 Vgl. Schwalbach (1987), S. 47 f.; Ihde (1986), S. 8; Bühner/Spindler (1986), S. 605.
4 Dieser Zusammenhang läßt sich auch wie folgt darstellen: K (P1P2) < K (P1) + K (P2), wobei K (P1P2) die Kosten einer gemeinsamen Produktion der Produkte P1 und P2 und K (P1) bzw. K (P2) die Kosten bei separater Fertigung bezeichnen.
5 Vgl. Bühner/Spindler (1986), S. 605.
6 Vgl. auch Yip (1984), S. 47; Sontheimer (1989), S. 108.

anderen Bereich erlaubt. Ein solcher zeitlicher Effekt ist dann besonders wertvoll, wenn damit Pioniervorteile in dem betreffenden Markt verbunden sind.[1]

Ein Beispiel für die Realisierung von Synergieeffekten aus dem F&E-Bereich liefern die Firmen *Minolta* und *Canon*. Sie nutzten das im Bereich der Phototechnik gesammelte Know-how, um - mit Erfolg - in den Markt für Kopiergeräte einzusteigen. Anschließend traten sie mit dem dort erworbenen Wissen wiederum in den Markt für Laserdrucker ein.[2]

Finanzwirtschaftliche Synergien können sich durch die zentrale finanzielle Führung in einem Unternehmensverbund ergeben. Liquide Mittel lassen sich aus Cash-generierenden Unternehmensteilen abziehen und in wachstumsträchtigen Bereichen investieren. Eine weitere Möglichkeit, finanzwirtschaftliche Synergien zu erzielen, besteht darin, daß Unternehmenskonglomerate für zukunftsträchtige Technologien Investitionen bereitstellen, die von kleineren Firmen in der dafür erforderlichen Größenordnung nicht aufzubringen sind.[3] In diesem Zusammenhang soll auch auf die Vorteile hingewiesen werden, die mit einer Erhöhung der Verschuldungsfähigkeit großer diversifizierter Unternehmen einhergehen. So besteht aufgrund der Zunahme der Kreditwürdigkeit die Möglichkeit, den Anteil des Fremdkapitals am Gesamtkapital zu erhöhen und über den "leverage effect" die Eigenkapitalrentabilität zu verbessern. Darüber hinaus läßt sich der Kapitalbedarf eines diversifizierten Unternehmens insofern reduzieren, als die Liquiditätsreserven über einen finanziellen Ausgleich zwischen den Geschäftsbereichen sowie über interne Liefer- und Leistungsbeziehungen gesenkt werden können.[4]

Insgesamt ist zu erwarten, daß diversifizierende Unternehmen über die Reduktion der Kapitalbeschaffungskosten, über ein effizientes Management des finanziellen Umlaufvermögens sowie über die Realisierung steuerlicher Vorteile[5] in der Lage sind, finanzwirtschaftliche Verbundeffekte zu nutzen.

Synergien im **Beschaffungsbereich** stellen sich durch einen zentralen Einkauf von Inputfaktoren für mehrere Geschäftsbereiche ein. Aus dem gemeinsamen Bezug von Rohstoffen, Halbfabrikaten, Teilen und Zubehör etc. erwachsen zunächst Kostenvorteile, da über ein höheres Einkaufsvolumen i.d.R. bezugsmengenabhängige Konditio-

---

1 Vgl. Sautter (1989), S. 241; siehe auch die Ausführungen zu Abschnitt C II. 1.2.1.3.3 dieser Arbeit.
2 Vgl. Meyer/Heyder (1989), S. 362.
3 Vgl. Leontiades (1987), S. 88 - 97.
4 Vgl. Sontheimer (1989), S. 112.
5 Der Ergebnisausgleich ermöglicht Steuervorteile durch eine Kompensation von Gewinnen und Verlusten; vgl. Bühner/Spindler (1986), S. 605.

nenvorteile genutzt werden können.[1] Darüber hinaus ist mit der Erhöhung von Einkaufsmengen oftmals auch ein Gewinn an Verhandlungsmacht verbunden, der über die üblichen Konditionen hinausgehende Preiszugeständnisse der Lieferanten erwirken kann.[2] Ferner dürfte mit dem Zuwachs an Verhandlungsstärke auch in vielen Fällen der Einfluß auf die Produktqualität der Inputfaktoren steigen, so daß beispielsweise die Qualitätskontrolle bei den Lieferanten verbessert wird oder diese die Anpassung ihrer Produkte an die spezifischen Bedürfnisse des Kunden optimieren.

Weiterhin lassen sich Synergien mitunter auch durch die Zusammenlegung von Einkaufsabteilungen erreichen. Einsparungen können beispielsweise dann erzielt werden, wenn mit dem Zusammenfassen der Beschaffungsaktivitäten eine höhere Auslastung der mit dem Einkauf betrauten Mitarbeiter verbunden ist. Das Ausmaß dieser und anderer Bezugskostenvorteile dürfte jedoch um so geringer sein, je verschiedener die zu beschaffenden Produkte sind und je weniger die Möglichkeit besteht, diese von identischen Lieferanten zu beziehen.[3]

Auch in der **Verwaltung** können Synergien im Rahmen von Diversifikationsprozessen auftreten. Sie zeigen sich i.d.R. in einer besseren Auslastung der Verwaltungsabteilungen. Diesen obliegen Aufgaben der Unternehmensführung, des Personalwesens, des Rechnungswesens und der Rechtsangelegenheiten. Allerdings lassen sich Verbundeffekte im Verwaltungsbereich nur schwer von denen anderer Funktionsbereiche trennen. Dies liegt darin begründet, daß die Verwaltung mit Aufgaben der Integration der Funktionsbereiche eines Unternehmens betraut ist und diese bei der Leistungserfüllung unterstützen soll.[4]

Inwieweit tatsächlich Synergieeffekte in der Verwaltung realisiert werden können, hängt weitgehend von den Bemühungen des diversifizierenden Unternehmens ab. Hier müssen gezielte Maßnahmen ergriffen werden, damit die mit zunehmender Unternehmensgröße verbundenen Risiken eines überproportional anwachsenden Verwaltungsapparates bewältigt werden.[5]

Die Analyse der einzelnen Funktionsbereiche sowohl der diversifizierenden Unternehmung als auch des Diversifikationsprojekts stellt einen zweckmäßigen Ausgangspunkt

---

[1] Vgl. Sontheimer (1989), S. 106; Sautter (1989), S. 250.
[2] Vgl. Wilde (1989), S. 99; Caytas/Mahari (1988), S. 34; Hinterhuber (1982), S. 171.
[3] Vgl. Sautter (1989), S. 251; Sontheimer (1989), S. 106.
[4] Vgl. Sautter (1989), S. 251 f.
[5] Zur Bürokratisierung der Strukturen von Großunternehmen vgl. z.B. Bleicher (1988b), S. 372, und Frese (1988), S. 318.

der Synergiebetrachtung bei Diversifikationsentscheidungen dar. Dabei bietet es sich an, auf das Konzept der Wertkettenanalyse von *Porter* zu rekurrieren.[1] Dieses theoretische Konzept stellt die betriebswirtschaftlichen Funktionen in den Vordergrund, wenn es darum geht, Wettbewerbsvorteile zu realisieren, wobei gerade die Identifikation und Umsetzung des Synergiepotentials Wettbewerbsvorteile aufbauen oder verstärken können. Auf diesen Ansatz, der als der bislang am weitesten reichende Versuch einer Darstellung des Synergiephänomens gewertet werden kann,[2] wird im folgenden Abschnitt näher eingegangen.

1.2.1.5.1.2 Formen der Synergierealisation

Das Wertkettenkonzept geht davon aus, daß in diversifizierten Unternehmen Synergieeffekte durch die Nutzung vorhandener und potentieller "Verflechtungen" zwischen der Wertschöpfung von angestammten und jener von neuen Geschäftsfeldern entstehen können.[3] *Porter* betrachtet Verflechtungen und die daraus resultierenden Verbundeffekte als wichtigstes Fundament eines diversifizierten Unternehmens.[4] Der Erfolg einer verflechtungsorientierten Diversifikation wird durch die Ergebnisse seiner empirischen Untersuchung der Diversifikationsprojekte von 33 US-Unternehmen gestützt.[5] *Porter* gliedert die Verflechtungen in die folgenden drei Gruppen, wobei alle drei Typen gleichzeitig auftreten können:[6] materielle, immaterielle und Konkurrentenverflechtungen.

Materielle Verflechtungen beruhen darauf, daß verwandte Unternehmenseinheiten bestimmte Aktivitäten gemeinsam ausführen (**Aufgabenzentralisierung**). **Immaterielle** Verflechtungen basieren auf der Fähigkeit des Unternehmens, Wissen und Erfahrung zwischen ähnlichen, aber getrennten Wertketten zu übertragen (**Know-how-Transfer**).[7] **Konkurrentenverflechtungen** treten auf, wenn ein Unternehmen mit mehr als einer strategischen Geschäftseinheit mit einem ebenfalls diversifizierten Unternehmen konkurriert, so daß die Gesamtposition der Unternehmen und nicht nur die einzelnen Positionen der jeweiligen Branchen bei der Beurteilung von Wettbewerbspositionen betrachtet werden müssen.[8] Da es sich bei den Konkurrentenverflechtungen nicht um Interdependenzen zwischen den einzelnen Geschäftsbereichen des diversifizierten

---

1 Vgl. Porter (1986).
2 So auch Ropella (1989), S. 164.
3 Zu möglichen Verflechtungen zwischen verschiedenen Unternehmenseinheiten von Industriebetrieben vgl. Porter (1986), insbesondere S. 466 - 482.
4 Vgl. Porter (1986), S. 406 - 407.
5 Vgl. Porter (1987a), S. 30 - 49.
6 Vgl. Porter (1986), S. 413 - 415.
7 Vgl. Porter (1987a), S.41; ähnlich auch bereits Salter/Weinhold (1978), S. 171 - 174.
8 Vgl. Porter (1986), S. 414 und 449.

Unternehmens handelt und sie damit keine Bezüge zur Synergie aufweisen, sollen sie im weiteren nicht näher betrachtet werden.[1]

Synergien durch **Aufgabenzentralisierung** sind für alle Funktionsbereiche eines Unternehmens denkbar.[2] Die Bündelung bestimmter Funktionen von angestammtem und neuem Geschäft ermöglicht es insbesondere, Kostenvorteile (über Größeneffekte, Kapazitäts- oder Lerneffekte) zu erzielen.[3] Wie bereits an anderer Stelle dargelegt wurde, können sich vielfältige Synergien im Rahmen der Aufgabenzentralisierung einstellen. So verbessert diese z.B. die Verhandlungsposition gegenüber Lieferanten und Kapitalgebern, eröffnet Kostensenkungsspielräume durch die Zusammenlegung der F&E-Aktivitäten für unterschiedliche Produkte und durch deren gemeinsamen Vertrieb (insbesondere bei Konsumgütern).[4]

Das Unternehmen *Procter & Gamble* beispielsweise nutzte die Verflechtungen zwischen den beiden Geschäftsbereichen Wegwerfwindeln und Papierhandtüchern. Es erfolgten eine gemeinsame Rohstoffbeschaffung, eine zentralisierte produkt- und verfahrensbezogene Technologieentwicklung, der Vertrieb beider Produkte über einen gemeinsamen Außendienst und der Einsatz gemeinsamer physischer Distributionssysteme.[5]

Von besonderem Interesse für die Diversifikation ist dabei, daß die Aufgabenzentralisierung auf Tätigkeiten angewandt wird, die von besonderer Bedeutung für die jeweilige Marktleistung sind.[6] Demgegenüber dürfte die Zusammenlegung von Infrastrukturaktivitäten wie der Finanzierung nur geringe Auswirkungen auf Wettbewerbsvorteile haben, da diese Synergieart offenbar von den meisten Wettbewerbern bereits realisiert wird.[7]

---

[1] Analog zu Porter entwickelte Hainzl ein Synergiemodell, das zwei Arten von Verflechtungen (das Prinzip des Teilens und das Prinzip des Übertragens von Potentialen) zwischen alten und neuen Bereichen der Unternehmenstätigkeit unterscheidet.; vgl. hierzu Hainzl (1987), S. 161 f.
[2] Porter (1986), S. 66 - 71 und 417, unterscheidet zwei Arten von Verflechtungsbereichen: die primären Aktivitäten und die unterstützenden Aktivitäten. Unter den primären Aktivitäten faßt er Eingangslogistik, Operationen (maschinelle Bearbeitung, Montage, Instandhaltung etc.), Ausgangslogistik, Marketing und Vertrieb sowie Kundendienst zusammen. Die unterstützenden Aktivitäten stellen die Funktionen Unternehmensinfrastruktur, die Personalwirtschaft, die Technologieentwicklung und die Beschaffung dar.
[3] Vgl. Gälweiler (1989), Sp. 1936; Porter (1987a), S. 44; Hainzl (1987), S. 162 - 171.
[4] Vgl. hierzu z.B. Wilde (1989), S. 99; Caytas/Mahari (1988), S. 34; Yip (1984), S. 47 f.; Hinterhuber (1982), S. 171.
[5] Vgl. Porter (1986), S. 416.
[6] Vgl. Porter (1987a), S. 44.
[7] Vgl. Porter (1986), S. 442 - 444.

Welcher Grad an Synergie im Rahmen der Aufgabenzentralisierung erreicht werden kann, hängt u.a. davon ab,

- bei welchen Komponenten der Wertkette sich die höchsten Economies of Scale erzielen lassen,
- welche Bedeutung jede Komponente in der Kostenstruktur der Wertkette hat und
- bis zu welchem Maß Geschäftseinheiten in der Lage sind, Kosten mit anderen Geschäftseinheiten zu teilen.[1]

Chancen für einen **Wissens- und Erfahrungsaustausch** (Know-how-Transfer) ergeben sich aufgrund von Ähnlichkeiten zwischen angestammtem und neuem Geschäft.[2] Sie erlauben es beispielsweise, das im Stammgeschäft erworbene und von Konkurrenten kurzfristig nicht aufzuholende Wissen auf den neuen Tätigkeitsbereich zu übertragen. Die besonderen Fähigkeiten können beispielsweise in einem allgemein besseren Marketing, in einem leistungsfähigeren Vertriebsnetz, in der Beherrschung neuer Technologien, einer effizienteren Betriebsorganisation oder in einem überlegenen Gesamtmanagement liegen.[3] Umgekehrt lassen sich auch synergetische Effekte realisieren, wenn besondere Fähigkeiten des neuen Unternehmens bzw. Geschäftsbereichs auf das diversifizierende Unternehmen übertragen werden.

Solche immateriellen Verflechtungen können aus einer Vielzahl von Ähnlichkeiten zwischen den Unternehmenseinheiten entstehen. Diese Vielfalt erschwert eine systematische Suche nach Know-how-Transfermöglichkeiten. Als Anhaltspunkt im Rahmen einer systematischen Analyse können auch hier die Wertkette und die **Wertaktivitäten** bzw. Funktionsbereiche herangezogen werden.[4] Dem Know-how-Transfer sollten allerdings nicht lediglich irgendwelche Ähnlichkeiten zugrundeliegen; vielmehr gilt es, einen Wissensvorsprung in jenen Bereichen zu nutzen, die von zentraler Bedeutung für die Erzielung von Wettbewerbsvorteilen im neuen Geschäft sind.[5]

Ein schon als "klassisch" zu bezeichnendes Beispiel aus den USA, bei dem erfolgreich Marketingsynergien mittels Know-how-Transfer erzielt werden konnten, stellt der Einstieg von *Philip Morris* in den Brauereimarkt dar. Das Unternehmen erwarb Anfang der 70er Jahre die *Miller Brewing Company*, einen kleineren Anbieter mit damals etwa vier Prozent Marktanteil. 1978 erreichte *Miller* einen Marktanteil von 15 Prozent, zehn

---

1 Vgl. Wells (1984), S. 176; Buzzell/Gale (1989), S. 196.
2 Vgl. Hainzl (1987), S.171; Porter (1987a), S. 41; Porter (1986), S. 445 f.
3 Vgl. Leontiades (1987), S. 97 - 102.
4 Vgl. Porter (1986), S. 446.
5 Vgl. Porter (1987a), S. 41; Salter/Weinhold (1978), S. 170.

Jahre nach der Akquisition war die *Miller*-Brauerei zweitgrößter Wettbewerber mit einem Marktanteil von über 20 Prozent. Der große Erfolg wird in der Übertragung des in der Zigarettenbranche gesammelten Marketing-Know-how auf den Biermarkt gesehen: Der Hauptumsatzträger wurde neu positioniert, die kalorienarme Marke *Miller "LITE"* eingeführt, das Vertriebssystem verbessert und die Werbung intensiviert.[1]

Daß es aber trotz ähnlicher Märkte nicht leicht fällt, einen erfolgreichen Know-how-Transfer zwischen traditionellem und neuem Geschäftsbereich durchzuführen, zeigen andere Beispiele aus der Getränke-Industrie. So gelang es beispielsweise *Philip Morris* trotz der reichen Erfahrungen im Vermarkten von Zigaretten und nach der profitablen Übernahme von *Miller Beer* nicht, die Marke *7-UP* erfolgreich im Markt zu etablieren. Der Zigarettenhersteller tauschte nach der Übernahme des Erfrischungsgetränkeherstellers das Management aus und ersetzte es durch eigene Führungskräfte. 1986 gab *Philip Morris* dann seine Bemühungen auf und verkaufte *7-UP* an *Pepsi Cola*.[2] Offensichtlich war der Know-how-Transfer im Marketing für den Markt der Erfrischungsgetränke weniger wettbewerbsrelevant als für den Biermarkt. Während sich die Bierbranche traditionell aus Familienunternehmen zusammensetzte, die wenig Marketinggespür besaßen, konkurrierten im Erfrischungsgetränkemarkt Firmen wie *Coca Cola, Pepsi Cola, Dr. Pepper* usw., die ihrerseits ein professionelles Marketing betrieben. Die Übertragung der Marketing-Spezialkenntnisse von *Philip Morris* bot *Miller Beer* offenbar einen wesentlich größeren Vorteil als *7-Up*.[3]

Ähnliche Probleme hatte die ebenfalls im Marketing versierte Firma *Coca Cola*. Sie scheiterte bei dem Versuch, in der Weinbranche "ein Bein auf den Boden zu bekommen", und landete einen "Flop" mit *"Wine Spectrum"*. *Coca Cola* mußte 1983 das Diversifikationsprojekt aufgeben und verkaufte die Weinfirma an *Seagram*.[4] Ein weiteres Beispiel für mißglückte Versuche, in ähnliche Märkte vorzustoßen, stellt im Getränkemarkt die Diversifikationspolitik des Bierherstellers *Anheuser-Busch* dar, der sich zweimal vergeblich bemühte, in den Markt für Erfrischungsgetränke einzudringen.[5]

Über die Aufgabenzentralisierung und den Know-how-Transfer hinaus kann zur Erzielung von Synergieeffekten auch ein **Image-Transfer** zwischen diversifizierender

---

[1] Vgl. Aaker (1988), S. 262; Yip (1984), S. 49; Miles (1982), S. 167 f.; Yip (1982b), S. 91; Yip (1982c), S. 109.
[2] Vgl. Miles (1982), S. 168; Bühner/Spindler (1986), S. 605; Aaker (1988), S. 262 f.
[3] Vgl. Porter (1986), S. 447.
[4] Vgl. Bühner/Spindler (1986), S. 605; Aaker (1988), S. 262 f.
[5] Vgl. Yip (1984), S. 50.

Unternehmung und neuer Geschäftseinheit erfolgen.[1] Unter dem Begriff Image-Transfer wird mit Bezug auf ein bestimmtes Produkt im allgemeinen die "Übertragung von Imagebestandteilen von einem Produkt auf ein anderes Produkt mit Hilfe des gemeinsamen Markennamens" verstanden.[2] Der Image-Transfer kann dabei über Produktmarken, Markenfamilien oder Dach- bzw. Firmenmarken durchgeführt werden. Für Diversifikationen dürfte es sich als vorteilhaft erweisen, wenn ein überlegenes positives Image auf den neuen Geschäftsbereich übertragen werden kann, wie die erfolgreiche Vermarktung prestigegeladener Namen wie etwa *"Porsche"* und *"Dior"* im Brillen- bzw. Parfümmarkt belegt.[3] Ein weiteres bekanntes Beispiel stellt die Strategie von *Reynolds* dar, bei der das *"Camel-Image"* aus dem Zigarettenmarkt auf die neuen Sortimentsteile Schuhe und Bekleidung übertragen wurde. Darüber hinaus ergibt sich hier auch die Chance für einen Image-(Rück-)Transfer der neuen Sortimentsteile auf das Zigarettenimage. Insbesondere im Zuge restriktiver Eingriffe des Gesetzgebers in die Werbung für Zigaretten können dann die weiterhin intensiv beworbenen neuen Produkte den Absatz von *Camel*-Zigaretten positiv beeinflussen.[4]

Die bisherigen Ausführungen dürften verdeutlicht haben, daß es zahlreiche Möglichkeiten gibt, Synergien zu realisieren. Wie die Erfahrung zeigt, stellen sich diese jedoch keineswegs von selbst ein, sondern es bedarf einer aktiven Beeinflussung und Gestaltung.[5] Offensichtlich fehlt es aber häufig an der notwendigen aktiven Steuerung zur Nutzung von Verbundeffekten, da oftmals festgestellt wird, daß sie nicht in dem erwarteten Maß erzielt werden konnten.[6] Insbesondere Synergien durch Aufgabenzentralisierung können leicht verlorengehen, wenn die gemeinsamen Tätigkeiten nur halbherzig durchgeführt werden.[7]

Allerdings muß bei den Bemühungen um Realisierung von Verbundeffekten berücksichtigt werden, daß die mit ihnen einhergehenden **Komplexitätskosten** den Synergienutzen nicht übersteigen sollten.[8] Komplexitätskosten entstehen dadurch, daß bestimmte Tätigkeiten für mehrere Geschäftseinheiten gemeinsam vollzogen werden. Sie werden durch Koordinations- und Kompromißkosten sowie durch Kontrollverluste verursacht.

---

1 Ähnlich auch Wells (1984), S. 173, der zwischen den Synergiearten "shared activities", "shared knowledge" und "shared image" differenziert.
2 Schweiger (1982), S. 321.
3 Vgl. Meyer/Heyder (1989), S. 364.
4 So z.B. bei Raffée (1989), S. 25 f.
5 Vgl. Krüger (1988b), S. 372; Morris (1987), S. 95; Ravenscraft/Scherer (1985); Möller (1983), S. 147; Welge (1974), Sp. 3801 und 3806.
6 Vgl. Borschberg (1977b), S. 314; Ansoff (1984), S. 81; Lauenstein (1985), S. 50; Porter (1986), S. 406; Reed/Luffman (1986), S. 34. Vgl. auch Ravenscraft/Scherer (1985), S. 35; einige Ergebnisse dieser Studie sind auch bei o.V. (1986) veröffentlicht.
7 Vgl. Wells (1984), S. 198.
8 Vgl. Wells (1984), S. 193 und 200.

Koordinationskosten entstehen im Zusammenhang mit der Integration der unterschiedlichen Geschäftseinheiten, die für die Realisierung leistungswirtschaftlicher Synergien erforderlich ist. **Kompromißkosten** lassen sich auf den Umstand zurückführen, daß die gemeinsame Erfüllung einer oder mehrerer Funktionen nur selten in dem Maße gelingt, wie das bei separater Verrichtung leistungswirtschaftlich völlig getrennter Geschäftseinheiten der Fall wäre. **Kontrollverluste** entstehen dadurch, daß mit der Zusammenlegung von Verrichtungen eine weniger eindeutige Abgrenzung von Verantwortlichkeiten im Vergleich zu leistungswirtschaftlich voneinander völlig unabhängigen Geschäftseinheiten einhergeht. Hierdurch eröffnen sich Freiräume für opportunistisches Verhalten mit der Folge von Effizienzeinbußen.[1]

Da Synergieeffekte im allgemeinen nur schwer zu erzielen sind, steht man diesen in jüngerer Zeit zunehmend skeptisch gegenüber.[2] Diese Skepsis drückt sich in der These aus, daß die einzelnen Ertragswerte der Unternehmensteile breit diversifizierter Konzerne in der Summe höher zu bewerten sind als der Ertragswert des gesamten Unternehmens. Ein maßgeblicher Grund für die kritische Einstellung zu Verbundeffekten der Diversifikation wird in der unzureichenden Fähigkeit des Management gesehen, das Synergiepotential zu nutzen.[3]

Vor diesem Hintergrund wird verständlich, warum einige Großunternehmen einen Teil ihrer weit verzweigten Geschäftsfelder wieder abstoßen. Der Konzern *ITT* beispielsweise, der in den 60er und 70er Jahren eine massive Expansionsstrategie verfolgte und zahlreiche Unternehmen unterschiedlicher Branchen aufkaufte, hat sich mittlerweile von ca. 100 konzerneigenen Unternehmen wieder getrennt. Im Jahr 1980 hatte *ITT* noch rund 350 000 Mitarbeiter, bis 1987 schrumpfte die Mitarbeiterzahl auf etwa ein Drittel.[4]

1.2.1.5.1.3 Bisherige empirische Befunde

Obwohl die Realisierung von Synergien erklärtes Ziel vieler Unternehmen ist, mangelt es bis heute an einer breiten empirischen Fundierung eines positiven Einflusses von Verbundeffekten auf den Erfolg von Unternehmenseinheiten.[5] Einige der vorliegenden Untersuchungen konnten einen statistischen Zusammenhang ermitteln. So gelangten beispielsweise im Rahmen der Innovationsforschung *Cooper* und *Kleinschmidt* sowie

---

1 Vgl. Sautter (1989), S. 236 f.
2 Vgl. z.B. Viehöver (1989), S. 60; Adams/Brock (1989), S. 80; Bühner/Spindler (1986), S. 601.
3 Vgl. Bühner/Spindler (1986), S. 601.
4 Vgl. Adams/Brock (1989), S. 83 f.
5 Diese Sichtweise vertreten auch Mahajan und Wind (1988), S. 59.

Link zu dem Ergebnis, daß die Nutzung des Synergiepotentials einen positiven Einfluß auf den Erfolg hat.[1] Diese Wirkung vermochte *Porter* auch in einer Untersuchung über den Diversifikationserfolg nachzuweisen.[2]

Den Einfluß unterschiedlicher Synergiearten auf die Rentabilität strategischer Geschäftseinheiten untersuchten *Mahajan* und *Wind*. Sie analysierten Verbundeffekte in den Bereichen Verkauf, Operating, Investment sowie Management und kamen dabei zu dem Ergebnis, daß signifikante positive Wirkungen auf den Erfolg insgesamt zwar existieren, die Stärke der Beziehungen jedoch zum einen von der Synergieart und zum anderen von den Branchen, in denen die Geschäftseinheiten tätig sind, abhängt.[3] Im einzelnen legen sie folgende Resultate vor:

- Verkaufssynergien wirken sich positiv auf den ROI aus.
- Operations-Synergien können, in Abhängigkeit von den Gütermärkten, entweder einen positiven oder einen negativen Einfluß auf den Erfolg haben.
- Investitions-Synergien wirken sich negativ auf die Höhe der Rentabilität aus.
- Managementsynergien zeigen einen positiven Einfluß auf die Rentabilität.

Die Befunde von *Wells* lassen speziell auf Image-Ausstrahlungseffekte zwischen den Geschäftseinheiten schließen und sprechen dafür, daß Synergien, die sich über einen Image-Transfer einstellen, positiv auf die Rentabilität der Geschäftsbereiche wirken.[4] Mit der Aufgabenzentralisierung als einer wichtigen Quelle von Verbundeffekten beschäftigten sich Untersuchungen von *Miller, Guiniven* und *Camp* sowie von *Yip*.[5] Während die Befunde von *Yip* durchaus für den positiven Einfluß der Aufgabenzentralisierung auf den Erfolg von Diversifikationsprojekten sprechen, vermochten *Miller, Guiniven* und *Camp* in ihrer Stichprobe keinen solchen Zusammenhang festzustellen. Im Gegenteil: Je weniger Aufgaben in Marketing und Produktion gemeinsam durchgeführt werden, um so höher fällt die Rentabilität der neuen Geschäftsbereiche aus.[6] Die Autoren interpretieren ihre Ergebnisse dahingehend, daß möglicherweise die Manager der neuen Einheiten den Aufgaben solcher unternehmensinternen Verflechtungen nicht gewachsen sind oder die jungen Geschäftsbereiche durch die starke Einbindung in das Mutterunternehmen nicht

---

1 Vgl. Link (1987); Cooper/Kleinschmidt (1986, 1987a, 1987b).
2 Vgl. Porter (1987a, 1987b, 1988).
3 Vgl. Mahajan/Wind (1988), S. 64.
4 Vgl. Wells (1984), S. 478 - 480. Allerdings sind die Befunde - worauf Wells selber hinweist - vorsichtig zu interpretieren, da sich die Ergebnisse bei alternativen Gewichtungsverfahren der Geschäftseinheiten (sie wurden vorgenommen, um der unterschiedlichen Größe der Geschäftseinheiten Rechnung zu tragen) als nicht robust herausstellten.
5 Vgl. Miller/Guiniven/Camp (1985); Yip (1982c).
6 Vgl. Miller/Guiniven/Camp (1985), S. 6.

die erforderliche Selbständigkeit und Härte erreichen, um sich erfolgreich im Markt zu behaupten.[1]

Die bisherigen empirischen Befunde lassen darauf schließen, daß das Synergiepotential häufig überschätzt wird.[2] Inwieweit Verbundeffekte für den Diversifikationserfolg eine Rolle spielen, soll mit folgenden Hypothesen überprüft werden:

H 20: Je stärker das Ausmaß realisierter Synergieeffekte ist, um so größer ist der Diversifikationserfolg.

H 21: Je stärker die Zusammenlegung von Aufgaben und die Übertragung von Know-how und Image als Möglichkeiten der Synergierealisierung genutzt werden, um so größer ist der Diversifikationserfolg.

1.2.1.5.2 Die Ähnlichkeit zwischen dem neuen Betätigungsfeld und dem Stammgeschäft der diversifizierenden Unternehmung

1.2.1.5.2.1 Allgemeine Diskussion

Eine Gefahr der Diversifikation wird u.a. darin gesehen, daß die Unternehmensleitung häufig überfordert ist, ganz unterschiedliche Leistungsbereiche mit jeweils sehr speziellem Know-how-Bedarf zu führen.[3] Kenntnisse, die in einem Geschäftsbereich erworben wurden, sind nur begrenzt auf andere Geschäftsfelder zu übertragen.[4] Ist der "Verwandtschaftsgrad" zwischen dem traditionellen Tätigkeitsbereich und dem neuen Geschäftsbereich gering, besteht das Risiko, daß die Entscheidungen der Unternehmensleitung aufgrund der Konfrontation mit überwiegend neuen Problemen nicht nur die Realisierung von Synergieeffekten verhindern, sondern sogar negative Wirkungen hervorrufen.[5]

So kann in mangelnden Kenntnissen der "Spielregeln" des neuen Marktes oder der relevanten Erfolgsfaktoren eine Hauptursache für Diversifikationsflops von Branchenfremden gesehen werden.[6] Als z.B. die Firma *Exxon* in den Markt für elektronische

---

1 Vgl. Miller/Guiniven/Camp (1985), S. 7.
2 Vgl. hierzu z.B. Coley/Reinton (1988), S. 32; Nehls (1988), S. 60; Krüger (1988b), S. 371; Jacobs/Dobler (1989), S. 28f.; Bühner (1985), S. 147; Kitching (1967), S. 92. Zur Realisierung von Synergieeffekten vgl. auch die Analyse empirischer Studien bei Kaufer (1980), S. 481.
3 Vgl. Wells (1984), S. 100; Mace/Montgomery (1962), S. 20; Gilmore/Coddington (1966).
4 Vgl. Bühner/Spindler (1986), S. 605.
5 Ansoff (1966), S. 102; ähnlich auch Prahalad/Bettis (1986), S. 497; Grant (1988); Meyer/Heyder (1989), S. 364; Jacobs/Dobler (1989), S. 16.
6 Vgl. Nehls (1988); Dundas/Richardson (1982); Berry (1983).

Büroausrüstung eintrat, verfügte sie zwar über einen hohen Kapitaleinsatz, der für die Erforschung der Basistechnologien und die Entwicklung von Produkten in diesem Markt erforderlich ist, doch fehlte es ihr an speziellen Branchenkenntnissen, so daß dieser Vorstoß mißglückte.[1]

So müssen fremde Geschäftsfelder häufig strategisch anders geführt werden als die bisherigen, da dort "fremde Marktgesetzte" herrschen. Manager sind hier oftmals insofern überfordert, als sie die Informationen aufgrund ihrer Erfahrungen in den bisherigen Märkten interpretieren und suboptimale Entscheidungen treffen. Schwache Signale werden nicht rechtzeitig erkannt und entsprechende Maßnahmen zu spät eingeleitet.[2]

Weist das Diversifikationsprojekt jedoch **Ähnlichkeiten zum angestammten Geschäft** auf, lassen sich möglicherweise nicht nur **Markteintrittsbarrieren** leichter überwinden,[3] sondern durch die Verstärkung der besonderen Fähigkeiten der Unternehmung und/oder deren exponierter Marktstellung sogar neue Werte schaffen.[4] So wird im allgemeinen angenommen, daß Ähnlichkeiten zwischen Stammgeschäft und Diversifikationsprojekt die Erzielung von **Synergien** fördern,[5] beispielsweise indem Verflechtungen zwischen den Unternehmensteilen dergestalt hergestellt werden, daß eine Aufgabenzentralisierung, ein Know-how-Transfer oder ein Image-Transfer möglich sind. Allerdings besteht auch die Gefahr, daß "wahllos" Verflechtungen geknüpft und dadurch ungünstige Wirkungen bzw. "negative Verbundeffekte" in Kauf genommen werden müssen.

So lassen sich neben den genannten Vorteilen auch **Nachteile** einer Diversifikation in verwandte Tätigkeitsbereiche bzw. Vorteile der Diversifikation in fremde Betätigungsfelder hinein ausmachen. Zum Beispiel trifft die diversifizierende Unternehmung oftmals gerade in benachbarten Leistungsbereichen auf einen **heftigen Wettbewerb**,[6] wodurch die Erfolgschancen u.U. stark geschmälert, wenn nicht sogar ins Gegenteil verkehrt werden können.

---

1 Vgl. Yip (1984), S. 48.
2 Vgl. Grant (1988); ähnlich auch Drucker (1981).
3 Vgl. Yip (1982c), S. 107.
4 Vgl. z.B. Salter/Weinhold (1978), S. 171 - 174; Singh/Montgomery (1987), S. 377.
5 Vgl. Singh/Montgomery (1987); Morris (1987), S. 95; Ansoff/Weston (1963), S. 51. Der positive Zusammenhang zwischen den Gemeinsamkeiten alter und neuer Geschäftsfelder einerseits und der Erzielung synergetischer Effekte andererseits konnte im Rahmen der Akquisitionsforschung von Kitching (1967), S. 93, und Möller (1983), S. 104 f., empirisch nachgewiesen werden.
6 Vgl. Bartels (1966), S. 44; auf die Risiken eines Einstiegs in verwandte Geschäftsfelder weisen auch Salter/Weinhold (1978), S. 170, hin.

Eine weitere Gefahr der Diversifikation in ähnliche Produkt-/Marktfelder liegt in den z.T. **intensiven Integrations- und Reorganisationbestrebungen** der verwandten Geschäftsfelder und in den damit verbundenen **hohen Kosten**.[1] Daher dürften sich die besseren Erfolge mancher Konglomerate gegenüber nicht konglomerat diversifizierten Unternehmen u.a. darauf zurückführen lassen, daß bei ihnen die Integrations- und Reorganisationsanstrengungen geringer sind. So führt *Wells* mit Blick auf die externe Diversifikation aus:

"... the relatively poor performance of firms acquiring businesses in related fields may simply be the result of the costs of reorganization. While such reorganization can be affected relatively quickly in principle, in practice it takes many years for two organizations to merge into one."[2]

Die Vorteile einer Diversifikation in verwandte Geschäftsfelder werden auch dadurch geschmälert, daß sich bei oberflächlicher Betrachtung Synergieeffekte zwar vermuten lassen, diese aber dann oftmals nicht realisiert werden können, weil die Ähnlichkeiten bei näherer Analyse keine Ansatzpunkte für gemeinsam durchzuführende Aktivitäten bieten.[3] Zudem bestehen in den Unternehmen häufig **Widerstände gegen innerbetriebliche Verflechtungen**, so daß auch aus diesem Grunde die Vorteile einer Diversifikation in verwandte Bereiche begrenzt sind.[4]

Insgesamt dürfte allerdings das Erfolgspotential der verwandten Diversifikation dominieren: Die Chancen einer unverbundenen Diversifikation werden ebenfalls, wenn auch z.T. in abgeschwächter Form, bei der verbundenen Diversifikation zu realisieren sein, wogegen die spezifischen Vorteile des Eintritts in verwandte Bereiche nicht auch für die konglomerate Leistungsausweitung zu erwarten sind.[5] So geht man im allgemeinen von einer höheren Erfolgsquote solcher Diversifikationsprojekte aus, die eine große Nähe zum bisherigen Geschäft der Unternehmen aufweisen.[6]

---

1 Vgl. Montgomery/Wilson (1986), S. 95; Wells (1984), S. 101; Porter (1986), S. 481 f.
2 Wells (1984), S. 101.
3 Vgl. hierzu Porter (1986), S. 482.
4 Vgl. zu den Widerständen gegen Verflechtungen zwischen unterschiedlichen Unternehmenseinheiten Porter (1986), S. 485 - 495.
5 Vgl. Singh/Montgomery (1987), S. 380. Bettis und Hall (1982) zeigen beispielsweise, daß Unternehmen mit der Ausdehnung ihrer Tätigkeiten in verwandte Geschäftsbereiche sowohl ihren Erfolg erhöhen als auch das Unternehmensrisiko reduzieren können; zu ähnlichen Befunden gelangen auch Bettis und Mahajan (1985).
6 So bereits Staudt (1954), S. 127, und Ansoff (1966), S. 154.

1.2.1.5.2.2 Zur Ähnlichkeit der Unternehmenskulturen

Bisher stellten die Ausführungen zur Verwandtschaft zwischen bisherigem und neuem Geschäftsfeld auf die Ähnlichkeit der Märkte und Technologien ab. Es soll jedoch nicht versäumt werden, auch kurz auf die Zweckmäßigkeit einer **ähnlichen Unternehmenskultur** zwischen Diversifikationsprojekt und Stammgeschäft einzugehen.[1] Deren Bedeutung läßt sich beispielsweise daraus ableiten, daß der Identifikation der Mitarbeiter mit den Grundwerten einer Unternehmung eine hohe Motivations- und Koordinationskraft zugesprochen wird.[2] Daher dürfte, wie bereits an anderer Stelle ausgeführt,[3] eine ausgeprägte Corporate Identity über deren Integrationswirkung zur Erfolgssicherung von Diversifikationsprojekten beitragen. Gerade im Zuge der Diversifikationsstrategie neigen Unternehmen dazu, sich zu komplexen, schwer überschaubaren Gebilden zu entwickeln, die nur äußerst schwer zu koordinieren sind. Dadurch laufen Unternehmen heute oftmals Gefahr, in eine "Koordinations-Falle" zu treten, die sich beispielsweise darin offenbart, daß die Effizienz einer Gesamtunternehmung in Bereichsegoismen sowie Macht- und Verteilungskämpfen unterzugehen droht.[4]

Die Integration von im Vergleich zum Stammgeschäft sehr fremden Tätigkeitsfeldern in eine einheitliche Unternehmenskultur, die sämtliche Geschäftseinheiten des Unternehmensportfolios einbezieht, dürfte sich äußerst schwierig gestalten. Probleme treten beispielsweise auf, wenn sowohl High tech- als auch Low tech-Produkte oder arbeitsintensive und kapitalintensive Leistungen von einem Unternehmen erstellt werden.[5] So ist, wie bereits erwähnt, die Übertragung bisheriger Denkmuster, Verhaltensweisen usw. auf neue Märkte nicht unproblematisch. Zum einen schränkt die traditionelle Unternehmenskultur mit ihren eingespielten Denkschemata und Verhaltensweisen die Handlungsmöglichkeiten der diversifizierenden Unternehmung ein. Zum anderen sorgt die Identität im traditionellen Betätigungsfeld der Unternehmung im Außenverhältnis für ein Corporate Image, welches möglicherweise das diversifizierende Unternehmen in den Augen der Austauschpartner in bestimmten Bereichen als wenig oder nicht kompetent erscheinen läßt.

---

[1] Die Einflußnahme auf die Unternehmenskultur zum Zwecke ihrer Veränderung stellt eine Aufgabe der Unternehmensführung dar (siehe Abschnitt C II. 1.2.1.4.4), und sie zeigt vermutlich eine andere Wirkung auf den Diversifikationserfolg als das Merkmal Ähnlichkeit der Unternehmenskulturen zum Zeitpunkt des Markteintritts. Daher soll in dieser Arbeit eine separate Behandlung beider Merkmale erfolgen.
[2] Vgl. Corsten (1989), S. 13. Nach Kieser (1986), S. 45, vermag die Unternehmensidentifikation sogar u.U. eine effizientere Koordination herbeizuführen als Weisungen von Vorgesetzten, Richtlinien, Planvorgaben etc.
[3] Vgl. hierzu Abschnitt C II. 1.2.1.4.4 dieser Arbeit.
[4] Vgl. Wiedmann (1987), S. 3.
[5] Vgl. Buzzell/Gale (1989), S. 197.

Im Falle der Diversifikation mittels Akquisition spricht somit einiges dafür, daß die Unternehmenskultur zwischen übernommener und erwerbender Gesellschaft möglichst ähnlich sein soll.[1] Hierdurch kann die Einbindung des neuen Unternehmens in die Organisationsstruktur reibungsloser erfolgen.[2] Aber auch wenn die Leistungsausweitung über eine Kooperationsstrategie oder über Eigenentwicklung realisiert wird, dürfte die Ähnlichkeit der Organisationskulturen den Diversifikationserfolg beeinflussen.

1.2.1.5.2.3 Bisherige empirische Befunde

Die **empirische Forschung** gelangt in bezug auf den Einfluß der Ähnlichkeit zwischen den Geschäftsfeldern eines Unternehmens und dessen Erfolg zu unterschiedlichen Ergebnissen. Die Mehrzahl der Untersuchungen ermittelt einen positiven Effekt. Zu diesem Ergebnis kommen nicht nur die meisten der spezifischen Diversifikations- und Akquisitionsstudien,[3] sondern auch die Untersuchungen der allgemeinen Erfolgsfaktorenforschung.[4]

Allerdings lassen einige Studien darauf schließen, daß die Resultate z.T. speziellen Brancheneinflüssen unterliegen, welche die Validität der Befunde wiederum einschränken.[5] So vermag auch eine Reihe von Untersuchungen überhaupt keinen signifikanten Zusammenhang zwischen Verwandtschaftsgrad und Erfolg nachzuweisen.[6]

Im Zentrum der bisherigen Forschung stand die Wirkung der Verwandtschaft zwischen Geschäftsbereichen auf den (Gesamt-)Unternehmenserfolg. Auf den ersten Blick weisen diese Befunde in hohem Maße darauf hin, daß die Ähnlichkeit der Betätigungsfelder den Erfolg einer Diversifikation positiv beeinflußt. Diese Ergebnisse können jedoch auf den hier thematisierten Erfolg **individueller Markteintritte** diversifizierender Unterneh-

---

1 Vgl. z.B. auch Drucker (1981); Möller (1983), S. 107.
2 Ähnlich auch Hoffmann (1989), S. 57.
3 So die Befunde von empirischen Studien von Kim/Hwang/Burgers (1989); Geringer/Beamish/da Costa (1989); Hoffmann (1989); Amit/Livnat (1988); Capon/Hulbert/Farley/Martin (1988); Hill/Snell (1988); Löbler (1988); Varadarajan/Ramanujam (1987); Bühner (1987); Johnson/Thomas (1987); Kusewitt (1985); Palepu (1985); Bettis/Mahajan (1985); Wells (1984); Dundas/Richardson (1982); Yip (1982c); Bettis (1981); Doyle/Cook (1980); Holzman/Copeland/Hayya (1975); Rumelt (1974 und 1984); Bossons/Cohen/Reid (1966); Ansoff/Weston (1963).
4 Vgl. z.B. die Untersuchungsergebnisse von Hill/Snell (1989); Loomis (1989); Clifford/Cavanagh (1986); Maidique/Hayes (1984); Töpfer (1984); Peters/Waterman (1984), Loomis (1984); Goldsmith/Clutterbuck (1984).
5 Vgl. die Untersuchungen von Bettis/Hall (1982); Christensen/Montgomery (1981); Montgomery (1979).
6 So bei Grinyer/McKiernan/Yasai-Ardekani (1988); Grant/Jammine (1988); Chang/Choi (1988); Lubatkin (1987); Montgomery/Wilson (1986); Hitt/Ireland (1985); Burgman (1983); Bettis/Hall (1982); Melicher/Rush (1973); Ansoff/Brandenburg/Portner/Radosevich (1971).

men nicht ohne weiteres übertragen werden. So mögen die überwiegend schlechteren Erfolge konglomerater Unternehmen das Ergebnis einer wenig erfolgreichen konglomeraten Diversifikationsstrategie sein oder aber ein desolates Basisgeschäft widerspiegeln, das diese Unternehmen veranlaßt hat, in völlig fremde Märkte einzutreten.[1]

Allerdings liegt mittlerweile auch eine Reihe von Untersuchungen auf der Betrachtungsebene der Diversifikations**projekte** vor. Die Ergebnisse weisen darauf hin, daß ein positiver Zusammenhang zwischen Verwandtschaftsgrad und Erfolg auch für die einzelne Diversifikation als Untersuchungseinheit angenommen werden kann.[2]

Es sollen mit Blick auf die Ähnlichkeit zum angestammten Betätigungsfeld folgende Hypothesen überprüft werden:

H 22: Je größer die Ähnlichkeit zwischen der neuen Tätigkeit und dem Stammgeschäft der diversifizierenden Unternehmung ist, desto erfolgreicher ist das Diversifikationsprojekt.

H 23: Je ähnlicher die Unternehmenskultur des neuen Geschäftsbereiches im Vergleich zum Stammgeschäft der diversifizierenden Unternehmung ist, desto erfolgreicher ist das Diversifikationsprojekt.

1.2.1.5.3 Die Diversifikation auf der Basis von Stärken im Stammgeschäft der diversifizierenden Unternehmung

In enger Beziehung zur Ähnlichkeit zwischen neuem Geschäftsbereich und traditionellen Betätigungsfeldern eines Unternehmens steht die Diversifikation auf der Basis von **Stärken des Stammgeschäfts**. Im Rahmen der strategischen Unternehmensplanung wird der Analyse von Stärken und Schwächen eines Geschäftsbereichs oder des ganzen Unternehmens eine vergleichsweise große Bedeutung beigemessen.[3] Die Stärken von Unternehmen im Vergleich zu ihren Wettbewerbern stehen im Zentrum der strategischen Unternehmensführung, da sie als eine wesentliche Voraussetzung erfolgreicher Unternehmenstätigkeit angesehen werden und die Auswahl der Strategie und der Märkte be-

---

1 Vgl. hierzu auch Yip (1982c), S. 108.
2 Vgl. z.B. Bühner (1990); Shelton (1988); Coley/Reinton (1988); Singh/Montgomery (1987); Mueller (1985); Ravenscraft/Scherer (1985); Berry (1983); Power (1982); Biggadike (1979a, 1979b).
3 Vgl. z.B. Wiedmann/Kreutzer (1989), S. 95 - 97; Kreikebaum (1987), S. 44 f.; Drexel (1981), S. 128 - 131; Hinterhuber (1980), S. 46 - 57.

stimmen sollten.[1] Unternehmen sind daher gut beraten, wenn sie versuchen, die vorhandenen Stärken auszubauen und die Schwächen zu beseitigen.

Überträgt man diese "Richtschnur" der strategischen Unternehmensplanung auf die Diversifikationsstrategie, so ist davon auszugehen, daß diese insbesondere dann Erfolge nach sich ziehen wird, wenn sie auf der Basis vorhandener Stärken im Stammgeschäft erfolgt.[2] Aus den Stärken heraus sollen zukünftige Wettbewerbsvorteile in den neuen Märkten erwachsen und Synergieeffekte optimiert werden. Die Orientierung an den eigenen Stärken ermöglicht oftmals eine Umgehung oder Reduzierung von Markteintrittsbarrieren, in manchen Fällen dürfte sie sogar die Markteintrittsbarrieren ins Gegenteil verkehren.

"If barriers are a wall, existing skills and resources are a platform. Thus, entrants can go beyond reducing the height of barriers and can, in fact, obtain an advantage over incumbents. For example, if the barrier is product differentiation created or maintained by high advertising expenditures, an entrant more adept at advertising or with more resources to spend on it can turn this barrier against incumbents. Thus, advertising becomes a quick way to get into the market, and the product differentiation issue becomes a gateway to entry."[3]

Allerdings gilt es zu beachten, daß die Stärke eine relative Größe ist. Eine bestimmte Fähigkeit mag als eine herausragende Stärke im Vergleich zu den Konkurrenten des Stammgeschäftes gelten. Diese muß aber nicht notwendigerweise auch einen Wettbewerbsvorteil im anvisierten neuen Markt darstellen. Es gilt daher, Stärken immer nur im Vergleich zu den etablierten Anbietern des Marktes zu identifizieren, in den das betreffende Unternehmen hineinzustoßen versucht.[4] Eine wesentliche Fehleinschätzung im Zusammenhang mit Diversifikationsentscheidungen liegt darin, daß Unternehmen, die aus einer Position der Stärke heraus diversifizieren, meinen, das im bisherigen Markt erfolgreiche Konzept in dieser Form auf neue Betätigungsfelder übertragen zu können.[5]

"Thus, for example, a superior competence in design of lightweight, strong but expensive structures, which is a 'strength' in the aircraft-missile industry, is a weakness when applied to design of industrial machinery."[6]

---

1 Vgl. z.B. Hinterhuber (1980), S. 35 und 40; Barney (1986); Segler (1986), S. 49 - 52; Kreutzer (1989), S. 123 f.
2 Vgl. Maidique/Hayes (1984), S. 19.
3 Yip (1982a), S. 88 f.
4 Vgl. Ansoff (1988), S. 65.
5 Vgl. Bühner (1985), S. 145.
6 Ansoff (1988), S. 65 f.

Gelingt es aber einem Unternehmen, aufgrund besonderer Kompetenzen im Stammgeschäft in den neuen Markt einzutreten, und kann es jene dort in Form von Wettbewerbsvorteilen ausspielen, vermag es selbst bei einer ansonsten unattraktiven Branchenstruktur hohe Erträge zu erzielen. Gerade beim Einstieg in Märkte, die durch wenig günstige Strukturmerkmale gekennzeichnet sind (beispielsweise intensive Wettbewerbsintensität, geringe Branchenrendite), sollten diversifizierende Unternehmen aufgrund besonderer Fähigkeiten in der Lage sein, diese Struktur attraktiver zu gestalten.[1]

Für eine Strategie, welche auf der Grundlage der Stärken des traditionellen Leistungsbereichs in neue Betätigungsfelder vorstößt, sprechen auch die vorliegenden **empirischen Untersuchungsergebnisse**. So kommt *Rumelt* aufgrund einer Untersuchung zu dem Resultat, daß Unternehmen, die auf der Grundlage ihrer zentralen Kompetenzen diversifizieren, erfolgreicher sind als andere Unternehmen.[2] Auch *Hitt* und *Ireland* sowie *Clifford* und *Cavanagh* gelangen zu dem Ergebnis, daß die Diversifikation auf der Basis von Stärken im Stammgeschäft eng mit dem Diversifikationserfolg verknüpft ist.[3] Schließlich kommen auch *Maidique* und *Zirger* sowie *Cooper* und *Kleinschmidt* im Rahmen der Innovationsforschung zu dem Resultat, daß der Erfolg von Innovationen durch ein Anknüpfen an die spezifischen Fähigkeiten des Unternehmens positiv beeinflußt wird.[4]

Es soll folgende Hypothese im Rahmen unserer empirischen Untersuchung überprüft werden:

H 24:   Der Erfolg von Diversifikationsprojekten ist um so größer, je intensiver an den Stärken des Stammgeschäfts angeknüpft wird.

---

1   Vgl. Porter (1987a), S. 34; derselbe (1986), S. 31.
2   Vgl. Rumelt (1986), S. 150 f.
3   Vgl. Hitt/Ireland (1986), S. 402 f.; Clifford/Cavanagh (1986), S. 87.
4   Vgl. Maidique/Zirger (1984), S. 201; Cooper/Kleinschmidt (1987b), S. 222.

1.2.1.5.4 Zusammenfassung der Untersuchungshypothesen über die Wirkungen zwischen Synergievariablen und dem Erfolg von Diversifikationsprojekten

Folgende Hypothesen wurden im vorangegangenen Abschnitt über die Wirkung synergetischer Effekte auf den Erfolg von Diversifikationsprojekten entwickelt:

H 20: Je stärker das Ausmaß realisierter Synergieeffekte ist, um so größer ist der Diversifikationserfolg.

H 21: Je stärker die Zusammenlegung von Aufgaben und die Übertragung von Know-how und Image als Möglichkeiten der Synergierealisierung genutzt werden, um so größer ist der Diversifikationserfolg.

H 22: Je größer die Ähnlichkeit zwischen der neuen Tätigkeit und dem Stammgeschäft der diversifizierenden Unternehmung ist, desto erfolgreicher ist das Diversifikationsprojekt.

H 23: Je ähnlicher die Unternehmenskultur des neuen Geschäftsbereiches im Vergleich zum Stammgeschäft der diversifizierenden Unternehmung ist, desto erfolgreicher ist das Diversifikationsprojekt.

H 24: Der Erfolg von Diversifikationsprojekten ist um so größer, je intensiver an den Stärken des Stammgeschäfts angeknüpft wird.

1.2.2 Die Entwicklung von Untersuchungshypothesen zum globalen Diversifikationserfolg von Industrieunternehmen

1.2.2.1 Zum Einfluß ausgewählter Konzernstrategien auf den Diversifikationserfolg

Es wurde bereits in der Einleitung darauf hingewiesen, daß sich in diversifizierten Unternehmen zwei zentrale strategische Ebenen unterscheiden lassen: Strategien für einzelne Geschäftsfelder einerseits und die Konzern- oder Gesamtunternehmensstrategie andererseits.[1] Merkmale von Geschäftsfeldstrategien waren Gegenstand der vorangegangenen Abschnitte. Da auch die Bedeutung einer strategischen Konzeption auf der Ebene des **Gesamtunternehmens** für den Erfolg diversifizierter Unternehmen von einigen Autoren betont wird,[2] soll die **Konzernstrategie** im folgenden einer eingehenderen Betrachtung unterzogen werden.

Porter vertritt die Auffassung, daß gerade eine gute Konzernstrategie Synergieeffekte zu realisieren vermag, wobei jedoch in vielen Unternehmen kein klares Konzernkonzept vorhanden sei. Die Untersuchung *Porters* läßt vier unterschiedliche Gesamtstrategienkonzepte diversifizierter Konzerne erkennen, die nach seinen Analysen mit unterschiedlichem Erfolg praktiziert werden.[3]

Ein vorrangig auf Akquisitionen abstellendes Konzept ist das **Portfoliomanagement**. Bei dieser Strategie werden attraktive Unternehmen erworben, deren kompetentes Management auch nach der Übernahme die Geschäfte weiterführt. Die neuen Bereiche bleiben autonom, wobei die Konzernmutter diesen jedoch finanzielle Mittel und Management-Know-how zur Verfügung stellt.

Aktiver als beim Portfoliomanagement agiert die Konzernmutter, wenn mit der Diversifikation die Strategie der **Sanierung** verbunden ist. Dabei werden unterentwickelte, in einer Schwächephase befindliche Firmen mit ausbaufähigem Potential gesucht. Durch massive Eingriffe (Austausch des Management, Überarbeiten der Unternehmensstrategien etc.) soll das kränkelnde Unternehmen grundlegend erneuert und gestärkt werden. Nach der "Genesung" erfolgt dessen Veräußerung, da der Konzern in der

---

1 Vgl. Vancil/Lorange (1975), S. 83, Porter (1987a), S. 30, und S. 2 dieser Arbeit.
2 Vgl. Porter (1987a); Leontiades (1987).
3 Vgl. hierzu Porter (1987a), S. 35 - 46; Porter (1987b), S. 49 - 58; Porter (1988), S. 50 - 66.

Tochtergesellschaft keine zusätzlichen Werte schaffen kann, und er geht auf die Suche nach einer neuen sanierungsbedürftigen Firma.[1]

Das dritte Diversifikationskonzept *Porters* stellt der **Know-how-Transfer** dar. Hierbei versucht der Konzern, synergetische Beziehungen zwischen dem neuen und den bisherigen Geschäftsbereichen durch einen Wissens- und Erfahrungsaustausch zu nutzen. Der Know-how-Transfer führt insbesondere dann zu Wettbewerbsvorteilen, wenn der Austausch von Wissen und Erfahrung unter Wettbewerbsaspekten Tätigkeiten von zentraler Bedeutung betrifft und diese Informationen Mitbewerbern nicht zur Verfügung stehen.

Auch das vierte Konzept der Konzernstrategie, die **Aufgabenzentralisierung**, versucht Verbundeffekte zwischen den Geschäftseinheiten zu nutzen. Im Unterschied zur Strategie des Know-how-Transfers erfolgt bei der Aufgabenzentralisierung jedoch keine Übertragung von Fertigkeiten zwischen zwei Unternehmensbereichen, sondern es werden bestimmte Tätigkeiten der Wertschöpfungskette von einzelnen Geschäftseinheiten für andere Bereiche mitübernommen.[2] Durch diese Konzernstrategie lassen sich über ökonomische Größenvorteile (z.B. Reduzierung der Beschaffungskosten), über eine höhere Kapazitätsauslastung und über Erfahrungskurveneffekte Kostensenkungspotentiale ausschöpfen und damit wichtige Wettbewerbsvorteile erzielen. Ferner erlaubt es die Aufgabenzentralisierung, Wettbewerbsvorteile aufgrund zusätzlicher Leistungsdifferenzierung zu schaffen, beispielsweise über ein gemeinsam organisiertes, schlagkräftiges Servicenetz.

Porter kommt aufgrund seiner Analyse zu dem Schluß, daß jedes dieser Diversifikationskonzepte Unternehmenswerte schaffen kann, jedoch im allgemeinen in unterschiedlichem Ausmaß. Das Portfoliomanagement stelle unter den heute herrschenden Bedingungen nur selten ein zweckmäßiges Diversifikationskonzept dar.[3] Je eher sich ein Konzern bei der

---

[1] Vgl. Porter (1987a), S. 38. Eine offensichtlich sehr erfolgreiche Sanierungsstrategie, bei der die neuen Unternehmensteile allerdings nach einer Genesung im Firmenverbund bleiben, betreibt die Rothenberger-Gruppe. Sie legt einen Schwerpunkt auf die Akquisition von kränkelnden Unternehmen, die über gut eingeführte Produkte mit hohem Bekanntheitsgrad verfügen und preiswert zu erwerben sind. Mit fortschreitender Gesundung werden dann branchenverwandte Firmen dazugekauft, um eine bessere Marktabdeckung und die Realisierung von Synergieeffekten zu erreichen. Vgl. hierzu Hoffmann (1990), S. 71.

[2] Zur Wertschöpfungskette vgl. Porter (1986).

[3] Porter begründet diese Aussage u.a. damit, daß Unternehmensakquisitionen häufig zu teuer bezahlt werden müßten. Ferner würden sich stark autonome Geschäftsbereichsstrategien insgesamt leistungsmindernd auswirken, da die Geschäftsbereiche eines Konzerns nicht zuletzt durch den Einsatz neuer Technologien, durch Veränderungen rechtlicher Rahmenbedingungen sowie aufgrund von Vernetzungen der Distributionskanäle immer weiter zusammenwachsen würden. Vgl. Porter (1987a), S. 37.

Diversifikation an der Wertschöpfungskette orientiere und je weiter entfernt er vom traditionellen Portfoliomanagement sei, desto eher bestehe die Möglichkeit, neue Werte zu schaffen. Das Konzept des Know-how-Transfers sollte wegen seiner relativ hohen Erfolgsungewißheit möglichst nicht alleine und auch nur als Übergang zur erfolgsträchtigen vierten Strategie, der Aufgabenzentralisierung, verfolgt werden.[1]

Hoffmann hat für die Bundesrepublik untersucht, in welchem Maße diese vier Konzernstrategien von diversifizierten Unternehmen eingesetzt werden. Danach dominiert bei bundesdeutschen Unternehmen das Portfoliomanagement, gefolgt von Know-how-Transfer und Aufgabenzentralisierung. Die Strategie der Sanierung spielt offensichtlich bei deutschen Unternehmen eine nur sehr untergeordnete Rolle im Rahmen der Diversifikationsstrategie.[2]

In der vorliegenden Untersuchung soll nun empirisch überprüft werden, in welchem Ausmaß die verschiedenen Konzernstrategien zum Diversifikationserfolg deutscher Industrieunternehmen beitragen bzw. in der Vergangenheit beigetragen haben. Es wird dabei davon ausgegangen, daß alle vier Konzernstrategien einen positiven Effekt auf den Diversifikationserfolg aufweisen.

H 25: Die Verfolgung eines Portfoliomanagements als Konzernstrategie wirkt sich positiv auf den Diversifikationserfolg von Unternehmen aus.

H 26: Die Verfolgung eines Know-how-Transfers als Konzernstrategie wirkt sich positiv auf den Diversifikationserfolg von Unternehmen aus.

H 27: Die Verfolgung einer Aufgabenzentralisierung als Konzernstrategie wirkt sich positiv auf den Diversifikationserfolg von Unternehmen aus.

H 28: Die Verfolgung einer Sanierungsstrategie als Konzernstrategie wirkt sich positiv auf den Diversifikationserfolg von Unternehmen aus.

---

1 Vgl. Porter (1987a), S. 46 - 48.
2 Vgl. Hoffmann (1989), S. 55 f.

1.2.2.2 Zum Einfluß ausgewählter Aspekte der Unternehmensstruktur auf den Diversifikationserfolg

1.2.2.2.1 Die Organisationsstruktur diversifizierter Unternehmen

Wie bereits erwähnt, bedeutet die Diversifikation in neue Leistungsbereiche für das betreffende Unternehmen in aller Regel eine Zunahme an Komplexität, mit der ein erhöhter Integrations- und Koordinationsbedarf zwischen alten und neuen Geschäftsfeldern verbunden sind.[1] Der Organisation diversifizierter Unternehmen wird daher, insbesondere wenn es sich um konglomerate Erwerbungen handelt, eine große Bedeutung beigemessen.[2] Der Organisationsaufbau muß dem wachsenden Integrations- und Koordinationsbedarf Rechnung tragen und die sachliche und personelle Infrastruktur zur wirksamen Umsetzung der Diversifikationsstrategie bereitstellen.[3] Gegebenenfalls muß von der bestehenden Strukturorganisation Abstand genommen und eine Reorganisation durchgeführt werden.

Organisatorische Umstrukturierungsmaßnahmen werden bei Aufnahme neuer Geschäftsfelder insbesondere dann notwendig, wenn

- die Diversifikationsprojekte die bestehende Leitungsstruktur überfordern, was zu Spannungen in der gewachsenen Unternehmungsorganisation führt,[4] oder

- das Synergiepotential einer Diversifikation möglichst umfassend genutzt werden soll, da Synergie und Organisation in einer engen wechselseitigen Abhängigkeit stehen.[5]

Reorganisationsmaßnahmen dürften um so notwendiger sein, je fremder der neue Markt ist, in den die diversifizierende Unternehmung hineinstößt.[6] Im folgenden wird zu prüfen sein, welche Organisationsformen für die Realisierung einer Diversifikationsstrategie in besonderem Maße erfolgversprechend erscheinen.

Bisherige Untersuchungen über den Zusammenhang zwischen Organisationsstruktur und Unternehmensstrategie lassen auf komplexe Wirkungsbeziehungen zwischen Diversifikation und Organisation schließen. So kommen *Chandler, Perrow, Wrigley* und

---

1 Vgl. Roters (1989), S. 71; Albach (1988), S. 81; Schmitz (1988), S. 280; Poensgen (1973), S. 203. Coley und Reinton (1988) führten in ihrer Untersuchung die Mißerfolge von Akquisitionen u.a. auf eine unzureichende Integration des Akquisitionsprojektes in das übernehmende Unternehmen zurück.
2 Vgl. z.B. Chandler (1962), S. 299 - 303; Ansoff (1966), S. 156.
3 Vgl. Wicher (1988), S. 325; ähnlich auch Kieser/Kubicek (1978a), S. 126 f.
4 Vgl. Barth (1988), S. 134.
5 Vgl. Bühner (1985), S. 193; Welge (1976), Sp. 3806; Ansoff (1966), S. 176.
6 Vgl. Chandler (1962), S. 393.

Drucker zu dem Ergebnis, daß die Unternehmensstruktur der (Diversifikations-)Strategie folgt und beide sorgfältig aufeinander abgestimmt werden müssen.[1] Andere Forscher wiederum wie beispielsweise *March* und *Simon*, *Cyert* und *March*, *Fouraker* und *Stopford*, *Hall* und *Saias* sowie *Rumelt* stehen auf dem Standpunkt, daß die Organisationsstruktur (auch) die Strategienwahl beeinflußt.[2]

Die Ergebnisse sprechen dafür, daß von einer wechselseitigen Beziehung zwischen Organisationsstruktur und Unternehmensstrategie ausgegangen werden kann.[3] Diese kommt dadurch zum Ausdruck, daß die Organisationsstruktur einerseits zur Durchsetzung von Strategien dient, andererseits aber auch eine Voraussetzung dafür darstellt, daß zweckmäßige Strategien in einem Unternehmen entwickelt werden können.[4]

Vor diesem Hintergrund läßt sich zunächst nur ein wie auch immer gearteter Zusammenhang zwischen Organisationsstruktur und Diversifikationserfolg konstatieren. Im folgenden soll nun dargelegt werden, welche diversifikationsspezifischen Vor- und Nachteile verschiedene Organisationsformen aufweisen, wobei sich die Diskussion auf drei allgemeine Organisationsmodelle konzentriert:

1. Die funktionale Organisation (Verrichtungsorganisation)
2. Die divisionale Organisation (Geschäftsbereichs- oder Spartenorganisation)
3. Die Matrix-Organisation

1.2.2.2.1.1 Die funktionale Organisation

Die **funktionale Organisation**, auch als Verrichtungsorganisation bezeichnet, ist eine auf der zweiten Hierarchieebene (direkt unterhalb der Unternehmensleitung, z.B. des Vorstands) nach gleichartigen **Kerntätigkeitsfeldern** wie Einkauf, Absatz, Forschung und Entwicklung, Logistik, Verwaltung usw. **zentralisierte** Organisationsform.[5] Sie knüpft damit an den Realgüterstrom und an den Auftragsdurchlauf im Unternehmen an.[6] Die funktionale Organisationsstruktur findet typischerweise in mittelgroßen und kleinen Unternehmen Anwendung, die mit einem homogenen Angebot und in einer relativ

---

[1] Vgl. Chandler (1962); Perrow (1967); Wrigley (1970); Drucker (1974).
[2] Vgl. March/Simon (1958); Cyert/March (1963); Fouraker/Stopford (1968); Rumelt (1974); Hall/Saias (1980).
[3] Vgl. auch Hall/Saias (1980), S. 161 f.
[4] Vgl. Wicher (1988), S. 324 f.
[5] Vgl. Bühner (1989a), S. 98; Frese (1988), S. 497; Staehle (1980), S. 439. Kritisch mit dem (De-)Zentralisationsbegriff setzt sich Frese (1988), S. 225 f., auseinander.
[6] Vgl. Bleicher (1981), S. 84.

stabilen Umwelt **funktionale Spezialisierungsvorteile** anstreben.[1] Bei einer Diversifikation aber bearbeitet das Unternehmen neue Märkte mit neuen Leistungen, so daß häufig im Vergleich zum traditionellen Leistungserstellungsprozeß andersartige Funktionen zu verrichten sind. Die Einbindung eines Diversifikationsbereichs in die bestehende Struktur verträgt sich nur schlecht mit den angestrebten Spezialisierungsvorteilen und wird i.d.R. nicht ohne weiteres im Rahmen dieser Organisationsform durchzuführen sein. So wundert es nicht, daß Unternehmen mit funktionaler Organisation häufig zu einer Bevorzugung tradierter Produkte neigen und sich gegenüber Produktinnovationen "abschotten".[2]

Auch dürften die grundsätzlichen Schwächen der funktionalen Organisation wie **Koordinations- und Flexibilitätsprobleme**,[3] welche aufgrund der starken funktionsbezogenen Ausrichtung und der fest strukturierten Arbeitsabläufe zu verzeichnen sind, durch die Eingliederung eines Diversifikationsprojektes noch verstärkt werden.[4] Insbesondere der Verlust an Flexibilität wird sich nachteilig auf den Diversifikationserfolg auswirken, da gerade heterogen diversifizierte Unternehmen eine Organisationsstruktur benötigen, die ihnen angesichts der Aktivitäten in unterschiedlichen Branchen einen ausreichenden Handlungsspielraum gewährt und eine sinnvolle Differenzierung zwischen den Geschäftszweigen ermöglicht.[5] Darüber hinaus spricht gegen diesen Organisationstyp, daß sich leicht "Frustrationserscheinungen" der Führungskräfte einstellen können, da sie nur über weitgehend **eingeschränkte Entscheidungskompetenzen** verfügen.[6] Es besteht daher die Gefahr, daß sich die Manager dem neuen Betätigungsfeld nicht mit der erforderlichen Motivation widmen.

Im Hinblick auf die motivierende Wirkung von Organisationsstrukturen ist auch darauf hinzuweisen, daß bei der Verrichtungsorganisation eine Zurechnung von Erlösen auf die einzelnen Funktionsbereiche überwiegend nicht möglich ist. Dies führt im allgemeinen dazu, daß jene als **"Cost-Center"** oder als **"Expense-Center"** geführt werden,[7] was wiederum eine einseitige und am Markt vorbeigehende Kostenorientierung des Diversifikationsbereichs mit allen nachteiligen Konsequenzen zur Folge haben kann.

---

[1] Vgl. Staehle (1980), S. 439; Frese (1988), S. 497; Bühner (1985), S. 194; Ansoff (1984), S. 293 und 295.
[2] Vgl. Bleicher (1979b), S. 334; Bühner (1985), S. 196.
[3] Vgl. z.B. Wilde (1989), S. 96 f.; Frese (1988), S. 503; Gebert (1983), S. 108; Bleicher (1981), S. 89.
[4] Vgl. Ansoff (1984), S. 295; Gebert (1983), S. 108.
[5] Vgl. Leontiades (1987), S. 149 - 163.
[6] Vgl. Gebert (1983), S. 105.
[7] Vgl. auch Bühner (1989a), S. 99.

Allerdings lassen sich auch **Vorteile** der funktionalen Organisation feststellen. Hat man sich für ein Diversifikationsprojekt entschieden, so vermag die große **Entscheidungsmacht der Unternehmensleitung** das Diversifikationsprojekt zügig umzusetzen[1] und Bereichsegoismen überbrücken zu helfen. Weiterhin leistet die stärkere zentrale Lenkung von Diversifikationen insofern einem effizienteren Ressourceneinsatz Vorschub, als die fest in das Unternehmen integrierten Geschäftseinheiten die Ressourcen gemeinsam nutzen und **Synergieeffekte** umfassend realisiert werden können.[2]

So führte die *Standard Elektrik Lorenz AG* im Jahr 1980 ihre bis zu diesem Zeitpunkt produktorientierte Grundstruktur der Unternehmensgruppe "Nachrichtentechnik" in eine funktionale Struktur über, um die Mikrotechnologie effizienter nutzen zu können. Durch die Zentralisierung des Funktionsbereichs "Entwicklung" erhoffte man sich Poolungs- und Synergieeffekte, die mit den bisher praktizierten spartenbezogenen Entwicklungsaktivitäten nicht erreicht worden wären.[3]

1.2.2.2.1.2 Die Geschäftsbereichsorganisation

Besser als eine rein funktionale Struktur dürfte sich die **Geschäftsbereichsorganisation** für die Eingliederung eines Diversifikationsprojektes eignen. Bei dieser Organisationsform, die auch als Objektorganisation, als Sparten- oder als divisionale Organisation bezeichnet wird, erfolgt auf der zweiten Hierarchieebene eine Zusammenfassung von Struktureinheiten nach dem **Objektgesichtspunkt** zu Geschäftsbereichen (bzw. Sparten, Divisions).[4] Als Objekte kommen z.B. Produktgruppen, Kundensegmente oder Absatzregionen in Frage.

Die Organisation nach Geschäftsbereichen bringt es vielfach mit sich, daß die betrieblichen Funktionen weitgehend **dezentral** erbracht werden,[5] wie insgesamt die Spartenorganisation als (entscheidungs-)dezentrale Form der Unternehmensführung charakterisiert werden kann.[6] Je verschiedenartiger die Angebotsstruktur und je dynamischer die einzelnen Märkte eines Unternehmens sind, um so stärker wächst nach Auffassung vieler Autoren die Notwendigkeit, die Organisation objektbezogen auszurichten.[7] Ein zentraler

---

1 Vgl. allgemein für Innovationen Gussmann (1988), S. 182 f.
2 Vgl. Wilde (1989), S. 96 f.; Welge (1976), Sp. 3807; Mace/Montgomery (1962), S. 227 - 246.
3 Vgl. Frese (1988), S. 502 f.
4 Vgl. Bühner (1989a), S. 111; Frese (1988), S. 519 f.
5 Vgl. Barth (1988), S. 136.
6 Vgl. Bühner (1989a), S. 117. Kritisch zu der Gleichsetzung von Divisionalisierung und Dezentralisierung äußert sich Frese (1988), S. 520, Fußnote 175.
7 Vgl. z.B. Barth (1988), S. 138; Poensgen (1973), S. 203 f.; Chandler (1962), S. 299 - 303.

Vorteil der Geschäftsbereichsorganisation im Vergleich zur funktionalen Struktur wird darin gesehen, daß sich die Notwendigkeit einer Koordination zwischen den Sparten verringert und sich jene auch vereinfacht.[1] Hierdurch gewinnt die Unternehmung an **Flexibilität**, die für eine rechtzeitige Reaktion auf Veränderungen im internen und externen Entscheidungsfeld notwendig ist.[2] Darüber hinaus wird im allgemeinen der Geschäftsbereichsorganisation auch eine größere **Motivationswirkung** zugesprochen, da die Spartenleiter in der Position "selbständiger Unternehmer" ihr Autonomie- und Selbstverwirklichungsstreben realisieren können.[3]

Einer stark dezentralisierten Struktur wird ferner eine **innovationsfördernde Wirkung** zugesprochen.[4] Empirische Studien belegen, daß mit zunehmender formaler Strukturierung der Unternehmen deren Innovationsfähigkeit tendenziell abnimmt.[5] Vor dem Hintergrund dieser Forschungsergebnisse wird auch gerade im Hinblick auf die Durchführung innovativer Prozesse für eine divisionale, dezentrale Organisationsstruktur plädiert, da sie einer zentralistischen Steuerung in der Förderung von Kreativität und Produktivität überlegen sei.[6]

Eine weitere Stärke der Objektorganisation liegt darin, daß unterschiedliche, d.h. von anderen Normen und Werten geprägte Unternehmenskulturen innerhalb der Gesamtorganisation nebeneinander existieren können.[7] Die Diversifikationsprojekte können im Rahmen der divisionalen Organisation in einem neu einzurichtenden Geschäftsbereich verankert werden,[8] wobei negative Auswirkungen auf die bestehende Organisation und deren Leistungsfähigkeit vermieden werden können, da ein divisional strukturiertes Unternehmen die Möglichkeit hat, die **einzelnen Markt-/Leistungskombinationen relativ selbständig** auszurichten.[9]

---

1 Vgl. Kieser/Kubicek (1978a), S. 133; Staehle (1989), S. 696.
2 Vgl. Frese (1988), S. 541, 556 f. und 560.
3 Vgl. Bühner (1985), S. 200 f.; Frese (1988), S. 548. Um mittels Ergebnisverantwortung die stark diversifizierte Firma Du Pont aus der Verlustzone zu bringen, wurde bereits in den 20er Jahren die funktionale Grundstruktur durch eine divisionale ersetzt. Der Umstrukturierung des Unternehmens wird es zugesprochen, daß der Konzern aus der Verlust- in die Gewinnzone kam. Die neue Organisationsform soll sich auch noch in den darauffolgenden Jahrzehnten bewährt haben. Vgl. hierzu Chandler (1962), S. 95 - 113.
4 Vgl. Kieser (1986), S. 49 f.
5 Vgl. hierzu Witte (1973), S. 19.
6 Vgl. Peters/Austin (1986), S. 186.
7 Vgl. Bleicher (1981), S. 95 f.
8 Bestehen große Ähnlichkeiten zwischen den Märkten des neuen Produktes und des traditionellen Leistungsangebots, so kann das neue Produkt in eine bestehende Division integriert werden. Ist der neue Markt dagegen sehr fremd, ist die Gründung einer neuen Sparte zu empfehlen. Vgl. Chandler (1962), S. 394.
9 Vgl. Bühner (1989a), S. 118; Gebert (1983), S. 133 f.

Wie bereits erwähnt, weist die divisionale Organisationsstruktur den Vorteil auf, daß die Diversifikationsbereiche relativ selbständig agieren und ergebnisbezogen beurteilt werden können. Die Spartenleiter tragen die **Entscheidungsverantwortung** für das operative Geschäft und können als "Unternehmer im Unternehmen" den neuen Leistungsbereich auf- und ausbauen. Sie sind in der Lage, sich spezifische Marktkenntnisse anzueignen und gezielter und flexibler als bei der Verrichtungsorganisation auf Marktveränderungen zu reagieren.[1] Diese gewinnorientierte Planung, Steuerung und Kontrolle der Geschäftseinheiten finden ihren Niederschlag in der Bildung von **Profit-Centers**, die zwar rechtlich unselbständige Unternehmensteile bleiben, aber wirtschaftlich wie eigene Unternehmen geführt werden.[2]

Da Synergievorteile im allgemeinen mit zunehmendem Differenzierungsgrad der Aufgabenbereiche eines Unternehmen und wachsenden Koordinationskosten abnehmen, wird angenommen, daß sich die divisionale Organisationsform besonders gut für die Integration relativ **heterogener** Geschäftsbereiche eignet.[3] Mit Blick auf die Nutzung von Synergien ist jedoch darauf hinzuweisen, daß auch im Rahmen einer Objektorganisation die Möglichkeit besteht, im Falle starker Verflechtungen zwischen den einzelnen Funktionsbereichen derartige Bereiche zu zentralisieren. Dies könnte beispielsweise in Form gemeinsam genutzter Entwicklungseinrichtungen, einer zentralen Beschaffung von Vorprodukten, einer gemeinsamen Nutzung von Vertriebsbüros etc. geschehen.[4] Es lassen sich im Rahmen einer Mischstruktur aus divisionalen und funktionalen Einheiten u.U. einzelne Verrichtungen aus der Diversifikationssparte ausgliedern und bereits institutionalisierten Zentralbereichen zuordnen,[5] so daß auch Synergieeffekte im Leistungserstellungsprozeß oder in der Beschaffung realisiert werden können. Damit dürfte sich diese Organisationsform auch für eine effiziente Integration **homogener** Geschäftsbereiche eignen.

Die Geschäftsbereichsorganisation galt lange Zeit als ideale Struktur zur Lösung der Managementprobleme in Großunternehmen. Im Zuge zunehmender Erfahrung mit dieser Organisationsform wurde jedoch eine Reihe **gravierender Mängel** offenkundig.[6] So stellt die Geschäftsbereichsorganisation im allgemeinen hohe Anforderungen an die Fähigkeit der Führungskräfte, zwischen Strategie und operativem Geschäft auszugleichen und im Unternehmen strategisches Denken durchzusetzen. Dies setzt aber voraus,

---

1 Vgl. hierzu z.B. Staehle (1989), S. 696; Bühner (1989a), S. 118 f.; Bleicher (1981), S. 96 f.
2 Vgl. Gussmann (1988), S. 194; Barth (1988), S. 141.
3 Vgl. Welge (1976), Sp. 3807.
4 Vgl. Bleicher (1981), S. 97.f.
5 Vgl. Gebert (1983), S. 135.
6 Vgl. Staehle (1989), S. 697.

daß die Unternehmensleitung über Kenntnisse des operativen Geschäfts verfügt,[1] was bei sehr unterschiedlichen, mit dem Stammgeschäft wenig verwandten Tätigkeitsbereichen nicht unbedingt der Fall sein dürfte.

Bei extremer organisatorischer Dezentralisierung und weitgehender Verselbständigung der neuen Geschäftsbereiche besteht die Gefahr, daß diese sich in hohem Maße selbst überlassen bleiben und weitgehend ohne Steuerung und Kontrolle durch die Unternehmenszentrale **wenig effizient** arbeiten. Ferner ist mit wachsender Autonomie der dezentralen Einheiten mit **Spartenegoismen** zu rechnen, welche zur Suboptimierung einzelner Bereiche zu Lasten des Gesamtergebnisses führen.[2]

Aufgrund der engen Wechselbeziehung zwischen Synergie und Unternehmensstruktur[3] können sich bei hoher Dezentralisierung auch deswegen Nachteile einstellen, weil das **Synergiepotential**, beispielsweise aufgrund unerwünschter Suboptimierung der Organisationseinheiten im Zuge unzureichender unternehmensweiter Koordination,[4] **nicht oder zumindest nicht in dem gewünschten Maße genutzt** werden kann.[5]

Als eine weitere Schwäche der divisionalen Organisationsform sind die einseitige Ausrichtung auf eine Steuerungsgröße (Gewinn bzw. ROI) und die **kurzfristige Gewinnorientierung**, welche anfänglich kostenintensive Produktions- und Verfahrensinnovationen behindert, zu kritisieren.[6] Defizite bestehen weiterhin dahingehend, als **Marktinterdependenzen** nicht ausreichend berücksichtigt werden können. Solche treten dann auf, wenn Kunden potentielle Abnehmer der einen wie auch der anderen Sparte eines Unternehmens sind. Es besteht die Gefahr, daß bei einer Gliederung der Organisation nach Produkten zusammengehörende Märkte "durchtrennt" werden und eine optimale kundengerechte Betreuung nicht mehr möglich ist.[7] Zwar verringert sich im allgemeinen mit zunehmender Diversifikation bzw. Heterogenität des Absatzprogramms die Wahrscheinlichkeit, daß solche Marktinterdependenzen auftreten.[8] Aber sie stellen sich z.B. selbst in der Chemischen Industrie, die durch zahlreiche, relativ stark diversifizierte Unternehmen gekennzeichnet ist, ein. So sind etwa Textilbetriebe potentielle Kunden sowohl der Sparte "Fasern" als auch der Sparte "Farbstoffe".[9]

---

1   Vgl. Bühner (1985), S. 201.
2   Vgl. Bleicher (1981), S. 97; Staehle (1989), S. 697.
3   Vgl. Ansoff (1966), S. 175; Welge (1976), Sp. 3806.
4   Vgl. Staehle (1980), S. 447; Staehle (1989), S. 697.
5   Vgl. Roberts/Berry (1985), S. 14; Mace/Montgomery (1962), S. 227 - 246; Ansoff (1966), S. 156.
6   Vgl. Staehle (1989), S. 697.
7   Vgl. Frese (1988), S. 526; Bühner (1985), S. 202.
8   Vgl. Frese (1988), S. 522 und 556; zum Begriff der Marktinterdependenz vgl. auch derselbe (1985).

1.2.2.2.1.3 Die Matrix-Organisation

Eine Verknüpfung von funktionaler und divisionaler Struktur stellt die **Matrix-Organisation** dar. Sie ist dadurch gekennzeichnet, daß jede Ausführungsstelle jeweils zwei fachlich getrennten, aber in einem Entscheidungsverbund stehenden Instanzen (Verrichtung und Objekt) unterstellt wird.[1] Hinsichtlich der Kompetenzzuordnung sieht die Matrix-Organisation vor, daß die Instanzen in annähernd gleichberechtigter Weise Einfluß auf die Problemlösung nehmen können. Der Versuch, eine Gleichberechtigung herzustellen, führt jedoch i.d.R. zu permanenten Schwierigkeiten in der Organisation, so daß die übergeordnete Stelle einen erheblichen Teil ihrer Arbeitszeit zur Lösung von Kompetenzproblemen aufwenden muß.[2]

Vorteile der Matrix-Organisation werden von einigen Autoren darin gesehen, daß die mehrdimensionale Aufgabengliederung, die Delegations- und Koordinationsmöglichkeiten sowie der hohe Partizipationsgrad der Führungskräfte eine **hohe Entscheidungsqualität** bewirken.[3] In der Tat würde eine Entlastung der Unternehmensleitung von Koordinationsfragen und operativ-taktischen Aufgaben es ihr ermöglichen, sich intensiv den strategischen Fragen des Unternehmens zu widmen und neue Geschäftsfelder mit der nötigen Konsequenz auf- und auszubauen. Allerdings ist vor dem Hintergrund der **Kompetenzkonflikte** zu bezweifeln, daß diese Organisationsform für Aufbau und Leitung neuer Geschäftsfelder wirklich so gut geeignet ist, wie dies von einigen Autoren behauptet wird.[4] Neben den Kompetenzkonflikten dürften weitere Nachteile einen reibungslosen Aufbau neuer Geschäftsbereiche erschweren, wie z.B. die hohen Kosten (Erhöhung der Zahl der Führungskräfte, Schulungsmaßnahmen) und die Zurechnungsprobleme von Erfolg und Mißerfolg (Mißerfolge werden der jeweils anderen Dimension zuzuschieben versucht).[5]

Bühner führt an, daß es schon als symptomatisch für die Problembeladenheit dieser Organisationsform gelten könne, daß die häufig in der Organisationsliteratur als Musterbeispiel genannte Matrix-Organisation eines der größten Maschinenbau-Konzerne der

---

9 Vgl. ähnlich o.V. (1977), S. 25.
1 Vgl. Barth (1988), S. 139; Bühner (1989a), S. 125 f. Bei der Tensor-Organisation wird die zweidimensionale Matrix-Organisation um eine dritte Dimension (i.d.R. die Region) oder sogar um noch weitere Dimensionen erweitert. Vgl. Staehle (1980), S. 466; Bühner (1989a), S. 126
2 Vgl. Bühner (1985), S. 203 f.
3 Vgl. Bleicher (1981), S. 118 f.; Gebert (1983), S. 152 - 157; Barth (1988), S. 139.
4 Sehr positiv stehen der Matrix-Organisation bezüglich der Entwicklung neuer Geschäftsfelder beispielsweise Gebert (1983), S. 156, Leumann (1979), S. 176, und Bleicher (1981), S. 126 f., gegenüber.
5 Vgl. Leumann (1979), S. 177 - 184; Bleicher (1981), S. 138 - 140; Gebert (1983), S. 154 - 157.

Schweiz, der *Gebr. Sulzer AG*, keinen positiven Beitrag zum Unternehmenserfolg geleistet habe.[1]

1.2.2.2.1.4 Formen der Steuerung von Geschäftsfeldern diversifizierter Unternehmen

Spätestens mit der Bildung selbständiger Unternehmenseinheiten ist die Frage nach einer effizienten **Steuerung von Unternehmens- oder Geschäftsbereichen** verbunden. Es lassen sich mit Blick auf die Dominanz der Unternehmenseinheiten nach *Bleicher* das segregierte und das integrierte Konzernorganisationsmodell unterscheiden.[2] Bei ersterem werden die Konzerneinheiten von der **Muttergesellschaft** "harmonisiert"[3] und dominiert. Diese Organisationsform entspricht aktienrechtlich dem Unterordnungskonzern und wird auch als Stammhauskonzern bezeichnet.[4] Das integrierte Organisationsmodell ist dadurch gekennzeichnet, daß im Sinne eines Gleichordnungskonzerns ein Zustand der Gleichgewichtigkeit der Unternehmenseinheiten angestrebt wird. In diesem Fall erfolgt die Auflösung der Doppelfunktion der Führungseinheit des Konzerns als Konzernleitung einerseits und Muttergesellschaft andererseits. Es wird vielmehr eine eigenständige Führungsinstanz, die **Holdinggesellschaft**, etabliert, wobei die frühere Muttergesellschaft als gleichrangig in den Konzernaufbau integriert wird.[5]

Vorteile des Stammhauskonzerns werden aus der Übertragung leistungsfähigerer Planungsmethoden von der Muttergesellschaft auf die Tochterfirmen sowie aus der Übernahme von Dienstleistungen durch die Muttergesellschaft für den Gesamtkonzern erwartet.[6] Die Dominanz der Konzernleitung führt jedoch mitunter zu einer Reihe von Schwierigkeiten. So kann ihr starker Einfluß auf das operative Geschäft eine Demotivierung der Führungskräfte in den Tochtergesellschaften zur Folge haben. Weiterhin ist zu befürchten, daß die Doppelbelastung der Konzernspitze (Führung des Gesamtkonzerns und des Stammhauses)[7] die Effizienz der Unternehmung beeinträchtigt und neue Geschäftsfelder vernachlässigt werden.

---

1   Der breit diversifizierte Konzern, der 1968 die Matrix-Organisation eingeführt hat, mußte 1984, im Jahr seines 150jährigen Bestehens, einen erheblichen Verlust ausweisen. Zu einer Verbesserung der Innovationsbereitschaft durch Einführung der Matrix-Organisation war es nicht gekommen. Vgl. hierzu Bühner (1985), S. 205.
2   Vgl. hierzu Bleicher (1979a), S. 246 - 248
3   Die Harmonisierung verrichtungs-, objekt- und regionalgleicher Aktivitäten der Konzerneinheiten soll über ein integratives und koordinierendes Vorgehen zur Realisierung von Einsparungen und Marktchancen führen. Vgl. hierzu Bleicher (1979b), S. 328.
4   Vgl. Everling (1981), S. 2549.
5   Vgl. Bleicher (1979a), S. 247; Everling (1981), S. 2549.
6   Vgl. Bleicher (1979a), S. 249.
7   Vgl. Bleicher (1979a), S. 249.

Mit einer Holdingstruktur können diese Nachteile vermieden werden. Es gilt jedoch zu berücksichtigen, daß der Holdingkonzern ebenfalls mit **Problemen** behaftet ist. Ein Nachteil liegt beispielsweise darin, daß sich Verbundeffekte nur begrenzt realisieren lassen, da die Konzernführung wenig Anreize erhält, die Unternehmensteile zu einem integrierten Ganzen zusammenzuschmelzen.[1] *Welge* weist darauf hin, daß die Konstruktion der Holdinggesellschaft häufig lediglich die Nutzung finanzieller Synergien erlaubt.[2] Allerdings ist einschränkend hinzuzufügen, daß selbst bei relativ heterogenem Leistungsprogramm einige Spezialaufgaben (Rechtsfragen, Personalwesen, Rechnungswesen, Steuerfragen usw.) von der Holdinggesellschaft zentral übernommen werden können, so daß sich auf diese Weise auch andere Synergieeffekte einstellen dürften.

Probleme erwachsen u.U. auch daraus, daß die Hierarchien nicht klar abgegrenzt sind. So kritisiert *Bühner* z.B. die Holdingstruktur des *Daimler-Benz*-Konzerns, da die Vorstände der Unternehmensbereiche *Mercedes*, *AEG*, *Deutsche Aerospace* und *Debis* als "Kontrolleure" in der Holding vertreten seien. Bei solchen Holdingstrukturen bestehe die Gefahr, daß sich Bereichsegoismen herausbilden und Koalitionen entstehen, die den Interessen der Gesamtunternehmung schaden.[3]

Neben Muttergesellschaft und Holding als Steuerungsform von Geschäftsbereichen findet sich in der Unternehmenspraxis auch die direkte Einflußnahme von **Geschäftsführern** oder **Vorständen**. Hierbei handelt es sich um eine sehr zentralisierte Steuerungsform, die insbesondere in kleineren Unternehmen angewendet werden dürfte.

1.2.2.2.1.5 Bisherige empirische Befunde

Offensichtlich sind die Unternehmen grundsätzlich bemüht, ihre Organisation der jeweiligen Unternehmenskomplexität anzupassen.[4] Bereits in den 50er und 60er Jahren war parallel zum Prozeß der Diversifikation ein Trend weg von der funktionalen und hin zur divisionalen Organisationsstruktur zu beobachten.[5]

Grinyer, Yasai-Ardekani und *Al-Bazzaz* sowie *Hitt* und *Ireland* ermittelten in ihrer empirischen Untersuchung einen positiven Zusammenhang zwischen dem Diversifika-

---

1   Vgl. Borschberg (1977), S. 314.
2   Vgl. Welge (1976), Sp. 3807.
3   Zu dieser Stellungnahme Bühners vgl. Viehöver (1990), S. 55.
4   Vgl. Schmitz (1988), S. 283.
5   Vgl. Chandler (1962); Wrigley (1970); Thanheiser (1972); Dyas/Thanheiser (1976), S. 102 f.; Rumelt (1977); Scott (1973), S. 138 f.

tionsgrad einer Unternehmung und dem Ausmaß an Divisionalisierung ihrer Struktur.[1] Zu ähnlichen Ergebnissen kamen auch *Albach* und *Schmitz*. Sie stellten für die Bundesrepublik fest, daß gering diversifizierte Unternehmen häufig ohne besondere Führungsorganisation sind, bei Unternehmen mit einem mittleren Diversifikationsgrad die funktionale und bei stark diversifizierten Unternehmen die divisionale Organisationsstruktur oder die Holding dominiert.[2]

Die empirischen Untersuchungen zur Wirkung der unterschiedlichen Organisationsformen auf den Erfolg haben **keine einheitlichen Befunde** hervorgebracht. Die Studien von *Rumelt* sowie *Horovitz* und *Thietart* zeigen, daß eine divisionale Organisation bei diversifizierten Unternehmen zu signifikant besseren Erfolgen führt als die funktionale Organisation.[3] Demgegenüber kommen *Miller* und *Springate* zu dem Ergebnis, daß Unternehmen mit funktionaler Organisationsstruktur erfolgreicher sind als solche mit divisionaler Struktur.[4]

Spindler untersuchte den Einfluß von Konjunktureffekten auf die Vorteilhaftigkeit der Organisationsstruktur diversifizierter Unternehmen. Hier zeigte sich, daß in günstigen Konjunkturphasen Unternehmen mit einer Verrichtungsorganisation erfolgreicher waren als solche mit einer Geschäftsbereichsorganisation. In konjunkturell ungünstigen Phasen schnitten dagegen jene mit einer Gliederung nach Geschäftsbereichen besser ab.[5]

Trotz der vielfältigen Stärken und Schwächen jener Organisationsform dürften für die Integration und Steuerung von Diversifikationen insgesamt die Vorteile einer Sparten- gegenüber einer Verrichtungsorientierung bzw. einer stärkeren Dezentralisierung gegenüber einer stärkeren Zentralisierung überwiegen.

Die bisherigen Ausführungen gingen, in Anlehnung an die Literatur, von einer Parallelität zwischen zentraler und dezentraler Organisation einerseits sowie funktionaler und Spartenorganisation andererseits aus. Dagegen vertritt *Frese* die Auffassung, daß die Gleichsetzung der Begriffe Dezentralisierung und Spartenbildung, wie sie in der Literatur häufig zu finden ist, irreführend sei.[6] So kann einerseits davon ausgegangen werden, daß in der Praxis Divisionalisierungsprozesse nicht immer auch zu einer Erhöhung des Entscheidungsspielraums auf nachgelagerte Hierarchiestufen, sondern nur zur Verlage-

---

1 Vgl. Grinyer/Yasai-Ardekani/Al-Bazzaz (1980); Hitt/Ireland (1982).
2 Vgl. Albach (1988), S. 81; Schmitz (1988), S. 283.
3 Vgl. Rumelt (1974); Horovitz/Thietart (1982).
4 Vgl. Miller/Springate (1978). Es wurden 49 diversifizierte Einzelhandelsunternehmen untersucht.
5 Vgl. Spindler (1988), S. 872.
6 Vgl. Frese (1988), S. 522, Fußnote 175.

rung von Entscheidungsinhalten führen (z.B. Zunahme an produkt- oder absatzmarktbezogener Entscheidungsmacht auf Kosten funktionsbezogener Entscheidungsbefugnisse). Andererseits müssen Dezentralisierungsprozesse nicht notwendigerweise zu einer Spartenorganisation oder zu einer Holding führen.

Aus diesen Gründen werden folgende Hypothesen zum Einfluß organisatorischer Merkmale auf den Diversifikationserfolg gebildet, die sowohl dem Zentralisierungsgrad von Entscheidungen als auch den verschiedenen Organisationsformen Rechnung tragen.

H 29: Die Erfolge der Diversifikationsstrategie sind in dezentral geführten Unternehmen größer als in zentral geführten Unternehmen.

H 30: Die Erfolge der Diversifikationsstrategie sind in Unternehmen, bei denen die Geschäftsbereiche dominieren, größer als in Unternehmen, bei denen die Funktionsbereiche dominieren.

In bezug auf die Steuerung der Geschäftsbereiche wird vermutet, daß mit deren zunehmender Verselbständigung der Diversifikationserfolg der Unternehmen steigt. Die geringsten Erfolgschancen werden für eine direkte Steuerung über Geschäftsführer und Vorstände, die größten Erfolgschancen für die Steuerung über eine Holdingorganisation erwartet. Es soll daher folgende Hypothese überprüft werden:

H 31: Mit zunehmender Holdingorientierung der Steuerungsform der Geschäftsbereiche eines diversifizierten Unternehmens steigt dessen Diversifikationserfolg.

1.2.2.2.2 Die Unternehmensgröße diversifizierter Unternehmen

In der Literatur wird der **Unternehmensgröße** oftmals ein **positiver Einfluß** auf den Unternehmenserfolg zugesprochen. Mit ihr sind **Betriebsgrößenersparnisse** (Economies of Scale, kostensenkende Lerneffekte etc.) verbunden, die sich günstig auf den Unternehmenserfolg auswirken.[1] Größenersparnisse lassen sich beispielsweise in der Beschaffung realisieren. Die Verhandlungsmacht großer Firmen gegenüber Lieferanten zieht oftmals den billigeren Bezug von (meist qualitativ höherwertigen) Vorprodukten im Vergleich zu kleineren Wettbewerbern nach sich.[2] Von Vorteil ist auch die meist größere Attraktivität von Großunternehmen für Arbeitnehmer, da sie häufig in der Lage

---
1 Vgl. Kaufer (1980), S. 60; Schwalbach (1987), S. 184.
2 Vgl. Borschberg (1977), S. 322.

sind, höhere Gehälter zu bezahlen, interessante Weiterbildungsmaßnahmen zu offerieren und vielfältige Aufstiegsmöglichkeiten anzubieten.

Großunternehmen steht im allgemeinen eine **größere Kapazität** zur erfolgreichen Durchführung von Diversifikationen zur Verfügung.[1] So sind sie beispielsweise aufgrund ihrer besseren finanziellen Ressourcen eher als kleinere Firmen in der Lage, aggressiv in den Markt einzusteigen, Rückschläge zu verkraften[2] und Wettbewerber aus dem neuen Betätigungsfeld zu verdrängen. Kleine Unternehmen laufen dagegen Gefahr, daß sie sich mit ihrer Diversifikationsstrategie, etwa im Zusammenhang mit Firmen-Akquisitionen, finanziell oder organisatorisch übernehmen.[3] Insbesondere wenn größere Unternehmen die Aktivitäten mehrerer Geschäftsbereiche, Tochterfirmen usw. dergestalt koordinieren, daß eine Ressourceneinsparung oder eine Verbesserung der Angebotsqualität erzielt werden kann (Realisierung von Synergieeffekten), dürften sich diese Größenvorteile positiv auf den Erfolg auswirken. Größere Unternehmen werden darüber hinaus häufig über mehr **Diversifikationserfahrung** verfügen,[4] so daß auch aus diesem Grund ein erfolgreicheres Abschneiden von Diversifikationsprojekten dieser Firmen wahrscheinlich ist.

Allerdings sind mit zunehmender Firmengröße mitunter auch **negative Effekte** auf den Unternehmenserfolg verbunden. So wirkt es sich beispielsweise nachteilig aus, daß mit steigender Größe die Flexibilität der Unternehmen tendenziell abnimmt.[5] Nicht von ungefähr wird häufig die Bürokratisierung der Struktur in Großunternehmen beklagt, die Schwerfälligkeit mit sich bringt und die Mitarbeiter von unternehmerischem Denken weg und hin zu einem Risiko vermeidenden Handeln führt.[6]

Von einer eindeutigen **empirischen Bestätigung** des oben vermuteten Zusammenhangs, wonach die Firmengröße einen positiven Einfluß auf den Unternehmenserfolg ausübt, kann bisher noch nicht gesprochen werden.[7] Auch die empirischen Resultate

---

[1] Vgl. Lemelin (1982), S. 650.
[2] Vgl. Smith/Cooper (1988), S. 112; Yip (1982c), S. 107.
[3] Vgl. Möller (1983), S. 80.
[4] Vgl. Neumann/Böbel/Haid (1979), S. 133; zur Diversifikationserfahrung siehe auch Abschnitt C II. 1.2.1.3.1 dieser Arbeit.
[5] Vgl. Krüger (1988b), S. 372; Caytas/Mahari (1988), S. 34; Lauenstein (1985), S. 51 f.
[6] Vgl. z.B. Bleicher (1979a), S. 243. Einschränkend bedarf es der Erwähnung, daß sich die These eines überproportionalen Anwachsens der Verwaltung auch durch neuere Untersuchungen empirisch nicht bestätigen ließ; vgl. hierzu Frese (1988), S. 318.
[7] In den Untersuchungen von Schmitz (1988), Grant und Jammine (1988), Schwalbach (1987) sowie Hall und Weiss (1967) ergab sich eine positive Beziehung zwischen der Unternehmensgröße und dem Unternehmenserfolg. Allerdings weisen die empirischen Ergebnisse z.T. in Abhängigkeit vom jeweils untersuchten Industriezweig große Unterschiede auf. Marcus ermittelte für einzelne Branchen sogar signifikante negative Zusammenhänge zwischen Größe und Erfolg der untersuchten Unternehmen. Negative Korrelationen zwischen Unternehmensgröße und -erfolg wurden auch in den

jener Studien, die sich speziell mit der Wirkung der Unternehmensgröße auf den Diversifikationserfolg auseinandergesetzt haben, weisen in unterschiedliche Richtungen. Die Studie von *Smith* und *Cooper* beispielsweise vermochte lediglich für einzelne Teilstichproben einen signifikanten positiven Einfluß der Unternehmensgröße auf den Erfolg zu ermitteln.[1] Diese Ergebnisse korrespondieren mit Befunden von *Möller*, der im Rahmen einer Untersuchung von Akquisitionsprojekten keine signifikante Beziehung zwischen der Größe der übernehmenden Gesellschaft und dem Zusammenschlußerfolg nachweisen konnte.[2] *Weiss* kam sogar zu dem Ergebnis, daß Start-up-Businesses von kleinen, individuellen Unternehmern sowohl signifikant schneller in die Gewinnzone kommen als auch insgesamt höhere Gewinne erzielen als solche, die von großen, etablierten Unternehmen durchgeführt werden.[3]

Vor dem Hintergrund des Industrieökonomischen Ansatzes, der eine positive Beziehung zwischen branchen- oder firmenspezifisch ermittelten Gewinnen und dem Konzentrationsgrad bzw. der Marktmacht von Unternehmen ausgeht,[4] soll angesichts der konträren empirischen Resultate überprüft werden, ob die Unternehmensgröße einen positiven Einfluß auf den Diversifikationserfolg von Industrieunternehmen ausübt. Es wird daher folgende Hypothese formuliert:

H 32: Mit zunehmender Größe diversifizierter Unternehmen steigt auch deren Diversifikationserfolg.

1.2.2.2.3 Die Homogenität des Leistungsangebots

Wie bereits an anderer Stelle dargelegt,[5] ist die Unternehmenleitung oftmals überfordert, wenn es darum geht, sehr unterschiedliche Geschäftsfelder zu führen.[6] Es ist davon auszugehen, daß bei heterogenem Leistungsprogramm das Risiko von Fehlentscheidungen besonder hoch ist, da das Unternehmen möglicherweise nicht in allen Märkten, in denen es präsent ist, die erforderliche Kompetenz aufweist. Konglomerat diversi-

---

Studien von Bühner (1987), Neumann, Böbel und Haid (1979) sowie Shepherd (1972) festgestellt. Hansen und Wernerfelt (1989), Fowler und Schmidt (1989), Bracker und Pearson (1986), Collins und Preston (1981) sowie Mermelstein (1969) vermochten dagegen keinen signifikanten statistischen Zusammenhang zwischen Unternehmensgröße und Erfolg nachzuweisen.

1 Vgl. Smith/Cooper (1988), S. 118 f.
2 Vgl. Möller (1983), S. 86 f.
3 Vgl. Weiss (1981); der Autor greift dabei u.a. auf das Datenmaterial zurück, das bereits Biggadike (1979) für seine Untersuchungen herangezogen hat.
4 Vgl. z.B. Scherer/Ross (1990), S. 56; Böbel (1984), S. 6 f.; Kaufer (1980), S. 471 - 474.
5 Vgl. Abschnitt C II. 1.2.1.5.2 dieser Arbeit.
6 Vgl. z.B. Wells (1984), S. 100.

fizierte Unternehmen laufen daher Gefahr, daß sich die Konfrontation mit ganz unterschiedlichen Wettbewerbssituationen und "Marktgesetzen" negativ auf den Diversifikationserfolg auswirkt.

Bei homogenem Leistungsprogramm, bei dem größere Ähnlichkeiten zwischen den neuen und den bisherigen Geschäftsbereichen bestehen, halten sich diese Risiken in Grenzen. Es lassen sich auch in stärkerem Maße als bei heterogenem Angebot Verflechtungen zwischen den einzelnen Unternehmensteilen herstellen und eine Aufgabenzentralisierung, ein Know-how- oder ein Image-Transfer durchführen. So ist zu erwarten, daß ein homogenes Leistungsprogramm die Erzielung von **Verbundeffekten** fördert.[1]

Die Vorteile einer konglomeraten Diversifikation werden beispielsweise darin gesehen, daß die Chance einer Reduktion des Unternehmensrisikos wegen der Präsenz auf sehr unterschiedlichen Märkten besonders groß ist.[2] Da das Risiko von Konglomeraten aus der Sicht der Kapitalgeber oftmals geringer eingeschätzt wird, bestehen für sie i.d.R. günstigere Finanzierungskosten[3]. Ferner eröffnet die konglomerate Diversifikation Möglichkeiten einer strategischen Preisunterbietung ("Predatory Pricing") im Rahmen eines "Cross-subsidizing", bei dem Verluste des einen Marktes durch Gewinne aus einem anderen Markt des Unternehmens ausgeglichen werden.[4] So geht die sogenannte "Deep-Pocket-Theorie" davon aus, daß konglomerat diversifizierte Unternehmen ihre Ressourcen je nach Bedarf zwischen den verschiedenen Märkten transferieren können. In diesen Fällen wären die Unternehmen in der Lage, auf dem einen Markt durch den Absatz ihrer Produkte zu Dumpingpreisen Konkurrenten aus dem Markt zu drängen, wobei die damit verbundenen Verluste durch Gewinne aus anderen Märkten des Unternehmens abgedeckt werden könnten.[5]

---

1 Vgl. Singh/Montgomery (1987); Morris (1987), S. 95; Ansoff/Weston (1963), S. 51. Der positive Zusammenhang zwischen den Gemeinsamkeiten alter und neuer Geschäftsfelder einerseits und der Erzielung synergetischer Effekte andererseits konnte im Rahmen der Akquisitionsforschung von Kitching (1967), S. 93, und Möller (1983), S. 104 f., empirisch nachgewiesen werden.
2 Vgl. Bühner (1989b), S. 165; Amit/Livnat (1988), S. 105; Bühner (1985), S. 146; Gebert (1983), S. 88; Beattie (1980), S. 253; Becker (1977), S. 157; Bartels (1966), S. 57.
3 Vgl. Salter/Weinhold (1978), S. 175. Allerdings wird ebenfalls angenommen, daß konglomerate Unternehmen die (zusätzlichen) Möglichkeiten der Fremdfinanzierung nutzen und sich aufgrund eines vergleichsweise hohen Verschuldungsgrades das Risiko gegenüber nicht konglomerat diversifizierten Unternehmen erhöhen kann (Leverage-Risiko); vgl. hierzu Amit/Livnat (1988), S. 101 und 105; Bühner (1989), S. 165. Ein höherer Verschuldungsgrad von Konglomeraten wurde von Melicher und Rush (1973), S. 387, ermittelt.
4 Vgl. Herdzina (1987), S. 22; Yip (1982c), S. 107; Beattie (1980), S. 252; Miller (1973), S. 23. Geneen (1984), S. 411, ist dagegen der Auffassung, daß diese Form der Preisstrategie in der Unternehmenspraxis kaum verbreitet ist. Finanzielle Vorteile durch die Möglichkeit des Verlustausgleichs sehen Salter und Weinhold (1978), S. 174 f., da der interne Finanzmittelfluß die Notwendigkeit zur Aufnahme von Fremdkapital verringert.
5 Vgl. Maisel (1984), S. 116 f.

Die **empirische Forschung** kommt in bezug auf den Einfluß des Homogenitätsgrades des Leistungsangebots auf den Erfolg zu unterschiedlichen Resultaten. Die Mehrzahl der Untersuchungen ergab, daß sich eine ausgeprägte **Heterogenität negativ auswirkt**. Zu diesem Ergebnis gelangten sowohl die meisten der spezifischen Diversifikations- und Akquisitionsstudien[1] als auch die allgemeinen Untersuchungen der empirischen Erfolgsfaktorenforschung.[2]

Eine Reihe anderer Arbeiten kam dagegen zu dem Resultat, daß stark diversifizierte erfolgreicher sind als schwach diversifizierte Unternehmen.[3] Speziell mit Blick auf den Diversifikationserfolg ermittelten *Smith* und *Cooper*, daß die Wahrscheinlichkeit eines Diversifikationserfolgs bei heterogener Angebotsstruktur größer ist als bei homogenem Leistungsangebot.[4]

Allerdings unterliegen die vorliegenden Untersuchungsergebnisse z.T. speziellen Brancheneinflüssen, was an deren Validität zweifeln läßt.[5] Ferner ist zu vermuten, daß sich die unterschiedlichen Ergebnisse dieser Studien u.a. auf konjunkturelle Einflüsse zurückführen lassen.[6] So verwundert es nicht, daß zahlreiche Forscher keinen signifikanten Zusammenhang zwischen Diversifikationsgrad und Erfolg nachweisen konnten.[7]

Die vorliegenden Befunde deuten darauf hin, daß sich ein homogenes Leistungsprogramm auf den Diversifikationserfolg eines Unternehmens positiv, ein heterogenes Angebot dagegen negativ auswirkt.

---

1 So die Befunde der empirischen Studien von Kim/Hwang/Burgers (1989); Geringer/Beamish/da Costa (1989); Amit/Livnat (1988); Capon/Hulbert/Farley/Martin (1988); Varadarajan/Ramanujam (1987); Johnson/Thomas (1987); Palepu (1985); Bettis/Mahajan (1985); Wells (1984); Bettis (1981); Doyle/Cook (1980); Holzman/Copeland/Hayya (1975); Rumelt (1974, 1984); Bossons/Cohen/Reid (1966); Ansoff/Weston (1963).
2 Vgl. z.B. die Untersuchungsergebnisse von Loomis (1989), Hill/Snell (1989), Clifford/Cavanagh (1986), Maidique/Hayes (1984), Töpfer (1984), Peters/Waterman (1984) und Goldsmith/Clutterbuck (1984).
3 Vgl. Varadarajan/Ramanujam (1989); Dubovsky/Varadarajan (1987); Michel/Shaked (1984); Luffman/Reed (1984); ähnlich auch Leontiades (1987).
4 Vgl. Smith/Cooper (1988).
5 Vgl. die Arbeiten von Bettis/Hall (1982); Christensen/Montgomery (1981); Montgomery (1979).
6 Gemäß den Befunden von Ansoff und Weston (1963) sowie Spindler (1988) schneiden in konjunkturell ungünstigen Zeiten Konglomerate deutlich schlechter ab als andere Unternehmen.
7 So bei Grinyer/McKiernan/Yasai-Ardekani (1988); Grant/Jammine (1988); Chang/Choi (1988); Lubatkin (1987); Hitt/Ireland (1985); Burgman (1983); Bettis/Hall (1982); Melicher/Rush (1973); Ansoff/Brandenburg/Portner/Radosevich (1971).

Vor diesem Hintergrund soll folgende Hypothese einer empirischen Prüfung unterzogen werden:

H 33: Je homogener das Leistungsprogramm eines diversifizierten Unternehmens ist, desto größer ist der Diversifikationserfolg.

1.2.2.2.4 Das Ausmaß formalisierter Diversifikationsplanung

Die Suche nach neuen Geschäftsfeldern stellt ein zentrales Problem der Unternehmensführung dar.[1] In Abschnitt C II. 1.2.1.4.1 wurde bereits die Zweckmäßigkeit einer sorgfältigen Planung von Diversifikationsprojekten diskutiert. An dieser Stelle gilt es, die Vorteile einer formalen **Gesamtplanung** der Diversifikationsaktivitäten einer Unternehmung zu erörtern, die der gezielten Suche und Auswahl zukunftsträchtiger Diversifikationsbereiche dient und Fehlschlägen vorbeugen soll.

Letztere äußern sich oftmals darin, daß Unternehmensteile, die nicht in das Gesamtkonzept des diversifizierten Unternehmens "hineinpassen", in die Verlustzone geraten. In solchen Fällen entscheiden sich die Unternehmen häufig für eine Veräußerung der "Verlustbringer". Beispielsweise verkaufte der in der Vergangenheit breit diversifizierende Konzern *Gulf & Western* eine Reihe von Tochtergesellschaften, um sich auf drei strategisch bedeutsame Tätigkeitsfelder konzentrieren zu können. Auch die konglomerat diversifizierten Unternehmen *ITT* und *Litton* verfolgen nun eine Strategie der Konzentration auf wenige zukunftsträchtige Betätigungsfelder und haben nicht in ihr Gesamtkonzept passende Unternehmensteile veräußert. Hinter Verkäufen dieser Art steht oft die Überzeugung, daß andere, meist auf die entsprechenden Tätigkeitsgebiete spezialisierte Unternehmen eher in der Lage sind, diese Gesellschaften erfolgreich zu führen, als die eigene Konzernleitung.[2]

Mit der Durchführung einer formalisierten Gesamtplanung, etwa in Form von Richtlinien für die in den Diversifikationsprozeß involvierten Mitarbeiter, dürfte sich die Gefahr von Diversifikationsflops verringern. Es sollen mit ihrer Hilfe neue Aktivitätsfelder gefunden werden, die in die Unternehmung hineinpassen und von denen sich die Unternehmensführung in besonderem Maße Erfolge verspricht.[3]

---

1 Vgl. Müller (1986), S. 4.
2 Vgl. Bühner/Spindler (1986), S. 605; Hitt/Ireland (1985), S. 807 f.; Maidique/Hayes (1984), S. 19.
3 Vgl. z.B. Salter/Weinhold (1978), S. 171.

Die Planungsaktivitäten können z.B. in einen Anforderungskatalog bzw. in Anforderungsprofile für zukünftige Diversifikationsentscheidungen münden. Folgende Kriterien lassen sich beispielsweise für Akquisitionsvorhaben im Rahmen von Diversifikationsprozessen heranziehen:[1]

- Festlegung auf Unternehmen bestimmter Güterkategorien (z.B. Firmen, die in Konsumgüter- oder in Investitionsgütermärkten tätig sind).

- Festlegung auf Branchen, in denen man aufgrund eines speziellen Know-how oder mit Hilfe des verfügbaren Kapitals den Markt erfolgreicher bedienen kann als die etablierten Wettbewerber.

- Verzicht auf den Kauf von Unternehmen, deren Rentabilität unterhalb eines Schwellenwertes liegt.

- Begrenzung auf Investitionen (Kaufpreis, Umstrukturierungsmaßnahmen etc.), die sich in einem bestimmten Zeitraum amortisieren.

- Kauf von Unternehmen, die über ein kompetentes Management verfügen, das bereit ist, auch als Division eines anderen Unternehmens die Geschäfte noch mit dem erforderlichen Engagement fortzuführen.

Gegen die Verwendung solcher formalen und u.U. recht engen Planungsrichtlinien läßt sich allerdings einwenden, daß sie den Entscheidungsspielraum allzu sehr einengen und interessante Diversifikationsmöglichkeiten, welche aber diesem "Raster" nicht entsprechen, mitunter nicht wahrgenommen werden.

Zum Einfluß einer **formaler Planung** auf den **Unternehmenserfolg** liegt eine Reihe **empirischer Untersuchungen** vor. So ermittelten *Bracker* und *Pearson* sowie *Rhyne*, daß Unternehmen mit einer strukturierten strategischen Planung erfolgreicher abschneiden als jene ohne eine solche Planung.[2] Zu ähnlichen Befunden kamen auch *Robinson* und *Pearce* sowie *Pearce, Robbins* und *Robinson*, die einen positiven Zusammenhang zwischen Ausmaß und Differenziertheit der Planung einerseits und dem Unternehmenserfolg andererseits feststellten.[3]

---

[1] Vgl. hierzu auch die Ausführungen bei Müller-Stewens (1989), S. 320 und 322 f.; Gilmore/Coddington (1966), S. 150; Mace/Montgomery (1962), S. 66 - 73; Chandler (1962), S. 88 f.
[2] Vgl. Bracker/Pearson (1986), S. 512; Rhyne (1986), S. 431 f.
[3] Vgl. Robinson/Pearce (1988); Pearce/Robbins/Robinson (1987).

Weitere empirische Befunde stützen die Vermutung, daß eine Diversifikations-Gesamtplanung den Diversifikationserfolg positiv beeinflußt. So stellten beispielsweise *Ansoff et al.* fest, daß Unternehmen, die eine systematisch geplante Beteiligungsstrategie verfolgt haben, erfolgreicher waren als solche, die ihre Beteiligungen nur teilweise oder überhaupt nicht planten.[1] Zu ähnlichen Ergebnissen kamen auch *Porter*, *Kitching* sowie *Mace* und *Montgomery*. Danach sind Unternehmen, die über ein Gesamtkonzept verfügen, erfolgreicher in der Akquisition als die "Reagierer", die erst aktiv werden, wenn sich ihnen eine vermeintliche oder tatsächliche gute Gelegenheit bietet.[2]

Dagegen vermochten *Grinyer* und *Norburn*, *Jemison* sowie *Robinson* und *Pearce* keinen Zusammenhang zwischen dem Ausmaß formaler Planung und dem Unternehmenserfolg festzustellen.[3] *Rue* und *Fulmer* sowie *Fredrickson* und *Mitchel* ermittelten sogar eine negative Beziehung zwischen Planungsintensität und Erfolg.[4]

In Anbetracht der z.T. konträren empirischen Befunde soll unsere Untersuchungshypothese aus den Erkenntnissen des entscheidungstheoretischen Ansatzes abgeleitet werden. Dieser geht u.a. davon aus, daß sich die Unternehmungen aus dem Bedürfnis nach Unsicherheitsreduktion bereits in frühen Stadien der Problemerkennung globale Lösungsmöglichkeiten zurechtlegen. Die Notwendigkeit antizipativer Entscheidungen wird dabei im allgemeinen mit der wachsenden Dynamik und zunehmenden Komplexität der Unternehmensumwelt begründet,[5] womit diversifizierte Unternehmen in besonderem Maße konfrontiert sind. Es kann daher vermutet werden, daß eine formalisierte Planung den Diversifikationserfolg von Unternehmen erhöht.

Aufgrund unserer Überlegungen soll nachstehende Hypothese überprüft werden:

H 34: Unternehmen, die eine formalisierte, projektübergreifende Diversifikations-Gesamtplanung verfolgen, sind erfolgreicher als Unternehmen, die ein solches Planungsinstrument nicht einsetzen.

---

1 Vgl. Ansoff/Avner/Brandenburg/Portner/Radosevich (1970); Ansoff/Brandenburg/Portner/Radosevich (1971), S. 96.
2 Vgl. Porter (1987a); Kitching (1967); Mace/Montgomery (1962).
3 Vgl. Grinyer/Norburn (1974); Jemison (1987); Robinson/Pearce (1983).
4 Vgl. Rue/Fulmer (1973); Fredrickson/Mitchel (1984).
5 Vgl. Heinen (1985), S. 65.

1.2.2.2.5 Markt- versus Technologieorientierung diversifizierter Unternehmen

Seit mehreren Jahrzehnten wird sowohl von der Marketingwissenschaft als auch von Unternehmenspraktikern die Auffassung vertreten, daß sich eine ausgeprägte **Marktorientierung** positiv auf den Unternehmenserfolg auswirkt,[1] da sie den Unternehmen langfristige Wettbewerbsvorteile verschafft. Sie kann als eine Form der Unternehmenskultur angesehen werden,[2] welche auf effiziente und effektive Weise ein Mitarbeiterverhalten hervorbringt, das für ein Angebot überlegener Leistungen mit hohem Kundennutzen notwendig ist. In stark marktorientiert geführten Unternehmen steht die Berücksichtigung der Käuferpräferenzen im Zentrum der Leistungserstellung, wobei das Marketing als übergreifende Führungskonzeption und zentraler Erfolgsfaktor verstanden wird.

Dagegen betrachtet man in Unternehmen mit ausgeprägter **Technologieorientierung** die Bereiche Forschung und Entwicklung sowie Produktion als erfolgsbestimmende Faktoren, wobei der technische Durchbruch in Entwicklung und Fertigung als kritische Variable zur Sicherung der Überlebensfähigkeit angesehen wird. Während technologieorientierte Unternehmen in hohem Maße davon ausgehen, daß die eingesetzte Technologie auch die entsprechenden Absatzmärkte "schafft", verfahren Unternehmen mit ausgeprägter Marktorientierung eher nach der Devise, daß sich Märkte die für die Befriedigung der Kundenbedürfnisse erforderliche Technologie "suchen".[3]

Auch mit Blick auf die Ausweitung der Geschäftstätigkeit in neue Produkt-/Marktfelder stellt man die Vorteile einer ausgeprägten Marktorientierung heraus. Sie wird als notwendig erachtet für eine adäquate Anpassung der Unternehmung nicht nur an externe, sondern auch an eine interne Entwicklung, wie beispielsweise an die diversifikationsbedingte Zunahme der Komplexität einer Organisation und an den daraus resultierenden Integrations- und Kooperationsbedarf.[4]

Häufig werden Gefahren in einer einseitigen, die Marktbelange nicht ausreichend berücksichtigenden Technologieorientierung von Diversifikationsprozessen gesehen.[5] Der Umstand, daß eine neue Technologie zur Verfügung steht, bedeutet nicht notwendigerweise, daß auch ein Markt dafür vorhanden ist oder geschaffen werden kann.[6] So ist zu

---

1 Siehe Narver/Slater (1990), S. 20, und die dort angegebene Literatur.
2 Vgl. Bleicher (1987), S. 145 f.; Narver/Slater (1990), S. 21.
3 Vgl. Bleicher (1987), S. 146.
4 Vgl. ähnlich Wicher (1988), S. 323.
5 Vgl. Guiniven (1986); DeSouza (1986).
6 Vgl. Guiniven (1986).

erwarten, daß eine Diversifikation erfolgreicher ist, wenn sie vom Markt her induziert wird, da damit gerechnet werden kann, daß die neue Leistung auch auf entsprechende Bedürfnisse potentieller Abnehmer stößt.

Im allgemeinen mißt man der Produktqualität einen hohen Stellenwert für die Erzielung eines überdurchschnittlichen Erfolgs bei.[1] Eine unzureichende Marktorientierung bei Diversifikationsprozessen zeigt sich jedoch oftmals darin, daß sich die Unternehmen allzu häufig auf die technologische Qualität ihrer neuen Leistungen verlassen und dabei das Marketing vernachlässigen. Sie verfahren häufig nach dem Motto: "Ein gutes Produkt verkauft sich von selbst." Insbesondere in der Investitionsgüterindustrie werden vielfach nach wie vor die F&E-Ausgaben als "Investitionen" betrachtet und die Marketingausgaben als "Kosten" angesehen,[2] wodurch mitunter nicht nur das Marketingbudget zu knapp bemessen, sondern auch die Qualität der Vermarktungsstrategie vernachlässigt werden. Entscheidend für den Erfolg ist dabei weniger die objektive als vielmehr die von Kunden wahrgenommene Produktqualität. Viele Diversifikationsmanager räumen der subjektiven Produktqualität jedoch nur einen nachrangigen Stellenwert ein und rücken die objektiven Qualitätsdimensionen wie Funktionsfähigkeit, Langlebigkeit usw. ohne Berücksichtigung der jeweiligen Bedeutung dieser Eigenschaften für die Kunden in den Vordergrund ihrer Überlegungen. Befunde von *DeSouza*, *Guiniven* sowie *Guiniven* und *Fisher* deuten darauf hin, daß gerade auch bei Diversifikationen ein hoher subjektiver Kundennutzen der angebotenen Leistungen mit einem positiven Erfolg verbunden ist.[3]

Der Frage, ob die Marktorientierung von Unternehmen einen Erfolgsfaktor darstellt, gingen *Narver* und *Slater* in ihrer **empirischen Untersuchung** nach. Sie vermochten bei ihrer Analyse von 113 strategischen Geschäftseinheiten eines US-amerikanischen Großunternehmens einen positiven Zusammenhang zwischen Marktorientierung und Erfolg festzustellen.[4] Für die Gesamtunternehmung wurde diese Beziehung bereits in einer älteren Untersuchung von *Goldsmith* und *Clutterbuck* dokumentiert.[5] Spezielle Ausprägungsformen einer hohen Marktorientierung wie beispielsweise eine umfassende Kundenorientierung, eine enge Kundenbindung oder -nähe, eine intensive Kundenbetreuung usw. vermochten die Studien von *Cavanach/Clifford*, *Kreisky/Schossleitner*,

---

[1] Die Bedeutung der Produktqualität für den Unternehmenserfolg wurde eindringlich von der PIMS-Forschung herausgestellt. Im Hinblick auf den Aufbau neuer Geschäftsfelder konnte der positive Einfluß der Produktqualität auf den Diversifikationserfolg durch die Untersuchung von Hobson und Morrison (1983), S. 13, auf Basis der PIMS-Daten empirisch belegt werden.
[2] Vgl. DeSouza (1986), S. 13.
[3] Vgl. DeSouza (1986); Guiniven (1986); Guiniven/Fisher (1986).
[4] Vgl. Narver/Slater (1990).
[5] Vgl. Goldsmith/Clutterbuck (1984).

Krulis-Randa, *Peters/Waterman*, *Dunn/Norburn/Birley*, *Peters/Austin*, *Pümpin*, *Staerkle/Perich* und *Poth* als maßgebliche Erfolgsdeterminanten zu identifizieren.[1] Die Annahme, daß marktorientierte Unternehmen in ihrer Diversifikationspolitik besser abschneiden als technologie- und produktionsorientierte, findet auch eine Stütze in Befunden *Coopers*, der sich allerdings auf die Erforschung der Erfolgsfaktoren von Produktinnovationen beschränkte.[2]

Schließlich soll auch auf eine Studie von *Simon* hingewiesen werden. Dort zeigte sich, daß die "Hidden Champions", also die nicht oder nur wenig bekannten, aber sehr erfolgreichen mittelständischen Unternehmen (Welt- und Europamarktführer), u.a. eine Gleichgewichtigkeit bei Markt- und Technikorientierung aufweisen. Während Großunternehmen entweder "Technik- oder Markt-Unternehmen" sind, werden die "Hidden Champions" von *Simon* als "Sowohl Technik- als auch Markt-Unternehmen" bezeichnet.[3]

Die skizzierten Annahmen und bisherigen Forschungsergebnisse lassen vermuten, daß marktorientierte Unternehmen in ihrer Diversifikationspolitik besser abschneiden als technologie- und produktionsorientierte Firmen. Für diesen Zusammenhang spricht auch der Marketingansatz, der eine Führungskonzeption fordert, bei der sämtliche Aktivitäten der Unternehmung an den Marktengpässen auszurichten sind. Jene sollen danach "von den Märkten her und auf diese hin" geführt werden, um möglichst erfolgreich zu sein.[4]

Es gilt folgende Hypothese zu überprüfen:

H 35: Der Diversifikationserfolg ist um so größer, je höher die Marktorientierung der diversifizierenden Unternehmung ist.

---

1 Vgl. Cavanach/Clifford (1983); Kreisky/Schossleitner (1984); Krulis/Randa (1984); Peters/Waterman (1984); Dunn/Norburn/Birley (1985); Peters/Austin (1986); Pümpin (1986); Staerkle/Perich (1987); Poth (1988).
2 Vgl. Cooper (1979a), S. 103.
3 Vgl. Simon (1990), S. 881 f.
4 Vgl. z.B. Raffée (1989a), S. 43.

1.2.2.2.6 Zusammenfassung der Untersuchungshypothesen über die Wirkungen zwischen Unternehmensstrukturvariablen und dem Diversifikationserfolg der Unternehmen

Nachstehende Hypothesen wurden in diesem Abschnitt über den Einfluß der Unternehmensstruktur auf den Diversifikationserfolg entwickelt:

H 29: Die Erfolge der Diversifikationsstrategie sind in dezentral geführten Unternehmen größer als in zentral geführten Unternehmen.

H 30: Die Erfolge der Diversifikationsstrategie sind in Unternehmen, bei denen die Geschäftsbereiche dominieren, größer als in Unternehmen, bei denen die Funktionsbereiche dominieren.

H 31: Mit zunehmender Holdingorientierung der Steuerungsform der Geschäftsbereiche eines diversifizierten Unternehmens steigt dessen Diversifikationserfolg.

H 32: Mit zunehmender Größe diversifizierter Unternehmen steigt auch deren Diversifikationserfolg.

H 33: Je homogener das Leistungsprogramm eines diversifizierten Unternehmens ist, desto größer ist der Diversifikationserfolg.

H 34: Unternehmen, die eine formalisierte, projektübergreifende Diversifikations-Gesamtplanung verfolgen, sind erfolgreicher als Unternehmen, die ein solches Planungsinstrument nicht einsetzen.

H 35: Der Diversifikationserfolg ist um so größer, je höher die Marktorientierung der diversifizierenden Unternehmung ist.

2. Das empirische Design der Untersuchung

2.1 Die Datenerhebung

2.1.1 Methode, Stichprobe und Datenerhebung

Die Daten, auf denen die empirische Untersuchung fußt, wurden im Rahmen einer schriftlichen Unternehmensbefragung mittels standardisiertem Fragebogen erhoben. Der Fragebogen wurde an 551 Industrieunternehmen verschickt. Die Stichprobe bildeten Unternehmen, die in der *Hoppenstedt*-Datenbank gespeichert sind. Da keine Informationen darüber vorlagen, welche von den in der Datenbank gespeicherten Firmen diversifiziert sind, wurden die Adressen der jeweils größten Unternehmen nachstehend aufgeführter Wirtschaftszweige in die Analyse einbezogen. Diese Vorgehensweise erfolgte unter der Annahme, daß Großunternehmen, insbesondere dieser Branchen, eher diversifiziert sind als kleinere Firmen. Die Firmenadressen wurden um die Namen von Vorstandsmitgliedern und Geschäftsführern ergänzt, um eine persönliche Ansprache zu gewährleisten und möglichst sicherzustellen, daß kompetente Mitarbeiter der befragten Unternehmen zur Beantwortung der Fragebogen ausgewählt werden. Die Stichprobe umfaßte Firmen aus folgenden Wirtschaftszweigen:

- Chemische Industrie,
- Elektrotechnik und Elektronik,
- Fahrzeugbau,
- Feinmechanik und Optik,
- Maschinenbau,
- Nahrung- und Genußmittel,
- Steine, Erden und Feinkeramik,
- Eisen- und Nichteisen-Metallerzeugung,
- Stahl- und Leichtmetallbau und
- Energiewirtschaft.

Die Fragebogen wurden im Mai 1990 versandt. Zur Erhöhung der Rücklaufquote wurde im Juni ein Erinnerungsschreiben mit der nochmaligen Bitte um Beantwortung des Fragebogens verschickt. Insgesamt reagierten 332 Unternehmen. Davon gaben 121 zur Kenntnis, daß sie nicht diversifiziert seien oder die Diversifikationsaktivitäten schon zu lange zurücklägen, um die Fragen sachgemäß beantworten zu können. 70 Unternehmen sahen sich aus zeitlichen oder sonstigen Gründen (z.B. prinzipiell keine Beteiligung bei Befragungen) nicht in der Lage, den Fragebogen auszufüllen. Somit waren 141 Fragebogen auswertbar.

Um hinsichtlich der Unternehmensgröße eine allzu heterogene Stichprobenzusammensetzung zu vermeiden, wurden diese 141 Fragebogen um vergleichsweise kleine Unternehmen bereinigt, und zwar um sieben Firmen, die weder einen Mindestumsatz von 100 Millionen DM erzielen noch eine Mitarbeiterzahl von 500 aufweisen. Damit betrug die endgültige Stichprobengröße 134 diversifizierte Unternehmen. Reduziert man die Stichprobe von 551 um die angeschriebenen, aber nicht diversifizierten Unternehmen und um die unberücksichtigt gebliebenen kleineren Firmen, ergibt sich eine Rücklaufquote von 31,7 Prozent. Angesichts der allgemeinen Zurückhaltung von Unternehmen bei Befragungen, die den Erfolg bzw. Mißerfolg der eigenen Unternehmenstätigkeit zum Gegenstand haben, kann die Rücklaufquote als recht hoch beurteilt werden.

Tabelle 10 gibt einen Überblick über die Struktur der Stichprobe nach Wirtschaftszweigen. Ein Vergleich zwischen den angeschriebenen und den in der Datenauswertung berücksichtigten Unternehmen läßt darauf schließen, daß keine großen Verzerrungen aufgrund des Rücklaufs zu erwarten sind. Allerdings hätte man sich für die Auswertung einen höheren Anteil von Unternehmen aus den Wirtschaftszweigen "Fahrzeugbau" und "Eisen- und Nichteisen-Metallerzeugung" gewünscht.

Wirtschaftszweig	Anzahl der angeschriebenen Unternehmen	Anzahl der in der Auswertung berücksichtigten Unternehmen
Chemische Industrie	83	27
Elektrotechnik und Elektronik	110	30
Fahrzeugbau	58	5
Feinmechanik und Optik	13	4
Maschinenbau	133	34
Nahrung- und Genußmittel	44	12
Steine, Erden und Feinkeramik	26	8
Eisen- und Nichteisen-Metallerzeugung	63	8
Stahl- und Leichtmetallbau	19	4
Energiewirtschaft	2	2
Summe	551	134

Tab. 10: Die Struktur der Stichprobe nach Wirtschaftszweigen

Von den in der Stichprobe verbliebenen Unternehmen sind 36 hauptsächlich im Konsumgüter- und 88 im Investitionsgütersektor tätig. Zehn Unternehmen gaben an, in beiden Bereichen stark vertreten zu sein. Die Konsumgüterhersteller fertigen zu etwa einem Drittel Gebrauchsgüter, rund zwei Drittel produzieren Verbrauchsgüter. Das Gros der Investitionsgüterproduzenten ist im Maschinenbau tätig. Ferner sind Hersteller von Teilen und Zubehör (z.B. Gehäuse, Schalter) in der Stichprobe häufig vertreten (siehe Tab. 11).

Produktionsbereich	Anteil in Prozent der Investitionsgüterhersteller
Roh-, Hilfs- und Betriebsstoffe (z.B. Lacke, Schmierstoffe)	17,1
Halbfabrikate (z.B. Rohlinge)	9,0
Teile und Zubehör (z. B. Gehäuse, Schalter)	36,3
Maschinen und maschinelle Anlagen, Systeme, Bauleistungen (z.B. Werkzeugmaschinen, Fertigungsstraßen, Bürogebäude)	56,5

Tab. 11: Die Stichprobenstruktur der Investitionsgüterproduzenten nach Produktionsbereichen

(Anmerkung: Aufgrund von Mehrfachnennungen ergibt sich eine Spaltensumme von über 100 Prozent.)

Die Stichprobe umfaßt sowohl mittelgroße Firmen als auch Großunternehmen. Gut die Hälfte der Unternehmen erzielt einen Umsatz unter einer Milliarde DM. Bei über einem Drittel liegen die Umsätze zwischen einer und fünf Milliarden DM. Nur etwa jedes zehnte Unternehmen der Stichprobe erreicht einen Umsatz von mehr als fünf Milliarden DM.

Umsatz	Anzahl	Anteil
unter 1 Milliarde DM	69	53,1 %
1 bis unter 5 Milliarden DM	47	36,1 %
5 bis unter 10 Milliarden DM	9	7,0 %
10 Milliarden DM und mehr	5	3,8 %

Tab. 12: Die Struktur der Stichprobe nach der Umsatzhöhe

Mitarbeiter	Anzahl	Anteil
unter 1.000	9	6,8 %
1.000 bis unter 3.000	49	38,7 %
3.000 bis unter 5.000	25	18,9 %
5.000 bis unter 10.000	21	15,9 %
10.000 und mehr	26	19,7 %

Tab. 13: Die Struktur der Stichprobe nach der Anzahl der Mitarbeiter

2.1.2 Die Operationalisierung ausgewählter Variablen

(1) Zur Operationalisierung des Erfolgs

Bei einer Analyse der empirischen Arbeiten der Erfolgsfaktorenforschung fällt auf (siehe Abschnitt C I. 1.3), daß der Erfolg in den einzelnen Studien ganz unterschiedlich operationalisiert wird. Tabelle 13 gibt einen Überblick über jene Indikatoren, die in bisherigen Untersuchungen zur Erfolgsmessung herangezogen worden sind.

Erfolgsindikatoren:
- Rentabilitätskennziffern (46)
- Wachstum (17)
- Aktiengewinn bzw. -rendite (14)
- Marktanteil (6)
- Desinvestition bzw. Beibehaltung (6)
- Gewinn (5)
- Risiko-Rentabilitätsmaße (4)
- Cash-flow (2)
- Globales Erfolgsmaß (2)
- Innovationskraft (1)
- Produktivität (1)
- Effizienz u. Effektivität des Marketing (1)

(keine näheren Angaben: 3)

Tab. 14: In den analysierten empirischen Untersuchungen verwendete Erfolgsindikatoren[1]

(Die Werte in Klammern geben die Zahl der Studien an, in denen der betreffende Erfolgsindikator verwendet wurde.)

---

[1] Die Auswertung erfolgte auf der Grundlage der in Abschnitt C I. 1.3 aufgeführten Studien.

Wie Tab. 14 zu entnehmen ist, werden in zahlreichen Erfolgsfaktorenuntersuchungen **finanzwirtschaftliche Kennzahlen** verwendet. Nicht nur jene Studien, die den **Gesamterfolg** von Unternehmen als abhängige Variable der Diversifikationsstrategie zum Gegenstand haben, stützen sich bei ihren Analysen häufig auf Rentabilitätskennziffern[1], Umsatz- oder Gewinngrößen[2] und den Cash-flow[3]. Auch einige Untersuchungen, die sich mit den Erfolgsfaktoren von Diversifikations**projekten** beschäftigen, ziehen finanzwirtschaftliche Indikatoren zur Operationalisierung des Erfolgs heran.[4]

Da finanzwirtschaftliche Kennzahlen eine wichtige Grundlage zur Beurteilung des Diversifikationserfolgs darstellen, sollen sie auch im Rahmen unserer Analyse auf der Untersuchungsebene der **Diversifikationsprojekte** Verwendung finden. Zur Messung des **finanziellen** Unternehmenserfolgs findet eine Reihe von Wachstumsindikatoren Anwendung. In der Literatur werden im Zusammenhang mit der Diversifikationsstrategie immer wieder Umsatz- und Gewinnwachstum genannt. Häufig räumt man bei Diversifikationen dem Gewinn- Priorität vor dem Umsatzziel ein und betont auch die Bedeutung der Rentabilität.[5] Zur Messung des finanziellen Diversifikationserfolgs werden in unserer Untersuchung vor allem die Indikatoren

- Umsatzentwicklung,
- Gewinnentwicklung,
- Umsatzrentabilität und
- Rentabilität des Gesamtkapitals (ROI)

herangezogen.

Den Unternehmen wurde bei der Befragung ein hohes Maß an **subjektiver Beurteilung** zugebilligt, da absolute Erfolgsgrößen von Diversifikationsprojekten zweckmäßigerweise eine Relativierung vor dem Hintergrund der jeweiligen Unternehmenssituation erfahren sollten. So beeinflußt beispielsweise die Höhe der

---

1 Vgl. z.B. Chang/Thomas (1989); Geringer/Beamish/da Costa (1989); Kim/Hwang/Burgers (1989); Capon/Hulbert/Farley/Martin (1988); Amit/Livnat (1988); Grant/Jammine (1988); Hill/Snell (1988); Löbler (1988); Mahajan/Wind (1988); Bühner (1987); Dubofsky/Varadarajan (1987); Varadarajan/ Ramanujam (1987); Schwalbach (1987); Varadarajan (1986); Bettis/Mahajan (1985); Palepu (1985); Montgomery (1985); Luffman/Reed (1984).
2 Vgl. beispielsweise Capon/Hulbert/Farley/Martin (1988); Dubofsky/Varadarajan (1987); Varadarajan/ Ramanujam (1987); Varadarajan (1986); Michel/Shaked (1984); Horovitz/Thietart (1982); Christensen/Montgomery (1981); Rumelt (1974, 1986); Montgomery (1979); Grinyer/Yasai-Ardekani/Al-Bazzaz (1980); Ansoff/Weston (1963); Gort (1962).
3 Vgl. Amit/Livnat (1988)
4 So die Studien von Meyer/Heyder (1989), DeSouza (1986), Berry (1983) und Biggadike (1979a, 1979b).
5 Vgl. z.B. Meyer/Heyder (1989), S. 357; Löbler (1988), S. 22 - 25; Böhnke (1976), S. 42 - 44; Ansoff (1966), S. 59 f.

Rentabilität des Stammgeschäfts einer Unternehmung deren Beurteilung von Diversifikationsprojekten. Aus diesen Gründen wurden die Firmen um eine Beurteilung des Diversifikationserfolgs **aus ihrer Sicht** gebeten, wobei die befragten Manager angeben sollten, in welchem Ausmaß das jeweilige Diversifikationsprojekt die oben genannten finanzwirtschaftlichen **Ziele erreicht hat**.[1] Einige Autoren plädieren dafür, daß der Erfolg unabhängig von der Höhe finanzwirtschaftlicher Kennzahlen als generelle subjektive Einschätzung der jeweiligen Unternehmen operationalisiert werden sollte.[2] Daher wurden die Befragten zusätzlich um eine globale Einschätzung des Projekterfolgs gebeten.[3]

Wie bereits bei der Entwicklung der Untersuchungshypothesen dargelegt, wird auch der **Markterfolg** von Diversifikationsprojekten in unsere Betrachtung einfließen. Aus diesem Grund sollen die Indikatoren des finanziellen Erfolgs um jene des **Markterfolgs** ergänzt werden. Zur Operationalisierung werden zwei Merkmale herangezogen. Zum einen stellt der erzielte **Marktanteil** einen wichtigen Indikator dar:[4] Je größer der Marktanteil im Vergleich zu den maßgeblichen Wettbewerbern ist, desto besser hat sich ein neues Geschäftsfeld im Markt durchgesetzt. Zum anderen steigt der Markterfolg eines Diversifikationsprojekts in dem Maße, wie es **Wettbewerbsvorteile** gegenüber seinen Hauptwettbewerbern verbuchen kann.[5]

Mit Blick auf den **Gesamterfolg der Diversifikationsstrategie** wird zum einen nach dem Anteil der besonders erfolgreichen Diversifikationen des Unternehmens gefragt, zum anderen um eine allgemeine Einschätzung des Diversifikationserfolgs gebeten.[6]

Auf die Erfassung der **Risikoreduktion** als Erfolgsindikator einer Diversifikationsstrategie wird **verzichtet**. Es wird davon ausgegangen, daß eine positive Beurteilung der bisher aufgeführten Erfolgsmerkmale im allgemeinen auch zu einer Reduktion des Unternehmensrisikos führt.

---

1   Siehe die Fragen 9 und 35 des Fragebogens im Anhang. Subjektive Einschätzungen des Erfolges aus Unternehmenssicht fanden z.B. Verwendung in empirischen Untersuchungen von Patt (1988), Goldsmith und Clutterbuck (1984), Cooper (1979a und b; 1980; 1982; 1983; 1984a und b; 1985a und b), Cooper und Kleinschmidt (1986; 1987a und b), Maidique und Zirger (1984) sowie Kitching (1967).
2   Vgl. hierzu Cooper/Kleinschmidt (1987b), S. 215.
3   Siehe die Fragen 8 und 34 des Fragebogens im Anhang.
4   Der erzielte Marktanteil neuer Geschäftsfelder wurde bei einer Reihe empirischer Studien über Erfolge von Diversifikationsprojekten als Indikator verwendet: Biggadike (1979a, 1979b); Yip (1982c); Hobson/Morrison (1983); Berry (1983); DeSouza (1986); Smith/Cooper (1988); Meyer/Heyder (1989).
5   Zur Operationalisierung des Markterfolgs siehe die Fragen 32a/b und 58a/b des Fragebogens.
6   Siehe die Fragen 5 und 6 des Fragebogens.

(2) Zur Operationalisierung der Synergie

Es wurden bislang viele Versuche unternommen, die unterschiedlichen Formen der Synergie zu systematisieren.[1] *Ansoff* sowie *Mahajan* und *Wind* unterscheiden beispielsweise Verkaufs-, Investitions-, Management- und Operative Synergien[2]. *Bühner* differenziert nach Synergien in den Bereichen Produktion, Marketing und Verkauf, Investition sowie Forschung und Entwicklung.[3] *Welge* wie auch die PIMS-Forschung sprechen von Management-, Verkaufs-, Operations- und Investitionssynergien.[4]

Um das Synergiephänomen zu präzisieren,[5] wird in der vorliegenden Untersuchung, wie bereits in Kapitel C II. dargelegt, zwischen den Bereichen, in denen sich Verbundeffekte einstellen können, und den Realisierungsformen der Synergie unterschieden. In bezug auf die **Synergiearten** wollen wir solche im Marketing, in der Produktion, in Forschung und Entwicklung, im Einkauf, in der Verwaltung sowie im finanzwirtschaftlichen Bereich ermitteln. Dabei wird nach dem Ausmaß gefragt, in dem bei den einzelnen Diversifikationsprojekten Synergieeffekte erzielt worden sind.[6] Eine weitere Präzisierung des Synergiebegriffs erfolgt nicht, da davon ausgegangen werden kann, daß dieser in der Unternehmenspraxis mit der eingängigen Formel "2+2=5" assoziiert und mit dem Begriff "Verbundeffekt" gleichgesetzt wird.

Auf eine Messung der Synergie mittels ausgewählter Indikatoren, z.B. "Anteil gemeinsamer Kunden" und "Ausmaß gemeinsamer Marketingprogramme" als Indikatoren der Marketingsynergie von Geschäftsbereichen,[7] wird bewußt verzichtet: Zum einen läßt sich absehen, daß viele Befragte mit der Beantwortung überfordert wären, zum anderen dürften aufgrund der Vorgabe einer begrenzten Anzahl von Merkmalen einige tatsächlich realisierte Synergien nicht erfaßt werden, was zu einer Verzerrung der Ergebnisse führen würde.

---

1 Vgl. z.B. Sontheimer (1989); Sautter (1989); Mahajan/Wind (1988); Ansoff (1988); Coenenberg/Sautter (1988); Leontiades (1987); Chatterjee (1986); Wells (1984); Gluck (1980); Ansoff (1965).
2 Vgl. Mahajan/Wind (1988), S. 61-63; Ansoff (1988), S. 58; Ansoff (1966), S. 101; ähnlich auch Bühner (1985), S. 143 f.
3 Vgl. Bühner (1989b), S. 159.
4 Vgl. Abell/Hammond (1979), S. 298 f.; Welge (1974), Sp. 3803 f.; Mahajan/Wind (1988).
5 Zur Vielfalt synergetischer Effekte vgl. auch Dichtl (1990).
6 Siehe die Fragen 29 und 56 des Fragebogens.
7 Diese beiden Indikatoren benutzten Mahajan und Wind (1988) in ihrer Untersuchung zur Operationalisierung der Verkaufssynergie.

Als mögliche **Realisierungsformen** der Synergie sollen der Transfer von Know-how, die Zentralisierung von Aufgaben und die Imageübertragung erfaßt werden.[1] Hier wird um die Information gebeten, inwieweit bei der Durchführung der interessierenden Diversifikationsprojekte diese Möglichkeit zur Nutzung von Synergien umgesetzt wurde.[2]

(3) Zur Operationalisierung der Ähnlichkeit zum Stammgeschäft

Eine Unterscheidung in verwandte und nicht verwandte Leistungsbereiche von Unternehmen gilt als nicht unproblematisch, da man die Grenzen zwischen einem ähnlichen und einem fremden Tätigkeitsbereich nicht immer zu erkennen vermag. Die Schwierigkeiten einer Abgrenzung liegen nicht zuletzt in der Vielzahl von Ähnlichkeitskriterien begründet.[3]

Als Bereiche, in denen "verwandtschaftliche" Beziehungen zwischen Geschäftsfeldern bestehen bzw. sinnvoll Unternehmenspotentiale zu übertragen sind, werden in der Literatur häufig Vertrieb, Produktion sowie Forschung und Entwicklung genannt.[4] In der vorliegenden Untersuchung erfolgt eine Differenzierung nach Ähnlichkeiten in der Produktion, in der Forschung und Entwicklung, im Marketing und im Einkauf. Die Befragten werden um Angaben darüber gebeten, in welchem Ausmaß Ähnlichkeiten in diesen Bereichen zwischen dem jeweiligen Diversifikationsprojekt und den angestammten Geschäftsfeldern bestehen.[5]

2.2 Der LISREL-Ansatz als Methode der Datenauswertung

Zur Überprüfung des entwickelten Hypothesensystems bietet es sich an, ein kausalanalytisches Verfahren einzusetzen. Mit Hilfe der Kausalanalyse wird auf der Basis eines theoretisch fundierten Hypothesensystems überprüft, ob die vermuteten Beziehungen mit den empirischen Daten übereinstimmen. Als das zur Zeit wohl leistungsfähigste

---

1 Vgl. Abschnitt C II. 1.2.1.5.1.2 dieser Arbeit.
2 Siehe die Fragen 30 und 57 des Fragebogens im Anhang.
3 Vgl. Bartels (1966), S. 40.
4 Vgl. z.B. Rumelt (1986), S. 17; Guiniven (1986); Hainzl (1987), S. 173. Hainzl (1987), S. 106, unterscheidet darüber hinaus noch zwischen den nicht ganz überschneidungsfreien Potentialarten Know-how, Anlagen, Personal, finanzielle Mittel und Beziehungen zwischen Organisationen. Salter und Weinhold (1979) sowie Rumelt (1974) differenzieren zwischen Ähnlichkeiten im F&E-, im Produktions-, im Marketing- und im Logistikbereich von Unternehmen.
5 Vgl. die Fragen 28 und 54 des Fragebogens.

Verfahren der Kausalanalyse gilt der **LISREL-Ansatz**, der auch für die vorliegende Datenauswertung herangezogen werden soll.[1]

Der LISREL-Ansatz (LISREL = **L**inear **S**tructural **Rel**ationships) dient der Schätzung unbekannter Koeffizienten von Kausalmodellen, die mathematisch in lineare Gleichungssysteme überführt werden. Die Besonderheit dieses Verfahrens liegt darin, daß Beziehungen zwischen latenten, d.h. nicht direkt beobachtbaren Variablen ("theoretischen Konstrukten") überprüft werden können.

Ein vollständiges LISREL-Modell besteht aus drei Teilmodellen:[2]

1. Die aus theoretischen Überlegungen hergeleiteten Beziehungen zwischen den latenten Variablen bildet das sogenannte **Strukturmodell** ab. Dabei sollen die endogenen Variablen durch die im Modell unterstellten kausalen Beziehungen erklärt werden. Exogene Variablen haben dagegen nur die Funktion erklärender Größen und werden selbst durch das Kausalmodell nicht erklärt.

2. Das **Meßmodell** der latenten **exogenen** Variablen enthält empirische Indikatoren, welche der Operationalisierung der exogenen Variablen dienen. Es spiegelt die vermuteten Beziehungen zwischen diesen Indikatoren und den exogenen Größen wider.

3. Das **Meßmodell** der latenten **endogenen** Variablen enthält jene empirischen Indikatoren, die zur Operationalisierung der endogenen Größen dienen, und bildet die vermuteten Zusammenhänge zwischen diesen Indikatoren und den endogenen Größen ab.

Die endogenen Variablen werden mit dem griechischen Kleinbuchstaben Eta (η), die exogenen Variablen mit Ksi (ξ) bezeichnet. Die standardisierten Pfadkoeffizienten zwischen endogenen Variablen werden durch den griechischen Kleinbuchstaben Beta (β), diejenigen zwischen endogenen und exogenen Variablen mit Gamma (γ) bezeichnet.

---

[1] Zum LISREL-Ansatz vgl. z.B. Förster/Fritz/Silberer/Raffée (1984); Fritz (1984); Backhaus/Erichson/Plinke/Weiber (1990); Nieschlag/Dichtl/Hörschgen (1991); Jöreskog/Sörbom (1988); Förster/Thiess/Raffée (1991).
[2] Vgl. Backhaus/Erichson/Plinke/Weiber (1990), S. 254.

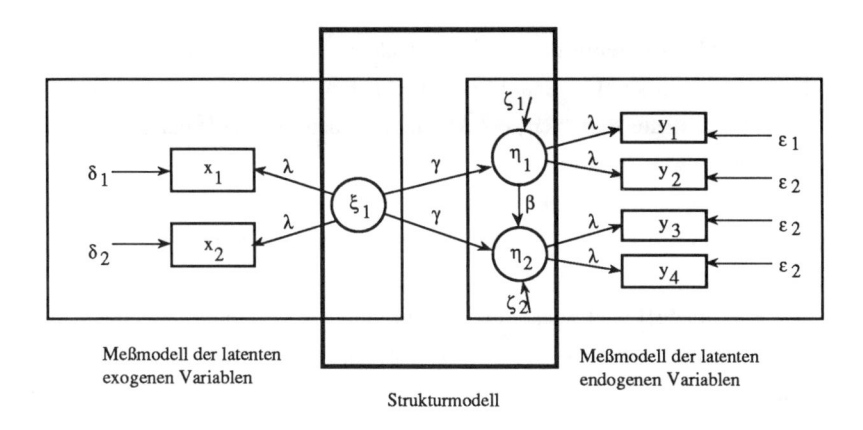

Abb. 5: Diagramm eines LISREL-Kausalmodells
Quelle: Backhaus/Erichson/Plinke/Weiber (1990), S. 244.

Abkürzung	Sprechweise	Bedeutung
η	Eta	latente endogene Variable, die im Modell erklärt wird
ξ	Ksi	latente exogene Variable, die im Modell nicht erklärt wird
y		Indikator-(Meß-)Variable für eine latente endogene Variable
x		Indikator-(Meß-)Variable für eine latente exogene Variable
ε	Epsilon	Residualvariable für eine Indikatorvariable y
δ	Delta	Residualvariable für eine Indikatorvariable x
ζ	Zeta	Residualvariable für eine latente endogene Variable
β	Beta	kennzeichnet eine kausale Beziehung zwischen zwei endogenen Variablen
γ	Gamma	kennzeichnet eine kausale Beziehung zwischen einer exogenen und einer endogenen Variablen
λ	Lambda	kennzeichnet eine kausale Beziehung zwischen einer latenten endogenen oder exogenen Variablen und ihrer entsprechenden Meßvariablen

Tab. 15: Variablen und kausale Beziehungen eines LISREL-Modells
Quelle: Backhaus/Erichson/Plinke/Weiber (1990), S. 240 und 259.

LISREL verknüpft die Vorteile der Regressions- bzw. Pfadanalyse mit jenen der Faktorenanalyse. So liegt eine Besonderheit dieses Verfahrens darin, daß in **einem** Analyseschritt sowohl **Kausalbeziehungen** zwischen den zu analysierenden Variablen untersucht als auch **Meßkonzepte** für latente Variable einbezogen werden können.[1] Damit trägt dieses Verfahren dem Umstand Rechnung, daß in der vorliegenden Untersuchung auch nicht beobachtbare Variablen berücksichtigt werden sollen, die nur über empirische Indikatoren erfaßt werden können.

Ein weiterer zentraler Vorteil des LISREL-Verfahrens besteht darin, daß nicht nur die Wirkungen zwischen der zu erklärenden Größe und den erklärenden Variablen, sondern auch das Wirkungsgeflecht **zwischen** den erklärenden Variablen untersucht werden kann. So wird ein gravierendes Problem etwa der multiplen Regressionsanalyse, nämlich die nur selten zutreffende Annahme fehlender Multikollinearität zwischen den erklärenden Variablen, entschärft. Damit besteht die Möglichkeit, komplexe Wirkungsstrukturen zu analysieren, was einen tieferen Einblick in die Beziehungen zwischen den untersuchten Variablen gestattet. So vermag man mit Hilfe des LISREL-Ansatzes **direkte** und **indirekte** Beeinflussungseffekte zu identifizieren sowie **Totaleffekte** zu ermitteln.[2]

Über die Schätzung der Parameter hinaus gibt der LISREL-Ansatz auch Aufschluß über die **Anpassungsgüte** des Kausalmodells, mit deren Hilfe beurteilt werden kann, inwieweit eine Anpassung der empirischen Modellstruktur an die aufgrund sachlogischer Überlegungen erstellte theoretische Modellstruktur gegeben ist. Dabei kann auf eine Reihe von von Partial- und Global-Gütekriterien zurückgegriffen werden. Als Partial-Gütekriterien weist das LISREL-Programm u.a. quadrierte multiple Korrelationskoeffizienten (Maß für die Stärke einzelner Beziehungen) und Bestimmtheitsmaße bzw. Determinationskoeffizienten (Maß für die gemeinsame Stärke mehrerer Beziehungen) zur Beurteilung der Genauigkeit der Messungen und der Erklärungskraft der Kausalbeziehungen aus. Diese Beurteilungskriterien können Werte zwischen 0 und 1 annehmen, wobei hohe Werte auf gute Kausalmodelle schließen lassen.[3]

Weisen die Beurteilungskriterien "unsinnige" Schätzwerte auf, ist dies ein Zeichen für eine fundamental schlechte Modellanpassung. Beispiele für unsinnige Werte sind beispielsweise negative Varianzen, Korrelationen größer als 1, negative Werte für quadrierte

---

[1] Vgl. Nieschlag/Dichtl/Hörschgen (1991), S. 747.
[2] Indirekte Effekte entstehen dadurch, daß eine Variable über eine oder mehrere Zwischenvariablen auf eine andere wirkt. Zur Berechnung eines indirekten Beeinflussungseffekts werden die einzelnen Pfadkoeffizienten, d.h. die Koeffizienten zwischen zwei Variablen, miteinander multipliziert. Der Totaleffekt ergibt sich aus der Summe aus direktem Effekt und indirekten Effekten. Vgl. hierzu Förster/Thiess/Raffée (1991); Backhaus/Erichson/Plinke/Weiber (1990), S. 279 f.
[3] Vgl. Fritz (1984), S. 290 f.; Backhaus/Erichson/Plinke/Weiber (1990), S. 283 - 286. Die Aussagekraft des Determinationskoeffizienten ist allerdings umstritten. Insbesondere angesichts der Interkorrelationen und Feed-back-Beziehungen in den untersuchten Kausalmodellen soll daher im nächsten Kapitel bei der Darstellung der explikativen Untersuchungsergebnisse auf eine Interpretation der Determinationskoeffizienten verzichtet werden.

multiple Korrelationen und Bestimmtheitsmaße, nicht positiv definite Korrelations- oder Kovarianzmatrizen, sehr hohe Standardfehler und starke Korrelationen zwischen den Parameterschätzungen.[1]

Die bisher aufgeführten Kriterien lassen jeweils nur eine partielle Beurteilung der Anpassungsgüte eines Kausalmodells zu. Zur Beurteilung der Güte des **Gesamtmodells** berechnet LISREL eine Reihe von Kriterien, die darauf schließen lassen, wie gut sich die theoretische Modellstruktur an die empirischen Daten anpaßt. Für unsere Untersuchung werden die folgenden globalen Gütekriterien herangezogen:

- Goodness-of-Fit-Index (GFI)
- Adjusted-Goodness-of-Fit-Index (AGFI)
- Root-Mean-Square-Residual (RMR)

Der Goodness-of-Fit-Index (GFI) enspricht dem Bestimmtheitsmaß der Regressionsanalyse und gibt das Ausmaß an Varianz und Kovarianz an, das durch das Kausalmodell erklärt wird. Der GFI kann Werte zwischen 0 und 1 annehmen; je mehr er sich 1 annähert, desto besser ist die Anpassung des Modells. Ein GFI in Höhe von beispielsweise 0,975 bedeutet, daß die Modellstruktur 97,5 Prozent der gesamten empirischen Varianz erklärt. Der Adjusted-Goodness-of-Fit-Index (AGFI) ist ebenfalls ein Maß für die im Modell erklärte Varianz, berücksichtigt aber bei der Berechnung, anders als der GFI, auch die Zahl der Freiheitsgrade. Der Root-Mean-Square-Index (RMR) ist dagegen ein Maß für die durch das Kausalmodell <u>nicht</u> erklärte Varianz und Kovarianz. Er entspricht damit dem Standardfehler der Regressionsanalyse. Die Anpassungsgüte eines Modells ist um so besser, je mehr sich dieser Index dem Wert 0 annähert.[2]

In Anlehnung an bisherige LISREL-Anwendungen, insbesondere aber an eine Untersuchung von *Fritz,* sollen im Rahmen unserer Datenauswertung nachstehende Falsifikationskriterien verwendet werden.[3] Ein Kausalmodell gilt als **voll bestätigt**, wenn Werte von

$$GFI \geq 0{,}98 \text{ und}$$
$$AGFI \geq 0{,}95 \text{ und}$$
$$RMR \leq 0{,}05$$

erreicht werden.

---

1 Vgl. Fritz (1984), S. 291 f.; Backhaus/Erichson/Plinke/Weiber (1990), S. 283 - 286.
2 Vgl. Backhaus/Erichson/Plinke/Weiber (1990), S. 286 - 289.
3 Vgl. Fritz (1984), S. 295 f.

Als lediglich **tendenziell bestätigt** werden Modelle bezeichnet, wenn sich die Werte in den folgenden Intervallen befinden:

$$0{,}95 \leq \text{GFI} < 0{,}98 \text{ und}$$
$$0{,}90 \leq \text{AGFI} < 0{,}95 \text{ und}$$
$$0{,}05 < \text{RMR} \leq 0{,}10.$$

Weisen die jeweiligen Gütekriterien schlechtere Werte auf, so muß das betreffende Kausalmodell als falsifiziert angesehen werden.

Die Auswertung des vorliegenden Datenmaterials wird mit der PC-Programmversion **LISREL-VII** vorgenommen.[1] Die Parameter eines Kausalmodells können im LISREL-VII-Programm mittels verschiedener Schätzverfahren bestimmt werden. Im allgemeinen setzen diese Schätzmethoden eine große Stichprobe und Normalverteilung der beobachtbaren Variablen voraus. Das **ULS-Schätzverfahren** (Methode der ungewichteten kleinsten Quadrate) beruht dagegen auf keiner Verteilungsannahme und ist auch gegenüber der Stichprobengröße robuster. Da in der vorliegenden Untersuchung unterschiedliche Skalenniveaus verarbeitet werden müssen und für eine Reihe von Variablen keine Normalverteilung der Ausgangsdaten vorliegt, wird zur Bestimmung der Parameter das ULS-Verfahren verwendet.[2] Lediglich im Rahmen eines simultanen Gruppenvergleichs soll das ML-Verfahren herangezogen werden (Maximum-Likelihood-Verfahren), da in diesem Fall Chi-Quadrat-Werte zur Signifikanzprüfung von Gruppenunterschieden benötigt werden, die das ULS-Verfahren nicht bereitstellen kann.

---

[1] Vgl. Jöreskog/Sörbom (1988).
[2] Vgl. hierzu Förster/Fritz/Silberer/Raffée (1984), S. 354 f.; Backhaus/Erichson/Plinke/Weiber (1990), S. 273. Ein Nachteil der ULS-Methode liegt darin, daß sie bestimmte Teststatistiken (z.B. t-Werte und Chi-Quadrat-Werte) nicht zur Verfügung stellen kann.

D Ergebnisse der empirischen Untersuchung

Gegenstand dieses Kapitels sind die Ergebnisse der empirischen Untersuchung. Zunächst werden in Abschnitt I. die deskriptiven Resultate dargelegt, anschließend in Abschnitt II. die explikativen Befunde. Bei den deskriptiven Ergebnissen wird zwischen den beiden Untersuchungsebenen Gesamtunternehmung und Diversifikationsprojekt unterschieden.

I. Deskriptive Untersuchungsergebnisse
1. Die Untersuchungsebene der Gesamtunternehmung
1.1 Das Leistungsprogramm diversifizierter Unternehmen

Befragt man die Unternehmen über ihre in der Vergangenheit durchgeführten Diversifikationsprojekte, so zeigen sich große Unterschiede. Fast ein Viertel der Firmen ist bisher erst in ein oder zwei neue Geschäftsfelder vorgestoßen. Rund ein Drittel kann drei bis fünf Diversifikationen vorweisen, mehr als fünf etwa 43 Prozent der Firmen. Über zehn Diversifikationsprojekte wurden von fast einem Fünftel der in der Stichprobe befindlichen Unternehmen durchgeführt.

Anzahl der Diversifikationsprojekte	Zahl der Unternehmen	Anteil der Unternehmen an der Stichprobe
1	12	9,6 %
2	17	13,6 %
3 - 5	42	33,6 %
6 - 10	31	24,8 %
über 10	23	18,4 %
Summe	125	100 %

Tab. 16: Die Anzahl der Diversifikationsprojekte pro Unternehmen (n = 125 Unternehmen)[1]

---

[1] Der Wert in Klammern (n = 125) gibt die Zahl der auswertbaren Antworten an. Fehlende Antworten (hier 9) werden (auch in den folgenden Tabellen) nicht ausgewiesen.

Neben der Anzahl durchgeführter Diversifikationsprojekte interessierte auch die Heterogenität des Leistungsprogramms.[1] Die Mehrzahl der diversifizierten Unternehmen weist ein homogenes Leistungsspektrum auf, d.h. es finden sich zwar verschiedene, aber verwandte Produktgruppen im Programm. Fast ein Drittel der Unternehmen bezeichnet das eigene Angebot als heterogen, da sehr verschiedene Produktgruppen im Angebotsprogramm enthalten sind. Lediglich knapp jedes zehnte Unternehmen ist in solch unterschiedlichen Betätigungsfeldern aktiv, daß das Leistungsspektrum als sehr heterogen bezeichnet wurde.

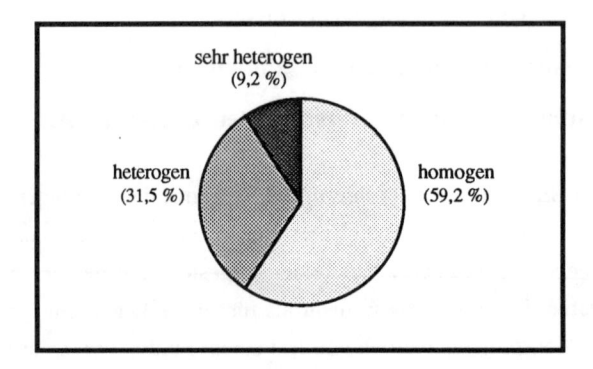

Abb. 6: Die Heterogenität des Leistungsprogramms diversifizierter Unternehmen (n = 130 Unternehmen)

Der jeweilige Anteil des Stammgeschäfts am Gesamtumsatz der untersuchten Unternehmen ist Tabelle 17 zu entnehmen. Nur etwa 5 Prozent der befragten Firmen sind so stark diversifiziert, daß der Anteil des Stammgeschäfts (umsatzstärkster Geschäftsbereich) unter einem Viertel des Gesamtumsatzes liegt. Dagegen weisen fast 30 Prozent der Unternehmen einen Anteil des Kerngeschäfts von über 75 Prozent auf.

---

1 Siehe Frage 4 des Fragebogens im Anhang.

Anteil des Stammgeschäfts am Umsatz diversifizierter Unternehmen	Zahl der Unternehmen	Anteil der Unternehmen an der Stichprobe
unter 25 %	6	4,7 %
25 bis 50 %	39	30,7 %
51 bis 75 %	46	36,3 %
76 bis 99 %	36	28,3 %
Summe	127	100 %

Tab. 17: Der Anteil des Stammgeschäfts in diversifizierten Unternehmen (n = 127 Unternehmen)

1.2 Die verfolgten Konzernstrategien

Wie bereits erwähnt, lassen sich in diversifizierten Unternehmen zwei strategische Ebenen unterscheiden: die Geschäftsbereichsstrategie und die Konzern- oder Gesamtunternehmensstrategie.[1] Bei der Frage nach den Konzernstrategien wurde in Anlehnung an *Porter* zwischen Portfoliomanagement, Sanierung, Know-how-Transfer und Aufgabenzentralisierung unterschieden.[2] Wie die Ergebnisse zeigen, dominiert in der Bundesrepublik Deutschland die Strategie des Know-how-Transfers, bei der versucht wird, synergetische Beziehungen zwischen neuen und bisherigen Geschäftsbereichen durch einen Wissens- und Erfahrungstransfer zu nutzen ($\bar{x} = 5{,}1$).[3] Damit streben deutsche Unternehmen bei ihrer Diversifikationsstrategie offensichtlich in hohem Maße die Realisierung von Synergieeffekten an, indem sie versuchen, in solche Geschäftsfelder hineinzustoßen, die einen Wissens- und Erfahrungsaustausch erlauben.

Es folgen nach Maßgabe der Bedeutung der jeweiligen Konzernstrategie das Portfoliomanagement ($\bar{x} = 4{,}6$) und die Aufgabenzentralisierung ($\bar{x} = 4{,}1$). Während eine Strategie der Aufgabenzentralisierung ebenfalls auf die Realisierung von Synergieeffekten abzielt (gemeinsame Ausführung von Wertschöpfungstätigkeiten), steht beim Portfoliomanagement die Autonomie der Geschäftsbereiche im Vordergrund.

---

1 Vgl. S. 2 dieser Arbeit.
2 Siehe Frage 7 des Fragebogens und Abschnitt C II. 1.2.1.5.1.2 dieser Arbeit.
3 Es wurde danach gefragt, in welchem Maße diese Strategien bei der Durchführung von Diversifikationen des befragten Unternehmens eine Rolle spielen. Die Antwortskala reicht von "gar nicht" (1) bis "in extrem hohem Maße" (7). Der Wert 5,1 entspricht der Einstufung "in ziemlich hohem Maße".

Bei der vierten Konzernstrategie, der Sanierungsstrategie, trachtet die diversifizierende Unternehmung danach, kranke, aber entwicklungsfähige Unternehmen zu erwerben und diese durch Eingriffe in das Tagesgeschäft, Reorganisation, Veräußerung nicht benötigter Betriebsteile etc. wieder in die Gewinnzone zu bringen. Der Sanierungsstrategie kommt bei der Diversifikation in der Bunderepublik offensichtlich so gut wie keine Bedeutung zu ($\bar{x}$ = 1,6).[1]

1.3 Schriftlich fixierte Diversifikationsgrundsätze

Mit Bezug auf die Vorbereitung von Diversifikationsstrategien wurde u.a. nach dem Ausmaß formalisierter Planung im Sinne schriftlich fixierter Anforderungskriterien, die beim Eintritt in neue Geschäftsfelder erfüllt werden müssen, gefragt (z.B. ausschließlich Eintritt in verwandte Branchen, Ausmaß zu erwartender Synergieeffekte).[2] Es zeigte sich, daß bei rund einem Drittel der Unternehmen schriftlich fixierte Diversifikationsgrundsätze nicht oder nur in sehr geringem Maße vorhanden sind. Lediglich knapp 15 Prozent der befragten Firmen verfügen in großem Umfang über solche Leitlinien.

1.4 Die Organisationsstruktur diversifizierter Unternehmen

Die unterschiedlichen Organisationsstukturen der befragten Unternehmen sind Tab. 18 zu entnehmen. Drei Viertel der antwortenden Unternehmen haben eine eindimensionale Organisationsstruktur, ein Viertel verfügt über eine Matrix- oder Tensorstruktur.[3] Unter den Unternehmen mit eindimensionalem Aufbau dominieren diejenigen mit einer Kombination aus funktionaler und divisionaler Organisation (48,8 %). Nur 12 Prozent der Unternehmen sind rein funktional gegliedert, 16 Prozent ausschließlich nach Sparten.

Die Unternehmen mit mehrdimensionaler Struktur verfügen mehrheitlich über eine Spartengliederung. Eine Gleichberechtigung zwischen Sparten und Funktionsbereichen ist nur bei 7 Prozent der Unternehmen mit mehrdimensionaler Organisationsstruktur bzw. bei knapp 2 Prozent aller in der Stichprobe befindlichen Unternehmen zu finden.

Die Steuerung der unterschiedlichen Betätigungsfelder der Unternehmen erfolgt mehrheitlich über eine übergeordnete Muttergesellschaft im Rahmen eines Stammhaus-

---

1 Zu einem ähnlichen Ergebnis kommt für die Bundesrepublik Deutschland auch Hoffmann (1989), S. 55.
2 Siehe Frage 64 des Fragebogens.
3 Siehe Frage 61 des Fragebogens.

konzerns (65 %).[1] Etwa ein Zehntel der Unternehmen lenkt seine Geschäftsbereiche über eine Holding (10 %). Rund ein Viertel bedient sich sonstiger Instrumente (25 %), hauptsächlich der direkten Steuerung über die Geschäftsleitung bzw. den Vorstand.

Organisationsform	Zahl der Unternehmen	Anteil der Unternehmen an der Stichprobe
eindimensionale Organisation	96	76,8 %
• Funktionale Organisation	15	12,0 %
• Mischtyp mit Dominanz der Funktionen	28	22,4 %
• Mischtyp mit Dominanz der Sparten	33	26,4 %
• Divisionale Organisation	20	16,0 %
zwei- oder mehrdimensionale Organisation	29	23,2 %
• Funktionen und Sparten gleichberechtigt	2	1,6 %
• Dominanz der Funktionen	12	9,6 %
• Dominanz der Sparten	15	12,0 %
Summe	125	100 %

Tab. 18: Die Organisationsstruktur der untersuchten Unternehmen (n = 125 Unternehmen)

Der Dezentralisierungsgrad wird von den befragten Unternehmen im Durchschnitt als mittel bis ziemlich groß angegeben. Nur rund 15 Prozent der Unternehmen weisen eine eher zentralistische Struktur, knapp 47 Prozent dagegen eine dezentrale Struktur auf.[2]

---

1 Siehe Frage 62 des Fragebogens.
2 Siehe Frage 63 des Fragebogens.

2. Die Untersuchungsebene der Diversifikationsprojekte
2.1 Die Erfolgsquote von Diversifikationen

Gemäß den Untersuchungsergebnissen liegt der durchschnittliche Anteil besonders geglückter Diversifikationsprojekte in den befragten Unternehmen bei 46 Prozent. Etwa ein Drittel der von diesen Firmen insgesamt durchgeführten Projekte (34 %) wurde weder als besonders geglückt noch als mißglückt eingestuft. Durchschnittlich ein Fünftel aller Diversifikationsaktivitäten (20 %) waren Flops.[1] Bei jedem zehnten Unternehmen liegt die Floprate sogar bei 50 Prozent oder höher. Mit diesen Ergebnissen korrespondieren die Antworten zu der Frage, wie erfolgreich die Unternehmen sich hinsichtlich ihrer Diversifikationsstrategie einstufen.[2] Etwa die Hälfte der befragten Unternehmen verfolgt danach eine erfolgreiche Diversifikationsstrategie. Rund ein Drittel erzielt mittelmäßige Resultate, und bei ca. einem Fünftel der Unternehmen fällt sie wenig bis gar nicht erfolgreich aus.

Anteil der besonders erfolgreichen Diversifikationsprojekte	Zahl der Unternehmen	Anteil der Unternehmen an der Stichprobe
0 bis 20 %	36	31,6 %
21 bis 40 %	22	19,3 %
41 bis 60 %	19	16,7 %
61 bis 80 %	20	17,5 %
81 bis 100 %	17	14,9 %
Summe	114	100 %

Tab. 19: Anteil besonders erfolgreicher Diversifikationsprojekte an der Gesamtzahl der von den befragten Unternehmen jeweils durchgeführten Projekte (n = 114 Unternehmen)

---

[1] Die befragten Unternehmen stuften ihre Diversifikationsprojekte hinsichtlich des Erfolgs selbst ein; siehe hierzu Frage 6 des Fragebogens.
[2] Siehe Frage 5 des Fragebogens.

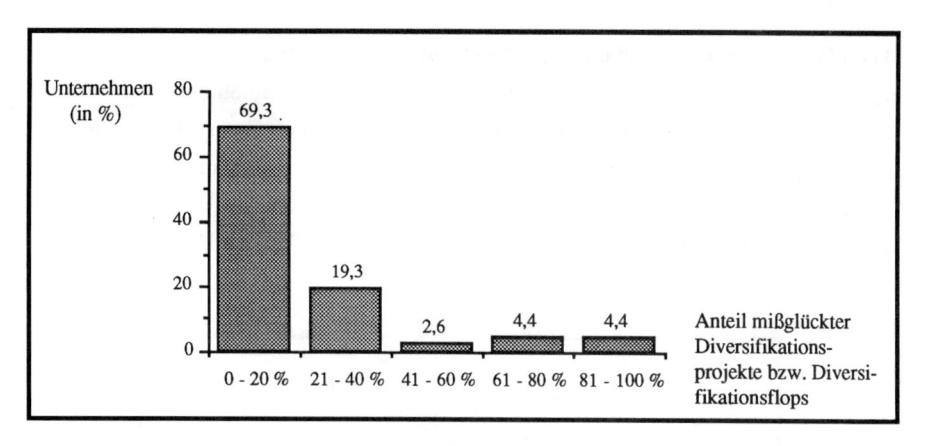

Abb. 7: Anteil mißglückter Diversifikationsprojekte an der Gesamtzahl der Diversifikationsprojekte der befragten Unternehmen (n = 114 Unternehmen)

Zu ähnlichen Befunden kamen auch *Dobler* und *Jacobs*, die für Diversifikationsaktivitäten im Einzelhandel eine Erfolgsquote von rund 50 Prozent und eine Mißerfolgsquote von ca. 25 Prozent ermittelten.[1] Dagegen können die vorliegenden Ergebnisse die geringen Erfolgsraten, wie sie *Porter* in seiner Untersuchung für die USA ermittelte, nicht bestätigen. In der Studie *Porters*, der 33 US-Unternehmen im Zeitraum zwischen 1950 und 1986 hinsichtlich ihrer Diversifikationserfolge analysierte, vermochte die Mehrzahl der diversifizierten Firmen die erhofften Gewinne oder Wettbewerbsvorteile nicht zu verwirklichen und veräußerte oder liquidierte daher den Großteil ihrer zugekauften oder selbst entwickelten Geschäftsbereiche wieder.[2]

2.2 Kennzeichnung der analysierten Diversifikationsprojekte

Die in die Auswertung gelangten 134 Unternehmen machten zu insgesamt 222 Diversifikationsprojekten verwertbare Angaben. Auf diese beziehen sich die folgenden Abschnitte, welche einen Überblick über jene Projekte vermitteln sollen, die von den befragten Unternehmen für unsere Analyse der Erfolgsfaktoren näher beschrieben wurden.[3] Von den 222 analysierten Diversifikationsprojekten wurden 101 als erfolgreich, 121 als wenig oder nicht erfolgreich eingestuft.[4]

---

[1] Die restlichen Diversifikationsprojekte waren weder besonders erfolgreich noch ausgesprochene Mißerfolge. Vgl. Dobler/Jacobs (1989), S. 31.
[2] Vgl. Porter (1987a, 1987b).
[3] Die Repräsentativität der folgenden Ausführungen über die Diversifikationsprojekte ist insofern eingeschränkt, als die Befragten gebeten wurden, Angaben über ein erfolgreiches und/oder ein wenig bzw. nicht erfolgreiches Projekt ihres Unternehmens zu machen. So dürften aufgrund der Fragebogen-

Abbildung 8 gibt Aufschluß über die Märkte, in welche die befragten Unternehmen mit den in der Stichprobe befindlichen Diversifikationsprojekten hineingestoßen sind. Mit Abstand die meisten Diversifikationsaktivitäten waren bei den Gütern des industriellen und gewerblichen Bedarfs zu verzeichnen (66,7 %).[1] Am zweithäufigsten zielten die Projekte auf den Einstieg in die Produktion von Konsumgütern (26,1 %). In knapp 5 % der analysierten Diversifiktionsvorhaben erfolgte ein Vorstoß in den Handel, nur wenige Projekte betrafen sonstige Dienstleistungen (2,7 %).

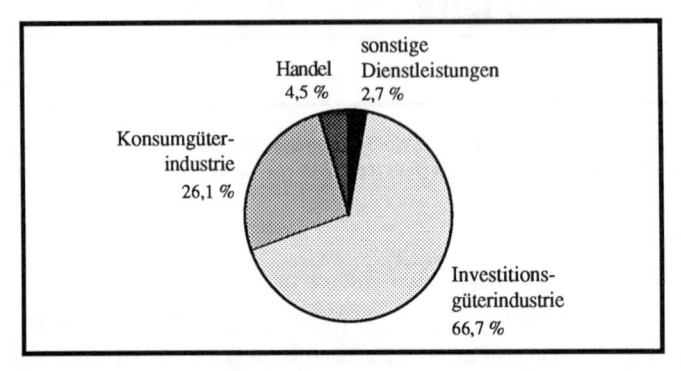

Abb. 8: Zielmärkte der in der Stichprobe befindlichen Diversifikationsprojekte (n = 222 Diversifikationsprojekte)

2.3 Die Markteintrittsstrategie

Bei den meisten der untersuchten Diversifikationen traten die Unternehmen in **mittelgroße Märkte** mit einem **größeren Wachstum** als im Stammgeschäft ein. Branchenrendite und Wettbewerbsintensität in den neuen Tätigkeitsfeldern weichen in der Mehrzahl allerdings nicht allzu sehr von jenen des bisherigen Geschäftsbereichs ab.[2] Am häufigsten findet ein Einstieg in der **Einführungs- und in der Wachstumsphase** des neuen Marktes (33 bzw. 46 %) statt. Ein Fünftel der Diversifikationen betrifft Märkte, die sich zum Zeitpunkt des Markteintritts in der Reife- und Sättigungsphase befanden; bei drei Projekten war die neue Branche sogar bereits in der Abschwungphase des Lebenszyklus. In enger Beziehung zu den Marktphasen der neuen Geschäftsfelder

---

 konzeption erfolgreiche und nicht erfolgreiche Diversifikationen überrepräsentiert, "die Mitte" hingegen zu schwach vertreten sein.
4 Siehe die Fragen 8 bis 33 und 34 bis 59 des Fragebogens. Als sehr oder extrem schlecht wurde der Gesamterfolg von 56 Projekten (25 %) eingestuft; als sehr gut oder extrem gut beurteilte man den Erfolg von 80 Projekten (36 %). Den verbleibenden 86 Diversifikationsprojekten (39 %) wurden die Erfolgskategorien ziemlich schlecht oder ziemlich gut zugewiesen. Siehe hierzu die Fragen 8 und 34 des Fragebogens.
1 Siehe die Fragen 10 und 36 des Fragebogens.
2 Siehe die Fragen 11 f. sowie 37 f. des Fragebogens.

steht der **Innovationsgrad** der Leistungen, mit denen die diversifizierende Unternehmung in den neuen Markt hineinstößt. Etwa ein Drittel (33 %) der Markteintritte erfolgte als Pionierunternehmen; in 29 Prozent der Fälle war das diversifizierende Unternehmen ein früher Marktfolger und in 38 Prozent ein später Folger.[1]

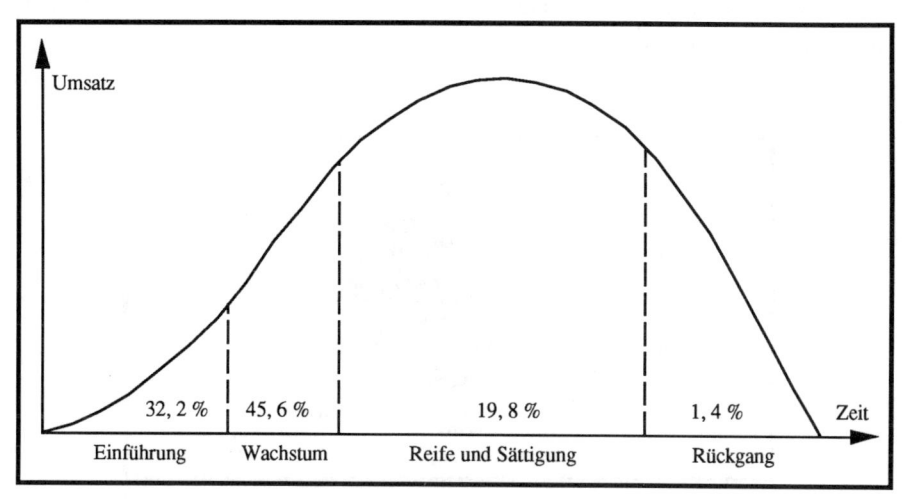

Abb. 9: Markteintritt und Lebenszyklusphase (n = 217 Diversifikationsprojekte)

(Die Prozentwerte geben den Anteil jener Diversifikationsprojekte der Stichprobe an, bei denen der Eintritt in der jeweiligen Lebenszyklusphase des neuen Marktes erfolgte.)

Bei der Betrachtung möglicher **Markteintrittsbarrieren** fällt auf, daß die Knappheit von Standorten, schwer zugängliche Beschaffungskanäle, Patente und staatliche Reglementierungen kaum den Einstieg in die neuen Bereiche erschweren. Auch Boykottandrohungen der etablierten Anbieter gegenüber Lieferanten oder Abnehmern als Abwehr- oder Vergeltungsmaßnahme wurden nur bei einer verschwindend geringen Zahl von Diversifikationsprojekten registriert. Dagegen reagierten die etablierten Wettbewerber immerhin bei rund einem Fünftel der untersuchten Diversifikationen in hohem Maße mit **Preissenkungen** und **gesteigerter Werbeaktivität**. Obwohl die diversifizierenden Unternehmen in der Mehrzahl der Fälle einen zügigen Markteintritt und ein schnelles Wachstum in dem neuen Geschäftsfeld anvisiert hatten, wurde von ihnen nur selten eine Strategie aggressiver Preise und hoher Werbeausgaben verfolgt.[2]

---

1 Siehe die Fragen 14 f. und 40 f. des Fragebogens.
2 Siehe die Fragen 20 f. sowie 46 und 48 des Fragebogens.

Die befragten Unternehmen wählten häufig den Weg der Eigenentwicklung als **Realisierungsform** der Diversifikationsstrategie (siehe Abb. 10). Für die reine Eigenentwicklung entschieden sich die Unternehmen in 36 Prozent der untersuchten Fälle. Gut jede zehnte Diversifikation (11 %) war mit einer Lizenznahme verbunden. Eine Kooperation mit anderen Unternehmen (mit oder ohne Kapitalbindung) wurde bei jedem fünften Projekt gewählt. Akquisition und Fusion präferierte man bei etwa jedem dritten Einstieg in ein neues Betätigungsfeld.[1]

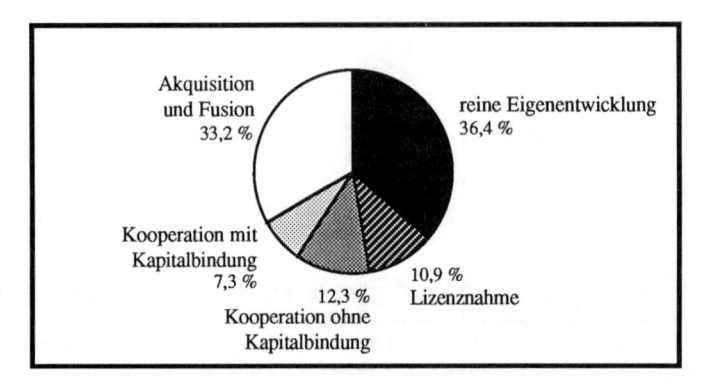

Abb. 10: Markteintrittsformen der untersuchten Diversifikationsprojekte (n = 220 Diversifikationsprojekte)

2.4 Die Führung des neuen Geschäftsbereichs

Bei der Frage nach der Führung neuer Geschäftsbereiche interessiert zunächst, in welchem Umfang im Rahmen konkreter Diversifikationsprojekte von den Unternehmen **Analyse-, Planungs- und Kontrolltätigkeiten** durchgeführt werden.[2] Wie die Datenauswertung zeigt, erfolgen umfangreiche und detaillierte Analyse- und Planungsaktivitäten sowie regelmäßige Kontrollen bei rund der Hälfte der untersuchten Diversifikationsfälle. Die Daten deuten ferner darauf hin, daß dabei insgesamt etwas mehr Gewicht auf die Kontrolle als auf Analyse- und Planungstätigkeiten gelegt wird. Bei einem Fünftel der Diversifikationsprojekte sind nur unzureichende oder gar keine Analyse-, Planungs- und Kontrollmaßnahmen zu verzeichnen.

---

1 Siehe die Fragen 17 und 43 des Fragebogens.
2 Siehe die Fragen 23 und 47 des Fragebogens.

Die neuen Geschäftsfelder werden in aller Regel Führungskräften anvertraut, die über ein hohes Maß an **Entscheidungskompetenz** verfügen. Lediglich bei ca. jedem 13. Diversifikationsprojekt ist die verantwortliche Führungskraft nicht über ein ausreichendes Maß an Entscheidungsbefugnissen ausgestattet. So ist die Leitung der Mehrzahl der Projekte auch in der höchsten (rund ein Drittel) oder der zweithöchsten Führungsebene der Muttergesellschaft (über die Hälfte) verankert. Nur knapp ein Fünftel der Diversifikationen ist auf der dritthöchsten oder einer nachgelagerten Hierarchieebene angesiedelt. Bei etwa 60 Prozent wird der Mitarbeiter, der das Diversifikationsprojekt geplant und zur Marktreife gebracht hat, auch mit dessen Durchsetzung betraut.

2.5 Ähnlichkeiten zum Stammgeschäft und Synergieeffekte

Hinsichtlich der **Ähnlichkeit** zwischen Stammgeschäft und neuem Betätigungsfeld ergibt sich folgendes Bild: Betrachtet man Produktion und F&E, so zeigen die Antworten,[1] daß sich Diversifikationen in ähnliche und wenig ähnliche Bereiche in etwa die Waage halten. Dagegen läßt sich in den Bereichen Marketing und Einkauf eindeutig ein stärkerer Anteil jener Diversifikationsprojekte feststellen, die eine enge Verwandtschaft zum Stammgeschäft aufweisen.

Vergleicht man die Organisationskultur des neuen Geschäftsbereichs mit derjenigen des diversifizierenden Unternehmens zum Zeitpunkt des Markteintritts, so offenbart sich insgesamt eine eher geringe Ähnlichkeit beider Geschäftsfelder. Nur in 32 Prozent der betrachteten Diversifikationsprojekte wird die Ähnlichkeit in der Organisationskultur zwischen Stammgeschäft und neuem Geschäftsbereich als groß wahrgenommen.[2]

Tabelle 20 gibt Aufschluß darüber, in welchem Ausmaß **Synergien** bei den untersuchten Diversifikationsprojekten erzielt wurden.[3] Am häufigsten werden offenbar finanzwirtschaftliche Synergien realisiert. Es folgen nach Maßgabe ihrer Bedeutung Synergieeffekte in den Bereichen Marketing, Verwaltung, Forschung und Entwicklung sowie im Einkauf. Synergien in der Produktion stellen sich vergleichsweise selten ein: In über 60 Prozent der Fälle wurden kaum oder überhaupt keine Produktionssynergien registriert. Damit weisen diese Ergebnisse eine hohe Übereinstimmung mit den Befunden von *Kitching* auf, der ebenfalls im Finanzierungs- und im Marketingbereich die höchsten

---

[1] Siehe die Fragen 28 und 54 des Fragebogens.
[2] Siehe die Fragen 31a und 55a des Fragebogens.
[3] Siehe auch die Fragen 29 und 56 des Fragebogens.

und in Produktion sowie Forschung und Entwicklung die geringsten Synergieeffekte feststellte.[1]

Funktionsbereich	Anteil der Projekte mit hoher Synergierealisation[2]	Ausmaß realisierter Synergien (Mittelwert)[3]
Finanzierung	37,0 %	3,8
Marketing	34,7 %	3,8
Verwaltung	34,3 %	3,8
Forschung und Entwicklung	32,9 %	3,7
Einkauf	26,9 %	3,5
Produktion	22,2 %	3,0

Tab. 20: Das Ausmaß an Synergierealisation in unterschiedlichen Funktionsbereichen (n = 218 Diversifikationsprojekte)

Unterschiede weisen die Diversifikationsaktivitäten der Unternehmen auch hinsichtlich der **Form der Synergierealisation** auf. Es wurde zwischen der Aufgabenzentralisierung, dem Know-how-Transfer und dem Image-Transfer differenziert. Wie die Untersuchung ergab, wird am intensivsten die Möglichkeit des **Image-Transfers** als Realisationsform von Synergie genutzt ($\bar{x} = 4,3$):[4] Bei über einem Viertel aller analysierten Diversifikationsprojekte verfolgen die Unternehmen diese Form der Synergierealisierung in sehr oder extrem hohem Maße. Mit einem Mittelwert von $\bar{x} = 4,0$ folgt in der Bedeutungsrangliste der **Know-how-Transfer** zwischen Stammgeschäft und Diversifikationsprojekt. Lediglich bei jeder zehnten Diversifikation findet ein Know-how-Transfer nicht statt. Die **Aufgabenzentralisierung** spielt mit $\bar{x} = 2,8$ eine vergleichsweise untergeordnete Rolle: Bei über einem Drittel aller Diversifikationsprojekte verzichtet man völlig auf eine gemeinsame Durchführung von Tätigkeiten des neuen und des alten Geschäftsbereichs. Immerhin zentralisieren die Unternehmen aber in rund 15 Prozent der untersuchten Diversifikationsfälle die Aufgaben in sehr oder gar extrem hohem Maße.

---

1 Vgl. Kitching (1967), S. 93.
2 Anteil derjenigen Diversifikationsprojekte, bei denen in dem jeweiligen Bereich zumindest in "ziemlich hohem Maße" Synergien erzielt wurden.
3 Die Antwortskala reichte von (1) "gar nicht" bis (7) "in extrem hohem Maße".
4 Es wurde nach dem Ausmaß der Nutzung dieser Realisationsformen gefragt. Die Skala reichte von "gar nicht" (1) bis "in extrem hohem Maße" (7). Siehe auch die Fragen 30 und 57 des Fragebogens.

Form der Synergierealisation	Mittelwert[1]
Aufgabenzentralisierung	2,8
Know-how-Transfer	4,0
Image-Transfer	4,3

Tab. 21: Die Nutzung der Synergierealisationsformen

2.6 Die im neuen Markt erreichte Wettbewerbsposition des diversifizierenden Unternehmens

Gemäß der Selbsteinschätzung der befragten Unternehmen vermochten sie in den neuen Geschäftsfeldern in der Mehrzahl der Fälle **Wettbewerbsvorteile** im Vergleich zu den Hauptwettbewerbern zu erlangen. Ein Drittel der neuen Geschäftsbereiche erzielt nur etwas größere Wettbewerbsvorteile als die etablierten Anbieter, für rund jedes zehnte Diversifikationsprojekt wurde von den Befragten sogar ein viel größerer Wettbewerbsvorteil gegenüber den Konkurrenten angegeben. In bezug auf den erzielten Marktanteil der neuen Geschäftsbereiche zeigt sich folgendes Bild: Bei gut 30 Prozent der durchgeführten Projekte nimmt sich der jeweils erreichte **Marktanteil** eher bescheiden aus. Sie weisen einen Marktanteil auf, der im Vergleich zu den Hauptwettbewerbern viel geringer ist. Insgesamt betrachtet sind die befragten Unternehmen jedoch durchaus in der Lage, in ihren neuen Geschäftsbereichen ansehnliche Marktanteile zu "erkämpfen". Rund ein Fünftel der neuen Geschäftsfelder erzielt einen gleich großen Anteil wie die Hauptwettbewerber, knapp ein Drittel vermag die Hauptkonkurrenten des neuen Marktes sogar noch zu überholen.

---

[1] Die Antwortskala reichte von "gar nicht" (1) bis "in extrem hohem Maße" (7).

Marktanteil im Vergleich zu den Hauptwettbewerbern	Zahl der Diversifikationsprojekte	Anteil der Diversifikationsprojekte in der Stichprobe
viel geringer	69	31,9 %
etwas geringer	41	19,0 %
ungefähr gleich	38	17,6 %
etwas größer	39	18,1 %
viel größer	29	13,4 %

Tab. 22: Marktanteile der Diversifikationsprojekte im Vergleich zu den jeweiligen Hauptwettbewerbern (n = 216 Diversifikationsprojekte)

Hinsichtlich der Wettbewerbsstrategie **dominiert** eindeutig die **Qualitätsführerschaft** über die Kostenführerschaft. Die Antworten zur Wettbewerbsstrategie[1] korrespondieren mit jenen zur Markteintrittsstrategie, aus denen hervorgeht, daß beim Eintritt in neue Märkte nur selten eine aggressive Preisstrategie verfolgt wird. In fast der Hälfte der untersuchten neuen Geschäftsfelder gelingt es den Unternehmen in ziemlich bis extrem hohem Maße, Qualitätsführer zu werden. Dagegen wurde nur für jedes zehnte Diversifikationsfeld angegeben, daß in diesem Markt die Position des Kostenführers erreicht worden sei.

II. Explikative Untersuchungsergebnisse

In den folgenden Abschnitten werden die explikativen Ergebnisse der Untersuchung vorgestellt. Zunächst gilt es, die Befunde auf der Untersuchungsebene der **Diversifikationsprojekte** darzulegen.[2] Anschließend werden jene Resultate aufgezeigt, die sich bei Betrachtung der Gesamtunternehmung ergeben. Zur Struktur der LISREL-Modelle muß vorangestellt werden, daß einige der vermuteten Kausalbeziehungen zwischen den analysierten Variablen wechselseitig sein dürften. Da wechselseitige Einflüsse im Rahmen der Datenauswertung jedoch auf Schwierigkeiten stoßen, muß in den meisten Fällen eine Festlegung auf die vermutlich stärkere einseitige Wirkungsrichtung erfolgen.

---

1 Siehe die Fragen 33 und 59 des Fragebogens.
2 Wie bereits bei der Darstellung der deskriptiven Ergebnisse erwähnt, wurden 222 Diversifikationsprojekte analysiert.

1. Erfolgsfaktoren von Diversifikationsprojekten

1.1 Die Ergebnisse des Marktstrukturmodells

Mit einem ersten Kausalmodell, dem Marktstrukturmodell, sollte geprüft werden, inwieweit Strukturmerkmale des neuen Marktes den Erfolg von Diversifikationsprojekten beeinflussen. Es wurde vermutet, daß der Erfolg mit zunehmender Höhe des Marktwachstums und der Branchenrendite steigt und mit zunehmender Höhe der Eintrittsbarrieren, der Wettbewerbsintensität und der Marktgröße abnimmt. Darüber hinaus wurde erwartet, daß der Diversifikationserfolg um so größer ist, je besser die konjunkturelle Lage zum Zeitpunkt des Markteintritts ist.[1]

Wie die Werte der Anpassungsmaße zeigen, verfügt das Modell über eine sehr gute Anpassungsgüte (GFI = 0,995; AGFI = 0,991; RMR = 0,034). Da auch keine unsinnigen Schätzwerte vorliegen, braucht es empirisch nicht zurückgewiesen werden. Die Meßmodelle sind ebenfalls als sehr gut einzustufen. Insbesondere die starken Beziehungen zwischen den Indikatorvariablen und den latenten endogenen Variablen "Markterfolg" und "finanzieller Diversifikationserfolg" lassen auf reliable Messungen schließen.

Die Schätzwerte zum Marktstrukturmodell können den nachfolgend aufgeführten Tabellen sowie dem Kausaldiagramm in Abb. 11 entnommen werden, welches die Wirkungen zwischen den Marktstrukturvariablen und den Erfolgsgrößen graphisch verdeutlichen soll.[2] Die empirischen Zusammenhänge weisen die vermuteten Vorzeichen auf.

Das Modell legt offen, in welch starkem Maße der finanzielle Diversifikationserfolg vom **Markterfolg** beeinflußt wird (0,78).[3] Ein großer Markterfolg, d.h. der Aufbau einer guten Wettbewerbsposition in Form von Wettbewerbsvorteilen und hohem Marktanteil, führt demzufolge mit sehr großer Wahrscheinlichkeit auch zu einem guten finanziellen Ergebnis. Dieser Zusammenhang zeigt sich im übrigen auch in den später vorgestellten Kausalmodellen zu den Erfolgsfaktoren von Diversifikationsprojekten.

Von dem ursprünglichen Versuch, in das **Meßmodell** des Markterfolgs auch das Ausmaß an erreichter **Qualitäts- oder Kostenführerschaft** zu integrieren, mußte abgesehen werden.[4] Diese Daten weisen z.T. keine komplementäre Beziehung zu den anderen beiden Indikatorvariablen (Marktanteil und Wettbewerbsvorteile)[5] auf, so daß sie

---

1 Vgl. die Ausführungen zu den Hypothesen H 2 bis H 9 in Abschnitt C II. 1.2.1.2 dieser Arbeit.
2 Die PHI- und PSI-Matrizen des Marktstrukturmodells sind im Anhang enthalten.
3 Vgl. die Ausführungen zu Hypothese H 1 in Abschnitt C II. 1.2.1.1 dieser Arbeit.
4 Siehe die Fragen 33a und b sowie 59a und b des Fragebogens.
5 Siehe die Fragen 32a und b sowie 58a und b des Fragebogens.

aus dem Meßmodell eliminiert wurden. Die Variablen Qualitäts- und Kostenführerschaft sind jedoch mit Hilfe von **t-Tests** genauer analysiert worden. Diese Auswertung ergab, daß sich in der Tat die erfolgreichen von den nicht erfolgreichen Diversifikationsprojekten signifikant in bezug auf ihre Wettbewerbsposition unterscheiden.[1] Danach erreichen Diversifikationsprojekte in der Erfolgsgruppe in weit höherem Maße entweder die Position eines Qualitäts- oder eines Kostenführers als die in der Gruppe der nicht erfolgreichen Projekte. Darüber hinaus spricht die überraschend hohe positive Korrelation der beiden Variablen dafür (0,52),[2] daß es in dem neuen Markt oftmals sogar gelingt, diese beiden Wettbewerbsstrategien zu verbinden, um dadurch **sowohl** eine Qualitätsführerschaft ("besser") **als auch** eine Kostenführerschaft ("billiger") zu erringen.[3]

Auffallend stark beeinflussen die **strategischen Eintrittsbarrieren** den Markterfolg. Hohe strategische Markteintrittsbarrieren (z.B. ein niedriges Preis- oder ein hohes Qualitätsniveau der etablierten Anbeiter) erschweren es den diversifizierenden Unternehmen offenbar erheblich, eine starke Wettbewerbsposition aufzubauen (-0,64) und damit das Diversifikationsprojekt zum Erfolg zu führen. Voruntersuchungen (Korrelationsanalysen) wiesen darauf hin, daß die erhobenen Formen **struktureller und institutioneller** Markteintrittsbarrieren bei den untersuchten Projekten **keinen wesentlichen** Einfluß auf die Höhe des Diversifikationserfolgs ausüben, so daß von einer Datenauswertung im vorliegenden Kausalmodell abgesehen wurde.[4] Da Markteintrittsbarrieren jedoch insgesamt für Diversifikationsentscheidungen von großer Bedeutung sind, sollen sie an anderer Stelle einer weiteren Analyse unterzogen werden.[5]

---

[1] Die Unterschiede sind auf dem 0,001-Niveau signifikant.
[2] Die Korrelation ist auf dem 0,001-Niveau signifikant.
[3] Diese Strategie, bei der sowohl eine Qualitäts- als auch eine Kostenführerschaft angestrebt wird, bezeichnet man auch als "Outpacing-Strategie". Vgl. hierzu Gilbert/Strebel (1988a, 1988b); Kleinaltenkamp (1987, 1990).
[4] Siehe die Fragen 20a bis i und 46a bis i des Fragebogens. Um das Kausalmodell überschaubar zu halten, wurde die Variable "allgemeine konjunkturelle Situation" ebenfalls in das Modell nicht aufgenommen, für die sich in Voruntersuchungen auch kein nennenswerter Effekt auf die Erfolgsgröße zeigte. Die Hypothesen H 7 bis H 9 können daher mit Hilfe des Marktstrukturmodells nicht überprüft werden.
[5] Siehe hierzu Abschnitt D II. 1.5 dieser Arbeit.

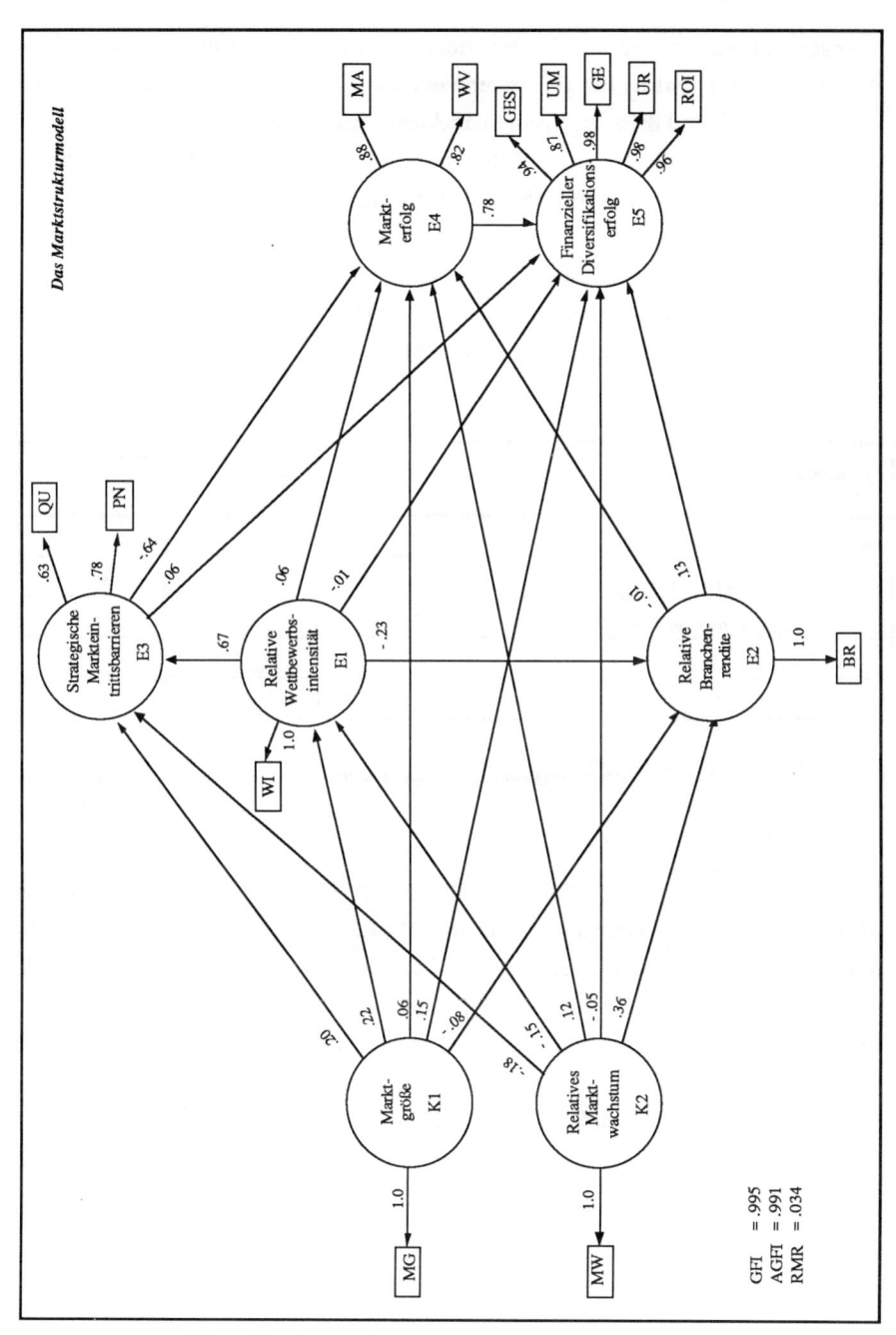

Abb. 11: Kausaldiagramm zum Marktstrukturmodell
(zur Legende siehe Tab. 24)

In engem Zusammenhang mit den Markteintrittsbarrieren steht die Strukturvariable **Wettbewerbsintensität**. Ein intensiver Wettbewerb im neuen Markt hemmt einen Markteintritt und führt daher zu einem (indirekten) negativen Effekt auf Markterfolg und finanziellen Erfolg. Dieser negative Effekt wird dadurch noch verstärkt, daß mit einem intensiven Wettbewerb im neuen Markt auch eine relativ geringe Branchenrendite einhergeht (-0,23). Betrachtet man die Totaleffekte dieser Variablen (siehe Tab. 23), so sprechen diese dafür, daß eine hohe Wettbewerbsintensität im neuen Markt einen relativ starken negativen Einfluß sowohl auf den Markterfolg (-0,37) als auch auf den finanziellen Diversifikationserfolg (-0,28) ausübt.

Erfolgsfaktor	Markterfolg	finanzieller Diversifikationserfolg
Marktgröße (K1)	-.15	.04
Relatives Marktwachstum (K2)	.29	.20
Relative Wettbewerbsintensität (E1)	-.37	-.28
Relative Branchenrendite (E2)	-.01	.12
Strategische Markteintrittsbarrieren (E3)	-.64	-.44

Tab. 23: Totaleffekte potentieller Erfolgsfaktoren auf die Erfolgsgrößen im Marktstrukturmodell

Wettbewerbsintensität und Markteintrittsbarrieren steigen mit zunehmender **Größe des Marktes**, in den das Unternehmen diversifiziert (0,22 bzw. 0,20). Ein Eintritt in große Märkte erweist sich damit offensichtlich als nicht unproblematisch. In der Tendenz wirkt sich die Marktgröße auch deshalb erfolgshemmend aus, weil mit ihrer Zunahme die Rendite der neuen Branche abnimmt (-0,08). In den Fällen, in denen mit zunehmender Größe des neuen Marktes kein Anwachsen der Wettbewerbsintensität und der strategischen Markteintrittsbarrieren verbunden ist, kann ein positiver (direkter) Effekt der Variable Marktgröße auf den finanziellen Diversifikationserfolg festgestellt werden (0,15). Betrachtet man die Totaleffekte auf die Erfolgsvariablen (siehe Tab. 23), so zeigt sich ein nennenswerter (negativer) Einfluß lediglich auf den Markterfolg (-0,15).

Während die Größe eines Marktes also mit einer höheren Wettbewerbsintensität und höheren Eintrittsbarrieren einhergeht, weist die Variable **Marktwachstum** einen gegenteiligen Effekt auf. Wächst der neue Markt stärker als das Stammgeschäft, so kann das diversifizierende Unternehmen mit einer vergleichsweise niedrigen Wettbewerbsintensität und niedrigen Eintrittsbarrieren rechnen, was die Chancen eines erfolgreichen Einstiegs verbessert. Positiv auf den finanziellen Diversifikationserfolg wirkt sich ein starkes Wachstum des neuen Marktes auch über die **Branchenrendite** (0,36) und die erzielte Marktposition (0,12) aus.

Empirische Indikatoren der latenten exogenen Variablen:
MG = Größe des neuen Marktes (Frage 11 und 37)
MW = Marktwachstum im Vergleich zum Stammgeschäft (Frage 12a und 38a)
Empirische Indikatoren der latenten endogenen Variablen:
WI = Wettbewerbsintensität im Vergleich zum Stammgeschäft (Frage 12c und 38c)
BR = Branchenrendite im Vergleich zum Stammgeschäft (Frage 12b und 38b)
PN = Preisniveau der etablierten Anbieter (Frage 20a und 46a)
QU = Qualität des Leistungsangebots der etablierten Anbieter (Frage 20b und 46b)
MA = Marktanteil im Vergleich zu den Hauptwettbewerbern (Frage 32a und 58a)
WV = Wettbewerbsvorteile im Vergleich zu den Hauptwettbewerbern (Frage 32b und 58b)
GES = Gesamterfolg des Diversifikationsprojekts (Frage 8 und 34)
UM = Zielerreichungsgrad Umsatz (Frage 9a und 35a)
GE = Zielerreichungsgrad Gewinn (Frage 9b und 35b)
UR = Zielerreichungsgrad Umsatzrentabilität (Frage 9c und 35c)
ROI = Zielerreichungsgrad Return on Investment (Frage 9d und 35d)

Tab. 24: Empirische Indikatoren der latenten Variablen des Marktstrukturmodells

Parameter	E1	E2	E3	E4	E5	K1	K2
E1	.00	.00	.00	.00	.00	.22	-.15
E2	-.23	.00	.00	.00	.00	-.08	.36
E3	.67	.00	.00	.00	.00	.02	-.18
E4	.06	-.01	-.64	.00	.00	.06	.12
E5	-.01	.13	.06	.78	.00	.15	-.05

Tab. 25: LISREL-Schätzung der beta- und gamma-Koeffizienten des Marktstrukturmodells

1.2 Die Ergebnisse des Markteintrittsmodells

Im nun folgenden Modell sollen potentielle Erfolgsfaktoren untersucht werden, die primär zum Zeitpunkt des Markteintritts wirken. Es wird vermutet, daß der Diversifikationserfolg um so größer ist,

- je mehr Diversifikationserfahrung das Unternehmen zum Zeitpunkt des Markteintritts aufweist,
- je besser die Ressourcensituation ist,
- je eher eine Form der externen Diversifikation gewählt wird,
- je früher der Eintritt in den neuen Markt erfolgt,
- je schwächer die Vergeltungsmaßnahmen der etablierten Wettbewerber ausfallen und
- je niedriger die Markteintrittsbarrieren sind.[1]

Aufgrund der guten Anpassungswerte (GFI = 0,987; AGFI = 0,982; RMR = 0,046) und wegen fehlender unsinniger Schätzwerte kann das Modell als voll bestätigt angesehen werden. Auch die Güte der einzelnen Meßmodelle ist hoch. Die Koeffizienten zwischen den latenten Variablen und den Indikatorvariablen zeigen, daß es sich um reliable Messungen handelt (siehe Abb. 12).[2]

Wie bereits bei der Untersuchung der Marktstrukturvariablen deutlich wurde, wirken sich **strategische Eintrittsbarrieren** in hohem Maße ungünstig auf den Erfolg aus.[3] Neben einem starken negativen direkten Effekt auf den Markterfolg (-0,68) ist auch ein negativer indirekter Effekt auszumachen. Er liegt darin begründet, daß sich mit zunehmender Höhe der Eintrittsbarrieren die Unternehmen aggressiverer Methoden bedienen (0,72), um in einem neuen Markt Fuß zu fassen. Gerade eine **aggressive Eintrittsstrategie** wirkt sich aber schwächend auf die Marktposition und negativ auf den finanziellen Diversifikationserfolg aus (Totaleffekt = -0,13 bzw. -0,19; siehe Tab. 26).[4] Kein nennenswerter Effekt ergab sich zwischen den Barrieren und der Realisierungsform des Markteintritts. Hier hätte man erwartet, daß mit zunehmender Höhe der Eintrittsschran-

---

1 Vgl. die Ausführungen zu den Hypothesen H 6 bis H 8 in Abschnitt C II. 1.2.1.2.5 und zu H 10 bis H 15 in Abschnitt C II. 1.2.1.3 dieser Arbeit.
2 Die Schätzwerte der Parameter können den nachfolgenden Tabellen entnommen werden. Die PHI- und PSI-Matrizen des Markteintrittsmodells sind im Anhang wiedergegeben.
3 Wie bereits bei der Interpretation des Marktstrukturmodells erwähnt, war aufgrund von Voruntersuchungen zu erwarten, daß die strukturellen und institutionellen Markteintrittsbarrieren keinen nennenswerten Einfluß auf die Höhe des Diversifikationserfolgs aufweisen, so daß sie auch im vorliegenden Kausalmodell keine Berücksichtigung fanden (siehe die Fragen 20a bis i und 46a bis i des Fragebogens).
4 Damit stehen unsere Befunde zu denen der PIMS-Datenbank im Widerspruch; vgl. hierzu Meyer/Heyder (1989), MacMillan/Day (1986), DeSouza (1986), Guiniven/Fisher (1986), Fisher (1986), Hobson/Morrison (1983) und die Ausführungen in Abschnitt C I. 1.3.3.2 dieser Arbeit.

ken häufiger die externe Diversifikation gewählt wird.[1] Offensichtlich entscheiden sich diversifizierende Unternehmen auch bei hohen Eintrittsbarrieren oftmals für den Weg der Eigenentwicklung.

Schaut man sich den Einfluß der **Realisierungsform** auf den Erfolg von Diversifikationsprojekten an, so ist festzustellen, daß mit zunehmendem Grad an externer Diversifikation (Kooperation, Akquisition und Fusion) der Markterfolg steigt (0,26). In diesem Ergebnis spiegelt sich der Umstand wider, daß die diversifizierenden Unternehmen mit Hilfe der externen Diversifikation, insbesondere der Akquisition eines etablierten Anbieters, häufig ihre Expansionspolitik auf der Basis einer bereits bestehenden Marktposition aufbauen können. Daß sich die externe Diversifikation auch positiv auf den finanziellen Diversifikationserfolg auswirkt, zeigt ein Blick auf den Totaleffekt dieser Variablen, der bei 0,22 liegt.

Wie zu erwarten war, erhöht sich der finanzielle Erfolg mit zunehmender **Diversifikationserfahrung**. Allerdings handelt es sich überraschenderweise lediglich um einen schwachen tendenziellen Zusammenhang. Der direkte Effekt auf das finanzielle Ergebnis liegt nur bei 0,05; unter Berücksichtigung der indirekten Effekte erhöht er sich nur marginal auf 0,06. Auf den Markterfolg wirkt sich die Erfahrung mit der Diversifikationsstrategie sogar (obgleich nur schwach) negativ aus. Der direkte Effekt liegt bei -0,12. Er wird jedoch dadurch stark abgeschwächt, daß die Unternehmen mit zunehmender Erfahrung bei einem Vorstoß in neue Märkte offenbar weniger mit Eintrittsbarrieren zu kämpfen haben (-0,09) und eher die erfolgreichere Realisierungsform der externen Diversifikation wählen (0,13), so daß schließlich kein nennenswerter Totaleffekt dieser Variablen auf den Markterfolg mehr zu registrieren ist. Insgesamt zeigen die Ergebnisse, daß der Diversifikationserfahrung entgegen unserer Erwartung, aber in Übereinstimmung mit Befunden von *Berry*,[2] nur eine sehr untergeordnete Bedeutung für den Diversifikationserfolg zukommt.

Dagegen leistet die **Qualität der Humanressourcen** (Qualifikation von Management und sonstigen Mitarbeitern, Forschungs- und Entwicklungs- sowie Marketingpotential) einen wichtigen Erfolgsbeitrag im Rahmen der Diversifikation. Die Humanressourcen wirken sich positiv sowohl auf den Markt- als auch auf den finanziellen Diversifikatonserfolg aus. Dieser positive Effekt wird lediglich dadurch etwas abgeschwächt, daß offenbar eine gute entsprechende Ausstattung eines Newcomers höhere Vergeltungsmaßnahmen der etablierten Wettbewerber provoziert. Aber selbst unter Berücksichtigung

---

1 Vgl. auch die Ausführungen in Abschnitt C II. 1.2.1.3.2.
2 Vgl. hierzu Berry (1983).

dieses erfolgshemmenden Einflusses solcher Maßnahmen ergibt sich ein starker Totaleffekt der Humanressourcen sowohl auf den Markterfolg (0,38) als auch auf den finanziellen Diversifikationserfolg (0,46) neuer Geschäftsfelder. Neben den Humanressourcen wurde die Verfügbarkeit weiterer Unternehmensressourcen erhoben: die Größe der Produktionskapazität, die Verfügbarkeit von Rohstoffen, Vorprodukten usw. und der Umfang finanzieller Mittel. Diese lassen jedoch, wie bereits Korrelationsanalysen ergeben haben, keinen Einfluß auf den Diversifikationserfolg erwarten, so daß sie, auch um die Übersichtlichkeit des Modells zu erhalten, nicht in die LISREL-Auswertung einbezogen wurden.

Intensive **Vergeltungsmaßnahmen** etablierter Anbieter (z.B. Preissenkung, gesteigerte Werbeaktivität) erhöhen häufig die Eintrittsbarrieren des neuen Marktes und wirken sich auf diese Weise, wie bereits erwähnt, negativ auf den Markterfolg von Diversifikationsprojekten aus. Erhöhen diese Vergeltungsmaßnahmen aber nicht spürbar die Eintrittsbarrieren, z.B. wenn das eintretende Unternehmen qualitativ höherwertige Produkte als die Wettbewerber anbietet, vermögen Vergeltungsmaßnahmen den Marktzutritt sogar zu unterstützen. In diesen Fällen schaden sich die etablierten Unternehmen offensichtlich selber, da sie (unbeabsichtigt) solche Maßnahmen einleiten, welche ihre eigene Wettbewerbsstellung schwächen und eine Profilierung des Newcomers erleichtern. Auf diese Weise dürfte der **positive direkte Effekt** der Vergeltungsmaßnahmen auf den Markterfolg (0,22) zu erklären sein, wie er sich beispielsweise auch in der Untersuchung von *Biggadike* zeigt. Dort erzielen jene Diversifikationsprojekte höhere Marktanteile, bei denen die etablierten Anbieter aufgrund des Markteintritts aktiv werden und Abwehrmaßnahmen ergreifen.[1] Der festgestellte Zusammenhang läßt sich möglicherweise auch darauf zurückführen, daß eine Vergeltung insbesondere dann erfolgt, wenn das eindringende Unternehmen aufgrund bestimmter Wettbewerbsvorteile und guter Humanressourcen eine besonders ernsthafte Gefahr für die eingesessenen Konkurrenten darstellt. Aufgrund der unterschiedlichen direkten und indirekten Wirkungen läßt sich kein eindeutiger Gesamteffekt der Vergeltungsmaßnahmen feststellen. Es zeigt sich lediglich eine sehr schwache Tendenz dahingehend, daß sich diese im großen und ganzen erfolgsmindernd auswirken.

---

[1] Vgl. Biggadike (1979a).

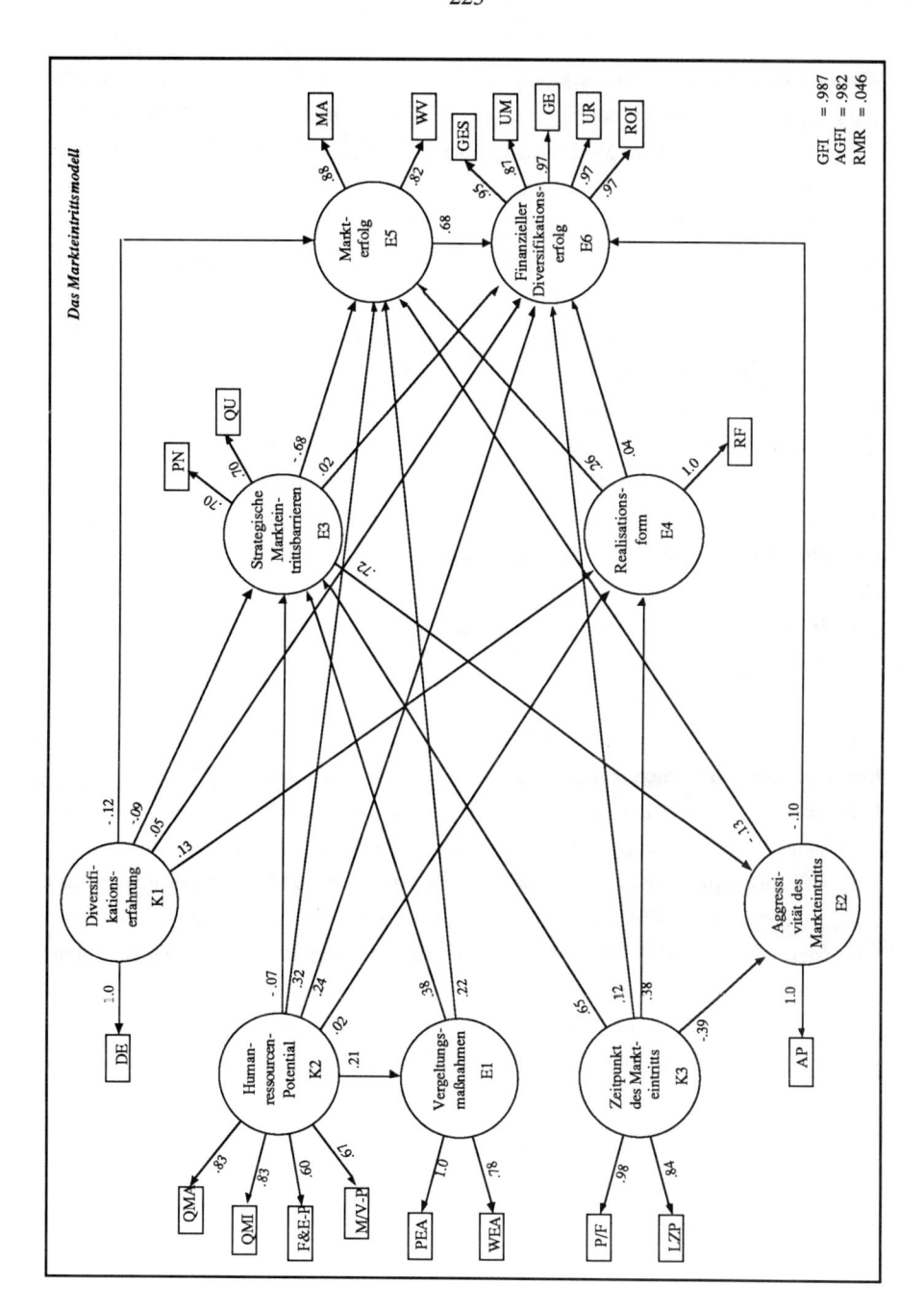

Abb. 12: Kausaldiagramm zum Markteintrittsmodell
(zur Legende siehe Tab. 27)

Was den **Zeitpunkt des Markteintritts** betrifft, zeigen sich unterschiedliche direkte und indirekte Einflüsse auf den Diversifikationserfolg. Am stärksten, und zwar negativ, wirkt sich der Zeitpunkt des Markteintritts über die Variable Markteintrittsbarriere aus. Je später das diversifizierende Unternehmen in den neuen Markt eintritt, also beispielsweise als "später Folger" oder bereits in der Sättigungs- oder gar Degenerationsphase des Produkt-Lebenszyklus, desto höher werden die strategischen Eintrittsbarrieren sein. Diese wiederum wirken sich negativ auf den Diversifikationserfolg aus. Betrachtet man sämtliche indirekten Effekte, die über die strategischen Zutrittsschranken auf die Erfolgsgrößen wirken, so kommt man zunächst zu dem Ergebnis, daß der Zeitpunkt des Markteintritts einen sehr negativen Einfluß auf den Markterfolg (-0,50) und auch auf den finanziellen Erfolg (-0,38) ausüben muß. Dieser negative Effekt wird jedoch durch eine Reihe positiver Wirkungen stark abgeschwächt. So ist ein positiver direkter Effekt auf den finanziellen Diversifikationserfolg zu verzeichnen (0,12). Er dürfte sich in den Fällen einstellen, in denen die Markteintrittsbarrieren niedrig sind. Das diversifizierende Unternehmen kann dann davon profitieren, daß die aufwendigen Markterschließungsinvestitionenen von den etablierten Anbietern getätigt wurden. Der Newcomer vermag nun relativ ungestört in den Markt einzutreten und diesen "abzuschöpfen".

Dieser direkte Effekt wird verstärkt durch zwei indirekte positive Wirkungen auf die Erfolgsgrößen. Zum einen läßt offenbar die Aggressivität des Eintritts nach, je später das Unternehmen in den neuen Markt eindringt.[1] Durch den negativen Effekt aggressiver Verhaltensweisen kommt ein positiver Einfluß eines späten Markteintritts auf den Diversifikationserfolg zustande. Zum anderen ist ein später Markteintritt deutlich häufiger mit der externen Diversifikation verbunden, d.h. es wird öfter mit anderen Unternehmen kooperiert oder eine Akquisition zur Realisierung des Diversifikationsvorhabens durchgeführt (0,38). Da über solche externen Diversifikationen, wie bereits ausgeführt, eher Erfolge zu verbuchen sind als mit einer internen Entwicklung, ist hier ebenfalls ein positiver Effekt festzustellen. Unter Berücksichtigung sowohl der positiven als auch der negativen Wirkungen reduziert sich der Totaleffekt auf den Markterfolg auf -0,35 und auf den finanziellen Diversifikationserfolg auf -0,10.

---

[1] Allerdings sorgen die mit dem späten Markteintritt verbundenen höheren Markteintrittsbarrieren häufig dafür, daß die Unternehmen z.T. dennoch eine aggressive Eintrittsstrategie wählen (vgl. Pfad K3 -> E3 -> E2).

Erfolgsfaktor	Markterfolg	finanzieller Diversifikationserfolg
Diversifikationserfahrung (K1)	-.02	.06
Humanressourcen-Potential (K2)	.38	.46
Zeitpunkt des Markteintritts (K3)	-.35	-.10
Vergeltungsmaßnahmen (E1)	-.08	-.07
Aggressivität des Markteintritts (E2)	-.13	-.19
Strategische Markteintrittsbarrieren (E3)	-.77	-.57
Realisationsform (E4)	.26	.22

Tab. 26: Totaleffekte potentieller Erfolgsfaktoren auf die Erfolgsgrößen im Markteintrittsmodell

Empirische Indikatoren der latenten exogenen Variablen:
DE = Diversifikationserfahrung (Frage 16 und 42)
QMA = Qualifikation des Management (Frage 22a und 49a)
QMI = Qualifikation der sonstigen Mitarbeiter (Frage 22b und 49b)
F&E-P = Forschungs- und Entwicklungspotential (Frage 22d und 49d)
M/V-P = Marketing-/Vertriebspotential (Frage 22e und 49e)
P/F = Eintritt als Pionier, früher oder später Marktfolger (Frage 14 und 40)
LZP = Lebenszyklusphase des neuen Marktes (Frage 15 und 41)
Empirische Indikatoren der latenten endogenen Variablen:
PEA = Preissenkungsmaßnahmen etablierter Anbieter (Frage 21a und 48a)
WEA = Steigerung der Werbeaktivität der etablierten Anbieter (Frage 21b und 48b)
AP = Ausmaß aggressiver Preispolitik des Newcomers (Frage 19c und 45c)
PN = Preisniveau der etablierten Anbieter (Frage 20a und 46a)
QU = Qualität des Leistungsangebots der etablierten Anbieter (Frage 20b und 46b)
RF = Realisationsform des Markteintritts (Frage 17 und 43)
MA = Marktanteil im Vergleich zu den Hauptwettbewerbern (Frage 32a und 58a)
WV = Wettbewerbsvorteile im Vergleich zu den Hauptwettbewerbern (Frage 32b und 58b)
GES = Gesamterfolg des Diversifikationsprojekts (Frage 8 und 34)
UM = Zielerreichungsgrad Umsatz (Frage 9a und 35a)
GE = Zielerreichungsgrad Gewinn (Frage 9b und 35b)
UR = Zielerreichungsgrad Umsatzrentabilität (Frage 9c und 35c)
ROI = Zielerreichungsgrad Return on Investment (Frage 9d und 35d)

Tab. 27: Empirische Indikatoren der latenten Variablen des Markteintrittsmodells

Parameter	E1	E2	E3	E4	E5	E6	K1	K2	K3
E1	.00	.14	.00	.00	.00	.00	.00	.21	.18
E2	.00	.00	.72	.00	.00	.00	.00	.00	-.39
E3	.38	.00	.00	.00	.00	.00	-.09	-.07	.65
E4	.00	.00	.00	.00	.00	.00	.13	.02	.38
E5	.22	-.13	-.68	.26	.00	.00	-.12	.32	.00
E6	.00	-.10	.02	.04	.68	.00	.05	.24	.12

Tab. 28: LISREL-Schätzung der beta- und gamma-Koeffizienten des Markteintrittsmodells

1.3 Die Ergebnisse des Unternehmensführungsmodells

Im Unternehmensführungsmodell sollen ausgewählte potentielle Erfolgsfaktoren der Diversifikation untersucht werden, die mit Führungs- und Steuerungsentscheidungen zusammenhängen. Wie in Abschnitt C II. 1.2.1.4 ausgeführt, wird erwartet, daß der Diversifikationserfolg steigt, wenn sorgfältig analysiert und geplant wird, wenn die Planungsverantwortlichen auch mit der Umsetzung des entsprechenden Projekts betraut werden und die Projektverantwortlichen mit umfangreichen Entscheidungsbefugnissen ausgestattet sind. Darüber hinaus wird vermutet, daß mit zunehmendem Einfluß der Muttergesellschaft auf die Unternehmenskultur eines neuen Geschäftsbereichs der Diversifikationserfolg sinkt.

Ein Blick auf die Gütekriterien zeigt (GFI = 0,995; AGFI = 0,992; RMR = 0,036), daß das Führungsmodell über eine sehr gute Anpassung an die empirischen Daten verfügt und daher nicht zurückgewiesen werden kann, zumal auch keine unsinnigen Schätzwerte ausgewiesen werden.[1]

Wie die Strukturkoeffizienten verdeutlichen (siehe Abb. 13), geht der stärkste Einfluß auf die Erfolgsgrößen von der **Diversifikationsplanung** aus. Unternehmen, die ihre Diversifikationsprojekte detailliert planen, erzielen einen deutlich höheren Erfolg als solche, die hier weniger sorgfältig vorgehen. Umfassende Analyse-, Planungs- und Kontrollaktivitäten tragen vor allem dadurch zu einer Verbesserung des finanziellen Diversifikationserfolgs bei, als sie den Weg für eine gute Wettbewerbsposition im Zielmarkt ebnen (0,34). Offensichtlich gelingt es diesen Unternehmen in höherem Maße,

---

[1] Die Schätzwerte der Parameter können den nachfolgenden Tabellen entnommen werden. Die PHI- und PSI-Matrizen des Unternehmensführungsmodells sind im Anhang wiedergegeben.

eine herausragende Wettbewerbsstellung zu erlangen bzw. einen größeren Markterfolg zu erzielen. Es ist ferner ein positiver direkter Effekt auf den finanziellen Erfolg zu verzeichnen, der sich offenbar auch dann einstellt, wenn es dem diversifizierenden Unternehmen nicht gelingt, eine besonders gute Wettbewerbsstellung einzunehmen (0,10). In diesen Fällen dürften die Unternehmen sorgfältig geplante Verbundeffekte nutzen, die sich weniger als Wettbewerbsvorteile im neuen Markt niederschlagen als vielmehr in Form zusätzlicher Erträge im Stammhaus des diversifizierenden Unternehmens anfallen (beispielsweise bei der Übertragung des Know-hows, das in einer neuen Tochtergesellschaft angesammelt wurde, auf das Stammgeschäft des Unternehmens).

Einen etwas schwächeren Einfluß auf den Erfolg als die Diversifikationsplanung weist das **Ausmaß der Entscheidungsbefugnisse** der Projektleiter auf. Mit zunehmendem Entscheidungsfreiraum wächst die Wahrscheinlichkeit, daß der Projektmanager das Diversifikationsvorhaben zum Markterfolg führt (0,28). Offensichtlich steigen bei den Verantwortlichen mit wachsender Freiheit unternehmerisches Denken und Handeln, was sich positiv auf die Wettbewerbsfähigkeit des neuen Geschäftsbereichs auswirkt.

Eine ähnlich motivierende Wirkung für die Projektführung wie eine umfassende Entscheidungskompetenz läßt sich dann verzeichnen, wenn der Initiator und Planer eines Diversifikationsprojektes auch mit dessen Umsetzung im Markt betraut wird (0,19). Hierdurch wird in personeller Hinsicht eine Kontinuität zwischen Planungs- und Umsetzungsphase gewährleistet. Offensichtlich wirkt es sich negativ auf den Erfolg aus, wenn mit der Durchführung von Diversifikationen Führungskräfte betraut werden, die nicht in den Analyse- und Planungsprozeß involviert waren.

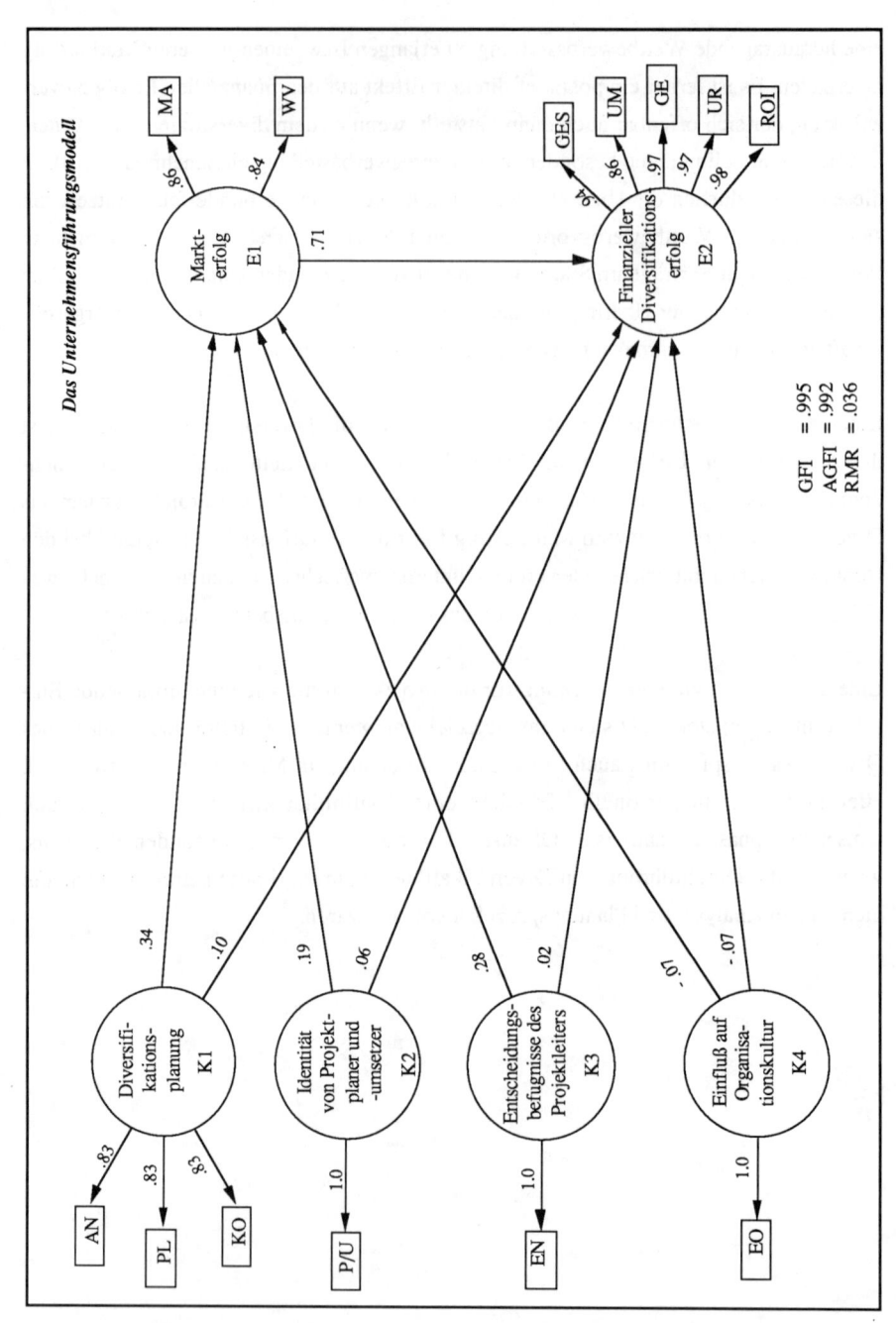

Abb. 13: Kausaldiagramm zum Unternehmensführungsmodell
(zur Legende siehe Tab. 30)

Das Unternehmensführungsmodell gibt Aufschluß darüber, daß es sich tendenziell erfolgsmindernd auswirkt, wenn die Muttergesellschaft Einfluß auf die Organisationskultur des neuen Geschäftsbereichs ausübt. Allerdings ist der Effekt sehr gering. Lediglich der Totaleffekt auf das finanzielle Ergebnis weist mit -0,12 eine nennenswerte Stärke auf. Möglicherweise ließe sich ein engerer Zusammenhang zwischen dieser Variablen und dem Diversifikationserfolg nachweisen, wenn situative Merkmale wie Unternehmensgröße, Ähnlichkeit der Geschäfte usw. in das Modell einbezogen würden.

Erfolgsfaktor	Markterfolg	finanzieller Diversifikationserfolg
Diversifikationsplanung (K1)	.34	.34
Identität von Projektplaner und -umsetzer (K2)	.19	.19
Entscheidungsbefugnisse des Projektleiters (K3)	.28	.22
Einfluß der Muttergesellschaft auf die Organisationskultur des neuen Geschäftsbereichs (K4)	-.07	-.12

Tab. 29: Totaleffekte potentieller Erfolgsfaktoren auf die Erfolgsgrößen im Unternehmensführungsmodell

Empirische Indikatoren der latenten exogenen Variablen:
AN = Detaillierte Analyse (Frage 23a und 47a)
PL = Detaillierte Planung (Frage 23b und 47b)
KO = Regelmäßige Kontrolle (Frage 23c und 47c)
P/U = Projektplaner wird auch mit der Umsetzung betraut (Frage 27 und 53)[1]
EN = Entscheidungsspielraum des Projektleiters (Frage 26 und 52)
EO = Einflußnahme auf die Organisationskultur des neuen Geschäftsbereichs (Frage 31b und 55b)
Empirische Indikatoren der latenten endogenen Variablen:
MA = Marktanteil im Vergleich zu den Hauptwettbewerbern (Frage 32a und 58a)
WV = Wettbewerbsvorteile im Vergleich zu den Hauptwettbewerbern (Frage 32b und 58b)
GES = Gesamterfolg des Diversifikationsprojekts (Frage 8 und 34)
UM = Zielerreichungsgrad Umsatz (Frage 9a und 35a)
GE = Zielerreichungsgrad Gewinn (Frage 9b und 35b)
UR = Zielerreichungsgrad Umsatzrentabilität (Frage 9c und 35c)
ROI = Zielerreichungsgrad Return on Investment (Frage 9d und 35d)

Tab. 30: Empirische Indikatoren der latenten Variablen des Unternehmensführungsmodells

---

1 Diese Variable wurde im Fragebogen recodiert, so daß die Antwortalternative "Nein" den Wert 1 und "Ja" den Wert 2 zugewiesen bekamen.

Parameter	E1	E2	K1	K2	K3	K4
E1	.00	.00	.34	.19	.28	-.07
E2	.71	.00	.10	.06	.02	-.07

Tab. 31: LISREL-Schätzung der beta- und gamma-Koeffizienten des Unternehmensführungsmodells

1.4 Die Ergebnisse des Synergiemodells

Dieses Modell umfaßt eine Reihe von Variablen, die im Zusammenhang mit der Nutzung von Synergien stehen. Dabei wurde zwischen Synergieeffekten im Bereich Forschung und Entwicklung, im Absatz sowie im Finanz- und Verwaltungssektor differenziert. Das Modell soll Aufschluß darüber geben, wie Verbundeffekte und weitere Einflußgrößen, die damit in enger kausaler Beziehung stehen dürften, auf den Diversifikationserfolg wirken. In Abschnitt C II. 1.2.1.5 wurde die Vermutung geäußert, daß die Höhe der realisierten Synergien beeinflußt wird von dem Ausmaß, in dem Aufgaben zusammengelegt sowie Know-how und Image zwischen den bisherigen Geschäftsbereichen eines Unternehmens und dem Diversifikationsprojekt übertragen werden. Ferner kann man davon ausgehen, daß Verbundeffekte um so eher genutzt werden können, je größer die Verwandtschaft zwischen Diversifikationsprojekt und Stammgeschäft ist. Schließlich wird erwartet, daß sich Synergie eher einstellt, wenn der Vorstoß in ein neues Geschäftsfeld auf den Stärken des Stammgeschäfts aufbaut.[1]

Die Anpassungsgüte des Modells ist ausgesprochen gut (GFI = 0,997; AGFI = 0,993; RMR = 0,026). Allerdings mußten einige Variablen aus dem ursprünglichen Modell entfernt werden, da sonst unplausible Schätzungen aufgetreten wären und es empirisch nicht identifiziert gewesen wäre.[2]

In einem ersten Schritt sollen zunächst die zwischen den **Synergievariablen** und den Erfolgsgrößen postulierten Wirkungen untersucht werden. Wie aus Abb. 14 hervorgeht, zeigen sich, wie vermutet, **positive** Einflüsse von den F&E- und den Absatzsynergien auf den **Markterfolg** von Diversifikationsprojekten. Der stärkste Enfluß ist mit 0,33 bei

---

[1] Vgl. auch die Ausführungen zu den Hypothesen H 20 bis H 24 in Abschnitt C II. 1.2.1.5 dieser Arbeit.
[2] Es handelt sich um die Variablen "Ähnlichkeiten in der Produktion", "Ähnlichkeiten im Einkauf", "Produktionssynergien" und "Synergien im Einkauf". Die Parameterschätzwerte zum Synergiemodell können den nachfolgenden Tabellen entnommen werden. Die PHI- und PSI-Matrizen sind im Anhang wiedergegeben.

den F&E-Synergien auszumachen. Überraschenderweise zeigt sich aber auch ein **negativer** Effekt der F&E-Verbundwirkungen auf den **finanziellen** Diversifikationserfolg (-0,11). Der negative Effekt kann darauf beruhen, daß gerade mit der Realisierung von Synergieeffekten im F&E-Bereich i.d.R. hohe Investitionen verbunden sind, die sich dann in einem ungünstigen Einfluß auf die finanziellen Erfolgsindikatoren bemerkbar machen können. Zu ähnlichen Befunden kamen schon *Mahajan* und *Wind*, die ebenfalls einen positiven Effekt der Absatzsynergien und einen negativen der Investitionssynergien auf den finanziellen Erfolg von Geschäftseinheiten (ROI) ermittelten.[1]

Unerwartet ist die **negative** Beziehung zwischen den **Finanz- und Verwaltungssynergien** einerseits und dem Diversifikationserfolg andererseits. Daß sich die von uns vermutete positive Wirkung nicht feststellen läßt, mag darin begründet liegen, daß sich die Vorteile von Verwaltungs- und Finanzsynergien nicht unbedingt auch in dem finanziellen Ergebnis eines neuen Geschäftsbereichs niederschlagen müssen. Häufig dürften Verbundeffekte dieser Art nur indirekt und partiell den neuen Betätigungsfeldern zugute kommen (z.B. Nutzung des Verlustvortrags bei der Übernahme von Sanierungsfällen, Reduktion der Kapitalbeschaffungskosten). Der schwache negative Effekt könnte darüber hinaus auch darauf zurückzuführen sein, daß mit Diversifikationsvorhaben, bei denen sich die Unternehmen in hohem Maße auf die Erzielung von Verwaltungs- und Finanzsynergien konzentrieren, eine unzureichende Kunden- und Wettbewerbsorientierung verbunden ist. In diesen Fällen vermag dann offenbar auch die Erzielung von Verbundeffekten im Verwaltungs- und Finanzbereich diese Marketingdefizite nicht auszugleichen.

Betrachtet man die Variablen der drei Arten einer **Synergierealisierung**, nämlich Aufgabenzentralisierung, Know-how- sowie Image-Transfer, so zeigt sich, daß diese sich gegenseitig recht stark beeinflussen. Über eine **Zusammenfassung von Aufgaben** lassen sich Synergien in allen Bereichen erhöhen, am stärksten jedoch die im Verwaltungs- und Finanzsektor (0,38). Beachtenswert sind die unterschiedlichen Wirkungen der Aufgabenzentralisierung auf Markterfolg und finanziellen Erfolg der Diversifikationsprojekte. So läßt sich ein direkter negativer Effekt auf den Markterfolg (-0,20) und ein direkter positiver Effekt in etwa derselben Stärke (0,22) auf den finanziellen Diversifikationserfolg ausmachen. Auch die zum Teil mit unterschiedlichem Vorzeichen versehenen indirekten Wirkungen über die drei Synergievariablen vermögen diese

---

[1] Vgl. Mahajan/Wind (1988).

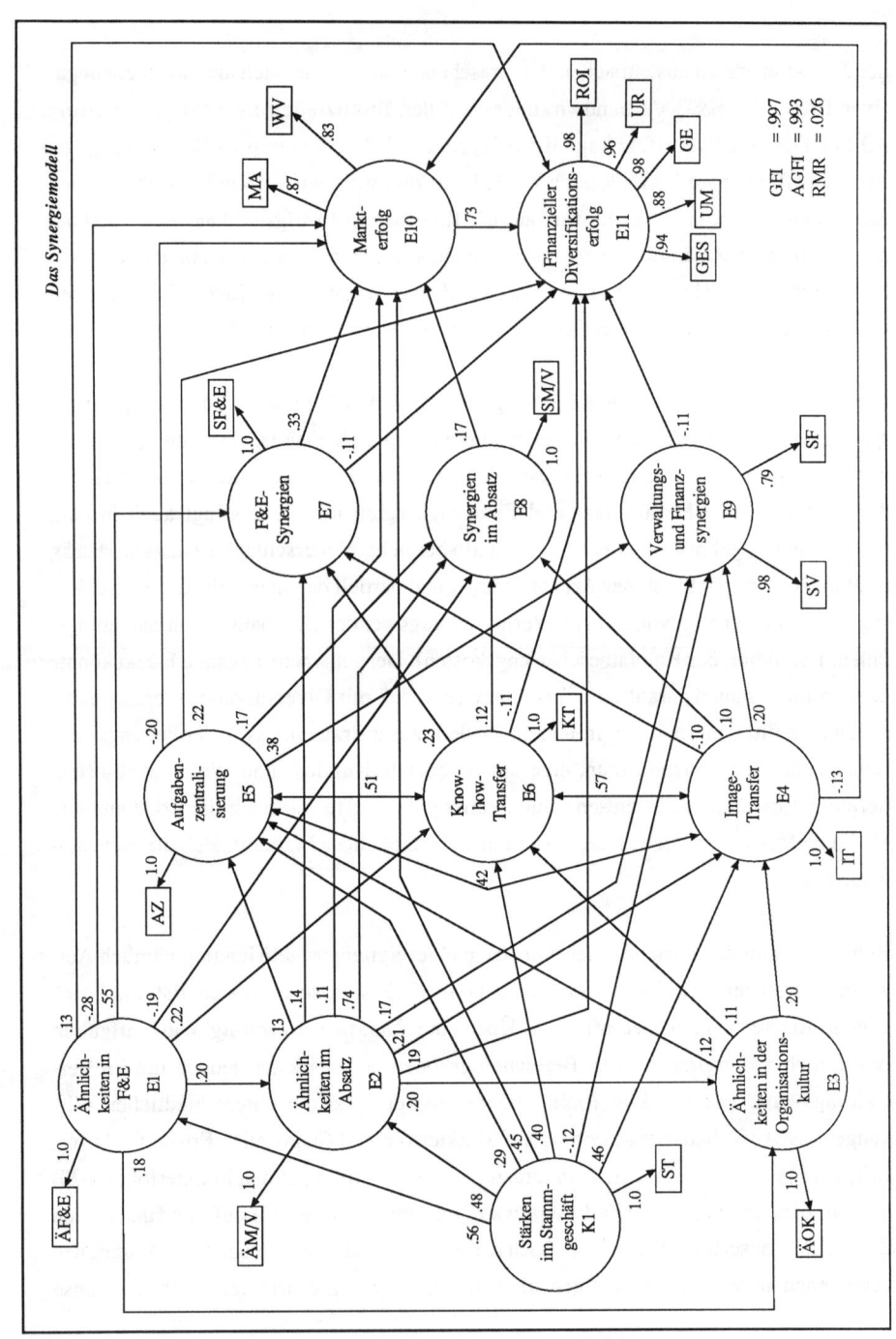

Abb. 14: Kausaldiagramm zum Synergiemodell[1]

(zur Legende siehe Tab. 33)

---

[1] Koeffizienten unter 0,10 wurden aus Gründen der Übersichtlichkeit nicht eingezeichnet. Die Werte zwischen E4, E5 und E6 geben die Korrelationen zwischen diesen Variablen wieder.

Zusammenhänge nicht wesentlich zu verändern. Damit beeinträchtigt die Aufgabenzentralisierung offenbar zwar die Erzielung von Wettbewerbsvorteilen und hohen Marktanteilen, wirkt sich aber unabhängig davon positiv auf die finanziellen Kennzahlen von Diversifikationsprojekten aus.

Über **Know-how-Transfer** können insbesondere F&E-Synergien erzielt werden (0,23), in weit geringerem Maße auch solche im Marketing (0,12). Über diese Synergieformen wirkt sich der Know-how-Transfer positiv auf den Erfolg von Diversifikationsprojekten aus. Allerdings ist ein direkter negativer Einfluß des Know-how-Transfers auf den finanziellen Diversifikationserfolg zu verzeichnen. Offensichtlich versuchen Unternehmen teilweise Fähigkeiten zu übertragen, die keine Bedeutung für die Wettbewerbsvorteile des neuen Geschäftsbereichs haben und dann wegen der organisatorischen und sonstigen Kosten, die mit dem Know-how-Transfer verbunden sind, negativ zu Buche schlagen.

Erfolgsfaktor	Markterfolg	finanzieller Diversifikationserfolg
Stärken im Stammgeschäft (K1)	.37	.40
F&E-Ähnlichkeiten (E1)	-.06	.00
Ähnlichkeiten im Absatz (E2)	.22	.29
Ähnlichkeiten in der Organisationskultur (E3)	-.03	-.03
Image-Transfer (E4)	-.12	-.11
Aufgabenzentralisierung (E5)	-.11	.07
Know-how-Transfer (E6)	.04	-.11
F&E-Synergien (E7)	.29	.12
Synergien im Absatz (E8)	.15	.08
Verwaltungs- und Finanzsynergien (E9)	.04	-.07

Tab. 32: Totaleffekte potentieller Erfolgsfaktoren auf die Erfolgsgrößen im Synergiemodell[1]

Mit einem **Image-Transfer** sind weniger die im Bereich Forschung und Entwicklung auftretenden Synergieeffekte als vielmehr solche im Verwaltungs- und Finanzsektor des diversifizierenden Unternehmens verbunden. Dies läßt sich u.a. darauf zurückführen, daß eine Image-Übertragung vielfach über Lizenzverträge abgewickelt wird (z.B. der

---

1 Die Totaleffekte dieser Variablen sind allerdings - mit Ausnahme der Synergievariablen - aufgrund der Interkorrelationen von E4, E5 und E6 vorsichtig zu interpretieren.

Image-Transfer von einer Bekleidungs- auf eine Parfümmarke [z.B. *BOSS*] oder umgekehrt [z.B. *Joop!*]), so daß in der Tat kaum F&E-Verbundeffekte entstehen, dagegen Verwaltungs- und Finanzsynergien durchaus realisiert werden können.

Der tendenziell negative Einfluß des Image-Transfers (Totaleffekt -.12 bzw. -.11) auf den Erfolg von Diversifikationsprojekten mag darauf zurückzuführen sein, daß oftmals angenommen wird, daß sich der Erfolg allein schon deswegen einstellen wird, weil der neue Geschäftsbereich den bekannten und i.d.R. mit einem positiven Image behafteten Namen der Muttergesellschaft trägt. Häufig verlassen sich Unternehmen dann allzu sehr auf den Imageeffekt und laufen Gefahr, daß sie sich nicht mit der notwendigen Intensität bemühen, Wettbewerbsvorteile etwa über eine herausragende Produktqualität oder ein kundenfreundliches Servicenetz im Markt aufzubauen. Vielfach wird aber der Image-Transfer die Schwächen des neuen Geschäftsfeldes nicht ausgleichen können.

Empirischer Indikator der latenten exogenen Variablen:
ST = Diversifikation auf der Basis von Stärken im Stammgeschäft (Frage 24 und 50)
Empirische Indikatoren der latenten endogenen Variablen:
ÄF&E = Ähnlichkeiten in der Forschung und Entwicklung (Frage 28b und 54b)
ÄM/V = Ähnlichkeiten im Marketing/Vertrieb (Frage 28c und 54c)
ÄOK = Ähnlichkeiten in der Organisationskultur (Frage 31a und 55a)
AZ = Zusammenlegen von Tätigkeiten verschiedener Geschäftsbereiche (Frage 30a und 57a)
KT = Know-how-Transfer zwischen Stammgeschäft und Diversifikationsprojekt (Frage 30b und 57b)
IT = Image-Transfer zwischen Stammgeschäft und Diversifikationsprojekt (Frage 30c und 57c)
SF&E = Synergien in Forschung und Entwicklung (Frage 29c und 56c)
SM/V = Synergien im Marketing/Vertrieb (Frage 29b und 56b)
SV = Synergien in der Verwaltung (Frage 29e und 56e)
SF = Finanzwirtschaftliche Synergien (Frage 29f und 56f)
MA = Marktanteil im Vergleich zu den Hauptwettbewerbern (Frage 32a und 58a)
WV = Wettbewerbsvorteile im Vergleich zu den Hauptwettbewerbern (Frage 32b und 58b)
GES = Gesamterfolg des Diversifikationsprojekts (Frage 8 und 34)
UM = Zielerreichungsgrad Umsatz (Frage 9a und 35a)
GE = Zielerreichungsgrad Gewinn (Frage 9b und 35b)
UR = Zielerreichungsgrad Umsatzrentabilität (Frage 9c und 35c)
ROI = Zielerreichungsgrad Return on Investment (Frage 9d und 35d)

Tab. 33: Empirische Indikatoren der latenten Variablen des Synergiemodells

Wie die Ergebnisse zeigen, ist die **Ähnlichkeit** des neuen Geschäftsbereichs zum Stammgeschäft des diversifizierenden Unternehmens eng mit den Synergiebereichen und der Art der Synergierealisierung verzahnt. Sehr hoch sind erwartungsgemäß die Koeffizienten zwischen der Ähnlichkeit in Forschung und Entwicklung und den F&E-Synergien (0,55), sowie zwischen der Ähnlichkeit im Absatzbereich und den Marketingsynergien (0,74). Unerwartet fällt dagegen der negative direkte Effekt (-0,28) zwischen der Ähnlichkeit im Bereich der Forschung und Entwicklung und dem Markterfolg aus. Offenbar laufen Unternehmen bei verwandter F&E-Struktur zwischen bisherigem und neuem Geschäftsbereich Gefahr, Belange des Absatzmarktes zu vernachlässigen und das Wettbewerbspotential nur unzureichend auszuschöpfen. Demgegenüber weisen Ähnlichkeiten im Absatzbereich positive direkte Effekte sowohl auf den Markt- (0,11) als auch auf den finanziellen Diversifikationserfolg (0,19) auf.

Einen wesentlichen direkten Einfluß auf den Markterfolg von Diversifikationsprojekten hat im untersuchten Modell mit 0,45 die Variable "**Stärken im Stammgeschäft**". Sie gibt wieder, in welchem Ausmaß die Diversifikation auf der Grundlage von im Stammgeschäft bereits vorhandenen herausragenden Kompetenzen aufbaut. Diese Variable wirkt auf den Erfolg aber nicht nur in hohem Maße direkt, sondern sie weist auch enge Bezüge zu den Ähnlichkeiten zwischen Stammgeschäft und Diversifikationsprojekt und zu den Formen der Realisierung von Verbundeffekten auf, so daß sie den Diversifikationserfolg auch in erheblichem Maße über diese Parameter beeinflußt. Die Totaleffekte dieser Variablen liegen bei 0,37 auf den Markterfolg und bei 0,40 auf den finanziellen Diversifikationserfolg.

Parameter	E1	E2	E3	E4	E5	E6	E7	E8	E9	E10	E11	K1
E1	.00	.00	.00	.00	.00	.00	.00	.00	.00	.00	.00	.56
E2	.20	.00	.00	.00	.00	.00	.00	.00	.00	.00	.00	.48
E3	.18	.20	.00	.00	.00	.00	.00	.00	.00	.00	.00	.03
E4	-.02	.21	.20	.00	.00	.00	.00	.00	.00	.00	.00	.46
E5	-.02	.13	.12	.00	.00	.00	.00	.00	.00	.00	.00	.29
E6	.22	.08	.11	.00	.00	.00	.00	.00	.00	.00	.00	.40
E7	.55	.14	.00	-.10	.08	.23	.00	.00	.00	.00	.00	.01
E8	-.19	.74	.00	.10	.17	.12	.00	.00	.00	.00	.00	-.07
E9	.03	.17	-.06	.20	.38	.07	.00	.00	.00	.00	.00	-.12
E10	-.28	.11	.00	-.13	-.20	-.05	.34	.17	.04	.00	.00	.45
E11	.13	.19	-.01	.00	.22	-.11	-.11	-.05	-.11	.73	.00	.03

Tab. 34: LISREL-Schätzung der beta- und gamma-Koeffizienten des Synergiemodells

1.5 Die Ergebnisse eines Gruppenvergleichs von erfolgreichen und nicht erfolgreichen Diversifikationsprojekten

In Abschnitt D II. 1.1 wurde bereits darauf hingewiesen, daß die **Markteintritts-barrieren** weitergehend untersucht werden sollen. Diese zusätzliche Analyse bietet sich aus folgendem Grund an: Die schwache Korrelation zwischen den strukturellen sowie institutionellen Markteintrittsbarrieren und dem Diversifikationserfolg, wie sie sich in Voruntersuchungen zeigten, lassen sich u.U. auf kompensierende Effekte in unterschiedlichen Teilgruppen zurückführen. So besteht die Möglichkeit, daß diese Markteintrittsbarrieren bei erfolgreichen Diversifikationsprojekten anders auf die Erfolgsgrößen wirken als bei wenig oder nicht erfolgreichen Projekten. Unterschiedliche, bei gegensätzlichem Vorzeichen sich sogar kompensierende Wirkungen dieser Variablen in beiden Gruppen wären in einem Gesamtmodell jedoch nicht zu erkennen.

Daher soll nun der Frage nachgegangen werden, ob unterschiedliche Effekte in den beiden Teilgruppen der erfolgreichen und weniger bzw. nicht erfolgreichen Diversifikationsprojekte bestehen. Um diese aufzudecken, wird mit Hilfe des LISREL-Verfahrens ein **Gruppenvergleich** durchgeführt, bei dem die Parameter beider Teilgruppen **simultan** geschätzt werden.[1] Simultanschätzungen über beide Teilgruppen hinweg sind erforderlich, damit Signifikanztests in LISREL zur Überprüfung der Unterschiede von Kausalstrukturen durchgeführt werden können.

Anwendungen des LISREL-Verfahrens zur Identifikation unterschiedlicher Wirkungsbeziehungen wurden in der betriebswirtschaftlichen Forschung bisher erst sehr selten dokumentiert.[2] Unter den Veröffentlichungen der Erfolgsfaktorenforschung ist bislang lediglich der Gruppenvergleich von *Phillips*, *Chang* und *Buzzell* bekannt, die Unterschiede in der Erfolgsfaktorenstruktur verschiedener Branchen untersuchten.[3] Im folgenden soll mit Hilfe des simultanen Gruppenvergleichs geprüft werden, ob Unterschiede in der Wirkungsstruktur von Markteintrittsbarrieren zwischen erfolgreichen und nicht erfolgreichen Gruppen bestehen.

Da Simultanschätzungen nur mit verhältnismäßig kleinen Kausalmodellen gerechnet werden können,[4] muß in diesem Zusammenhang auf die Berücksichtigung von Meß-

---

1 Zur simultanen Analyse von Kausalstrukturen mehrerer Gruppen vgl. z.B. Sörbom/Jöreskog (1982); Jöreskog/Sörbom (1988), S. 227 - 244; Pfeifer/Schmidt (1987), S. 144 f.
2 So z.B. die Studien von Lusch und Serpkenci (1990) sowie Anderson/Narus (1990).
3 Vgl. Phillips/Chang/Buzzell (1983).
4 Mit dem hier verwendeten LISREL-Programm lassen sich nur Modelle mit maximal zehn manifesten Variablen simultan schätzen.

modellen weitgehend verzichtet werden. Daher wird der finanzielle Diversifikationserfolg in diesem Kausalmodell ausschließlich über die Variable "Return on Investment" gemessen. Als potentielle Eintrittsbarrieren gehen die Qualität des Leistungsangebots der etablierten Anbieter, die Zugänglichkeit der Beschaffungskanäle, der Kapitalbedarf des Markteintritts, Patente der etablierten Unternehmen und staatliche Reglementierungen des Marktzugangs in das Modell ein.

Zur Aufdeckung möglicher Unterschiede zwischen den beiden Gruppen wird der Chi-Quadrat-Test eingesetzt, der die Homogenität mehrerer Kausalstrukturen testet. Um die Voraussetzungen zum Einsatz dieses Testverfahrens zu erfüllen, erfolgt die Schätzung der Parameter mit Hilfe der Maximum-Likelihood-Methode und auf der Basis von Kovarianzen. Das LISREL-Programm geht bei dem simultanen Gruppenvergleich so vor, daß es zunächst ein Gesamtmodell schätzt, bei dem die interessierenden Parameter über die Gruppen der erfolgreichen und der nicht erfolgreichen Diversifikationen hinweg als identisch angesehen werden. In einem zweiten Schritt vergleicht das Verfahren dieses Gesamtmodell auf Übereinstimmung mit den Strukturen, wie sie sich für die beiden Gruppenmodelle der erfolgreichen und der nicht erfolreichen Diversifikationsprojekte errechnen.

Das in Abb. 15 dargestellte Kausaldiagramm gibt das Beziehungsgeflecht zwischen den Variablen wieder, wie es dem Modell des simultanen Gruppenvergleichs zugrunde gelegt wird. Der Test auf Homogenität der Wirkungsstruktur erfolgt in in zwei Stufen: Zunächst soll überprüft werden, ob sich die **Gesamtstruktur** des Modells für beide Gruppen signifikant unterscheidet. Um auch Aussagen über Unterschiede zwischen den untersuchten Gruppen bezüglich **bestimmter Markteintrittsbarrieren** bzw. einzelner Wirkungspfade treffen zu können, gilt es sodann, jede Wirkungsbeziehung des Kausalmodells für sich auf Homogenität zu testen.

Die Ergebnisse der Signifikanztests sind in Tabelle 35 aufgeführt. Es zeigt sich, daß die Null-Hypothese, nämlich die Annahme, daß Wirkungsrichtung und -intensität der Beziehung zwischen den Modellvariablen beider Gruppen gleich sind, nicht zurückgewiesen werden kann. Aufgrund dieser Befunde ist also davon auszugehen, daß sich der Einfluß von Markteintrittsbarrieren auf den Diversifikationserfolg zwischen geglückten und nicht geglückten Projekten **nicht signifikant unterscheidet**. Wie die Testergebnisse offenlegen, bestehen weder unterschiedliche Gesamtstrukturen noch unterschiedliche Wirkungspfade in den beiden Gruppen.

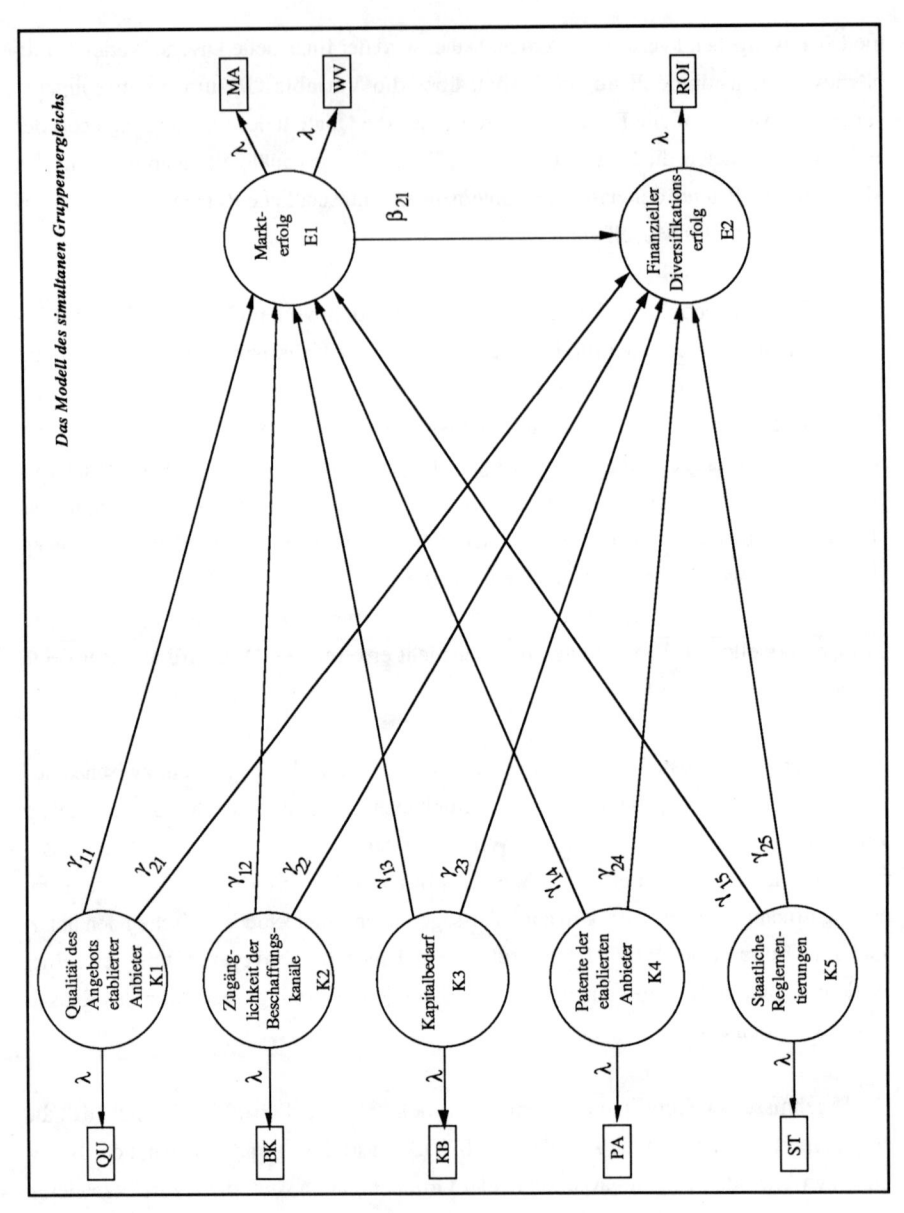

Abb. 15: Kausalmodell zum simultanen Vergleich der Wirkungen von Markteintrittsbarrieren in den Gruppen der erfolgreichen und der nicht erfolgreichen Diversifikationsprojekte

(zur Legende siehe Tab. 36)

Diese Testergebnisse weisen ferner auf die Robustheit der Beziehungsstruktur von Erfolgsfaktoren hin. Sie stehen im Einklang mit Befunden *Krügers*, der bei der Untersuchung sowohl der Erklärungsfaktoren des Erfolgs als auch des Mißerfolgs von Unternehmen zu dem Resultat gelangt, daß es "konzeptionell sinnvoll und empirisch aussagefähig (erscheint), im Rahmen einer Theorie der Unternehmensführung bei der Erklärung von positivem wie negativem Erfolg von identischen Erklärungsmustern und Bezugsrahmen auszugehen".[1]

Untersuchte Struktur	Freiheitsgrade	Chi-Quadrat-Wert	P-Wert
Qualität des Angebots der Etablierten ($\gamma_{11}; \gamma_{21}$)	45	20,54	1.000
Zugänglichkeit der Beschaffungskanäle ($\gamma_{12}; \gamma_{22}$)	45	18,44	1.000
Kapitalbedarf ($\gamma_{13}; \gamma_{23}$)	45	16,93	1.000
Patente der etablierten Anbieter ($\gamma_{14}; \gamma_{24}$)	45	20,13	1.000
Staatliche Reglementierungen ($\gamma_{15}; \gamma_{25}$)	45	17,14	1.000
Markterfolg (β_{21})	43	16,76	1.000
Gesamtstruktur*	54	28,64	0.998

Tab. 35: Ergebnisse des simultanen Gruppenvergleichs

* Hierbei wurden alle Parameter der GAMMA- und BETA-Matrix mit Hilfe des EQ-Befehls gleichgesetzt.

Empirische Indikatoren der latenten exogenen Variablen:
QU = Qualität des Leistungsangebots der etablierten Anbieter (Frage 20b und 46b)
BK = Zugänglichkeit der Beschaffungskanäle (Frage 20e und 46e)
KB = Kapitalbedarf des Markteintritts (Frage 20f. und 46f.)
PA = Patente der etablierten Anbieter (Frage 20g und 46g)
ST = Staatliche Reglementierungen des Marktzutritts (Frage 20h und 46h)
Empirische Indikatoren der latenten endogenen Variablen:
MA = Marktanteil im Vergleich zu den Hauptwettbewerbern (Frage 32a und 58a)
WV = Wettbewerbsvorteile im Vergleich zu den Hauptwettbewerbern (Frage 32b und 58b)
ROI = Zielerreichungsgrad Return on Investment (Frage 9d und 35d)

Tab. 36: Empirische Indikatoren der latenten Variablen des Modells zum simultanen Gruppenvergleich

---

[1] Krüger (1988a), S. 42.

2. Erfolgsfaktoren diversifizierender Unternehmen
2.1 Die Ergebnisse des Konzernstrategienmodells

In einem weiteren Kausalmodell wird untersucht, in welchem Maße die Konzernstrategien *Porters* den Diversifikationserfolg von Unternehmen beeinflussen.[1] Wie die Werte der Modellanpassungsmaße zeigen, verfügt das Modell über eine sehr hohe Güte und kann somit empirisch nicht zurückgewiesen werden (GFI = 0,999; AGFI = 0,995; RMR = 0,012), zumal auch keine unsinnigen Schätzwerte vorliegen.[2] Dem Kausaldiagramm in Abb. 16 ist zu entnehmen, daß die Strategienkonzepte Sanierung, Know-how-Transfer und Aufgabenzentralisierung Interkorrelationen aufweisen, was darauf hindeutet, daß sie nicht unabhängig voneinander Anwendung finden. Dagegen ist das **Portfoliomanagement** offensichtlich eine von den übrigen untersuchten Konzepten unabhängige Unternehmensstrategie. Jene weist auch als einzige der untersuchten Konzernstrategien einen deutlichen Effekt auf den Diversifikationserfolg auf, der mit 0,41 sogar vergleichsweise stark ausfällt. Dieser Befund spricht für die Vorteile dieser Konzernstrategie, welche u.a. dadurch gekennzeichnet ist, daß der Markteintritt häufig über den Kauf attraktiver Unternehmungen erfolgt und die neuen Geschäftsfelder weitgehend autonom bleiben. Die Befunde zum Konzernstrategiemodell stützen damit nur Hypothese H 25; die Hypothesen H 26 bis H 28 müssen dagegen verworfen werden.

Damit stehen unsere Befunde im Widerspruch zu den Ergebnissen *Porters*, der davon ausgeht, daß das Portfoliomanagement heute nur selten ein zweckmäßiges Diversifikationskonzept darstellt.[3] *Porter* empfiehlt vielmehr die Strategie der Aufgabenzentralisierung als besonders erfolgsträchtige Konzernstrategie diversifizierter Unternehmen. Deren Überlegenheit gegenüber den anderen Strategiekonzepten können die Befunde unserer Untersuchung jedoch nicht belegen. Es läßt sich aufgrund des niedrigen Effekts (0,05) noch nicht einmal die Hypothese stützen, daß sich die Aufgabenzentralisierung als Konzernstrategie überhaupt positiv auf den Diversifikationserfolg auswirkt. Allerdings gilt es bei der Interpretation der vorliegenden Ergebnisse zu berücksichtigen, daß die Antworten die von den Unternehmen bisher verfolgten Strategien und die dabei bislang erzielten Erfolge widerspiegeln. Damit handelt es sich hier um vergangenheitsbezogene empirische Zusammenhänge, die in dieser Form nicht auch bei veränderten zukünftigen Rahmenbedingungen Geltung haben müssen.

---

[1] Vgl. hierzu die Ausführungen zu den Hypothesen H 25 bis H 28 in Abschnitt C II. 1.2.2.1 dieser Arbeit.
[2] Aufgrund der Interkorrelationen zwischen den exogenen Variablen lassen sich keine sinnvoll interpretierbaren Totaleffekte errechnen, weshalb auf deren Wiedergabe hier verzichtet wird. Die Phi- und Psi-Werte des Konzernstrategienmodells sind im Anhang zusammengestellt.
[3] Vgl. Porter (1987a), S. 37.

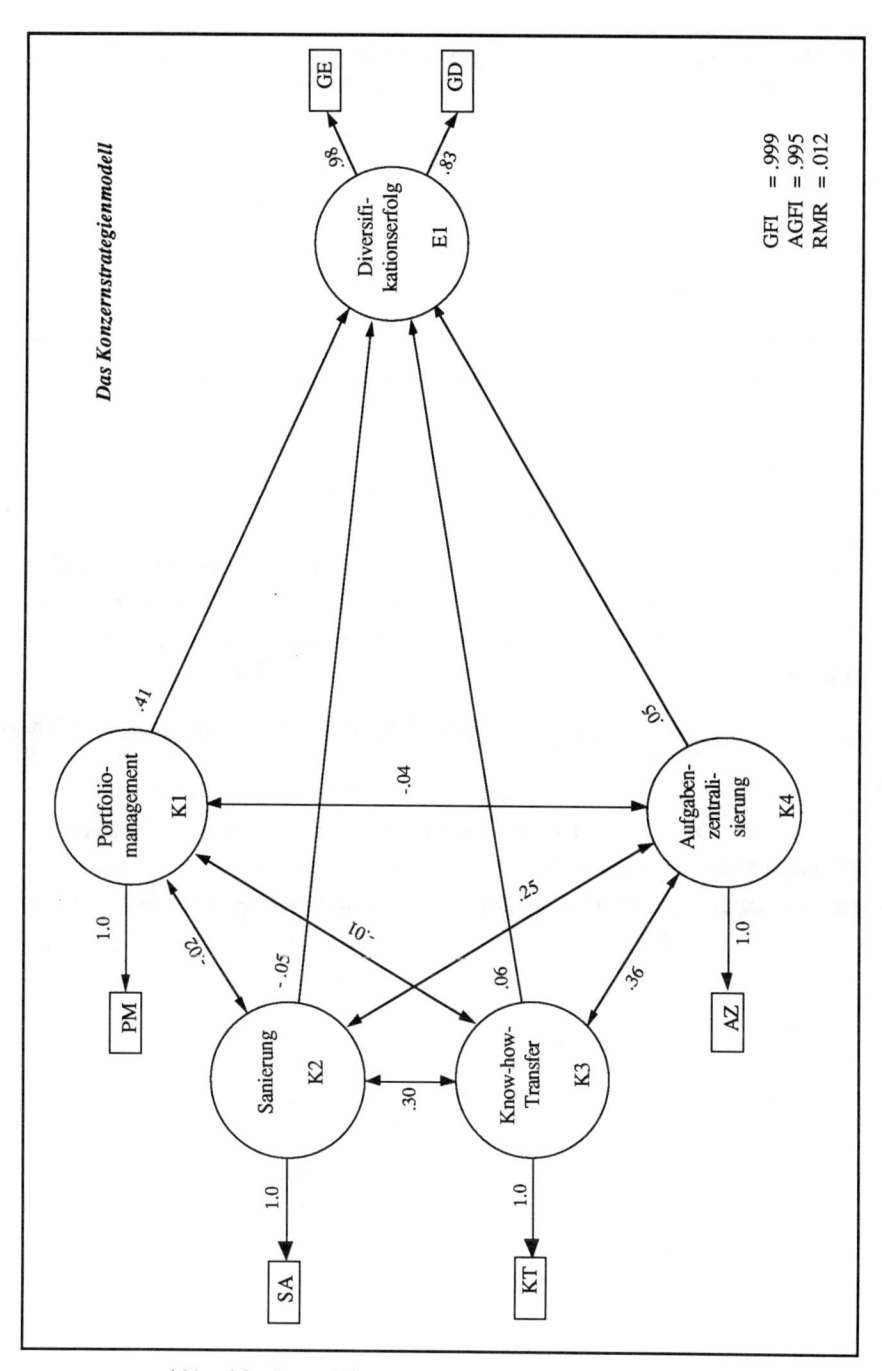

Abb. 16: Kausaldiagramm zum Konzernstrategienmodell
(zur Legende siehe Tab. 37)

Empirische Indikatoren der latenten exogenen Variablen:
PM = Ausmaß, in dem ein Portfoliomanagement betrieben wird (Frage 7a)
SA = Ausmaß, in dem eine Sanierungsstrategie verfolgt wird (Frage 7b)
KT = Ausmaß, in dem eine Strategie des Know-how-Transfers verfolgt wird (Frage 7c)
AZ = Ausmaß, in dem eine Strategie der Aufgabenzentralisierung verfolgt wird (Frage 7d)
Empirische Indikatoren der latenten endogenen Variablen:
GE = Diversifikationserfolg des Unternehmens (Frage 5)
GD = Anteil besonders geglückter Diversifikationen (Frage 6)

Tab. 37: Empirische Indikatoren der latenten Variablen des Konzernstrategienmodells

2.2 Die Ergebnisse des Unternehmensstrukturmodells

In diesem Abschnitt werden die Befunde eines weiteren Kausalmodells vorgestellt, in dem ausgewählte Merkmale der Unternehmensstruktur auf ihren Erfolgsbeitrag hin analysiert wurden.[1] Das Modell kann aufgrund der Werte der Anpassungsmaße als voll bestätigt angesehen werden (GFI = 0,989; AGFI = 0,973; RMR = 0,041).[2] Wie die Befunde zeigen (siehe Abb. 17 und Tab. 38), läßt sich für eine Reihe zu untersuchender Hypothesen (H 29 bis 31 und H 33) allerdings keine Bestätigung finden. Es überraschen insbesondere die Ergebnisse zu den Organisationsvariablen. Es wurde vermutet, daß sich der Diversifikationserfolg einer Unternehmung mit zunehmender Geschäftsbereichsorientierung und Dezentralisierung der Organisation sowie mit einer Holdingstruktur verbessert. Weder für die Organisationsvariablen "Dezentralisierungsgrad" und "Holdingstruktur" noch für die "Geschäftsbereichsorientierung" konnte jedoch der vermutete positive Effekt auf die Erfolgsgröße nachgewiesen werden; dagegen nahmen die zugehörigen Koeffizienten sogar schwache negative Werte an.

Eine Erklärung der ermittelten statistischen Wirkungen, die im folgenden exemplarisch für die Variable "Geschäftsbereichsorientierung der Organisation" vorgenommen wird, liegt möglicherweise darin, daß die Betrachtung der Struktur der Gesamtorganisation aufgrund des hohen Aggregationsgrades wenig geeignet ist, den Diversifikationserfolg von Unternehmen zu erklären. So treten in der Unternehmenspraxis, wie Befunde von *Gabele* zeigen, vielfältige und recht unterschiedliche Varianten der Führungsstruktur von Spartenorganisationen auf.[3] Die Schwierigkeiten, die mit der Erfassung ganzheitlicher

---
[1] Vgl. die Ausführungen zu den Hypothesen H 29 bis H 35 in Abschnitt C II. 1.2.2.2 dieser Arbeit.
[2] Der Psi-Wert für E1 beträgt 0,82; die PHI-Matrix ist dem Anhang zu entnehmen.
[3] Vgl. Gabele (1981), S. 296 f.

Organisationsstrukturen verbunden sind, werden auch in Befunden von *Lawrence* und *Lorsch* deutlich.[1] Sie fanden heraus, daß sich die einzelnen Organisationseinheiten mit unterschiedlichen Umwelten konfrontiert sehen und in den erfolgreichen Unternehmen die Abteilungsstruktur auf die spezifische Umweltsituation ausrichten.[2] Mit zunehmender Differenzierung der Organisation wird aber für die Befragten eine eindeutige Zuordnung der eigenen Organisationsform zu vorgegebenen Strukturvarianten, was in standardisierten Fragebögen häufig verlangt wird, immer schwieriger. Dieses Problem gewinnt noch dadurch an Gewicht, daß teilweise nicht unbeträchtliche Unterschiede im Begriffsverständnis bestimmter Organisationsformen in der Praxis zu finden sind.[3] Vor dem Hintergrund dieser **Erfassungsprobleme** sind auch die vergleichsweise niedrigen Korrelationen zu sehen, die für sehr viele Zusammenhänge in anderen empirischen Untersuchungen über die Beziehungen zwischen Variablen der Organisationsstruktur und anderen Variablen ermittelt wurden.[4]

Mit Blick auf die Untersuchungsergebnisse muß auf die Unterscheidung zwischen Primär- und Sekundärorganisation hingewiesen werden. Die Geschäftsbereichsstruktur ist als Primärorganisation zur Erfüllung der operativen Aufgaben gut geeignet. Es wird jedoch empfohlen, zur Bewältigung der strategischen Fragen von der bestehenden Strukturorganisation zu abstrahieren und eine **Sekundärorganisation** (auch als strategische Organisation bezeichnet) zu bilden.[5] Ein weiterer Grund für die Ablehnung des in Hypothese 30 formulierten Zusammenhangs zwischen der Spartenorientierung und dem Diversifikationserfolg könnte folglich darin zu sehen sein, daß nur einseitig nach den Strukturen der Primärorganisation gefragt wurde und Formen der Sekundärorganisation (z.B. auf Basis strategischer Geschäftseinheiten) dagegen **nicht** erfaßt worden sind. Möglicherweise sind, wie weiter oben bereits erwähnt, die Varianten der Primärorganisation so vielfältig, daß die Stärken einer Gliederung nach Geschäftsbereichen erst mit der Analyse der jeweiligen Sekundärorganisation deutlich werden.

---

1 Vgl. Lawrence/Lorsch (1969).
2 Vgl. auch Kieser/Kubicek (1978b), S. 128.
3 Vgl. Gabele (1981), S. 24 - 26.
4 Vgl. Kieser/Kubicek (1978b), S. 134.
5 Vgl. Wicher (1988), S. 323 f.; Staehle (1989), S. 708 f. Auf die in der Literatur häufig vorzufindende Gleichsetzung von operativer und Primär- sowie strategischer und Sekundärorganisation weisen Szyperski und Winand (1979), S. 200, Fußnote 10, hin. Unter Primärorganisation versteht Staehle die nach Funktionen oder Geschäftsbereichen strukturierten Organisationsformen, unter Sekundärorganisation u.a. die Produktmanagement-, die Kundenmanagement- und die Projektmanagement-Organisation sowie die Organisation nach strategischen Geschäftseinheiten. Vgl. Staehle (1989), S. 693 - 714.

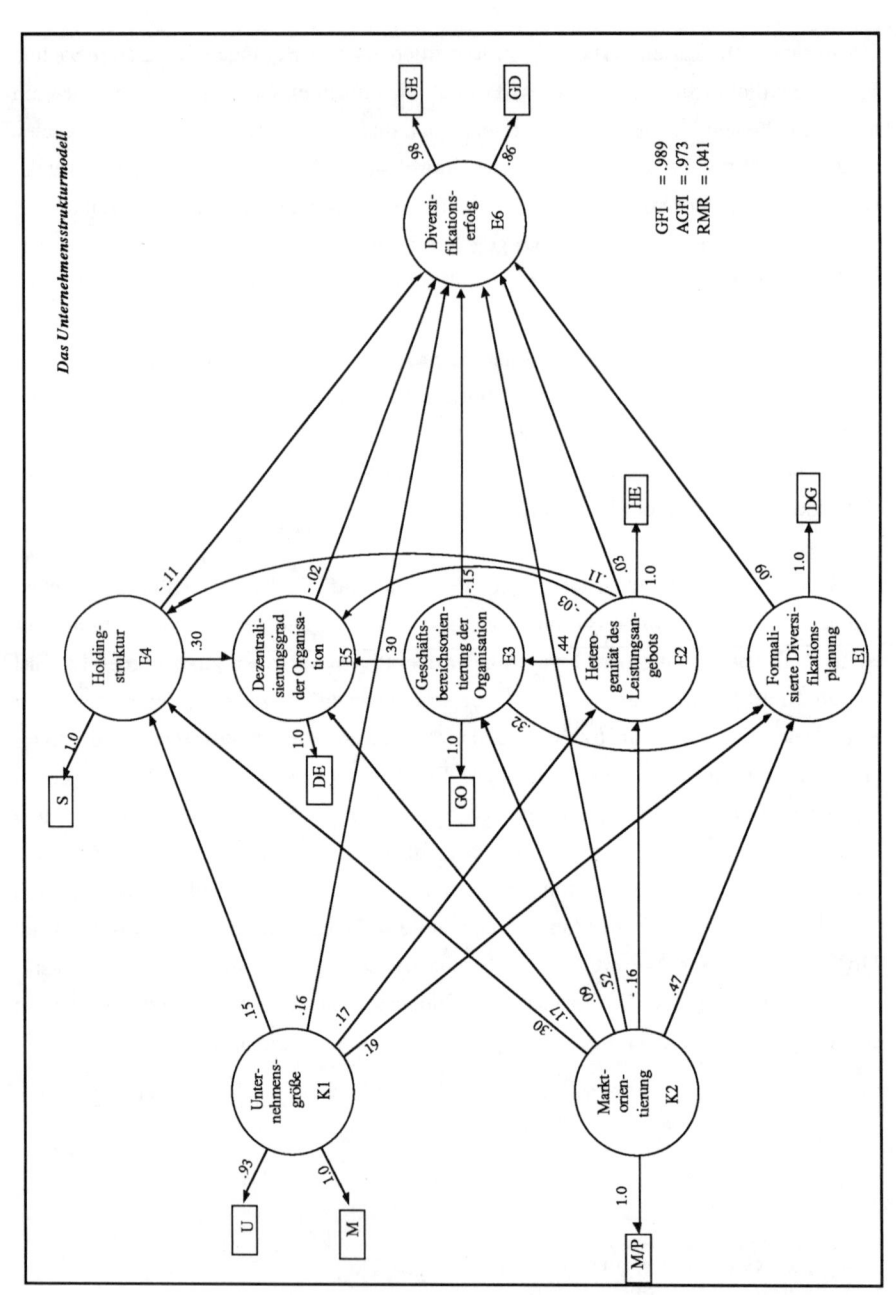

Abb. 17: Kausaldiagramm zum Unternehmensstrukturmodell

(zur Legende siehe Tab. 39)

Es kann jedoch nicht ausgeschlossen werden, daß die Begründung für die Ergebnisse der vorliegenden Untersuchung tatsächlich in den Unzulänglichkeiten der Geschäftsbereichsorganisation zu suchen sind. So werden die Stellenabgrenzungen in Unternehmen, die nach Geschäftsbereichen gegliedert sind, oftmals aufgrund einer **zu operativen Ausrichtung** weder den Markterfordernissen noch denen der strategischen Planung gerecht.[1] Dies trifft insbesondere auf produktorientierte Unternehmen zu, deren Struktur vielfach in hohem Maße auf die produktionstechnischen Anforderungen ausgerichtet ist. In diesen Fällen wird eine Konzentration auf abgrenzbare, homogene Märkte, wie sie in der strategischen Planung i.d.R. gefordert wird, nachdrücklich behindert.[2] Hierdurch kommt es zu mühsamen Abstimmungsprozessen zwischen den Unternehmenseinheiten, die sich in Form von Reibungsverlusten selbst in solchen Unternehmen negativ auf deren Erfolg auswirken, die bereits stärker marktorientiert gegliedert sind.

Ein weiterer Nachteil der Geschäftsbereichsorganisation soll an dieser Stelle kurz skizziert werden: Die Sicherung des Erfolgspotentials verlangt nach einer gezielten Förderung noch unbedeutender, aber entwicklungsfähiger Bereiche und nach dem Abbau nicht länger haltbarer Produkt-/Markt-Kombinationen. Es besteht jedoch bei der Geschäftsbereichsorganisation die Gefahr, daß sie die Freisetzung spartenübergreifender, integrierender und synergiefördernder Kräfte behindert und daß dadurch die Möglichkeiten des Ausgleichs von Stärken und Schwächen einzelner Geschäftsbereiche oder die Chancen einer Aufgabenzentralisierung nur sehr unzureichend genutzt werden.[3] Vielmehr kristallisiert sich nicht selten die Tendenz heraus, daß sich einzelne Geschäftsbereiche vom Gesamtverband des Unternehmens abzukoppeln versuchen und „Feindbilder" aufgebaut werden.[4] Die sich in einem solchen Verhalten häufig widerspiegelnden Ressortegoismen, wie sie sich oftmals in dezentralen Organisationsformen zeigen, insbesondere aber wohl im Rahmen des Profit Center-Konzepts, werden in aller Regel dem Diversifikationserfolg der Unternehmen abträglich sein.

Die Untersuchungsergebnisse zum Einfluß des **Leistungsprogramms** auf den Diversifikationserfolg stützen die Skepsis einiger Autoren gegenüber einer allzu unkritischen Übernahme der Philosophie "Schuster bleib bei Deinen Leisten" oder "stick to the knitting".[5] Wie beispielsweise *Varadarajan* und *Ramanujam* betonen, ist die Frage, ob das Programm in benachbarte oder völlig fremde Leistungsbereiche ausgedehnt werden

---

1 Vgl. Grün (1989), Sp. 305.
2 Vgl. Szyperski/Winand (1979), S. 199.
3 Vgl. Grün (1989), Sp. 305.
4 Vgl. Gabele (1981), S. 265.
5 Vgl. z.B. Leontiades (1987); Varadarajan/Ramanujam (1989).

sollte, sorgfältig vor dem Hintergrund der jeweiligen Unternehmenssituation zu prüfen.[1] Die Befunde des Synergiemodells legen offen,[2] daß für ein heterogenes Produktprogramm insbesondere dann Aussicht auf Erfolg besteht, wenn die Diversifikationsprojekte - bei aller Verschiedenartigkeit - auf der Basis bestimmter Stärken im Stammgeschäft entwickelt werden.

Erfolgsfaktor	Diversifikationserfolg
Unternehmensgröße (K1)	.15
Marktorientierung (K2)	.53
Formalisierte Diversifikationsplanung (E1)	.09
Heterogenität des Leistungsangebots (E2)	-.05
Geschäftsbereichsorientierung (E3)	-.12
Holdingstruktur (E4)	-.11
Dezentralisierungsgrad (E5)	-.02

Tab. 38: Totaleffekte potentieller Erfolgsfaktoren auf die Erfolgsgröße im Unternehmensstrukturmodell

Ein Blick auf das Kausaldiagramm (Abb. 17) und auf die Totaleffekte der untersuchten Variablen (Tab. 38) zeigt, daß die Hypothesen der restlichen Variablen des Unternehmensstrukturmodells aufgrund der Ergebnisse eine Bestätigung erfahren haben (H 32, 34 und 35). Danach wirken sich schriftlich niedergelegte **Diversifikationsgrundsätze** und die **Größe der Unternehmung** schwach positiv auf den Diversifikationserfolg aus (Totaleffekt von 0,09 bzw. 0,15). Der weitaus stärkste Einfluß auf den Erfolg geht in diesem Modell jedoch von der **Marktorientierung** des jeweiligen Unternehmens aus. Der hohe direkte positive Effekt von 0,52 wird über indirekte Einflüsse mit unterschiedlichen Wirkungsrichtungen nur unwesentlich verändert (0,53). Die Ergebnisse sind so zu interpretieren, daß stärker marktorientierte Unternehmen eine erfolgreichere Diversifikationsstrategie durchführen als eher produktions- und technologieorientierte Unternehmen. Diese Befunde korrespondieren mit jenen anderer empirischer Untersuchungen, bei denen ebenfalls die Überlegenheit einer ausgeprägten Marktorientierung für den Erfolg von Unternehmen[3] oder strategischen Geschäftseinheiten[4] nachgewiesen wurde.

---

1 Vgl. Varadarajan/Ramanujam (1989), S. 21.
2 Vgl. Abschnitt D II. 1.4 dieser Arbeit.
3 Vgl. Goldsmith/Clutterbuck (1984).
4 Vgl. Narver/Slater (1990); für Produktinnovationen vgl. Cooper (1979a).

Empirische Indikatoren der latenten exogenen Variablen:
U = Gesamtumsatz des Unternehmens (Frage 66a)
M = Zahl der Mitarbeiter des Unternehmens (Frage 66b)
M/P = Markt- versus Produktions- und Technologieorientierung des Unternehmens (Frage 65)
Empirische Indikatoren der latenten endogenen Variablen:
DG = Schriftlich festgelegte Anforderungskriterien für den Eintritt in neue Bereiche (Frage 64)
HE = Heterogenität des Angebotsprogramms (Frage 4)
GO = Geschäftsbereichsorientierung der Organisationsstruktur (Fage 61)[1]
DE = Grad der Dezentralisierung der Organisation (Frage 63)
S = Form der Steuerung unterschiedlicher Betätigungsfelder des Unternehmens (Frage 62)
GE = Diversifikationserfolg des Unternehmens (Frage 5)
GD = Anteil besonders geglückter Diversifikationen (Frage 6)

Tab. 39: Empirische Indikatoren der latenten Variablen des Unternehmsstrukturmodells

Parameter	E1	E2	E3	E4	E5	E6	K1	K2
E1	.00	.00	.32	.00	.00	.00	.19	.47
E2	.00	.00	.00	.00	.00	.00	.17	-.16
E3	.00	.44	.00	.00	.00	.00	.00	.09
E4	.00	.11	.00	.00	.00	.00	.15	.30
E5	.00	-.03	.30	.30	.00	.00	.00	.17
E6	.09	-.03	-.15	-.11	-.02	.00	.16	.52

Tab. 40: LISREL-Schätzung der beta- und gamma-Koeffizienten des Unternehmensstrukturmodells

---

[1] Bei dieser Variablen wurden nur die Unternehmen mit eindimensionaler Organisationsstruktur berücksichtigt. Die Antwortskala reicht von (1) = "Funktionale Organisation", (2) = "Mischtyp mit Dominanz der Funtionsbereiche" über (3) = "Mischtyp mit Dominanz der Geschäftsbereiche/Sparten" bis (4) = "Geschäftsbereichs-/Spartenorganisation".

E Gestaltungsorientiertes Resümee

Der Untersuchungsansatz der vorliegenden Arbeit zielte darauf ab, die Erfolgsfaktoren der Diversifikationsstrategie möglichst umfassend zu analysieren und Schlüsselvariablen sowohl auf der Ebene der einzelnen Diversifikationsprojekte als auch auf Gesamtunternehmensebene zu ermitteln. Mit Hilfe des LISREL-Ansatzes der Kausalanalyse ist es dabei nicht nur gelungen, maßgebliche Einflußgrößen des Diversifikationserfolgs zu identifizieren, sondern darüber hinaus auch Aufschluß über die Wirkungsstruktur zwischen den Erfolgsfaktoren zu erhalten. Die vermuteten Effekte der in die Analyse einbezogenen potentiellen Erfolgsfaktoren konnten dabei weitgehend bestätigt werden.

Wie die durchweg sehr guten empirischen Anpassungswerte der Kausalmodelle zeigen, hat sich die gewählte Vorgehensweise einer theoretisch fundierten Hypothesenfindung, welche die empirischen Ergebnisse der bisherigen Erfolgsfaktorenforschung berücksichtigt, bewährt.

Bei der Interpretation der Ergebnisse gilt es zu beachten, daß nicht alle Diversifikationsprojekte der untersuchten Unternehmen berücksichtigt wurden. Da es sich lediglich um ausgewählte Projekte dieser Unternehmen handelt, die entweder als erfolgreich oder aber als weniger bzw. nicht erfolgreich eingestuft werden, könnte eine Untersuchung, die in höherem Maße auch Diversifikationen mit durchschnittlichem Erfolg einbezieht, möglicherweise zu abweichenden Ergebnissen kommen. Es muß ferner darauf hingewiesen werden, daß aus Gründen der Komplexitätsreduktion und wegen der Restriktionen des LISREL-Programms handhabbare Partialmodelle gebildet werden mußten. In einem - allerdings mit der heute zur Verfügung stehenden EDV-Software nicht rechenbaren - Gesamtmodell, bei dem alle relevanten Variablen in einem komplexen Kausalmodell Berücksichtigung fänden, könnten sich ebenfalls abweichende Ergebnisse zeigen. Aus diesem Grund sollten die Resultate der vorliegenden Untersuchung immer nur im Zusammenhang mit dem jeweiligen Partialmodell interpretiert werden.

Diese Einschränkungen gilt es im Auge zu behalten, wenn es darum geht, die folgenden zehn Gestaltungsthesen für erfolgreiche Diversifikationsstrategien in die Praxis umzusetzen.

(1) Detaillierte Analyse- und Planungsaktivitäten durchführen

Wie die Ergebnisse unserer Untersuchung offenlegen, übt das Ausmaß **detaillierter Analyse- und Planungsaktivitäten** einen erheblichen Einfluß auf den Diversifikationserfolg aus.[1] Daher bietet es sich im Hinblick auf eine erfolgreiche Diversifikationsstrategie an, mittels einer sorgfältig durchgeführten Diversifikationsplanung die Marktchancen und -risiken potentieller neuer Leistungsbereiche intensiv zu prüfen. Offensichtlich sind die systematische Suche nach neuen Geschäftsfeldern und deren Bewertung aber erst selten Bestandteil der strategischen Unternehmensplanung, so daß hier ein Nachholbedarf vieler Unternehmen zu verzeichnen ist.[2]

Neben einer formalisierten Gesamtplanung[3] kann eine sorgfältige **Diversifikations-Projektplanung** die Risiken eines Fehlschlags verringern. Sie sollte folgende Schritte umfassen:[4]

- Gründliche Analyse der Unternehmenssituation und der externen Rahmenbedingungen,
- Festlegung von Markteintrittszielen (Wachstumsziele, Rentabilitätsziele),
- Auswahl von Zielmärkten (Grob- und Feinauswahl),
- Wahl der Eintrittsform (Eigenentwicklung, Kooperation, Akquisition),
- Festlegung des Eintrittszeitpunktes (Pionier, früher Folger, später Folger),
- Ausgestaltung der strategischen Optionen (Wettbewerbsstrategie, Marktbearbeitungsstrategie usw.) und die
- Kontrolle der Zielerreichung.

Darüber hinaus ist eine Analyse der Wirtschaftlichkeit des anvisierten Markteintritts notwendig, die phasenübergreifend erfolgen und permanent den Ablaufprozeß der Diversifikationsplanung begleiten muß.

---

1 Vgl. Abschnitt D II. 1.3 dieser Arbeit.
2 Vgl. hierzu auch Müller (1986), S. 38 f.
3 Vgl. hierzu Abschnitt C II. 1.2.2.2.4 dieser Arbeit.
4 Vgl. auch Remmerbach (1988), S. 98 - 102; Remmerbach (1989), S. 174 - 177. Oftmals wird es sich als zweckmäßig erweisen, einzelne Teilaufgaben simultan zu bearbeiten.

(2) Attraktive Marktstrukturen finden

Ein zentrales Problem diversifizierender Unternehmen liegt in der **Auswahl der Branchen**, in denen sie tätig werden sollten. Zur Auswahl von Zielmärkten sind u.a. Marktstrukturtests hilfreiche Analyseinstrumente, mit deren Hilfe die Attraktivität der neuen Branche untersucht wird. Vor dem Hintergrund unserer Untersuchungsergebnisse[1] ist ein besonderes Augenmerk auf die Wettbewerbsintensität und die von den etablierten Anbietern aufgebauten Eintrittsbarrieren zu legen, da die Erfolgsaussichten mit zunehmender Wettbewerbsintensität und steigenden strategischen Markteintrittsbarrieren erheblich geringer werden. Aber auch der positive Effekt einer hohen Branchenrentabilität auf das finanzielle Ergebnis der Diversifikation sollte nicht unberücksichtigt bleiben und in die Beurteilung der Marktattraktivität einfließen. Schließlich gilt es zu berücksichtigen, daß bei Diversifikationsprojekten eine gute Wettbewerbsposition tendenziell eher in Marktnischen als in großen Märkten erzielt werden kann.

Sollte die Struktur der Zielbranche nicht den Anforderungen des Unternehmens gerecht werden, so ist ein Markteintritt nur empfehlenswert, wenn die spezifischen Stärken des diversifizierenden Unternehmens den unattraktiven neuen Markt zu einem attraktiven Markt umgestalten können.[2]

(3) In verwandte Märkte eintreten

Verwandte Geschäftsfelder fördern nicht nur die Nutzung von Synergieeffekten, sondern sie geben auch eher die Gewähr dafür, daß man das neue Geschäft mittels des vorhandenen Know-how "in den Griff bekommt". Diversifizierende Unternehmen sind daher gut beraten, wenn sie vor dem Eintritt in einen neuen Markt sorgfältig prüfen, inwieweit Ähnlichkeiten zwischen den bisherigen Geschäftsfeldern und dem Diversifikationsprojekt bestehen. Wie die Befunde zeigen, wirkt es sich besonders erfolgshemmend aus, wenn keine oder nur geringe Verwandtschaft im **Marketing** zwischen neuem und bisherigem Betätigungsfeld besteht.[3] Daher bietet es sich an, in Märkte mit einem ähnlichen Kundentyp hineinzustoßen, in denen ähnliche Vertriebsmethoden wie im Stammgeschäft des Unternehmens mit Aussicht auf Erfolg angewandt werden können.

---

1 Zum Einfluß der Marktstruktur auf den Diversifikationserfolg siehe Abschnitt D II. 1.1 dieser Arbeit.
2 So auch Porter (1986), S. 475.
3 Vgl. Abschnitt D II. 1.4 dieser Arbeit.

(4) Synergieeffekte nutzen

Weiterhin bietet sich vor dem Markteintritt ein **Synergietest** an, bei dem das Ausmaß des vorhandenen Synergiepotentials und die Chancen zur Realisierung dieser Synergien überprüft werden. Anknüpfungspunkte stellen Verbundeffekte im Absatzmarketing, im Bereich der Beschaffung, der Produktion, in der Forschung und Entwicklung sowie in Verwaltung und bei der Finanzierung dar.

Es sollte nach besonders **wichtigen Verflechtungen** zwischen neuem und bisherigem Tätigkeitsgebiet gesucht werden. Von zentraler Bedeutung sind Verflechtungen beispielsweise dann, wenn der betreffende Bereich einen hohen Anteil an der Wertschöpfung des Unternehmens aufweist und gleichzeitig empfindlich gegenüber Betriebsgrößenänderungen, Lerneffekten oder der Kapazitätsauslastung reagiert.[1] In besonderem Maße ist dabei auf die Realisierungsmöglichkeit von F&E-Synergien zu achten, da sie, stärker noch als Synergieeffekte im Marketing, Wettbewerbsvorteile generieren und den Diversifikationserfolg positiv beeinflussen.[2] Eine enge Verwandtschaft zur bisherigen Forschung und Entwicklung reicht jedoch vielfach für die Realisierung von Verbundeffekten nicht aus. Stellen sich keine F&E-Synergien ein, sind selbst bei enger F&E-Verwandtschaft häufig negative Auswirkungen auf den Markterfolg zu verzeichnen. So müssen die Realisierungschancen von F&E-Synergien besonders sorgfältig geprüft werden. Sollten sich bei einer anvisierten Ausweitung des Betätigungsfeldes ausschließlich Finanz- und Verwaltungssynergien abzeichnen, muß vor dem Markteintritt sehr kritisch untersucht werden, ob ausreichende sonstige Möglichkeiten zur Erzielung von Wettbewerbsvorteilen bestehen.

In diesem Zusammenhang gilt es auch, die Nutzung von Verbundeffekten in Form der Aufgabenzentralisierung, des Know-how-Transfers und des Image-Transfers kritisch zu prüfen. Dabei müssen auch deren mögliche negative Wirkungen sorgfältig analysiert werden. So ist gemäß unseren Befunden beispielsweise eine Aufgabenzentralisierung im Rahmen der Diversifikation nicht selten hinderlich bei der Erzielung von Wettbewerbsvorteilen und hohen Marktanteilen. Wie die Untersuchung weiter zeigt, ist auch mit zunehmendem Know-how-Transfer vielfach nicht die gewünschte Steigerung der Wettbewerbsposition zu erzielen, so daß aufgrund der mit dem Know-how-Transfer verbundenen Kosten in diesen Fällen sogar eine Beeinträchtigung des finanziellen Diversifikationserfolgs in Kauf genommen werden muß. Daher sollte vor einem Markteintritt hinterfragt werden, ob die Konkurrenten des neuen Marktes über gleichwertige

---

1 Vgl. auch Porter (1986), S. 418 - 420.
2 Vgl. hierzu Abschnitt D II. 1.4 dieser Arbeit.

oder sogar bessere Kenntnisse verfügen und das Wissen, das von der diversifizierenden Unternehmung auf das neue Geschäftsfeld übertragen werden kann, wirklich wichtig für die Wettbewerbsfähigkeit in dieser Branche ist. Generell muß sichergestellt sein, daß die mit den Realisierungsformen der Synergie verbundenen Kosten den Synergienutzen nicht übersteigen.

(5) Auf den Stärken des Stammgeschäfts aufbauen

Tritt ein Unternehmen auf der Basis seiner besonderen **Stärken** in einen neuen Markt ein, so vermag dies die Erfolgschancen wesentlich zu erhöhen.[1] Diese Art der Diversifikation impliziert vielfach, daß Zielmärkte ausgesucht werden, die eine vergleichsweise große Verwandtschaft zum Kerngeschäft aufweisen. Aber auch unabhängig von bestehenden Ähnlichkeiten und auch dann, wenn Synergieeffekte nicht erzielt werden können, trägt die Ausweitung der Geschäftstätigkeit aus der Stärke des Stammgeschäfts heraus erheblich zum Erfolg von Diversifikationen bei. Diversifizierende Unternehmen sollten aus diesem Grunde bestrebt sein, solche neuen Betätigungsfelder zu finden, in denen sich die eigenen spezifischen Stärken ausspielen lassen.

In diesem Zusammenhang empfiehlt es sich für die Unternehmen, bei ihrer Diversifikationspolitik an bestimmten Kompetenzbereichen anzuknüpfen. Daher ist vor der Übernahme von "Insiderfirmen" zu prüfen, ob diese in das strategische Gesamtkonzept der akquirierenden Unternehmung passen. Gegebenenfalls müssen Teile des erworbenen Unternehmens wieder verkauft werden, damit sich das Unternehmen auf Bereiche konzentrieren kann, in denen es wirklich kompetent ist.[2]

(6) Zum richtigen Zeitpunkt in den neuen Markt eintreten

Es sollte ein **früher Eintritt** in neue Märkte angestrebt werden.[3] Je später der Markteintritt erfolgt, desto größer werden die Zutrittsschranken für Necomer sein und um so ungewisser wird der Diversifikationserfolg. Häufig verleiten gerade bei einem späten Markeintritt die hohen Eintrittsbarrieren das diversifizierende Unternehmen zu einer Strategie aggressiver Eintrittspreise, was den Diversifikationserfolg zusätzlich gefährdet.

---

1 Vgl. hierzu die Untersuchungsergebnisse in Abschnitt D II. 1.4.
2 Vgl. Bühner (1989b), S. 163. Für den Kauf solcher Unternehmensteile kommen u.a. auch deren Manager in Frage. Allerdings fand bisher ein solches "Management Buyout" in der Bundesrepublik vergleichsweise selten Anwendung; vgl. ebenda, S. 163 f.
3 Siehe hierzu die Befunde in Abschnitt D II. 1.2 dieser Arbeit.

Ein **später Markteintritt** lohnt sich überwiegend nur dann, wenn die etablierten Wettbewerber es versäumt haben, Barrieren aufzubauen, oder das diversifizierende Unternehmen aufgrund einer besonders guten Ressourcensituation in der Lage ist, jene zu überwinden.

(7) **Den Weg der externen Diversifikation wählen**

Da sich die **externe Diversifikation** als eine den Diversifikationserfolg begünstigende Realisierungsform herausgestellt hat,[1] müssen Möglichkeiten zur Kooperation und Akquisition gesucht und sorgfältig geprüft werden. Erst wenn sich keine geeigneten Kooperationspartner oder Übernahmekandidaten finden lassen oder aber das diversifizierende Unternehmen spezifische Wettbewerbsvorteile für den neuen Markt aufweist, die es zweckmäßiger alleine ausspielen sollte, ist ein Alleingang angezeigt.

Vor diesem Hintergrund muß eine sorgfältige Analyse der Ressourcen des eigenen Unternehmens durchgeführt werden. Dabei gilt es, die **Humanressourcen** einer besonders kritischen Prüfung zu unterziehen, da sie in erheblichem Maße den Erfolg von Diversifikationsprojekten beeinflussen. Bestehen Defizite in der Personalqualität und darüber hinaus wenig Aussichten, diese Lücken durch die Gewinnung qualifizierter Mitarbeiter im Rahmen einer Kooperation oder Akquisition zu schließen, sollte von einem Markteintritt abgesehen werden.

(8) **Projektverantwortliche mit umfassender Entscheidungskompetenz ausstatten**

Es bedarf aber nicht nur einer Sicherstellung der Mitarbeiterqualifikation, sondern es sollte auch auf eine möglichst hohe Motivation und **Entscheidungskompetenz** der im neuen Geschäftsfeld tätigen Führungskräfte geachtet werden. Die Ergebnisse zeigen, daß mit zunehmendem Maß an Entscheidungskompetenz des Projektverantwortlichen eine Verbesserung des Erfolgs der untersuchten Diversifikationsprojekte verbunden ist.[2] Angesichts dieses Ergebnisses gilt es, die zuständigen Projektmanager mit umfassenden Entscheidungsbefugnissen auszustatten bzw. die Verantwortung für das Diversifikationsprojekt möglichst hoch in der Unternehmenshierarchie zu verankern. Positiv auf den Erfolg wirkt es sich auch aus, wenn der in der Durchsetzungsphase des Diversifikations-

---

1 Vgl. hierzu Abschnitt D II. 1.2.
2 Vgl. Abschnitt D II. 1.3.

vorhabens verantwortliche Manager frühzeitig in den Analyse- und Planungsprozeß eingebunden wird oder umgekehrt der Planungsverantwortliche später auch mit der Durchführung des Projektes im Markt beauftragt wird.

(9) Die Marktorientierung erhöhen

Unsere Befunde geben auch Aufschluß darüber, in welch hohem Maße eine ausgeprägte **Marktorientierung** diversifizierender Unternehmen die Erfolgschancen auf neuen Märkten verbessern kann. Diejenigen Unternehmen, die durch eine dominante Marktorientierung gekennzeichnet sind, weisen deutlich bessere Diversifikationserfolge auf als die primär produktions- und technologieorientierten Firmen.[1]

Diversifizierende Unternehmen sind daher gut beraten, wenn sie versuchen, ihre Marktorientierung zu erhöhen. So gilt es, eine marktorientierte **Denkhaltung** in der gesamten Organisation zu etablieren und leistungsfähige **Planungs- und Analyseinstrumente** marktorientierter Unternehmensführung anzuwenden. Ensprechende Schulungsmaßnahmen sollten insbesondere auch den in aller Regel stark technisch orientierten Mitarbeitern aus Forschung und Entwicklung zugute kommen, da bei ihnen oftmals noch erhebliche Marketingdefizite festzustellen sind.

(10) Das Portfoliomanagement mit einer Horizontalstrategie kombinieren

Wie den Ergebnissen des Konzernstrategienmodells zu entnehmen ist, leistet das **Portfoliomanagement** im Vergleich zu anderen Strategievarianten eindeutig den stärksten Beitrag zum Diversifikationserfolg.[2] Es muß jedoch angesichts der Befunde des Unternehmensstrukturmodells berücksichtigt werden,[3] daß ein Portfoliomanagement, das auf einer starken dezentralen, ausschließlich über finanzielle Größen steuernden Konzernlenkung basiert, zu kurz greifen wird. Vor diesem Hintergrund ist diversifizierten Unternehmen zu empfehlen, neben dem Portfoliomanagement zusätzlich eine **Horizontalstrategie** zu verfolgen, die für die notwendige Koordinierung zwischen den Geschäftseinheiten sorgt und eine systematische Ermittlung und Nutzung strategisch

---

[1] Vgl. hierzu Abschnitt D II. 2.2.
[2] Vgl. Abschnitt D II. 2.1 dieser Arbeit.
[3] Dort sind schwache negative Effekte der Geschäftsbereichsorientierung und des Dezentralisierungsgrads der Organisation auf den Diversifikationserfolg zu verzeichnen; siehe Abschnitt D II. 2.2.

wichtiger **Verflechtungen** (Markt-, Produktions- oder Technologieverflechtungen) sicherstellt.[1]

Der Horizontalstrategie kommt die Aufgabe zu, die Ziele und Strategien verwandter Geschäftsbereiche zu **koordinieren**, so daß bestehende Verflechtungen genutzt und ausgebaut werden können, um dadurch **Wettbewerbsvorteile für das Gesamtunternehmen** zu erzielen. Darüber hinaus befaßt sie sich auch mit der Suche nach neuen Branchen, in die das Unternehmen aufgrund potentieller Verflechtungen mit den bestehenden Geschäftseinheiten eintreten sollte. So wird mit Hilfe der Horizontalstrategie versucht, über die Nutzung des **Synergiepotentials** Wettbewerbsvorteile zu schaffen, die über die Erzielung reiner Finanzsynergien hinausgehen.[2] Ohne eine "explizite" Horizontalstrategie bleiben potentielle Verbundwirkungen dagegen häufig ungenutzt, da - insbesondere in stark dezentralisierten Unternehmen - die einzelnen Geschäftsbereiche dazu tendieren, die eigene Leistung zu optimieren, was nicht selten zu suboptimalen Ergebnissen der Gesamtunternehmung führt.

Die hier skizzierten zehn Gestaltungsvorschläge sollten immer unter Berücksichtigung der jeweiligen Unternehmenssituation angewandt werden, da nicht in jedem Fall sämtliche Thesen relevant sind. So greift z.B. die Empfehlung, das Portfoliomanagement mit der Horizontalstrategie zu verbinden, nur bei jenen Unternehmen, die bereits in verschiedenen Geschäftsfeldern tätig sind. Auch eine Erhöhung der Marktorientierung ist nur dann angezeigt, wenn diesbezügliche Defizite vorliegen. Sind sowohl Markt- als auch Produktions- bzw. Technologieorientierung stark ausgeprägt, dürften sich Maßnahmen zur Erhöhung der Marktorientierung erübrigen.

Da die Analyse der potentiellen Erfolgsfaktoren im Rahmen von **Partialmodellen** erfolgen mußte, ist ein Vergleich der Stärke unterschiedlicher Effekte über die Modellgrenzen hinweg im strengen Sinne nicht möglich. Betrachtet man die Struktur der einzelnen Modelle und die Höhe der Effekte, so läßt sich trotz dieser Einschränkung jedoch festhalten, daß offensichtlich von den Gestaltungsthesen eins bis acht, welche auf die Verbesserung des Erfolgs von Diversifikationsprojekten abstellen, die Empfehlung zur Diversifikation auf der Grundlage spezifischer Stärken des Stammgeschäfts von herausragender Bedeutung ist.

---

[1] Vgl. im einzelnen hierzu Porter (1986), S. 461 - 523.
[2] Die LISREL-Ergebnisse im "Synergiemodell" zeigen, daß der Erfolg bei Diversifikationen, die ausschließlich Finanz- und Verwaltungssynergien erzeugen, gefährdet ist; vgl. hierzu Abschnitt D II. 1.4 dieser Arbeit.

Abschließend bleibt zu ergänzen, daß trotz der insgesamt interessanten Untersuchungsbefunde nicht sämtliche Fragen hinsichtlich des Zusammenhangs zwischen Erfolgsfaktoren und Diversifikationserfolg vollständig geklärt werden konnten. Insbesondere zum Einfluß von Merkmalen der Organisationsstruktur auf den Diversifikationserfolg sind weitere Untersuchungen erforderlich. Auch werden zusätzliche Studien benötigt, die den Einfluß situativer Faktoren intensiver beleuchten, als dies in der vorliegenden Arbeit möglich war.

Anhang:
Tabellen

Eta-Variable	E1	E2	E3	E4	E5
E1	.93				
E2	0	.78			
E3	0	0	.49		
E4	0	0	0	.60	
E5	0	0	0	0	.40

Tab. 41: Die PSI-Matrix des Marktstrukturmodells

Ksi-Variable	K1	K2
K1	1	
K2	.01	1

Tab. 42: Die PHI-Matrix des Marktstrukturmodells

Eta-Variable	E1	E2	E3	E4	E5	E6
E1	.86					
E2	0	.69				
E3	0	0	.31			
E4	0	0	0	.84		
E5	0	0	0	0	.38	
E6	0	0	0	0	0	.37

Tab. 43: Die PSI-Matrix des Markteintrittsmodells

Ksi-Variable	K1	K2	K3
K1	1		
K2	.03	1	
K3	.04	-.34	1

Tab. 44: Die PHI-Matrix des Markteintrittsmodells

Eta-Variable	E1	E2
E1	.72	
E2	0	.39

Tab. 45: Die PSI-Matrix des Führungsmodells

Ksi-Variable	K1	K2	K3	K4
K1	1			
K2	-.08	1		
K3	.14	-.23	1	
K4	.17	-.12	-.02	1

Tab. 46: Die PHI-Matrix des Führungsmodells

Eta-Variable	E1	E2	E3	E4	E5	E6	E7	E8	E9	E10	E11
E1	.69										
E2	0	.63									
E3	0	0	.89								
E4	0	0	0	.54							
E5	0	0	0	.14	.83						
E6	0	0	0	.16	.26	.57					
E7	0	0	0	0	0	0	.42				
E8	0	0	0	0	0	0	0	.34			
E9	0	0	0	0	0	0	0	0	.67		
E10	0	0	0	0	0	0	0	0	0	.70	
E11	0	0	0	0	0	0	0	0	0	0	.37

Tab. 47: Die PSI-Matrix des Synergiemodells

Ksi-Variable	K1	K2	K3	K4
K1	1			
K2	-.02	1		
K3	-.01	.30	1	
K4	-.04	.25	.36	1

Tab. 48: Die PHI-Matrix des Konzernstrategienmodells

Eta-Variable	E1	E2	E3	E4	E5	E6
E1	.67					
E2	0	.94				
E3	0	0	.81			
E4	0	0	0	.90		
E5	0	0	0	0	.77	
E6	0	0	0	0	0	.69

Tab. 49: Die PSI-Matrix des Unternehmensstrukturmodells

Ksi-Variable	K1	K2
K1	1	
K2	-.17	1

Tab. 50: Die PHI-Matrix des Unternehmensstrukturmodells

Lehrstuhl für
Allgemeine Betriebswirtschaftslehre
und Marketing II

Professor Dr. Hans Raffée

Universität Mannheim
Schloß
6800 Mannheim 1

**FRAGEBOGEN:
"DIVERSIFIKATIONSSTRATEGIE
UND
DIVERSIFIKATIONSERFOLG
VON
INDUSTRIEUNTERNEHMEN"**

Lfd. Nr. ☐ ☐ ☐

✍ Bitte kreuzen Sie in diesem Fragebogen die jeweils zutreffende Antwort an oder tragen Sie die gewünschten Angaben an den dafür vorgesehenen Stellen ein. Beantworten Sie bitte möglichst alle Fragen. Schicken Sie uns den Fragebogen aber auch dann zurück, wenn Sie nicht alle Fragen beantwortet haben. Wir bedanken uns im voraus ganz herzlich für Ihre Unterstützung!

Der Fragebogen ist folgendermaßen strukturiert:
1) Fragen zum Diversifikations-Gesamterfolg Ihres Unternehmens
2) Fragen über jeweils ein von Ihnen ausgewähltes besonders erfolgreiches und ein weniger bzw. nicht erfolgreiches Diversifikationsprojekt Ihres Unternehmens

☞ **wichtig:**

Unter <u>Diversifikation</u> verstehen wir

- das Ausbrechen aus dem bisherigen Schwerpunktbereich des Unternehmens und das Eindringen
✓ in <u>angrenzende</u> Leistungsbereiche und Märkte (bspw. der Einstieg einer Brauerei in den Markt für alkoholfreie Getränke) oder
✓ in <u>völlig neue</u> Leistungsbereiche und Märkte (bspw. der Einstieg eines Zementherstellers in die Kunststoffverarbeitung).

<u>Nicht</u> Gegenstand dieser Befragung sind dagegen
✗ die Vor- oder Rückwärtsintegration, bei der die Leistungen des neuen Bereichs <u>ausschließlich</u> für unternehmensinterne Stellen erbracht werden (das Unternehmen folglich in keinen neuen Markt vorstößt) und
✗ die Ausweitung des regionalen Absatzmarktes mit <u>bisherigen</u> Produkten (regionale Diversifikation bzw. Internationalisierung).

1) Welche Art von Produkten stellt Ihr Unternehmen hauptsächlich her?

❏ <u>Konsumgüter,</u> nämlich ❏ Gebrauchsgüter (z.B. Fernseher)
❏ Verbrauchsgüter (z.B. Zahnpasta)

❏ <u>Güter des industriellen und gewerblichen Bedarfs</u>, nämlich
❏ Rohstoffe, Hilfsstoffe, Betriebsstoffe (z.B. Lack, Schmierstoffe)
❏ Halbfabrikate (z.B. Rohlinge)
❏ Teile und Zubehör (z.B. Gehäuse, Schalter)
❏ Maschinen u. maschinelle Anlagen, Systeme, Bauleistungen (z.B. Werkzeugmaschinen, Fertigungsstraßen, Bürogebäude)

Zunächst möchten wir Sie bitten, einige Fragen zur allgemeinen Diversifikationsstrategie Ihres Unternehmens zu beantworten:

2) Wieviele Diversifikationsprojekte wurden von Ihrem Unternehmen bisher durchgeführt?

ca. _____ Diversifikationsprojekte

3) Wieviel Prozent vom Gesamtumsatz Ihres Unternehmens entfällt auf Ihren umsatzstärksten Geschäftsbereich (Ihr Stammgeschäft)?

ca. _____ %

4) Wie würden Sie das Angebotsprogramm Ihres Unternehmens kennzeichnen?
❏ homogen (verschiedene, aber verwandte Produktgruppen)
❏ heterogen (verschiedene, sehr unähnliche Produktgruppen)
❏ sehr heterogen (verschiedene, sehr unähnliche Betätigungsfelder, z.B. auch Engagement im Dienstleistungsmarkt)

5) Wie erfolgreich ist Ihres Erachtens Ihr Unternehmen insgesamt bei der Durchführung von Diversifikationen?

gar nicht erfolgreich	in sehr geringem Maße erfolgreich	in ziemlich geringem Maße erfolgreich	mittelmäßig erfolgreich	in ziemlich hohem Maße erfolgreich	in sehr hohem Maße erfolgreich	in extrem hohem Maße erfolgreich
○	○	○	○	○	○	○

6) Wie hoch war in Ihrem Unternehmen in den vergangenen 10 Jahren der Anteil (gemessen an der Zahl der durchgeführten Diversifikationsprojekte) ...

- der besonders geglückten Diversifikationen .... ca. _____ %
- der weder besonders geglückten noch mißglückten Diversifikationen ..... ca. _____ %
- der mißglückten Diversifikationen (Flops) .... ca. _____ %

100 %

7) Man kann bei der Unternehmensdiversifikation unterschiedliche Strategien verfolgen. In welchem Maße spielen in Ihrem Unternehmen die folgenden Gesichtspunkte bei der Durchführung von Diversifikationen eine Rolle?

	gar nicht	in sehr geringem Maße	in ziemlich geringem Maße	in mittlerem Ausmaß	in ziemlich hohem Maße	in sehr hohem Maße	in extrem hohem Maße
a) Aufbau neuer Geschäftsfelder, um in Wachstumsmärkten vertreten zu sein; Erwerb attraktiver Unternehmen, deren kompetentes Management auch nach der Übernahme die Geschäfte weiterführt (Portfoliomanagement)	○	○	○	○	○	○	○
b) Kauf kranker Unternehmen mit dem Ziel, diese wieder in die Gewinnzone zu bringen (Sanierung)	○	○	○	○	○	○	○
c) Versuch, synergetische Beziehungen zwischen dem neuen und den bisherigen Geschäftsbereichen durch einen Wissens- und Erfahrungstransfer zu nutzen (Know-how-Transfer)	○	○	○	○	○	○	○
d) Zusammenlegung von Aufgaben in dem Sinne, daß einzelne Geschäftseinheiten bestimmte Tätigkeiten gemeinsam übernehmen, um auf diese Weise Synergieeffekte zu realisieren (Aufgabenzentralisierung)	○	○	○	○	○	○	○

Bitte wählen Sie nun eine <u>erfolgreiche</u> und eine <u>wenig oder nicht erfolgreiche</u> Diversifikation Ihres Unternehmens aus und beantworten Sie die folgenden Fragen für diese beiden Diversifikationsprojekte. Zunächst möchten wir Ihnen einige Fragen zu dem erfolgreichen Diversifikationsprojekt stellen. (Falls in Ihrem Unternehmen bisher keine erfolgreiche Diversifikation durchgeführt worden ist, fahren Sie bitte mit der Beantwortung von Frage 34 fort)

8) Wie bewerten Sie den Gesamterfolg dieses <u>erfolgreichen</u> Diversifikationsprojekts?

ziemlich gut	sehr gut	extrem gut
○	○	○

9) Beim Einstieg in neue Betätigungsfelder werden meist bestimmte Ziele für ein Diversifikationsvorhaben gesetzt. Bitte geben Sie uns für dieses erfolgreiche Diversifikationsprojekt an, in welchem Maße es gelungen ist, diese Ziele tatsächlich zu erreichen.

Die Ziele wurden	etwas unterschritten	genau erreicht	etwas überschritten	in hohem Maße überschritten	in extrem hohem Maße überschritten
a) Umsatzentwicklung	○	○	○	○	○
b) Gewinnentwicklung	○	○	○	○	○
c) Umsatzrentabilität	○	○	○	○	○
d) Rentabilität des Gesamtkapitals (ROI) ...	○	○	○	○	○

10) In welchem neuen Markt/welcher neuen Branche ist Ihr Unternehmen im Rahmen dieses erfolgreichen Diversifikationsprojekts tätig?

❏ Herstellung von <u>Konsumgütern,</u> nämlich
    ❏ Gebrauchsgüter (z.B. Fernseher)
    ❏ Verbrauchsgüter (z.B. Zahnpasta)

❏ Herstellung von <u>Gütern des industriellen und gewerblichen Bedarfs,</u> nämlich
    ❏ Rohstoffe, Hilfsstoffe, Betriebsstoffe (z.B. Lack, Schmierstoffe)
    ❏ Halbfabrikate (z.B. Rohlinge)
    ❏ Teile und Zubehör (z.B. Gehäuse, Schalter)
    ❏ Maschinen u. maschinelle Anlagen, Systeme, Bauleistungen (z.B. Werkzeugmaschinen, Fertigungsstraßen, Bürogebäude)

❏ Handel, nämlich
    ❏ Einzelhandel
    ❏ Großhandel

❏ Sonstige Dienstleistungen, nämlich: _____

11) Handelt es sich bei dem neuen Markt dieses erfolgreichen Diversifikationsprojekts um ...

    ❏ einen engen Markt (Marktnische),
    ❏ einen mittelgroßen Markt oder um
    ❏ einen großen Markt?

12) Wie waren für dieses erfolgreiche Diversifikationsprojekt die folgenden Marktfaktoren <u>zum Zeitpunkt Ihres Markteintritts</u> zu bewerten?

	viel niedriger	etwas niedriger	ungefähr gleich	etwas größer	viel größer
a) Das Marktwachstum des neuen Marktes war im Vergleich zum Marktwachstum im Stammgeschäft Ihres Unternehmens:	○	○	○	○	○
b) Die Branchenrendite des neuen Marktes war im Vergleich zur Branchenrendite im Stammgeschäft Ihres Unternehmens:	○	○	○	○	○
c) Die Wettbewerbsintensität des neuen Marktes war im Vergleich zur Wettbewerbsintensität im Stammgeschäft Ihres Unternehmens:	○	○	○	○	○

13) Wie war die allgemeine konjunkturelle Situation zum Zeitpunkt des Markteintritts bei diesem erfolgreichen Diversifikationsprojekt?

sehr schlecht	ziemlich schlecht	weder schlecht noch gut	ziemlich gut	sehr gut
○	○	○	○	○

14) Als Ihr Unternehmen bei diesem erfolgreichen Diversifikationsprojekt in den neuen Markt eintrat, war es da ...

    ❏ einer der Pioniere bei der Erschließung dieses neuen Marktes,
    ❏ ein früher Marktfolger der Pionierunternehmen oder
    ❏ ein später Marktfolger?

15) In welcher Phase des Lebenszyklus des neuen Marktes erfolgte bei diesem erfolgreichen Diversifikationsprojekt der Markteintritt Ihres Unternehmens?

• Zum Zeitpunkt des Markteintritts befand sich der neue Markt in der ....

- ❏ Einführungsphase (die Nachfrage nach den Produkten beginnt erst zu wachsen)
- ❏ Wachstumsphase (die Nachfrage wächst mit ca. 10 % jährlich oder mehr)
- ❏ Reife- und Sättigungsphase (das Nachfragewachstum verlangsamt sich, da der Markt zunehmend gesättigt ist)
- ❏ Abschwungphase (die Nachfrage geht ständig zurück)

16) Wie groß war die Diversifikationserfahrung Ihres Unternehmens zum Zeitpunkt des Markteintritts?

• bis zu diesem erfolgreichen Diversifikationsprojekt wurden ....

- ❏ noch keine Diversifikationsprojekte durchgeführt
- ❏ 1 bis 5 Diversifikationsprojekte durchgeführt
- ❏ 6 - 10 Diversifikationsprojekte durchgeführt
- ❏ 11 - 15 Diversifikationsprojekte durchgeführt
- ❏ über 15 Diversifikationsprojekte durchgeführt

17) Über welchen Weg trat Ihr Unternehmen in die neuen Märkte ein? (Mehrfachnennungen möglich)

• bei diesem erfolgreichen Diversifikationsprojekt erfolgte der Markteintritt über .....

- ❏ Reine Eigenentwicklung
- ❏ Lizenznahme
- ❏ Kooperation mit anderem(n) Unternehmen ohne Kapitalverflechtung
- ❏ Kooperation mit Kapitalverflechtung
- ❏ Kauf eines im Markt etablierten Unternehmens oder Fusion

18) Wie groß war der Umsatzanteil dieses erfolgreichen Geschäftsbereichs im Vergleich zum Gesamtumsatz Ihres Unternehmen ein Jahr nach dem Markteinstieg (in Prozent)?

• Der Umsatzanteil betrug ....   ca. _____ %

19) In welchem Maße haben Sie im Rahmen des erfolgreichen Diversifikationsprojekts beim Eintritt in den neuen Markt ....

	gar nicht	in sehr geringem Maße	in ziemlich geringem Maße	in mittlerem Ausmaß	in ziemlich hohem Maße	in sehr hohem Maße	in extrem hohem Maße
a) ein schnelles Wachstum des neuen Geschäftsfeldes angestrebt	○	○	○	○	○	○	○
b) hohe Werbeausgaben getätigt	○	○	○	○	○	○	○
c) eine aggressive Preispolitik betrieben	○	○	○	○	○	○	○
d) einen möglichst schnellen Markteintritt ins Auge gefaßt	○	○	○	○	○	○	○

20) In welchem Maße bestanden bei dem erfolgreichen Diversifikationsprojekt Markteintrittsbarrieren zum Zeitpunkt des Markteinstiegs?

	gar nicht	in sehr geringem Maße	in ziemlich geringem Maße	in mittlerem Ausmaß	in ziemlich hohem Maße	in sehr hohem Maße	in extrem hohem Maße
a) • niedriges Preisniveau der etablierten Anbieter	○	○	○	○	○	○	○
b) • Qualität des Leistungsangebots der etablierten Anbieter	○	○	○	○	○	○	○
c) • von Wettbewerbern besetzte und für Newcomer schwer zugängliche Vertriebskanäle (z.B. aufgrund bestehender Vertriebsbindungen)...	○	○	○	○	○	○	○
d) • Standortknappheit	○	○	○	○	○	○	○
e) • schwer zugängliche Beschaffungskanäle	○	○	○	○	○	○	○
f) • hoher Kapitalbedarf zum Markteintritt	○	○	○	○	○	○	○
g) • Patente der etablierten Anbieter	○	○	○	○	○	○	○
h) • staatliche Reglementierungen des Marktzutritts	○	○	○	○	○	○	○
i) • sonstige Eintrittsbarrieren _____	○	○	○	○	○	○	○

21) In welchem Maße erfolgten bei diesem erfolgreichen Diversifikationsprojekt Vergeltungsmaßnahmen etablierter Anbieter des neuen Marktes unmittelbar nach dem Markteintritt Ihres Unternehmens?

	gar nicht	in sehr geringem Maße	in ziemlich geringem Maße	in mittlerem Ausmaß	in ziemlich hohem Maße	in sehr hohem Maße	in extrem hohem Maße
a) • Preissenkungen etablierter Anbieter:	○	○	○	○	○	○	○
b) • Steigerung der Werbeaktivitäten der etablierten Anbieter:	○	○	○	○	○	○	○
c) • Boykottandrohungen etablierter Anbieter gegenüber Lieferanten oder Abnehmern:	○	○	○	○	○	○	○
d) • sonstige Vergeltungsmaßnahmen: _____	○	○	○	○	○	○	○

22) In welchem Ausmaß standen die für dieses erfolgreiche Diversifikationsprojekt benötigten Ressourcen zur Verfügung?

	gar nicht	in sehr geringem Maße	in ziemlich geringem Maße	in mittlerem Ausmaß	in ziemlich hohem Maße	in sehr hohem Maße	in extrem hohem Maße
a) • Qualifikation des Management	○	○	○	○	○	○	○
b) • Qualifikation der sonstigen Mitarbeiter	○	○	○	○	○	○	○
c) • Produktionskapazitäten	○	○	○	○	○	○	○
d) • F & E-Potential	○	○	○	○	○	○	○
e) • Marketing-/Vertriebspotential	○	○	○	○	○	○	○
f) • Rohstoffe, Vorprodukte etc.	○	○	○	○	○	○	○
g) • finanzielle Ressourcen	○	○	○	○	○	○	○

23) Bei der Diversifikation sind ja im allgemeinen mehr oder weniger umfangreiche Analyse-, Planungs- und Kontrollaktivitäten notwendig. In welchem Maße erfolgten solche Aktivitäten bei diesem erfolgreichen Diversifikationsprojekt?

	gar nicht	in sehr geringem Maße	in ziemlich geringem Maße	in mittlerem Ausmaß	in ziemlich hohem Maße	in sehr hohem Maße	in extrem hohem Maße
a) • Eine detaillierte Analyse (der Märkte, der Synergiepotentiale, der eigenen Fähigkeiten usw.) erfolgte	○	○	○	○	○	○	○
b) • Eine detaillierte Planung (von Zielen, Strategien und Maßnahmen) erfolgte	○	○	○	○	○	○	○
c) • Eine regelmäßige Kontrolle des Diversifikationsprojektes erfolgte	○	○	○	○	○	○	○

24) Inwieweit trifft es zu, daß dieses erfolgreiche Diversifikationsprojekt auf der Basis der Stärken in den bisherigen Geschäftsfeldern Ihres Unternehmens aufgebaut wurde?

gar nicht	in sehr geringem Maße	in ziemlich geringem Maße	in mittlerem Ausmaß	in ziemlich hohem Maße	in sehr hohem Maße	in extrem hohem Maße
○	○	○	○	○	○	○

25) Auf welcher Führungsebene Ihres Unternehmens war der zuständige Leiter dieses erfolgreichen Diversifikationsprojekts in der Anlaufphase dieses Projekts angesiedelt?

❏ auf der höchsten Führungsebene
❏ auf der zweithöchsten Führungsebene
❏ auf der dritthöchsten oder einer nachgelagerten Führungsebene

26) In welchem Maße konnte die Leitung dieses erfolgreichen Diversifikationsprojekts selbständig Entscheidungen treffen?

gar nicht	in sehr geringem Maße	in ziemlich geringem Maße	in mittlerem Ausmaß	in ziemlich hohem Maße	in sehr hohem Maße	in extrem hohem Maße
○	○	○	○	○	○	○

27) Wurde derjenige Mitarbeiter, der dieses erfolgreiche Diversifikationsprojekt kreiert hat, auch mit dessen Umsetzung im Markt betraut?   ❏ Ja   ❏ Nein

28) Inwieweit sind in den folgenden Bereichen Ähnlichkeiten zwischen diesem erfolgreichen Diversifikationsprojekt und den angestammten Geschäftsfeldern festzustellen?

	gar nicht	in sehr geringem Maße	in ziemlich geringem Maße	in mittlerem Ausmaß	in ziemlich hohem Maße	in sehr hohem Maße	in extrem hohem Maße
a) Produktion	○	○	○	○	○	○	○
b) Forschung und Entwicklung	○	○	○	○	○	○	○
c) Marketing/Vertrieb	○	○	○	○	○	○	○
d) Einkauf	○	○	○	○	○	○	○

29) In welchem Ausmaß konnten in den nachfolgend aufgeführten Funktionsbereichen mit dieser erfolgreichen Diversifikation Synergieeffekte realisiert werden?

	gar nicht	in sehr geringem Maße	in ziemlich geringem Maße	in mittlerem Ausmaß	in ziemlich hohem Maße	in sehr hohem Maße	in extrem hohem Maße
a) Synergien in der Produktion	○	○	○	○	○	○	○
b) Synergien im Marketing/Vertrieb	○	○	○	○	○	○	○
c) Synergien in der Forschung und Entwicklung	○	○	○	○	○	○	○
d) Synergien im Einkauf	○	○	○	○	○	○	○
e) Synergien in der Verwaltung	○	○	○	○	○	○	○
f) Finanzwirtschaftliche Synergien	○	○	○	○	○	○	○
g) sonstige Synergien: _____	○	○	○	○	○	○	○

30) Inwieweit wurden bei dieser erfolgreichen Diversifikation die folgenden Möglichkeiten zur Realisierung von Synergiepotentialen genutzt?

	gar nicht	in sehr geringem Maße	in ziemlich geringem Maße	in mittlerem Ausmaß	in ziemlich hohem Maße	in sehr hohem Maße	in extrem hohem Maße
a) Zusammenlegen von Tätigkeiten verschiedener Geschäftsbereiche (Aufgabenzentralisierung)	○	○	○	○	○	○	○
b) Know-how-Transfer zwischen Stammgeschäft und Diversifikationsprojekt	○	○	○	○	○	○	○
c) Image-Transfer zwischen Stammgeschäft u. Diversifikationsprojekt	○	○	○	○	○	○	○
d) sonstige Wechselwirkungen zwischen Stammgeschäft und Diversifikationsprojekt	○	○	○	○	○	○	○

31) Es läßt sich bei diversifizierten Unternehmen immer wieder feststellen, daß die Mitarbeiter einzelner Unternehmensbereiche andere Überzeugungen, Verhaltensnormen und Verhaltensweisen (also eine andere "Organisationskultur") zeigen als die Mitarbeiter der Muttergesellschaft. Wie war das bei Ihrem erfolgreichen Diversifikationsprojekt?

	sehr gering	ziemlich gering	weder gering noch groß	ziemlich groß	sehr groß
a) Wie groß war die Ähnlichkeit zwischen der Organisationskultur des neuen Geschäftsbereichs im Vergleich zur bisherigen Organisationskultur Ihres Unternehmens zum Zeitpunkt Ihres Markteintritts?	O	O	O	O	O
b) Wie groß war der Einfluß, der dann von der Muttergesellschaft auf die Organisationskultur des neuen Geschäftsbereichs ausgeübt wurde?	O	O	O	O	O

32) Bitte geben Sie an, welche Wettbewerbsstellung Ihr Unternehmen auf diesem neuen Markt durch diese erfolgreiche Diversifikation erzielt hat:

	viel geringer	etwas geringer	ungefähr gleich	etwas größer	viel größer
a) Der Marktanteil ist im Vergleich zu den Hauptwettbewerbern in diesem neuen Markt	O	O	O	O	O
b) Die Wettbewerbsvorteile sind im Vergleich zu den Hauptwettbewerbern in diesem neuen Markt	O	O	O	O	O

33) In welchem Maße ist es Ihrem Unternehmen im Rahmen dieses erfolgreichen Diversifikationsprojekts gelungen, in dem neuen Markt ...

	gar nicht	in sehr geringem Maße	in ziemlich geringem Maße	in mittlerem Ausmaß	in ziemlich hohem Maße	in sehr hohem Maße	in extrem hohem Maße
a) eine Qualitätsführerschaft zur erreichen	O	O	O	O	O	O	O
b) eine Kostenführerschaft (preisaggressiv) zu erreichen	O	O	O	O	O	O	O

Bitte beantworten Sie diese Fragen nun auch für ein wenig oder nicht erfolgreiches Diversifikationsprojekt bzw. für einen Diversifikations-Flop Ihres Unternehmens. Sollte Ihr Unternehmen bisher immer sehr erfolgreich diversifiziert haben, dann fahren Sie bitte mit der Beantwortung der Frage 60 fort.

34) Wie bewerten Sie den Gesamterfolg dieses wenig bzw. nicht erfolgreichen Diversifikationsprojekts?

	extrem schlecht	sehr schlecht	ziemlich schlecht
	O	O	O

35) Beim Einstieg in neue Betätigungsfelder werden meist bestimmte Ziele für ein Diversifikationsvorhaben gesetzt. Bitte geben Sie uns für dieses wenig/nicht erfolgreiche Diversifikationsprojekt an, in welchem Maße es gelungen ist, diese Ziele tatsächlich zu erreichen.

Die Ziele wurden	in extrem hohem Maße unterschritten	in hohem Maße unterschritten	etwas unterschritten	genau erreicht	etwas überschritten
a) Umsatzentwicklung	O	O	O	O	O
b) Gewinnentwicklung	O	O	O	O	O
c) Umsatzrentabilität	O	O	O	O	O
d) Rentabilität des Gesamtkapitals (ROI)	O	O	O	O	O

36) In welchem neuen Markt/welcher neuen Branche ist/war Ihr Unternehmen im Rahmen dieses weniger bzw. nicht erfolgreichen Diversifikationsprojekts tätig?

- ❏ Herstellung von <u>Konsumgütern,</u> nämlich
  - ❏ Gebrauchsgüter (z.B. Fernseher)
  - ❏ Verbrauchsgüter (z.B. Zahnpasta)
- ❏ Herstellung von <u>Gütern des industriellen und gewerblichen Bedarfs</u>, nämlich
  - ❏ Rohstoffe, Hilfsstoffe, Betriebsstoffe (z.B. Lack, Schmierstoffe)
  - ❏ Halbfabrikate (z.B. Rohlinge)
  - ❏ Teile und Zubehör (z.B. Gehäuse, Schalter)
  - ❏ Maschinen u. maschinelle Anlagen, Systeme, Bauleistungen (z.B. Werkzeugmaschinen, Fertigungsstraßen, Bürogebäude)
- ❏ Handel, nämlich
  - ❏ Einzelhandel
  - ❏ Großhandel
- ❏ Sonstige Dienstleistungen, nämlich: _____

37) Handelt es sich bei dem neuen Markt dieses wenig/nicht erfolgreichen Diversifikationsprojekts um ...
- ❏ einen engen Markt (Marktnische),
- ❏ einen mittelgroßen Markt oder um
- ❏ einen großen Markt?

38) Wie waren für dieses wenig/nicht erfolgreiche Diversifikationsprojekt die folgenden Marktfaktoren <u>zum Zeitpunkt Ihres Markteintritts</u> zu bewerten?

	viel niedriger	etwas niedriger	ungefähr gleich	etwas größer	viel größer
a) Das Marktwachstum des neuen Marktes war im Vergleich zum Marktwachstum im Stammgeschäft Ihres Unternehmens:	○	○	○	○	○
b) Die Branchenrendite des neuen Marktes war im Vergleich zur Branchenrendite im Stammgeschäft Ihres Unternehmens:	○	○	○	○	○
c) Die Wettbewerbsintensität des neuen Marktes war im Vergleich zur Wettbewerbsintensität im Stammgeschäft Ihres Unternehmens:	○	○	○	○	○

39) Wie war die allgemeine konjunkturelle Situation zum Zeitpunkt des Markteintritts bei diesem wenig/nicht erfolgreichen Diversifikationsprojekt?

sehr schlecht	ziemlich schlecht	weder schlecht noch gut	ziemlich gut	sehr gut
○	○	○	○	○

40) Als Ihr Unternehmen bei diesem weniger/nicht erfolgreichen Diversifikationsprojekt in den neuen Markt eintrat, war es da ...
- ❏ einer der Pioniere bei der Erschließung dieses neuen Marktes,
- ❏ ein früher Marktfolger der Pionierunternehmen oder
- ❏ ein später Marktfolger?

41) In welcher Phase des Lebenszyklus des <u>neuen</u> Marktes erfolgte bei diesem wenig bzw. nicht erfolgreichen Diversifikationsprojekt der Markteintritt Ihres Unternehmens?
- Zum Zeitpunkt des Markteintritts befand sich der neue Markt in der ....
  - ❏ Einführungsphase (die Nachfrage nach den Produkten beginnt erst zu wachsen)
  - ❏ Wachstumsphase (die Nachfrage wächst mit ca. 10 % jährlich oder mehr)
  - ❏ Reife- und Sättigungsphase (das Nachfragewachstum verlangsamt sich, da der Markt zunehmend gesättigt ist)
  - ❏ Abschwungphase (die Nachfrage geht ständig zurück)

42) Wie groß war die Diversifikationserfahrung Ihres Unternehmens zum Zeitpunkt des Markteintritts?
- bis zu diesem wenig/nicht erfolgreichen Diversifikationsprojekt wurden ....
  - ❏ noch keine Diversifikationsprojekte durchgeführt
  - ❏ 1 bis 5 Diversifikationsprojekte durchgeführt
  - ❏ 6 - 10 Diversifikationsprojekte durchgeführt
  - ❏ 11 - 15 Diversifikationsprojekte durchgeführt
  - ❏ über 15 Diversifikationsprojekte durchgeführt

43) Über welchen Weg trat Ihr Unternehmen in die neuen Märkte ein? (Mehrfachnennungen möglich)

- bei diesem wenig/nicht erfolgreichen Diversifikationsprojekt erfolgte der Markteintritt über .....
  - ❏ Reine Eigenentwicklung
  - ❏ Lizenznahme
  - ❏ Kooperation mit anderem(n) Unternehmen ohne Kapitalverflechtung
  - ❏ Kooperation mit Kapitalverflechtung
  - ❏ Kauf eines im Markt etablierten Unternehmens oder Fusion

44) Wie groß war der Umsatzanteil dieses wenig/nicht erfolgreichen Geschäftsbereichs im Vergleich zum Gesamtumsatz Ihres Unternehmen ein Jahr nach dem Markteinstieg (in Prozent)?

- Der Umsatzanteil betrug .... ca. _____ %

45) In welchem Maße haben Sie im Rahmen dieses weniger/nicht erfolgreichen Diversifikationsprojekts beim Eintritt in den neuen Markt ....

	gar nicht	in sehr geringem Maße	in ziemlich geringem Maße	in mittlerem Ausmaß	in ziemlich hohem Maße	in sehr hohem Maße	in extrem hohem Maße
a) ein schnelles Wachstum des neuen Geschäftsfeldes angestrebt	O	O	O	O	O	O	O
b) hohe Werbeausgaben getätigt	O	O	O	O	O	O	O
c) eine aggressive Preispolitik betrieben	O	O	O	O	O	O	O
d) einen möglichst <u>schnellen</u> Markteintritt ins Auge gefaßt	O	O	O	O	O	O	O

46) In welchem Maße bestanden bei diesem wenig/nicht erfolgreichen Diversifikationsprojekt Markteintrittsbarrieren zum Zeitpunkt des Markteinstiegs?

	gar nicht	in sehr geringem Maße	in ziemlich geringem Maße	in mittlerem Ausmaß	in ziemlich hohem Maße	in sehr hohem Maße	in extrem hohem Maße
a) • niedriges Preisniveau der etablierten Anbieter	O	O	O	O	O	O	O
b) • Qualität des Leistungsangebots der etablierten Anbieter	O	O	O	O	O	O	O
c) • von Wettbewerbern besetzte und für Newcomer schwer zugängliche Vertriebskanäle (z.B. aufgrund bestehender Vertriebsbindungen).....	O	O	O	O	O	O	O
d) • Standortknappheit	O	O	O	O	O	O	O
e) • schwer zugängliche Beschaffungskanäle	O	O	O	O	O	O	O
f) • hoher Kapitalbedarf zum Markteintritt	O	O	O	O	O	O	O
g) • Patente der etablierten Anbieter	O	O	O	O	O	O	O
h) • staatliche Reglementierungen des Marktzutritts	O	O	O	O	O	O	O
i) • sonstige Eintrittsbarrieren _____	O	O	O	O	O	O	O

47) In welchem Maße erfolgten Analyse-, Planungs- und Kontrollaktivitäten bei diesem wenig bzw. nicht erfolgreichen Diversifikationsprojekt?

	gar nicht	in sehr geringem Maße	in ziemlich geringem Maße	in mittlerem Ausmaß	in ziemlich hohem Maße	in sehr hohem Maße	in extrem hohem Maße
a) • Eine detaillierte Analyse (der Märkte, der Synergiepotentiale, der eigenen Fähigkeiten usw.) erfolgte	O	O	O	O	O	O	O
b) • Eine detaillierte Planung (von Zielen, Strategien und Maßnahmen) erfolgte.................	O	O	O	O	O	O	O
c) • Eine regelmäßige Kontrolle des Diversifikationsprojekts erfolgte	O	O	O	O	O	O	O

48) In welchem Maße erfolgten bei diesem wenig/nicht erfolgreichen Diversifikationsprojekt Vergeltungsmaßnahmen etablierter Anbieter des neuen Marktes unmittelbar nach dem Markteintritt Ihres Unternehmens?

	gar nicht	in sehr geringem Maße	in ziemlich geringem Maße	in mittlerem Ausmaß	in ziemlich hohem Maße	in sehr hohem Maße	in extrem hohem Maße
a) Preissenkungen etablierter Anbieter:	○	○	○	○	○	○	○
b) Steigerung der Werbeaktivitäten der etablierten Anbieter:	○	○	○	○	○	○	○
c) Boykottandrohungen etablierter Anbieter gegenüber Lieferanten oder Abnehmern:	○	○	○	○	○	○	○
d) sonstige Vergeltungsmaßnahmen: _____	○	○	○	○	○	○	○

49) In welchem Ausmaß standen die für dieses wenig/nicht erfolgreiche Diversifikationsprojekt benötigten Ressourcen zur Verfügung?

	gar nicht	in sehr geringem Maße	in ziemlich geringem Maße	in mittlerem Ausmaß	in ziemlich hohem Maße	in sehr hohem Maße	in extrem hohem Maße
a) Qualifikation des Management	○	○	○	○	○	○	○
b) Qualifikation der sonstigen Mitarbeiter	○	○	○	○	○	○	○
c) Produktionskapazitäten	○	○	○	○	○	○	○
d) F & E-Potential	○	○	○	○	○	○	○
e) Marketing-/Vertriebspotential	○	○	○	○	○	○	○
f) Rohstoffe, Vorprodukte etc.	○	○	○	○	○	○	○
g) finanzielle Ressourcen	○	○	○	○	○	○	○

50) Inwieweit trifft es zu, daß dieses wenig/nicht erfolgreiche Diversifikationsprojekt auf der Basis der Stärken in den bisherigen Geschäftsfeldern Ihres Unternehmens aufgebaut wurde?

gar nicht — in sehr geringem Maße — in ziemlich geringem Maße — in mittlerem Ausmaß — in ziemlich hohem Maße — in sehr hohem Maße — in extrem hohem Maße

○—○—○—○—○—○—○

51) Auf welcher Führungsebene Ihres Unternehmens war der zuständige Leiter dieses wenig/nicht erfolgreichen Diversifikationsprojekts in der <u>Anlaufphase</u> dieses Projekts angesiedelt?

❏ auf der höchsten Führungsebene
❏ auf der zweithöchsten Führungsebene
❏ auf der dritthöchsten oder einer nachgelagerten Führungsebene

52) In welchem Maße konnte die Leitung dieses wenig/nicht erfolgreichen Diversifikationsprojekts selbständig Entscheidungen treffen?

gar nicht — in sehr geringem Maße — in ziemlich geringem Maße — in mittlerem Ausmaß — in ziemlich hohem Maße — in sehr hohem Maße — in extrem hohem Maße

○—○—○—○—○—○—○

53) Wurde derjenige Mitarbeiter, der dieses wenig bzw. nicht erfolgreiche Diversifikationsprojekt kreiert hat, auch mit dessen Umsetzung im Markt betraut?   ❏ Ja   ❏ Nein

54) Inwieweit sind in den folgenden Bereichen Ähnlichkeiten zwischen diesem wenig bzw. nicht erfolgreichen Diversifikationsprojekt und den angestammten Geschäftsfeldern festzustellen?

	gar nicht	in sehr geringem Maße	in ziemlich geringem Maße	in mittlerem Ausmaß	in ziemlich hohem Maße	in sehr hohem Maße	in extrem hohem Maße
a) • Produktion	O	O	O	O	O	O	O
b) • Forschung und Entwicklung	O	O	O	O	O	O	O
c) • Marketing/Vertrieb	O	O	O	O	O	O	O
d) • Einkauf	O	O	O	O	O	O	O

55) Es läßt sich bei diversifizierten Unternehmen immer wieder feststellen, daß die Mitarbeiter einzelner Unternehmensbereiche andere Überzeugungen, Verhaltensnormen und Verhaltensweisen (also eine andere "Organisationskultur") zeigen als die Mitarbeiter der Muttergesellschaft. Wie war das bei Ihrem wenig bzw. nicht erfolgreichen Diversifikationsprojekt?

	sehr gering	ziemlich gering	weder gering noch groß	ziemlich groß	sehr groß
a) • Wie groß war die Ähnlichkeit zwischen der Organisationskultur des neuen Geschäftsbereichs im Vergleich zur bisherigen Organisationskultur Ihres Unternehmens zum Zeitpunkt Ihres Markteintritts?	O	O	O	O	O
b) • Wie groß war der Einfluß, der dann von der Muttergesellschaft auf die Organisationskultur des neuen Geschäftsbereichs ausgeübt wurde?	O	O	O	O	O

56) In welchem Ausmaß konnten in den nachfolgend aufgeführten Funktionsbereichen mit dieser wenig/nicht erfolgreichen Diversifikation Synergieeffekte realisiert werden?

	gar nicht	in sehr geringem Maße	in ziemlich geringem Maße	in mittlerem Ausmaß	in ziemlich hohem Maße	in sehr hohem Maße	in extrem hohem Maße
a) • Synergien in der Produktion	O	O	O	O	O	O	O
b) • Synergien im Marketing/Vertrieb	O	O	O	O	O	O	O
c) • Synergien in der Forschung und Entwicklung	O	O	O	O	O	O	O
d) • Synergien im Einkauf	O	O	O	O	O	O	O
e) • Synergien in der Verwaltung	O	O	O	O	O	O	O
f) • Finanzwirtschaftliche Synergien	O	O	O	O	O	O	O
g) • sonstige Synergien: _____	O	O	O	O	O	O	O

57) Inwieweit wurden bei dieser wenig bzw. nicht erfolgreichen Diversifikation die folgenden Möglichkeiten zur Realisierung von Synergiepotentialen genutzt?

	gar nicht	in sehr geringem Maße	in ziemlich geringem Maße	in mittlerem Ausmaß	in ziemlich hohem Maße	in sehr hohem Maße	in extrem hohem Maße
a) • Zusammenlegen von Tätigkeiten verschiedener Geschäftsbereiche (Aufgabenzentralisierung)	O	O	O	O	O	O	O
b) • Know-how-Transfer zwischen Stammgeschäft und Diversifikationsprojekt	O	O	O	O	O	O	O
c) • Image-Transfer zwischen Stammgeschäft u. Diversifikationsprojekt	O	O	O	O	O	O	O
d) • sonstige Wechselwirkungen zwischen Stammgeschäft und Diversifikationsprojekt	O	O	O	O	O	O	O

58) Bitte geben Sie an, welche Wettbewerbsstellung Ihr Unternehmen auf diesem neuen Markt durch diese wenig/nicht erfolgreiche Diversifikation erzielt hat:

	viel geringer	etwas geringer	ungefähr gleich	etwas größer	viel größer
a) Der Marktanteil ist im Vergleich zu den Hauptwettbewerbern in diesem neuen Markt	O	O	O	O	O
b) Die Wettbewerbsvorteile sind im Vergleich zu den Hauptwettbewerbern in diesem neuen Markt	O	O	O	O	O

59) In welchem Maße ist es Ihrem Unternehmen im Rahmen dieses wenig/nicht erfolgreichen Diversifikationsprojekts gelungen, in dem neuen Markt ...

	gar nicht	in sehr geringem Maße	in ziemlich geringem Maße	in mittlerem Ausmaß	in ziemlich hohem Maße	in sehr hohem Maße	in extrem hohem Maße
a) eine Qualitätsführerschaft zur erreichen	O	O	O	O	O	O	O
b) eine Kostenführerschaft (preisaggressiv) zu erreichen ..	O	O	O	O	O	O	O

60) Worin liegen Ihrer Meinung nach die wichtigsten Erfolgsfaktoren der Unternehmensdiversifikation?

_____
_____
_____

Zum Abschluß möchten wir Sie noch bitten, einige allgemeine Angaben zu Ihrem Unternehmen zu machen, die wir ebenfalls für die statistische Auswertung der Informationen benötigen:

61) Welche der folgenden Organisationsformen kommt der Organisationsstruktur Ihres Unternehmens am nächsten?

❏ eindimensionale Organisationsform, und zwar ...
   ❏ Funktionale Organisation
   ❏ Mischtyp aus Funktionaler Organisation und Geschäftsbereichs-/Spartenorganisation, und zwar
      ❏ ... mit Dominanz der Funktionsbereiche
      ❏ ... mit Dominanz der Geschäftsbereiche/Sparten
   ❏ Geschäftsbereichsorganisation/Spartenorganisation

❏ zwei- oder mehrdimensionale Organisationsform (Matrix- oder Tensororganisation), und zwar ...
   ❏ ... mit Gleichberechtigung von Funktions- und Geschäftsbereichen
   ❏ ... mit Dominanz der Funktionsbereiche
   ❏ ... mit Dominanz der Geschäftsbereiche/Sparten

62) Erfolgt die Steuerung der unterschiedlichen Betätigungsfelder Ihres Unternehmens ...
   ❏ über eine übergeordnete Muttergesellschaft,
   ❏ über eine Holding oder
   ❏ über ein sonstiges Steuerungsinstrument, nämlich _____ ?

63) Bitte geben Sie den Grad der Dezentralisierung Ihres Unternehmens (d.h. das Ausmaß an Autonomie der Subeinheiten) an.

| sehr gering | ziemlich gering | mittel | ziemlich groß | sehr groß |

Der Dezentralisationgrad ist .... O—O—O—O—O

64) In welchem Maße gibt es in Ihrem Unternehmen in schriftlicher Form festgelegte Anforderungskriterien, die beim Eintritt in neue Geschäftsfelder erfüllt werden müssen (z.B. ausschließlich Eintritt in verwandte Branchen, die Amortisationsdauer des investierten Kapitals, das Ausmaß zu erwartender Synergieeffekte usw.)?

| gar nicht | in sehr geringem Maße | in ziemlich geringem Maße | in mittlerem Ausmaß | in ziemlich hohem Maße | in sehr hohem Maße | in extrem hohem Maße |

O—O—O—O—O—O—O

65) Würden Sie Ihr Unternehmen eher als ...
　　　o produktions-/technologieorientiert oder als
　　　o marktorientiert　　　　　　　　　　　　　　bezeichnen?

66) Und nun noch eine Frage zur Größe Ihres Unternehmens:

a) • Wie hoch war der Gesamtumsatz Ihres Unternehmen im vergangenen Geschäftsjahr?　ca. _____ Mrd. DM

b) • Wieviele Mitarbeiter beschäftigt Ihr Unternehmen?　ca. _____ Mitarbeiter

Vielen Dank!

(Die folgenden Angaben werden nach Eintreffen des Fragebogens abgetrennt, so daß eine Zuordnung des Fragebogens zu Ihrem Unternehmen Dritten nicht mehr möglich ist.)

Angaben zur Person des Bearbeiters:　　　　Firmenstempel:

Name: _____

Tel.-Nr.: _____
(für eventuelle Rückfragen)

Position: _____

Lfd. Nr.　☐ ☐ ☐

Literaturverzeichnis

Aaker, D.A.: Strategisches Markt-Management, Wiesbaden 1988.

Aaker, D.A./Day, G.S.: The Perils of High-growth Markets, in: Strategic Management Journal, Vol. 7 (1986), No. 5, S. 409-421.

Abell, D.F.: Strategic Windows, in: Journal of Marketing, Vol. 42 (1978), July, S. 21-26.

Abell, D.F.: Defining the Business: The Starting Point of Strategic Planning, Englewood Cliffs (N.J.) 1980.

Abell, D.F./Hammond, J.S.: Strategic Market Planning. Problems and Analytical Approaches, Englewood Cliffs (N.J.) 1979.

Adams, W./Brock, J.W.: Kleiner ist meist besser, in: Wirtschaftswoche, 43. Jg. (1989), Nr. 17, S. 80-85.

Agthe, K.: Strategie und Wachstum der Unternehmung. Praxis der langfristigen Planung, Baden-Baden/Bad Homburg 1972.

Albach, H.: Maßstäbe für den Unternehmenserfolg, in: Henzler, H.A. (Hrsg.), Handbuch Strategische Führung, Wiesbaden 1988, S. 69-83.

Alberts, W.W.: The Profitability of Growth by Merger, in: Alberts, W.W./Segall, J.E. (Eds.), The Corporate Merger, Chicago (Ill.)/London 1966, S. 235-287.

Allan, R.M.: Expansion by Merger, in: Alberts, W.W./Segall, J.E. (Eds.), The Corporate Merger, 3rd Edition, Chicago (Ill.) 1969, S. 101-109.

Allen, M.G./Oliver, A.R./Schwallie E.H.: The Key to Successful Acquisitions, in: The Journal of Business Strategy, Vol. 2 (1981), No. 2, S. 14-24.

Amit, R./Livnat, J.: Diversification Strategies, Business Cycles and Economic Performance, in: Strategic Management Journal, Vol. 9 (1988), No. 2, S. 99-110.

Anderson, J.C./Narus, J.A.: A Model of Distributor Firm and Manufacturer Firm Working Partnerships, in: Journal of Marketing, Vol. 54 (1990), January, S. 42-58.

Ansoff, H.I.: Strategies for Diversification, in: Harvard Business Review, Vol. 37 (1957), September-October, S. 113-124.

Ansoff, H.I.: Corporate Strategy. An Analytic Approach to Business Policy for Growth and Expansion, New York et al. 1965.

Ansoff, H.I.: Management-Strategie, München 1966.

Ansoff, H.I.: Strategic Management, London 1979.

Ansoff, H.I.: Implanting Strategic Management, Englewood Cliffs (N.J.) 1984.

Ansoff, H.I.: The New Corporate Strategy, New York et al. 1988.

Ansoff, H.I./Anderson, T.A./Norton, F./Weston, J.F.: Planning for Diversification through Merger, in: Ansoff, H.I. (Ed.), Business Strategy, Harmondsworth 1969, S. 290-309.

Ansoff, H.I./Avner, J./Brandenburg, R.G./Portner, F.E./Radosevich, R.: Does Planning Pay? The Effect of Planning on Success of Acquisitions in American Firms, in: Long Range Planning Journal, Vol. 3 (1970), No. 2, December, S. 2-7.

Ansoff, H.I./Brandenburg, R.G./Portner, F.E./Radosevich, R.: Acquisition Behaviour of U.S. Manufacturing Firms, 1946-1965, Nashville (Tenn.) 1971.

Ansoff, H.I./Declerck, R.P./Hayes, R.L.: From Strategic Planning to Strategic Management, in: Ansoff, H.I./Declerck, R.P./Hayes, R.L. (Eds.), From Strategic Planning to Strategic Management, London et al. 1976, S. 39-78.

Ansoff, H.I./Weston, J.F.: Merger Objectives and Organization Structure, in: Quarterly Review of Economics and Business, Vol. 3 (1963), August, S. 49 - 58.

Anthony, R.N./Dearden, J./Vancil, R.F.: Key Variables, in: Anthony, R.N./Dearden, J./Vancil, R.F. (Eds.), Management Control Systems. Cases and Readings, Homewood (Ill.) 1965, S. 107-108.

Arbeitskreis "Diversifizierung" der Schmalenbach-Gesellschaft (Hrsg.): Diversifizierungsprojekte - Betriebswirtschaftliche Probleme ihrer Planung, Organisation und Kontrolle, in: Schmalenbachs Zeitschrift für betriebswirtschaftliche Forschung (ZfbF), 25. Jg. (1973), Nr. 5, S. 293-335.

Armstrong, J.S.: The Value of Formal Planning for Strategic Decisions: Review of Empirical Research, in: Strategic Management Journal, Vol. 3 (1982), No. 3, S. 197-211.

Arnold, D.R./Capella, L.M./Smith, G.D.: Strategic Retail Management, Reading (Mass.) 1983.

Arnould, R.J.: Conglomerate Growth and Profitability, in: Garoian, L. (Ed.), Economics of Conglomerate Growth, Department of Agricultural Economics, Oregon State University, Corvallis (Oreg.) 1969, S. 72-80.

Aurich, W./Schroeder, C.: System der Wachstumsplanung im Unternehmen, Basel/München 1972.

Backhaus, K.: Investitionsgütermarketing, 2. Aufl., München 1990.

Backhaus, K./Erichson, B./Plinke, W./Weiber, R.: Multivariate Analysemethoden. Eine anwendungsorientierte Einführung, 6. Aufl., Berlin et al. 1990.

Bain, J.S.: Barriers to New Competition. Their Character and Consequences in Manufacturing Industries, 2nd Edition, Cambridge (Mass.) 1962.

Balakrishnan, S.: The Prognostics of Diversifying Acquisitions, in: Strategic Management Journal, Vol. 9 (1988), No. 2, S. 185-196.

Bane, W.T./Neubauer, F.-F.: Diversification and the Failure of Foreign Activities. Working Paper of the Centre d'Etudes Industrielles (CEI), Genf 1980; zitiert nach Neubauer/Bane (1981).

Banks, S.: Some Correlates of Coffee and Cleanser Brand Shares, in: Journal of Advertising Research, Vol. 1 (1961), June, S. 22-28.

Barney, J.B.: Strategic Factor Markets: Expectations, Luck, and Business Strategy, in: Management Science, Vol. 32 (1986), No. 10, S. 1231-1241.

Barrenstein, P./Kaas, P.: The Universal Challenge: Reaching for Excellence in Retailing. Observations and Developments in Germany and France, in: National Retail Merchants Association/Gottlieb Duttweiler Institut (NRMA/GDI) (Hrsg.), 10. Weltkonferenz des Einzelhandels, Tagungsband, New York/Rüschlikon 1986, S. 279-297.

Barrett, P.F.: The Human Implications of Mergers and Takeovers, London 1973.

Bartels, G.: Diversifizierung. Die gezielte Ausweitung des Leistungsprogramms der Unternehmung, Stuttgart 1966.

Barth, K.: Betriebswirtschaftslehre des Handels, Wiesbaden 1988.

Barzen, D./Wahle, P.: Das PIMS-Programm - was es wirklich wert ist, in: HARVARDmanager, 12. Jg. (1990), Nr. 1, S. 100-109.

Bass, F.M./Cattin, Ph./Wittink, D.R.: Firm Effects and Industry Effects in the Analysis of Market Structure and Profitability, in: Journal of Marketing Research, Vol. 15 (1978), February, S. 3-10.

Baumann, W.: Wachstum und Diversifikation in der Migros, in: Borschberg, E. (Hrsg.), Unternehmenswachstum im kühleren Wirtschaftsklima, Bern 1977, S. 273-292.

Baumol, W.I.: Business Behaviour, Value and Growth, 2nd Edition, New York et al. 1967.

Bea, F.X./Dichtl, E./Schweitzer, M. (Hrsg.), Allgemeine Betriebswirtschaftslehre, Band 2: Führung, 3. Aufl., Stuttgart/New York 1987.

Becker, H.: Ursachen und gesamtwirtschaftliche Wirkungen der Diversifikation industrieller Unternehmen, Diss., München 1977.

Becker, J.: Steuerungsleistungen und Einsatzbedingungen von Marketingstrategien, in: Marketing ZFP, 8. Jg. (1986), Nr. 3, S. 189-198.

Becker, J.: Marketing-Konzeption. Grundlagen des strategischen Marketing-Managements, 3. Aufl., München 1990.

Berg, N.A.: Corporate Role in Diversified Companies, in: Taylor, B./MacMillan, K. (Eds.), Business Policy: Teaching and Research, New York 1973, S. 298-347.

Berry, C.A.: New Business Development in a Diversified Technological Corporation, MIT Sloan School of Management/Engeneering School Master of Science Thesis, 1983.

Berry, L.L.: Characteristics of High Performance Retailers, in: Retail Control, Vol. 55 (1987), June-July, S. 31-40.

Bettis, R.A.: Performance Differences in Related and Unrelated Diversified Firms, in: Strategic Management Journal, Vol. 2 (1981), No. 4, S. 379-393.

Bettis, R.A./Hall, W.K.: Diversification Strategy, Accounting Determined Risk, and Accounting Determined Return, in: Academy of Management Journal, Vol. 25 (1982), No.2, S. 254-264.

Bettis, R./Hall, W./Prahalad, C.K.: Diversity and Performance in the Multibusiness Firm, in: AIDS (American Institute for Decision Sciences) Proceedings, Vol. 10 (1978), S. 210-213.

Bettis, R./Mahajan, V.: Risk/Return Performance of Diversified Firms, in: Management Science, Vol. 31 (1985), No. 7, S. 785-799.

Biggadike, R.E. (1979a): Corporate Diversification: Entry, Strategy, and Performance, Cambridge (Mass.) 1979.

Biggadike, R.E. (1979b): The Risky Business of Diversification, in: Harvard Business Review, Vol. 57 (1979), May-June, S. 103-111.

Bing, G.: Corporate Acquisition, Houston 1980.

Bleicher, K.: Gedanken zur Gestaltung der Konzernorganisation bei fortschreitender Diversifizierung, Teil 1, in: Zeitschrift für Organisation (ZfO), 48. Jg. (1979a), Nr. 5, S. 243-251.

Bleicher, K.: Gedanken zur Gestaltung der Konzernorganisation bei fortschreitender Diversifizierung, Teil 2, in: Zeitschrift für Organisation (ZfO), 48. Jg. (1979b), Nr. 6, S. 328-335.

Bleicher, K.: Organisation. Formen und Modelle, Wiesbaden 1981.

Bleicher, K.: Organisation, in: Bea, F.X./Dichtl, E./Schweitzer, M. (Hrsg.), Allgemeine Betriebswirtschaftslehre, Band 2: Führung, 3. Aufl., Stuttgart/ New York 1987, S. 73-152.

Böbel, I.: Industrial Organization, Tübingen 1978.

Böbel, I.: Wettbewerb und Industriestruktur, Berlin et al. 1984.

Böckel, J.J.: Die Auswahl der Planungsmethode bei industriellen Diversifikationen durch Unternehmenserwerb, Diss., München 1971.

Böhnke, R.: Diversifizierte Unternehmen. Eine Untersuchung über wettbewerbliche Wirkungen, Ursachen und Ausmaß der Diversifizierung, Berlin 1976.

Bork, R.H.: The Antitrust Paradox - A Policy at War with Itself, New York 1978.

Borschberg, E.: Die Diversifikation als Wachstumsform der industriellen Unternehmung, Bern/Stuttgart 1969.

Borschberg, E.: Diversifikations-Strategien in der Distribution, in: Blümle, E. B./Ulrich, W.: Perspektiven des Marketing im Handel, Freiburg 1974a, S. 83-103.

Borschberg, E.: Diversifikation, in: Tietz, B. (Hrsg.), Handwörterbuch der Absatzwirtschaft (HWA), Stuttgart 1974b, Sp. 480-487.

Borschberg, E.: Der Synergieeffekt einer Wachstumsstrategie, in: Borschberg, E. (Hrsg.), Unternehmenswachstum im kühleren Wirtschaftsklima, Bern 1977, S. 311-326.

Bossons, J.D./Cohen, K.J./Reid, S.R.: Mergers for Whom? - Managers or Stockholders, Working Paper No. 14, Graduate School of Industrial Administration, Pittsburg (Penn.) 1966.

Bracker, J.S./Pearson, J.N.: Planning and Financial Performance of Small, Mature Firms, in: Strategic Management Journal, Vol. 7 (1986), No. 6, S. 503-522.

Bressmer, C./Moser, A.C./Sertl, W.: Vorbereitung und Abwicklung der Übernahme von Unternehmen, Stuttgart 1989.

Brockhaus, W.L.: The Post Merger and Post Acquisition Integration Process in Business Mergers and Acquisitions, Doctoral Diss., Indiana University 1971.

Bühner, R.: Portfolio-Risikoanalyse der Unternehmensdiversifikation von Industrieaktiengesellschaften, in: Zeitschrift für Betriebswirtschaft (ZfB), 53. Jg. (1983), Nr. 11, S. 1023-1040.

Bühner, R.: Strategie und Organisation - Analyse und Planung der Unternehmensdiversifikation mit Fallbeispielen, Wiesbaden 1985.

Bühner, R.: Assessing International Diversification of West German Corporations, in: Strategic Management Journal, Vol. 8 (1987), No. 1, S. 25-37.

Bühner, R.: Betriebswirtschaftliche Organisationslehre, 4. Aufl., München/ Wien 1989a.

Bühner, R.: Bestimmungsfaktoren und Wirkungen von Unternehmenszusammenschlüssen, in: Wirtschaftswissenschaftliches Studium (WiSt), 18. Jg. (1989b), Nr. 4, S. 158-165.

Bühner, R.: Reaktionen des Aktienmarktes auf Unternehmenszusammenschlüsse, in: Schmalenbachs Zeitschrift für betriebswirtschaftliche Forschung (ZfbF), 42. Jg. (1990), Nr. 4, S. 295-316.

Bühner, R./Spindler, H.-J.: Synergieerwartungen bei Unternehmenszusammenschlüssen, in: Der Betrieb, 39. Jg. (1986), Nr. 12, S. 601-606.

Burgman, R.J.: A Strategic Explanation of Corporate Acquisition Success, Doctoral Diss., Purdue University, West Lafayette (Ind.) 1983.

Buzzell, R.D./Dew, M.K.: Strategic Management Helps Retailers Plan for the Future, in: Marketing News, Vol. 13 (1980), No. 18, S. 1 und 16.

Buzzell, R.D./Gale, B.T.: The PIMS-Principles. Linking Strategy to Performance, New York/London 1987.

Buzzell, R.D./Gale, B.T.: Das PIMS-Programm. Strategien und Unternehmenserfolg, Wiesbaden 1989.

Buzzell, R.D./Gale, B.T./Sultan, R.G.: Market Share - a Key to Profitability, in: Harvard Business Review, Vol. 53 (1975), No. 1, S. 97-106.

Cable, J./Palfrey, J./Runge, J.: Economic Determinants and Effects of Mergers in West Germany 1964-74, in: Zeitschrift für die gesamte Staatswissenschaft, 136. Jg. (1980), Nr. 2, S. 226-248.

Capon, N./Hulbert, J.M./Farley, J.U./Martin, E.L.: Corporate Diversity and Economic Performance: The Impact of Market Specialization, in: Strategic Management Journal, Vol. 9 (1988), No. 1, S. 61-74.

Carrol, D.T.: A Disappointing Search for Excellence, in: Harvard Business Review, Vol. 63 (1983), No. 3, S. 78-88.

Carter, J.R.: In Search of Synergy: A Structure - Performance Test, in: Review of Economics and Statistics, No. 59 (1977), S. 279-289.

Cavanagh, R.E./Clifford, D.K.: Lessons from America's Midsized Growth Companies, in: The McKinsey Quarterly, 1983, Autumn, S. 2-23.

Caves, R.: American Industry: Structure, Conduct, Performance, 2nd Edition, Englewood Cliffs (N.J.) 1967.

Caves, R./Porter, M.E.: From Entry Barriers to Mobility Barriers: Conjectural Decisions and Contrived Deterrence to New Competition, in: Quarterly Journal of Economics, Vol. 91 (1977), May, S. 241-261.

Caytas, I.G./Mahari, J.I.: Im Banne des Investment Banking, Stuttgart 1988.

Chandler, A.D. Jr.: Strategy and Structure. Chapters in the History of the Industrial Enterprise, Cambridge (Mass.) 1962.

Chandler, A.D. Jr.: The Structure of American Industry in the Twentieth Century: A Historical Overview, in: Business History Review, Vol. 43 (1969), No. 3, S. 255-298.

Chang, S.J./Choi, U.: Strategy, Structure and Performance of Korean Business Groups: A Transactions Cost Approach, in: Journal of Industrial Economics, Vol. 37. (1988), No. 2, S. 141-158.

Chang, Y./Thomas, H.: The Impact of Diversification Strategy on Risk-Return Performance, in: Strategic Management Journal, Vol. 10 (1989), No. 3, S. 271-284.

Channon, D.F.: The Strategy of British Enterprise, New York 1973.

Channon, D.F.: The Strategy and Structure of British Enterprise, London 1975.

Chapin, C.K./Jermain, D.O.: Increasing the Success of Your Diversification Program, in: Sloan Management Review, Vol. 26 (1985), Summer, S. 65-71.

Chatterjee, S.: Types of Synergy and Economic Value: The Impact of Acquisitions on Merging and Rival Firms, in: Strategic Management Journal, Vol. 7 (1986), No. 2, S. 119-139.

Chatterjee, S./Wernerfelt, B.: Related or Unrelated Diversification: A Resource Based Approach, Paper No. 902, Institute for Research in the Behavioral, Economic, and Management Sciences, Krannert Graduate School of Management, Purdue University, West Lafayette (Ind.) 1986.

Chatterjee, S./Wernerfelt, B.: The Link Between Ressources and Type of Diversification: Theory and Evidence, in: Strategic Management Journal, Vol. 12 (1991), No. 1, S. 33-48.

Christensen, K.H./Montgomery, C.A.: Corporate Economic Performance: Diversification Strategy Versus Market Structure, in: Strategic Management Journal, Vol. 2 (1981), No. 4, S. 327-343.

Chrubasik, B./Zimmermann, H.J.: Evaluierung der Modelle zur Bestimmung strategischer Schlüsselfaktoren, in: Die Betriebswirtschaft (DBW), 47. Jg. (1987), Nr. 4, S. 426-450.

Chussil, M.J.: PIMS: Fact versus Fiction, in: The Journal of Business Strategy, Vol. 5 (1984), Spring, S. 93-96.

Clifford, D.K./Cavanagh, R.E.: Spitzengewinner. Strategien erfolgreicher Unternehmen, Düsseldorf/Wien 1986.

Coenenberg, A.G./Sautter, M.T.: Strategische und finanzielle Bewertung von Unternehmensakquisitionen, in: Die Betriebswirtschaft (DBW), 48. Jg. (1988), Nr. 6, S. 691-710.

Coley, S.C./Reinton, S.E.: The Hunt for Value, in: McKinsey Quarterly, Spring 1988, S. 29-34.

Collins, N.R./ Preston, L.E.: The Size Structure of the Largest Industrial Firms, 1909 - 1958, in: The American Economic Review, Vol. 51 (1961), No. 5, S. 986-1011.

Comanor, W.S./Wilson, T.A.: Advertising, Market Structure, and Performance, in: The Review of Economics and Statistics, Vol. 49 (1967), November, S. 423-440.

Cool, K./Dierickx, I./Jemison, D.: Business Strategy, Market Structure and Risk-Return Relationships: A Structural Approach, in: Strategic Management Journal, Vol. 10 (1989), No. 6, S. 507-522.

Cooper, R.G.: The Dimensions of Industrial New Product Success and Failure, in: Journal of Marketing, Vol. 43 (1979a), Summer, S. 93-103.

Cooper, R.G.: Identifying Industrial New Product Success: Project NewProd, in: Industrial Marketing Management, Vol. 8 (1979b), No. 2, S. 124-135.

Cooper, R.G.: Project NewProd: Factors on New Product Success, in: European Journal of Marketing, Vol. 14 (1980), No. 5-6, S. 277-292.

Cooper, R.G.: New Product Success in Industrial Firms, in: Industrial Marketing Management, Vol. 11 (1982), No. 3, S. 215-223.

Cooper, R.G.: The Impact of New Product Strategies, in: Industrial Marketing Management, Vol. 12 (1983), No. 4, S. 243-256.

Cooper, R.G.: How New Product Strategies Impact on Performance, in: The Journal of Product Innovation Management, Vol. 1 (1984a), No. 1, S. 5-18.

Cooper, R.G.: New Product Strategies: What Distinguishes the Top Performers?, in: The Journal of Product Innovation Management, Vol. 1 (1984b), No. 2, S. 151-164.

Cooper, R.G.: Industrial Firms´ New Product Strategies, in: Journal of Business Research, Vol. 13 (1985a), No. 2, S. 107-121.

Cooper, R.G.: Overall Corporate Strategies for New Product Programs, in: Industrial Marketing Management, Vol. 14 (1985b), No. 3, S. 179-193.

Cooper, R.G./Kleinschmidt, E.J.: An Investigation into the New Product Process: Steps, Deficiencies, and Impact, in: The Journal of Product Innovation Management, Vol. 3 (1986), No. 3, S. 71-85.

Cooper, R.G./Kleinschmidt, E.J.: New Products: What Separates Winners from Losers?, in: The Journal of Product Innovation Management, Vol. 5 (1987a), No. 4, S. 169-184.

Cooper, R.G./Kleinschmidt, E.J.: Success Factors in Product Innovation, in: Industrial Marketing Management, Vol. 16 (1987b), No. 3, S. 215-223.

Corsten, H.: Überlegungen zu einem Innovationsmanagement - organisationale und personale Aspekte, in: Corsten, H. (Hrsg.), Die Gestaltung von Innovationsprozessen. Hindernisse und Erfolgsfaktoren im Organisations-, Finanz- und Informationsbereich, Berlin 1989, S. 1-56.

Coyne, K.P.: Die Struktur dauerhafter Wettbewerbsvorteile, in: Simon, H. (Hrsg.), Wettbewerbsvorteile und Wettbewerbsfähigkeit, Stuttgart 1988, S. 18-29.

Craig, G.S./Douglas, S.P.: Strategic Factors Associated with Market and Financial Performance, in: Quarterly Review of Economics and Business, Vol. 22 (1982), No. 2, S. 101-112.

Cronin, J.J. Jr./Skinner, S.J.: Marketing Outcomes, Financial Conditions, and Retail Profit Performance, in: Journal of Retailing, Vol. 60 (1984), No. 4, S. 9-22.

Cyert, R./March, J.G.: A Behavioural Theory of the Firm, Englewood Cliffs (N.J.) 1963.

Daniel, R.D.: Management Information Crisis, in: Harvard Business Review, Vol. 39 (1961), September-October, S. 110-121.

Daniel, R.D.: Management Information Crisis, in: Anthony, R.N./Dearden, J./Vancil, R.F. (Eds.), Management Control Systems. Cases and Readings, Homewood (Ill.) 1965, S. 109-122.

Davidson, J.H.: Why Most New Consumer Brands Fail, in: Harvard Business Review, Vol. 54 (1976), March-April, S. 117-122.

Davidson, K.: Looking at the Strategic Impact of Mergers, in: The Journal of Business Strategy, Vol. 2 (1981), No. 1, S. 13-22.

Day, G.S.: Strategic Market Analysis and Definition: An Integrated Approach, in: Strategic Management Journal, Vol. 2 (1981), No. 3, S. 281-299.

DeSouza, G.: The Best Strategies for Corporate Venturing, in: Planning Review, Vol. 14, No. 2/1986, S. 12-14.

Dichtl, E.: Leitlinien der Marketing-Forschung, in: Marketing ZFP, 5. Jg. (1983), Nr. 1, S. 61f.

Dichtl, E.: Der Weg zum Käufer. Das strategische Labyrinth, München 1987.

Dichtl, E.: Synergetische Effekte, in: Marketing ZFP, 12. Jg. (1990), Nr. 1, S. 65-67.

Dobler, B./Jacobs, S.: Ziele, Formen und Erfolge einer Diversifikationsstrategie im Handel, Arbeitspapier Nr. 76 des Instituts für Marketing, Universität Mannheim, Mannheim 1989.

Doyle, P./Cook, D.: Markting Strategies, Financial Structure, and Innovation in U.K. Retailing, in: Journal of Business Research, Vol. 8 (1980), September, S. 37-50.

Drexel, G.: Strategische Unternehmensführung im Handel, Berlin/New York 1981.

Drucker, P.F.: Management: Tasks, Responsibilities, Practices, New York 1974.

Drucker, P.F.: The Five Rules of Successful Acquisitions, in: The Wall Street Journal vom 15. Oktober 1981.

Dubofsky, P./Varadarajan, P.R.: Diversification and Measures of Performance: Additional Empirical Evidence, in: Academy of Management Journal, Vol. 30 (1987), No. 3, S. 597-608.

Duch, K.C.: Strategisches Management der Human Ressourcen, in: Wieselhuber, N./Töpfer, A. (Hrsg.), Strategisches Marketing, Landsberg 1984, S. 373-390.

Dundas, K.N.M./Richardson, P.R.: Corporate Strategy and The Concept of Market Failure, in: Strategic Management Journal, Vol. 1 (1980), No. 2, S. 177-188.

Dundas, K.N.M./Richardson, P.R.: Implementing the Unrelated Product Strategy, in: Strategic Management Journal, Vol. 3 (1982), No. 4, S. 287-301.

Dunn, M.G./Norburn, D./Birley, S.: Corporate Culture. A Positive Correlate with Marketing Effectiveness, in: International Journal of Advertising, Vol. 4 (1985), S. 65-73.

Dunst, K.H.: Portfolio-Management, Berlin/New York 1979.

Dworak, K./Weber, H.K.: Diversifikation, in: Grochla, E./Wittmann, W. (Hrsg.), Handwörterbuch der Betriebswirtschaft (HWB), 4. Aufl., Stuttgart 1974, Sp. 1180-1185.

Dyas, G.P.: The Strategy and Structure of French Industrial Enterprise. Unpublished Doctoral Diss., Graduate School of Business Administration, Harvard University, Boston (Mass.) 1972; zitiert nach Grinyer/Yasai-Ardekani (1981).

Dyas, G.P./Thanheiser, H.T.: The Emerging European Enterprise. Strategy and Structure in French and German Industry, London et al. 1976.

Ebers, M.: Organisationskultur: Ein neues Forschungsprogramm?, Wiesbaden 1985.

Eisele, W.: Rechnungswesen, in: Bea, F.X./Dichtl, E./Schweitzer, M. (Hrsg.), Allgemeine Betriebswirtschaftslehre, Band 2: Führung, 3. Aufl., Stuttgart/New York 1985, S. 189-337.

Everling, W.: Konzernführung durch eine Holdinggesellschaft, in: Der Betrieb, 34. Jg. (1981), Nr. 51-52, S. 2549-2554.

Förster, F./Fritz, W./Silberer, G./Raffée, H.: Der LISREL-Ansatz der Kausalanalyse und seine Bedeutung für die Marketing-Forschung, in: Zeitschrift für Betriebswirtschaft (ZfB), 54. Jg. (1984), Nr. 4, S. 346-367.

Förster, F./Thiess, M./Raffée, H.: Einsatzmöglichkeiten der Kausalanalyse zur Erfolgskontrolle und -steuerung im Pharma-Marketing, Arbeitspapier des Instituts für Marketing, Universität Mannheim, Mannheim 1991 (in Vorbereitung).

Fouraker, L.E./Stopford, J.M.: Organization Structure and the Multinational Strategy, in: Administrative Science Quarterly, Vol. 13 (1968), June, S. 47-64.

Fowler, K.L./Schmidt, D.R.: Determinants of Tender Offer Post-Acquisition Financial Performance, in: Strategic Management Journal, Vol. 10 (1989), No. 4, S. 339-350.

Fredrickson, J.W./Mitchell, T.R.: Strategic Decision Process: Comprehensiveness and Performance in an Industry with an Unstable Environment, in: Academy of Management Journal, Vol. 27 (1984), No. 2, S. 399-423.

Frese, E.: Exzellente Unternehmungen - Konfuse Theorien. Kritisches zur Studie von Peters und Waterman, in: Die Betriebswirtschaft (DBW), 45. Jg. (1985a), Nr. 5, S. 604-606.

Frese, E.: Marktinterdependenzen in Unternehmungen der Investitionsgüterindustrie als organisatorisches Problem, in: Schmalenbachs Zeitschrift für betriebswirtschaftliche Forschung (ZfbF), 37. Jg. (1985b), Nr. 4, S. 287-290.

Frese, E.: Grundlagen der Organisation. Die Organisationsstruktur der Unternehmung, 4. Aufl., Wiesbaden 1988.

Fricker, R.: Diversifikation als Aufgabe der Unternehmung - mit besonderer Berücksichtigung der Methoden zur Bestimmung neuer Aktivitätsfelder, Diss., Basel 1974.

Friedrichs, J.: Methoden empirischer Sozialforschung, 13. Aufl., Opladen 1985.

Fritz, W.: Warentest und Konsumgüter-Marketing. Forschungskonzeption und Ergebnisse einer empirischen Untersuchung, Wiesbaden 1984.

Fritz, W.: Marketingwissenschaft und Wettbewerbstheorie, in: Specht, G./Silberer, G./Engelhardt, W.H. (Hrsg.), Marketing-Schnittstellen. Herausforderungen für das Management, Festschrift für Hans Raffée zum 60. Geburtstag, Stuttgart 1989a, S. 51-68.

Fritz, W.: Marketing - ein Schlüsselfaktor des Unternehmenserfolges? Eine kritische Analyse vor dem Hintergrund der empirischen Erfolgsfaktorenforschung, Arbeitspapier Nr. 72 des Instituts für Marketing, Universität Mannheim, Mannheim 1989b.

Fritz, W.: Marketing - ein Schlüsselfaktor des Unternehmenserfolges? Eine kritische Analyse vor dem Hintergrund der empirischen Erfolgsfaktorenforschung, in: Marketing ZFP, 12. Jg. (1990), Nr. 2, S. 91-110.

Fritz, W./Förster, F./Raffée, H./Silberer, G.: Unternehmensziele in Industrie und Handel, in: Die Betriebswirtschaft (DBW), 45. Jg. (1985), Nr. 4, S. 375-394.

Fritz, W./Förster, F./Wiedmann, K.-P.: Neuere Resultate der empirischen Zielforschung und ihre Bedeutung für strategisches Management und Managementlehre, Arbeitspapier Nr. 57 des Institutes für Marketing, Universität Mannheim, Mannheim 1987.

Fritz, W./Förster, F./Wiedmann, K.-P./Raffée, H.: Unternehmensziele und strategische Unternehmensführung, in: Die Betriebswirtschaft (DBW), 48. Jg. (1988), Nr. 5, S. 567-586.

Fuchs, V.R.: Integration, Concentration, and Profits in Manufacturing Industries, in: Quarterly Journal of Economics, Vol. 75 (1961), No. 2, S. 278-291.

Gabele, E.: Die Einführung von Geschäftsbereichsorganisationen, Tübingen 1981.

Gälweiler, A.: Strategische Unternehmensführung, Frankfurt a.M./New York 1987.

Gälweiler, A.: Synergiepotentiale, in: Szyperski, N. (Hrsg.), Handwörterbuch der Planung, Stuttgart 1989, Sp. 1935-1943.

Gale, B.T./Branch, B.: The Dispute About High-Share Business, The PIMSletter No. 19, hrsg. vom Strategic Planning Institute, Cambridge (Mass.) 1979.

Gale, B.T./Branch, B.S.: Concentration versus Market Share: Which Determines Performance and Why Does It Matter?, in: The Antitrust Bulletin, Vol. 27 (1982), Spring, S. 83-103.

Gardner, D.: The Product Life Cycle. Its Role in Marketing Strategy, in: Die Unternehmung, 41. Jg. (1987), Nr. 3, S. 219-231.

Gasser, E.F.: Gottlieb Duttweiler. Sonderdruck aus: "Schweizer Köpfe der Gegenwart", Bd. I, (o.O.) 1951; zitiert nach Baumann (1977).

Gebert, F.: Diversifikation und Organisation: Die organisatorische Eingliederung von Diversifikationen, Frankfurt a.M. 1983.

Geneen, H.S.: The Strategy of Diversification, in: Lamb, R.B. (Ed.), Competitive Strategic Management, Englewood Cliffs (N.J.) 1984, S. 395-414.

George, K.D.: Concentration, Barriers to Entry and Rates of Return, in: The Review of Economics and Statistics, Vol. 50 (1968), No. 2, S. 272-275.

Geringer, J.M./Beamish, P.W./daCosta, R.C.: Diversification Strategy and Internationalization: Implications for MNE Performance, in: Strategic Management Journal, Vol. 10 (1989), No. 2, S. 109-119.

Gieskes, H.: Diversifikation und Unternehmensmacht, Diss., Marburg 1973

Gilbert, X./Strebel, P.: Strategies to Outpace the Competition, in: The Journal of Business Strategy, Vol. 9 (1988a), No. 1, S. 28-36.

Gilbert, X./Strebel, P.: Developing Competitive Advantage, in: Quinn, J.B./Mintzberg, H./James, R.M. (Eds.), The Strategy Process. Concepts, Contexts, and Cases, Englewood Cliffs (N.J.) 1988b, S. 70-79.

Gilmore, J.S./Coddington, D.C.: Diversification Guides for Defense Firms, in: Harvard Business Review, Vol. 44 (1966), May-June, S. 144-159.

Gluck, F.W.: Strategic Choice and Resource Allocation, in: McKinsey Quarterly, 1980, Winter, S. 22-33.

Göttelmann, M.: Diversification - eine absatzpolitische Strategie der Unternehmensführung, Berlin/Köln/Frankfurt a.M. 1969.

Goldberg, L.G.: The Effect of Conglomerate Mergers on Competition, in: Journal of Law and Economics, 1973, April, S. 137-158.

Goldsmith, W./Clutterbuck, D.: The Winning Streak. Britain's Top Companies Reveal their Formulas for Success, London 1984.

Gort, M.: Diversification and Integration in American Industry, Princeton (N.J.) 1962.

Gort, M.: Diversification, Mergers, and Profits, in: Alberts, W.W./Segall, J.E. (Eds.), The Corporate Merger, Chicago (Ill.) 1966, S. 31-51.

Grant, R.M./Jammine, A.P.: Performance Differences between the Wrigley/Rumelt Strategic Categories, in: Strategic Management Journal, Vol. 9 (1988), No. 4, S. 333-346.

Grant, R.M.: Research Notes and Communications on "Dominant Logic", Relatedness and the Link between Diversity and Performance, in: Strategic Management Journal, Vol. 9 (1988), No. 6, S. 639-642.

Grimm, U.: Analyse strategischer Faktoren. Ein Beitrag zur Theorie der strategischen Unternehmensplanung, Wiesbaden 1983.

Grinyer, P.H./McKiernan, P./Yasai-Ardekani, M.: Market, Organizational and Managerial Correlates of Economic Performance in the U.K. Electrical Engeneering Industry, in: Strategic Management Journal, Vol. 9 (1988), No. 4, S. 297-318.

Grinyer, P.H./Norburn, D.: Strategic Planning in 21 U.K. Companies, in: Long Range Planning, Vol. 7 (1974), No. 4, S. 80-88.

Grinyer, P.H./Yasai-Ardekani, M.: Strategy, Structure, Size and Bureaucracy, in: Academy of Management Journal, Vol. 24 (1981), No. 3, S. 471-486.

Grinyer, P.H./Yasai-Ardekani, M./Al-Bazzaz, S.: Strategy, Structure, the Environment, and Financial Performance in 48 United Kingdom Companies, in: Academy of Management Journal, Vol. 23 (1980), No. 2, S. 193-220.

Grün, O.: Duale Organisation, in: Szyperski, N. (Hrsg.), Handwörterbuch der Planung, Stuttgart 1989, Sp. 304-316.

Guiniven, J.: Ventures: Pitfalls and Pay-offs, in: Management Today, August 1986.

Guiniven, J.J./Fisher, D.S.: Einstieg in neue Geschäftsfelder - der reale Einsatz, in: Absatzwirtschaft, 29. Jg. (1986), Sonderausgabe Oktober, S. 60-65.

Gussmann, B.: Innovationsfördernde Unternehmenskultur. Die Steigerung der Innovationsbereitschaft als Aufgabe der Organisationsentwicklung, Berlin 1988.

Hainzl, M.: Strategie der Stärke. Unternehmenspotentialorientierte Diversifikation, Wien 1987.

Hake, B.: Die Suche und Auswahl neuer Produkte. Die Praxis der Diversifikation, München 1966.

Hall, D.J./Saias, M.A.: Strategy Follows Structure!, in: Strategic Management Journal, Vol. 1 (1980), No. 2, S. 149-163.

Hall, M./Weiss, L.: Firm Size and Profitability, in: Review of Economics and Statistics, Vol. 49 (1967), No. 3, S. 319-331.

Hamermesh, R.G./Anderson, M.J. Jr./Harris, J.E.: Strategies for Low Market Share Business, in: Harvard Business Review, Vol. 56 (1978), May-June, S. 95-102.

Hannig, W.: Diversifikation im Handel. Chancen und Risiken einer unternehmenspolitischen Aktivität, in: Handels-Rundschau (Edeka-Verband kaufmännischer Genossenschaften), 1973, Nr. 12, S. 56-64.

Hansen, G.S./Wernerfelt, B.: Determinants of Firm Performance: The Relative Importance of Economic and Organizational Factors, in: Strategic Management Journal, Vol. 10 (1989), No. 5, S. 399-411.

Hansen, H.R.: Diversifikation: Checklist zur Auswahl neuer Produkte, in: Absatzwirtschaft, 11. Jg. (1968), Nr. 10, S. 26-32.

Haugen, R.A./Langetieg, T.C.: An Empirical Test for Synergism in Merger, in: Journal of Finance, Vol. 30 (1975), No. 4, S. 1003-1014.

Hauschildt, J.: Aus Schaden klug, in: Manager Magazin, 13. Jg. (1983), Nr. 10, S. 142-152.

Hayes, R.H.: The Human Side of Acquisitions, in: Management Review, Vol. 68 (1979), November, S. 41-46.

Hedley, B.: Strategy and the "Business Portfolio", in: Long Range Planning, Vol. 10 (1977), No. 1, S. 9-15.

Heinen, E.: Industriebetriebslehre als Entscheidungslehre, in: Heinen, E. (Hrsg.), Industriebetriebslehre. Entscheidungen im Industriebetrieb, 8. Aufl., Wiesbaden 1985, S. 5-75.

Henderson, B.: Die Erfahrungskurve in der Unternehmensstrategie, 2. Aufl., Frankfurt a.M. 1984.

Henksmeier, K.H.: Diversifizieren und Profilieren - Schlüssel zum Erfolg, in: Selbstbedienung - dynamik im handel, 25. Jg. (1977), Nr. 10, S. 8-12.

Herdzina, K.: Wettbewerbspolitik, 2. Aufl., Stuttgart 1987.

Hildebrandt, L.: Erfolgsfaktorenforschung im Handel, in: Trommsdorff, V. (Hrsg.), Handelsforschung 1986, Heidelberg/Berlin 1986, S. 37-52.

Hill, C.W.L.: Conglomerate Performance Over the Economic Cycle, in: Journal of Industrial Economics, Vol. 32 (1983), No. 2, S. 197-211.

Hill, C.W.L./Snell, S.A.: External Control, Corporate Strategy, and Firm Performance in Research-intensive Industries, in: Strategic Management Journal, Vol. 9 (1988), No. 6, S. 577-590.

Hill, C.W.L./Snell, S.A.: Effects of Ownership Structure and Control on Corporate Productivity, in: Academy of Management Journal, Vol. 32 (1989), No. 1, S. 25-46.

Hinterhuber, H.H.: Strategische Unternehmensführung, 2. Aufl., Berlin/New York 1980.

Hinterhuber, H.H.: Wettbewerbsstrategie, Berlin/New York 1982.

Hinterhuber, H.H.: Struktur und Dynamik der strategischen Unternehmensführung, in: Hahn, D./Taylor, B. (Hrsg.), Strategische Unternehmensplanung - Stand und Entwicklungstendenzen -, 2. Aufl., Würzburg/Wien 1983, S. 68-89.

Hirn, W./Poweleit, M.: Mit Sicherheit erfolglos, in: Manager Magazin, 18. Jg. (1988), Nr. 4, S. 228-238.

Hitt, M.A./Ireland, D.R.: Functional Importance and Performance: Moderating Effects of Diversification and Divisionalization. Paper presented at the Strategic Management Society Conference, Montreal 1982; zitiert nach Hitt/Ireland (1985), S. 807.

Hitt, M.A./Ireland, D.R.: Strategy, Contextual Factors, and Performance, in: Human Relations, Vol. 38 (1985), No. 8, S. 793-812.

Hitt, M.A./Ireland, D.R.: Peters and Waterman Revisited: The Unended Quest for Excellence, in: Academy of Management Executive, Vol. 1 (1987), No. 2, S. 91-98.

Hobson, E.L./Morrison, R.M.: How Do Corporate Start-up Ventures Fare?, Paper delivered at the Third Annual Babson College Conference on Entrepreneurial Research, April 22, 1983.

Hofer, C.W./Christmann, J.J.: First Diversification and the Strategic Management Process: A New Perspective. Paper presented at the Business Policy and Planning Division of the 44th Annual National Meeting of the Academy of Management, Boston (Mass.) 1984; zitiert nach Smith, C.G./Cooper, A.C.: Established Companies Diversifying into Young Industries: A Comparison of Firms with Different Levels of Performance, in: Strategic Management Journal, Vol. 9 (1988), No. 2, S. 111-121.

Hofer, C.W./Schendel, D.: Strategy Formulation: Analytical Concepts, St. Paul et al. 1978.

Hofer, H.R.: Diversifikation in der Industrie. Ein Überblick über die Problemstellung, in: Management-Zeitschrift io, 46. Jg. (1977), Nr. 1, S. 3-6.

Hoffmann, F.: Kritische Erfolgsfaktoren - Erfahrungen in großen und mittelständischen Unternehmungen -, in: Schmalenbachs Zeitschrift für betriebswirtschaftliche Forschung (ZfbF), 38. Jg. (1986), Nr. 10, S. 831-843.

Hoffmann, F.: So wird Diversifikation zum Erfolg, in: HARVARDmanager, 11. Jg. (1989), Nr. 4, S. 52-58.

Hoffmann, F./Rebstock, W.: Unternehmensethik, in: Zeitschrift für Betriebswirtschaft (ZfB), 59. Jg. (1989), Nr. 6, S. 667-687.

Hoffmann, K.: Der lange Marsch zu alter Größe, in: Manager Magazin, 17. Jg. (1987), Nr. 4, S. 125-135.

Hoffmann, K.: Ein Clan kauft ein, in: Manager Magazin, 20. Jg. (1990), Nr. 4, S. 68-77.

Holzmann, O.J./Copeland, R.M./Hayya, J.: Income Measures of Conglomerate Performance, in: Quaterly Review of Economics and Business, Vol. 15 (1975), S. 67-78.

Hopkins, D.H.: Acquisition Strategy and the Market Position of Acquiring Firms, in: Strategic Management Journal, Vol. 8 (1987), No. 6, S. 535-547.

Horovitz, J.H./Thietart, R.A.: Strategy, Management Design and Firm Performance, in: Strategic Management Journal, Vol. 3 (1982), No.1, S. 67-76.

Hunt, M.S.: Competition in the Major Home Appliance Industry, 1960-1970, Unpublished Doctoral Diss., Harvard University, Boston (Mass.) 1972.

Ihde, G.B.: Wirtschaftlicher Strukturwandel und industrielle Betriebsgrößen, in: Bloech, J. (Hrsg.), Industrielles Management, Göttingen 1986, S. 1-20.

Ihde, G.B.: Die relative Betriebstiefe als strategischer Erfolgsfaktor, in: Zeitschrift für Betriebswirtschaft (ZfB), 58. Jg. (1988), Nr. 1, S. 13-23.

Jacobs, S./Dobler, B.: Determinanten des Diversifikationserfolgs von Handelsunternehmen. Entwicklung einer Erfolgskonzeption und Ansätze einer empirischen Fundierung, Arbeitspapier Nr. 77 des Instituts für Marketing, Universität Mannheim, Mannheim 1989.

Jacobs, S./Dobler, B.: Diversifikationserfolg von Handelsunternehmen, in: Lebensmittelzeitung, 1990, Nr. 15, S. J 32-38, und Nr. 16, S. J 24f.

Jacobs, S./Thiess, M./Söhnholz, D.: Human-Ressourcen-Portfolio. Instrument der strategischen Personalplanung, in: Die Unternehmung, 41. Jg. (1987), Nr. 3, S. 205-218.

Jacobson, R.: Distinguishing Among Competing Theories of the Market Share Effect, in: Journal of Marketing, Vol. 52 (1988), October, S. 68-80.

Jacobson, R./Aaker, D.A.: Is Market Share All that It's Cracked up to Be?, in: Journal of Marketing, Vol. 49 (1985), Fall, S. 11-22.

Jemison, D.B.: Risk and the Relationship among Strategy, Organizational Processes, and Performance, in: Management Science, Vol. 33 (1987), No. 9, S. 1087-1101.

Jensen, M.C.: The Performance of Mutual Funds in the Period 1954-64, in: Journal of Finance, Vol. 23 (1968), S. 389-415; zitiert nach Michel/Shaked (1984) und Dubofsky/Varadarajan (1987).

Jensen, M.C.: Risk, the Pricing of Capital Assets, and the Evaluation of Investment Portfolios, in: Journal of Business, Vol. 42 (1969), No. 2, S. 167-247; zitiert nach Bühner (1987).

Jöreskog, K.G./Sörbom, D.: LISREL 7: A Guide to the Program and Applications, Chicago (Ill.) 1988.

Johnson, G./Thomas, H.: The Industry Context of Strategy, Structure and Performance: The U.K. Brewing Industry, in: Strategic Management Journal, Vol. 8 (1987), No. 4, S. 343-361.

Johnson, S.C./Jones, C.: How to Organize for New Products, in: Harvard Business Review, Vol. 35 (1957), No. 3, S. 49-62.

Johnson W.B./Natarajan, A./Rappaport, A.: Shareholder Returns and Corporate Excellence, in: The Journal of Business Strategy, 1985, Fall, S. 52-62.

Jones, G.R./Hill, C.W.L.: Transaction Cost Analysis of Strategy-Structure Choice, in: Strategic Management Journal, Vol. 9 (1988), No. 2, S. 159-172.

Kantzenbach, E./Kruse, J.: Kollektive Marktbeherrschung. Das Konzept und seine Anwendbarkeit für die Wettbewerbspolitik, hrsg. von der Kommission der Europäischen Gemeinschaft, Brüssel/Luxemburg 1987.

Kaufer, E.: Industrieökonomik. Eine Einführung in die Wettbewerbstheorie, München 1980.

Keats, B.W./Hitt, M.A.: A Causal Model of Linkages among Environmental Dimensions, Macro Organizational Characteristics, and Performance, in: Academy of Management Journal, Vol. 31 (1988), No. 3, S. 570-598.

Kehrmann, H.: Die Entwicklung von Produktstrategien - Eine Methode zur Ideenfindung und -bewertung auf der Grundlage des Unternehmenspotentials, Diss., Aachen 1972.

Kerin, R.A./Varaiya, N.: Mergers and Acquisitions in Retailing: A Review and Critical Analysis, in: Journal of Retailing, Vol. 61 (1985), No. 1, S. 9-34.

Kerin, R.A./Miller, R.D.: Diversity of Retail Operations and Financial Performance, in: Bernhardt, K.L. et al. (Eds.), The Changing Marketing Environment: New Theories and Applications. 1981 Educators' Conference Proceedings, Chicago (Ill.) 1981, S. 24-26.

Kierulff, H.E.: Finding - and Keeping - Corporate Entrepreneurs, in: Business Horizons, Vol. 22 (1979), February, S. 6-15.

Kieser, A. (Hrsg.): Organisationstheoretische Ansätze, München 1981.

Kieser, A.: Innovation und Unternehmenskultur, in: gdi-impuls, 2. Jg. (1984), Nr. 4, S. 3-11.

Kieser, A.: Unternehmenskultur und Innovation, in: Staudt, E. (Hrsg.), Das Management von Innovationen, Frankfurt a.M. 1986, S. 42-50.

Kieser, A./Budde, A./Fleischer, M. et al.: Auf dem Weg zu einer empirisch fundierten Theorie des Unternehmenswachstums, in: Management International Review, Vol. 17 (1977), No. 1, S. 47-69.

Kieser, A./Kubicek, H.: Organisation, Berlin/New York 1976.

Kieser, A./Kubicek, H.: Organisationstheorien I, Stuttgart 1978a.

Kieser, A./Kubicek, H.: Organisationstheorien II, Stuttgart 1978b.

Kim, W.C./Hwang, P./Burgers, W.P.: Global Diversification Strategy and Corporate Profit Performance, in: Strategic Management Journal, Vol. 10 (1989), No. 1, S. 45-57.

Kirsch, W./Esser, W.-M./Fischbacher, A.: Strategisches Management: Das Denken in Erfolgspotentialen und seine Implementierung, in: Schöttle, K.-M. (Hrsg.), Jahrbuch Marketing, Essen 1987, S. 18-39.

Kitching, J.: Why do Mergers Miscarry?, in: Harvard Business Review, Vol. 45 (1967), November-December, S. 84-101.

Klein, R./Mahler, A.: Expansion ins Nichts, in: Manager Magazin, 17. Jg. (1987), Nr. 6, S. 30-35.

Kleinaltenkamp, M.: Marketing-Konzepte, in: Schmalenbachs Zeitschrift für betriebswirtschaftliche Forschung (ZfbF), 39. Jg. (1987), Nr. 1, S. 31-52.

Kleinaltenkamp, M.: Der Einfluß der Normung und Standardisierung auf die Diffusion technischer Innovationen. Ergebnisbericht des Forschungsprojekts "Die Bedeutung von Standards für die Diffusion technischer Innovationen - Stand und Entwicklungsperspektiven", Bochum 1990.

Kleinewefers, H.: Absatz- und Bezugsstabilisierung durch geographische Diversifikation im Außenhandel, in: Kyklos, Vol. 29 (1976), S. 39ff.

Knee, D./Walters, D.: Strategy in Retailing: Theory and Application, Oxford 1985.

Köllhofer, D.: Erfolgsfaktoren am Beispiel einer Geschäftsbank, in: Schmalenbachs Zeitschrift für betriebswirtschaftliche Forschung (ZfbF), Jg. 39 (1987), Nr. 7, S. 585-593.

Kramer, S.: Diversifikationsstrategie in einem mittelständischen Unternehmen, in: Wieselhuber, N./Töpfer, A. (Hrsg.), Strategisches Marketing, Landsberg am Lech 1984, S. 441-463.

Kreikebaum, H.: Ansätze der strategischen Marketingplanung und Probleme ihrer organisatorischen Umsetzung, in: Raffée, H./Wiedmann, K.-P. (Hrsg.), Strategisches Marketing, 2. Aufl., Stuttgart 1989, S. 283-298.

Kreikebaum, H.: Strategische Unternehmensplanung, 2. Aufl., Stuttgart et al. 1987.

Kreisky, P./Schossleitner, D.: Charakteristika erfolgreicher amerikanischer Konsumgüterhersteller, in: Wieselhuber, N./Töpfer, A. (Hrsg.), Strategisches Marketing, Landsberg am Lech 1984, S. 14-48.

Kreutzer, R.: Global Marketing - Konzeption eines länderübergreifenden Marketing. Erfolgsbedingungen, Analysekonzepte, Gestaltungs- und Implementierungsansätze, Wiesbaden 1989.

Kromrey, H.: Empirische Sozialforschung, Opladen 1980.

Krüger, W.: Die Erklärung von Unternehmenserfolg: Theoretischer Ansatz und empirische Ergebnisse, in: Die Betriebswirtschaft (DBW), 48. Jg. (1988a), Nr. 1, S. 27-43.

Krüger, W.: Management von Akquisitionsprojekten. Probleme, Erfolgsfaktoren und Aufgaben bei der Durchführung von Unternehmenszusammenschlüssen, in: Zeitschrift für Organisation (ZfO), 57. Jg. (1988b), Nr. 6, S. 371-377.

Krüger, W.: Kritische Erfolgsfaktoren von Unternehmungszusammenschlüssen, in: Verwaltung + Organisation, 1988c, Nr. 1-2, S. 4-6.

Krüger, W.: Hier irrten Peters und Waterman, in: HARVARDmanager, 11. Jg. (1989), Nr. 1, S. 13-18.

Krulis-Randa, J.S.: Reflexionen über die Unternehmenskultur, in: Die Unternehmung, 38. Jg. (1984), Nr. 4, S. 358-372.

Krulis-Randa, J.S.: Diversifikationsstrategie und Unternehmungskultur, in: Blümle, E.B./Leonhard, F./Roux G.F. (Hrsg.), Diversification, Integration et Concentration/Diversifikation, Integration und Konzentration, Mélanges en l'honneur de Edwin Borschberg, Editions Universitaires Fribourg Suisse 1986, S. 237-255.

Kubicek, H.: Die Vorstellung von Top-Managern und Organisationsspezialisten von den Einflußgrößen der Organisationsstruktur. Ein erster Auswertungsbericht aus einer exploratorischen empirischen Studie. Arbeitspapier Nr. 13/76 des Instituts für Unternehmensführung der Freien Universität Berlin, Berlin 1976.

Kühn, R.: Entscheidungmethodik und Unternehmungspolitik, Bern/Stuttgart 1978.

Küting, K.: Unternehmenspolitische Aspekte der heterogenen Wachstumsrichtung, in: Die Betriebswirtschaft (DBW), 38. Jg. (1978), Nr. 3, S. 383-394.

Kusewitt, J.B. Jr.: An Exploratory Study of Strategic Acquisition Factors Relating to Performance, in: Strategic Management Journal, Vol. 6 (1985), No. 2, S. 151-169.

Lambkin, M.: Order of Market Entry and Performance: The Experience of Start-up Ventures; The PIMSletter No. 41, hrsg. vom Strategic Planning Institute, Cambridge (Mass.) 1987.

Lange, B.: Bestimmung strategischer Erfolgsfaktoren und Grenzen ihrer empirischen Fundierung. Dargestellt am Beispiel der PIMS-Studie, in: Die Unternehmung, 36. Jg. (1982), Nr. 1, S. 27-41.

Lauenstein, M.C.: Diskussionsbeitrag, in: Alberts, W.W./Segall, J.E. (Eds.), The Corporate Merger, 3rd Edition, Chicago (Ill.) 1969, S. 51.

Lauenstein, M.C.: Diversification - The Hidden Explanation of Success, in: Sloan Management Review, Vol. 27 (1985), Fall, S. 49-55.

Laukamm, T.: Strategisches Management von Human-Ressourcen, in: Raffée, H./Wiedmann, K.-P. (Hrsg.), Strategisches Marketing, 2. Aufl., Stuttgart 1989, S. 243-282.

Laukamm, T./Walsh, I.: Die Aktivierung des geistigen Potentials des Unternehmens, in: Arthur D. Little International (Hrsg.), Management im Zeitalter der Strategischen Führung, Wiesbaden 1985, S. 101-112.

Lawrence, P.R./Lorsch, J.W.: Organization and Environment, Managing Differentiation and Integration, Homewood (Ill.) 1969.

Leidecker, J.K./Bruno, A.V.: Identifying and Using Critical Success Factors, in: Long Range Planning, Vol. 17 (1984), No. 1, S. 23-32.

Leiendecker, K.: Externe Diversifikation durch Unternehmenszusammenschlüsse, Zürich et al. 1978.

Lemelin, A.: Relatedness in the Patterns of Interindustry Diversification, in: Review of Economics and Statistics, Vol. 64 (1982), No. 4, S. 646-657.

Leontiades, M.: Strategies for Diversification and Change, Boston (Mass.) 1980.

Leontiades, M.: Mischkonzerne verändern die Welt. Der Synergie-Faktor jenseits der Monopole, Düsseldorf et al. 1987.

Leumann, P.: Die Matrix-Organisation. Unternehmensführung in einer mehrdimensionalen Struktur. Theoretische Darstellung und praktische Anwendung, Bern 1979.

Linden, F.A.:Verwegene Liaison, in: Manager Magazin, 21. Jg. (1991), Nr. 1, S. 52-58.

Lingenfelder, M.: Die Marketingorientierung von Vertriebsleitern als strategischer Erfolgsfaktor. Eine theoretische Analyse und empirische Bestandsaufnahme in der Markenartikelindustrie, Berlin 1990.

Link, P.L.: Keys to New Product Success and Failure, in: Industrial Marketing Management, Vol. 16 (1987), No. 3, S. 109-118.

Linnemann, R.E./Kennell, J.D.: Shirt-sleeve Approach to Long-Range Planning, in: Harvard Business Review, Vol. 55 (1977), March-April, S. 141-150.

Löbler, H.: Diversifikation und Unternehmenserfolg: Diversifikationserfolge und -risiken bei unterschiedlichen Marktstrukturen und Wettbewerb, Wiesbaden 1988.

Loomis, C.J.: Corporate Stars that Brightened a Dark Decade, in: Fortune vom 30. April 1984, S. 130-138.

Loomis, C.J.: Secrets of the Superstars, in: Fortune vom 24. April 1989, S. 42-48.

Lubatkin, M.: A Market Model Analysis of Merger Strategies, Working Paper No. 82-5, Wichita State University 1982; zitiert nach Paine/Power (1984).

Lubatkin, M.: Merger Strategies and Stockholder Value, in: Strategic Management Journal, Vol. 8 (1987), No. 1, S. 39-53.

Luchs, R.H./Müller, R.: Das PIMS-Programm - Strategien empirisch fundieren, in: Hanssmann, F./Ruhland, J./Wilde, K.D. (Hrsg.), Strategische Planung, Band 1, Würzburg 1985, S. 79-98.

Lüttringhaus, G.: Diversifizierung und Anpassung - Die Notwendigkeit betrieblicher Anpassungen als Ursache und Folge von Diversifizierungen, Diss., Köln 1973.

Luffman, G.A./Reed, R.: Diversification in British Industry in the 1970s, in: Strategic Management Journal, Vol. 3 (1982), No. 4, S. 303-314.

Luffman, G.A./Reed, R.: The Strategy and Performance of British Industry, 1970-80, Southampton 1984.

Lusch, R.F./Serpkenci, R.R.: Personal Differences, Job Tension, Job Outcomes, and Store Performance: A Study of Retail Store Managers, in: Journal of Marketing, Vol. 54 (1990), January, S. 85-110.

Lynch, A.F.: I.G. Penney - "Striving for Excellence", in: Gottlieb Duttweiler Institut (Hrsg.), Spitzenleistungen im Handel - erreichen und erhalten. Conference Proceedings, Vol. 1, Rüschlikon/Zürich 1985, S. 61-65.

Mace, M.L./Montgomery, G.G. Jr.: Management Problems of Corporate Acquisitions, Boston (Mass.) 1962.

MacMillan, I.C./Day D.L.: Entering New Industrial Business: Aggressive Strategies that May Pay Off; The PIMSletter No. 38, hrsg. vom Strategic Planning Institute, Cambridge (Mass.) 1986.

Mahajan, V./Wind, Y.: Business Synergy Does Not Always Pay Off, in: Long Range Planning, Vol. 21 (1988), No. 1, S. 59-65.

Maidique, M.A./Hayes, R.H.: The Art of High-Technology Management, in: Sloan Management Review, Vol. 26 (1984), Winter, S. 17-31.

Maidique, M.A./Zirger, B.J.: A Study of Success and Failure in Product Innovation: The Case of the U.S. Electronics Industry, in: IEEE Transactions on Engineering Management, Vol. 31 (1984), No. 4, S. 191-203.

Maisel, H.: Diversifikation und konglomerate Interdependenz. Ein Beitrag zu den Wettbewerbwirkungen diagonaler Konzentration, Frankfurt a.M. 1984.

Malik, F.: Messbare Erfolgspotentiale - Profit Impact of Market Strategy (PIMS), in: gdi-impuls, 5. Jg. (1987), Nr. 3, S. 53-60

Mann, H.M.: Seller Concentration, Barriers to Entry, and Rates of Return in Thirty Industries, 1950 - 1960, in: The Review of Economics and Statistics, Vol. 48 (1966), August, S. 296-307.

March, J.G./Simon, H.: Organizations, New York 1958.

Marcus, M.: Profitability and Size of Firm: Some Further Evidence, in: Review of Economics and Statistics, Vol. 51 (1969), No. 1, S. 104-107.

Markham, J.W.: Conglomerate Enterprise and Public Policy, Graduate School of Business Administration, Division of Research, Harvard University, Boston (Mass.) 1973.

Markowitz, H.: Portfolio Selection, in: Journal of Finance, Vol. 7 (1952), March, S. 77-91.

Mason, E.S.: Price and Production Policies of Large-Scale Enterprises, in: American Economic Review, Vol. 39 (1939), March, S. 61-74.

McGee, J.: Strategic Groups: A Bridge Between Industry Structure and Strategic Management?, in: Thomas, H./Gardner, D. (Eds.), Strategic Marketing and Management, Chichester et al. 1985, S. 293-313.

McNamee, P.B.: Tools and Techniques for Strategic Management, Oxford et al. 1985.

Meeks, G.: Disappointing Marriage: A Study of the Gains from Merger, Cambridge et al. 1977.

Meffert, H.: Marketing. Grundlagen der Absatzpolitik, 7. Aufl., Wiesbaden 1986.

Meffert, H.: Erfolgsfaktoren im Einzelhandelsmarketing, in: Bruhn, M. (Hrsg.), Marketing-Erfolgsfaktoren im Einzelhandel, Frankfurt a.M./New York 1987, S. 13-45.

Meffert, H.: Strategische Unternehmensführung und Marketing. Beiträge zur marktorientierten Unternehmenspolitik, Wiesbaden 1988.

Meffert, H./Ohlsen, G.T.: Was Sie beim Marktein- und -austritt beachten müssen, in: Absatzwirtschaft, 25. Jg. (1982), Sonderausgabe Oktober, S. 178-190.

Meffert, H./Remmerbach, K.-U.: Marketingstrategien in jungen Märkten, in: Die Betriebswirtschaft (DBW), Jg. 48 (1988), Nr. 3, S. 331-346.

Melicher, R.W./Rush, D.F.: The Performance of Conglomerate Firms: Recent Risk and Return Experience, in: Journal of Finance, Vol. 28 (1973), May, S. 381-388.

Melohn, T.H.: Das Mitarbeiterpotential aktivieren, in: HARVARDmanager, 6. Jg. (1984), Nr. 2, S. 54-57.

Mermelstein, D.: Large Industrial Corporations and Asset Shares, in: The American Economic Review, Vol. 59 (1969), No. 4, S. 531-541.

Mertens, P./Plattfaut, E.: Informationstechnik als strategische Waffe, in: Simon, H. (Hrsg.), Wettbewerbsvorteile und Wettbewerbsfähigkeit, Stuttgart 1988, S. 103-115.

Meyer, J./Heyder, B.: Das Start-up-Geschäft: Erkenntnisse aus dem PIMS-Programm, in: Riekhof, H.-C. (Hrsg.), Strategieentwicklung, Stuttgart 1989, S. 351-369.

Michel, A./Shaked, I.: Does Business Diversification Affect Performance?, in: Financial Management, Vol. 13 (1984), Winter, S. 18-25.

Miles, R.H.: Coffin Nails and Corporate Strategies, Englewood Cliffs (N.J.) 1982.

Miller, A./Guiniven, J./Camp, B.: Keys to Success for Adolescent Business; The PIMSletter No. 35, hrsg. vom Strategic Planning Institute, Cambridge (Mass.) 1985.

Miller, R.A.: Market Structure and Industrial Performance: Relation of Profit Rates to Concentration, Advertising Intensity, and Diversity, in: Journal of Industrial Economics, Vol. 17 (1968), November, S. 104-118.

Miller, R.A.: Concentration and Marginal Concentration, Advertising and Diversity: Three Issues in Structure-Performance Tests, in: Industrial Organization Review, Vol. 1 (1973), S. 15-24.

Miller, R.: Strategic Pathways to Growth in Retailing, in: The Journal of Business Strategy, Vol. 1 (1981), S. 16-29.

Miller, R./Springate, D.J.: The Relationship of Strategy, Structure and Management Process, in: Proceedings of the Academy of Management, 1978, August, S. 121-125.

Minderlein, M.: Markteintrittsbarrieren und Unternehmensstrategie. Industrieökonomische Ansätze zum Personal Computer-Markt, Wiesbaden 1989.

Möller, W.-P.: Der Erfolg von Unternehmenszusammenschlüssen. Eine empirische Untersuchung, Diss., München 1983.

Montgomery, C.A.: Diversification, Market Structure, and Firm Performance: an Extension of Rumelt's Model, Ph. D. Diss., Purdue University, West Lafayette (Ind.) 1979.

Montgomery, C.A.: The Measurement of Firm Diversification: Some New Empirical Evidence, in: Academy of Management Journal, Vol. 25 (1982), No. 2, S. 299-307.

Montgomery, C.A.: Product-Market Diversification and Market Power, in: Academy of Management Journal, Vol. 28 (1985), No. 4, S. 789-798.

Montgomery, C.A./Singh, H.: Diversification Strategy and Systematic Risk, in: Strategic Management Journal, Vol. 5 (1984), No. 2, S. 181-191.

Montgomery, C.A./Wilson, V.A.: Research Note and Communication Mergers that last: A Predictable Pattern?, in: Strategic Management Journal, Vol. 7 (1986), No. 1, S. 91-96.

Morris, T.: Management Update. Strategy and Organisation, in: Journal of General Management, Vol. 13 (1987), No. 2, S. 90-96.

Mueller, D.C.: The United States, 1962-1972, in: Mueller, D.C. (Ed.), The Determinants and Effects of Mergers, Cambridge (Mass.) 1980.

Mueller, D.C.: Mergers and Market Share, in: Review of Economics and Statistics, Vol. 67 (1985), May, S. 259-267.

Müller, G.: Strategische Suchfeldanalyse. Die Identifikation neuer Geschäfte zur Überwindung struktureller Stagnation, Wiesbaden 1986.

Müller, G./Roventa, P./Lückerath, T.: Die Bewertung der Marktattraktivität. Ein offenes Problem der Strategischen Analyse, in: Die Unternehmung, 35. Jg. (1981), Nr. 2, S. 105-119.

Müller-Stewens, G.: Vorstoß in neue Geschäfte: Identifikation und Eintrittsstrategien, in: Riekhof, H.-C. (Hrsg.), Stratgieentwicklung, Stuttgart 1989, S. 313-331.

Myers, S./Marquis, D.: Successful Industrial Innovation - National Science Foundation, NSF 69-17, Washington 1969; zitiert nach Segler (1986), S. 122.

Narver, J.C./Slater, S.F.: The Effect of a Market Orientation on Business Profitability, in: Journal of Marketing, Vol. 54 (1990), No. 4, S. 20-35.

Nathanson, D.A./Cassano J.: Organizational Diversity and Performance, in: The Wharton Magazine, 1982, Summer, S. 18-26; zitiert nach Rumelt (1986), S. VII.

Nehls, R.G.: Der lange Weg zur neuen Firma, in: Manager Magazin, 16. Jg. (1986), Nr. 5, S. 186-195.

Nehls, R.G.: Diversifikation: Vieles glänzt, wenig paßt, in: HARVARDmanager, 10. Jg. (1988), Nr. 3, S. 57-62.

Neubauer, F.-F.: Das PIMS-Programm und Portfolio-Management, in: Hahn, D./Taylor, B. (Hrsg.), Strategische Unternehmungsplanung, Würzburg/Wien 1980, S. 135-162.

Neubauer, F.-F.: PIMS (Profit Impact of Market Strategies), in: Szyperski, N. (Hrsg.), Handwörterbuch der Planung, Stuttgart 1989, Sp. 1363-1370.

Neubauer, F.-F./Bane, W.T.: Diversifikation - riskant und notwendig zugleich, in: Pümpin, C./Gälweiler, H./Neubauer, F.-F./Bane, W.T. (Hrsg.), Produkt-Markt-Strategien. Neue Instrumente erfolgreicher Unternehmungsführung, Bern 1980, S. 55-84.

Neumann, M.: Industrial Organization. Ein Überblick über die quantitative Forschung, in: Zeitschrift für Betriebswirtschaft (ZfB), 49. Jg. (1979), Nr. 7, S. 645-660.

Neumann, M./Böbel, I./Haid, A.: Profitability, Risk and Market Structure in West German Industries, in: Journal of Industrial Economics, Vol. 27 (1979), No. 3, S. 227-242.

Nieschlag, R./Dichtl, E./Hörschgen, H.: Marketing, 16. Aufl., Berlin 1991.

Nolte, W.: Synergien - Nur durch Wertschöpfung erschließbar, AK "Das Unternehmen am Markt" der Schmalenbach-Gesellschaft, Frankfurt a.M. 1987 (unveröffentlichtes Manuskript); zitiert nach Coenenberg/Sautter (1988).

OASIS (Organization and Strategy Information Service): Linking Organization to Strategy, hrsg. von Hay Management Consultants, The Strategic Planning Institute, The University of Michigan, 1986.

Oberender, P. (Hrsg.): Marktstruktur und Wettbewerb in der Bundesrepublik Deutschland. Branchenstudien zur deutschen Volkswirtschaft, München 1984.

Ohmae, K.: Macht der Triade, Wiesbaden 1985a.

Ohmae, K.: In Praise of Planning, in: Planning Review, 1985b, November, S. 4; zitiert nach Varadarajan/Ramanujam (1989).

o.V.: Diversifikation - Code für neues Denken und Handeln, in: Handels-Rundschau (Edeka-Verband kaufmännischer Genossenschaften), 1971, Nr. 6, S. 6-12.

o.V.: Organisation der BASF-Gruppe - Interview, in: Zeitschrift für Organisation (ZfO), 46. Jg. (1977), Nr. 1, S. 23-28.

o.V.: Who´s Excellent Now?, in Business Week, 1984, November, S. 76-88.

o.V.: Unternehmensfusionen - Minus auf lange Sicht, in: Wirtschaftswoche, 40. Jg. (1986), Nr. 17, S. 69-73.

o.V.: Die Metallgesellschaft wird 1990 die Börse beschäftigen, in: Frankfurter Allgemeine Zeitung vom 08.12.1989, S.20.

o.V.: Unternehmensverkäufe 1989 erbrachten rund 57 Milliarden DM, in: Frankfurter Allgemeine Zeitung vom 13.1.1990, S. 14.

o.V.: Wie die größten Unternehmen ihre Kompetenz formuliert haben, in: Absatzwirtschaft, 34. Jg. (1991), Nr. 1, S. 46-57.

Paine, F.T./Power, D.J.: Merger Strategy: An Examination of Drucker´s Five Rules for Successful Acquisitions, in: Strategic Management Journal, Vol. 5 (1984), No. 2, S. 99-110.

Palepu, K.: Diversification Strategy, Profit Performance and the Entropy Measure, in: Strategic Management Journal, Vol. 6 (1985), No. 3, S. 239-255.

Panzar, J.C./Willig, R.D.: Economies of Scale in Multi-Output Production, in: Quarterly Journal of Economics, 1977, August, S. 431-493.

Patt, P.-J.: Strategische Erfolgsfaktoren im Einzelhandel. Eine empirische Analyse am Beispiel des Bekleidungseinzelhandels, Frankfurt a.M. et al. 1988.

Patt, P.-J.: Strategische Erfolgsfaktoren im Einzelhandel, in: BAG-Nachrichten, 29. Jg. (1989), Nr. 2, S. 16-18.

Pavan, R.J.: The Strategy and Structure of Italian Industrial Enterprise. Unpublished Doctoral Diss., Graduate School of Business Administration, Harvard University, Boston (Mass.) 1972; zitiert nach Grinyer/Yasai-Ardekani (1981).

Pearce II, J.A./Robbins, D.K./Robinson, R.B. Jr.: The Impact of Grand Strategy and Planning Formality on Financial Performance, in: Strategic Management Journal, Vol. 8 (1987), No. 2, S. 125-134.

Penrose, E.T.: The Theorie of the Growth of the Firm, Oxford 1959.

Penrose, E.T.: The Theorie of the Growth of the Firm, 2nd Edition, Oxford 1980.

Perillieux, R.: Der Zeitfaktor im strategischen Technologiemanagement, Berlin 1987.

Perrow, C.: A Framework for the Comperative Analysis of Organizations, in: American Sociological Review, Vol. 32 (1967), April, S. 195-208.

Peschen, D.: Unternehmenswachstum durch Diversifikation. Arten, Realisierungsformen, Trends. Unveröffentlichte Diplomarbeit an der FH Aachen, Sommersemester 1981; zitiert nach Becker (1990).

Peters, T./Austin, N.: Leistung aus Leidenschaft, "A Passion For Excellence". Über Management und Führung, Hamburg 1986.

Peters, T./Waterman, R.H.: Auf der Suche nach Spitzenleistungen. Was man von den bestgeführten US-Unternehmen lernen kann, 10. Aufl., Landsberg am Lech 1984.

Pfeifer, A./Schmidt, P.: LISREL - Die Analyse komplexer Strukturgleichungsmodelle, Stuttgart/New York 1987.

Phillips, L.W.: Assessing Measurement Error in Key Informant Reports: A Methodological Note on Organizational Analysis in Marketing, in: Journal of Marketing, Vol. 45 (1981), November, S. 395-415.

Phillips, L.W./Chang, D.R./Buzzell, R.D.: Product Quality, Cost Position and Business Performance. A Test of Some Key Hypotheses, in: Journal of Marketing, Vol. 47 (1983), Spring, S. 26-43.

Picot, A.: Betriebswirtschaftliche Umweltbeziehungen und Unweltinformationen. Grundlagen einer erweiterten Erfolgsanalyse für Unternehmungen, Berlin 1977.

Picot, A.: Rationalisierung im Verwaltungsbereich als betriebswirtschaftliches Problem, in: Zeitschrift für Betriebswirtschaft (ZfB), 49. Jg. (1979), Nr. 12, S. 1145-1165.

Picot, A.: Transaktionskostenansatz in der Organisationstheorie: Stand der Diskussion und Aussagewert, in: Die Betriebswirtschaft (DBW), 42. Jg. (1982), Nr. 2, S. 267-284.

Picot, A.: Transaktionskosten im Handel. Zur Notwendigkeit einer flexiblen Strukturentwicklung in der Distribution, in: Betriebs-Berater, 1986, Beilage 13 zu Heft 27, S. 1-16.

Picot, A./Laub, U.-D./Schneider, D.: Innovative Unternehmensgründungen. Eine ökonomisch-empirische Analyse, Berlin et al. 1989.

Pitts, R.S.: Diversification Strategies and Organizational Policies of Large Diversified Firms, in: Journal of Economics and Business, Vol. 28 (1976), Spring-Summer, S. 181-188.

Pitts, R.A.: Strategies and Structures for Diversification, in: Academy of Management Journal, Vol. 20 (1977), No. 2, S. 197-208.

Poensgen, O.H.: Geschäftsbereichsstruktur, Rendite und Unternehmenswachstum, in: Kirsch, W. (Hrsg.), Unternehmensführung und Organisation, Wiesbaden 1973, S. 193-230.

Poensgen, O.H./Hort, H.: Die situativen Einflüsse auf die unternehmerische Planung, in: Zeitschrift für Betriebswirtschaft (ZfB), 51. Jg. (1981), Nr. 1, S. 3-31.

Porter, M.E.: Consumer Behaviour, Retailer Power and Market Performance in Consumer Goods Industries, in: Review of Economics and Statistics, Vol. 56 (1974), No. 4, S. 419-436.

Porter, M.E.: Interbrand Choice, Strategy, and Bilateral Market Power, Cambridge (Mass.)/London 1976.

Porter, M.E.: The Structure within Industries and Companies' Performance, in: The Review of Economics and Statistics, Vol. 61 (1979), No. 1, S. 214-227.

Porter, M.E.: Competitive Strategy, Techniques for Analyzing Industries and Competitors, New York 1980.

Porter, M.E.: The Contributions of Industrial Organizations to Strategic Management, in: Academy of Management Review, Vol. 6 (1981), No. 4, S. 609-620.

Porter, M.E.: Competitive Advantage - Creating and Sustaining Superior Performance, New York 1985.

Porter, M.E.: Wettbewerbsvorteile - Spitzenleistungen erreichen und behaupten, Frankfurt a.M./New York 1986.

Porter, M.E.: Diversifikation - Konzerne ohne Konzept. Ergebnisse einer Langzeituntersuchung von 33 US-Unternehmen, in: HARVARDmanager, 9. Jg. (1987a), Nr. 4, S. 30-49.

Porter, M.E.: From Competitive Advantage to Corporate Strategy, in: Harvard Business Review, Vol. 65 (1987b), May-June, S. 43-59.

Porter, M.E.: Wettbewerbsstrategie (Competitive Strategy) - Methoden zur Analyse von Branchen und Konkurrenten, 4. Aufl., Frankfurt a.M. 1987c.

Porter, M.E.: From Competitive Advantage to Corporate Strategy, in: The McKinsey Quarterly, 1988a, Spring, S. 35-66.

Porter, M.E.: Generic Competitive Strategies, in: Quinn, J.B./Mintzberg, H./James, R.M. (Eds.), The Strategy Process. Concepts, Contexts, and Cases, Englewood Cliffs (N.J.) 1988b, S. 65-70.

Porter, M.E./Millar, V.E.: Wettbewerbsvorteile durch Information, in: Simon, H. (Hrsg.), Wettbewerbsvorteile und Wettbewerbsfähigkeit, Stuttgart 1988, S. 89-102.

Poth, L.G.: Einem Diversifikations-Erfolg stehen nach bisherigen Erfahrungen mindestens zwei Reinfälle gegenüber, in: Handelsblatt vom 01.04.1985, S. 16.

Poth, L.G.: Zwei Pleiten auf einen Erfolg - Diversifikation im Handel, in: BAG-Nachrichten, 25. Jg. (1985), Nr. 10, S. 4-10.

Poth, L.G.: Welchen Erfolgsfaktoren vertrauen Marktführer?, in: Absatzwirtschaft, 31. Jg. (1988), Sondernummer Oktober, S. 38-51.

Power, D.J.: Acquiring Small and Mediumsized Companies: A Study of Corporate Decision Behavior, Ph.D. Diss., University of Wisconsin-Madison 1982; zitiert nach Paine/Power (1984).

Prahalad, C.K./Bettis, R.A.: The Dominant Logic: A New Linkage Between Diversity and Performance, in: Strategic Management Journal, Vol. 7 (1986), No. 6, S. 485-501.

Pümpin, C.: Strategische Führung in der Unternehmenspraxis, in: Die Orientierung, Nr. 76, Schriftenreihe der Schweizerischen Volksbank, Bern 1980.

Pümpin, C.: Management strategischer Erfolgspositionen, 3. Aufl., Bern/Stuttgart 1986.

Quinn, F.: Excellence as a Daily Effort, in: Gottlieb Duttweiler Institut (Hrsg.), Spitzenleistungen im Handel - erreichen und erhalten, Conference Proceedings, Vol. 1 (1985), Rüschlikon/Zürich, S. 117-123.

Raffée, H.: Grundprobleme der Betriebswirtschaftslehre, Göttingen 1974.

Raffée, H.: Marketing als Führungskonzeption von Organisationen - Modernes Marketing und seine Bedeutung für die Deutsche Bundespost, in: ARCHIV für das Post- und Fernmeldewesen, 33. Jg. (1981), Nr. 1, S. 1-16.

Raffée, H.: Marktingperspektiven der 80er Jahre, in: Marketing ZFP, 4. Jg. (1982), Nr. 2, S. 81-90.

Raffée, H.: Grundfragen und Ansätze des strategischen Marketing, in: Raffée, H./Wiedmann, K.-P. (Hrsg.), Strategisches Marketing, 2. Aufl., Stuttgart 1989a, S. 3-33.

Raffée, H.: Gegenstand, Methoden und Konzepte der Betriebswirtschaftslehre, in: Baetge, J. et al. (Hrsg.), Vahlens Kompendium der Betriebswirtschaftslehre, Band 1, 2. Aufl., München 1989b, S. 1-46.

Raffée, H./Förster, F./Krupp, W.: Marketing und Ökologieorientierung - Eine empirische Studie unter besonderer Berücksichtigung der Lärmminderung, Arbeitspapier Nr. 63 des Instituts für Marketing, Universität Mannheim, Mannheim 1988.

Raffée, H./Werkmann, G.: Corporate Identity and Corporate Design in europäischen Post- und Fernmeldeverwaltungen, in: ARCHIV für das Post- und Fernmeldewesen, 40. Jg. (1988), Nr. 2, S. 111-137.

Raffée, H./Wiedmann, K.-P.: Dialoge 2: Konsequenzen für das Marketing, Hamburg 1987.

Raffée, H./Wiedmann, K.-P.: Wertewandel und gesellschaftsorientiertes Marketing, in: Raffée, H./Wiedmann, K.-P. (Hrsg.), Strategisches Marketing, 2. Aufl., Stuttgart 1989, S. 522-605.

Ramanujam, V./Varadarajan, P.: Research on Corporate Diversification: A Synthesis, in: Strategic Management Journal, Vol. 10 (1989), No. 6, S. 523-551.

Ramanujam, V./Venkatraman, N.: An Inventory and Critique of Strategy Research Using the PIMS Database, in: Academy of Management Review, Vol. 9 (1984), No. 1, S. 138-151.

Ravenscraft, D.J.: Structure-Profit Relationship at the Line of Business and Industry Level, in: The Review of Economics and Statistics, Vol. 65 (1983), No. 1, S. 22-31.

Ravenscraft, D.J./Scherer, F.M.: The Profitability of Mergers, Working Paper, (o.O.) 1985.

Ravenscraft, D.J./Scherer, F.M.: Life after Takeover, in: The Journal of Industrial Economics, Vol. 36 (1987), No. 2, S. 147-156.

Reed, S.F.: Corporate Growth by Strategic Planning (Part 1): Developing a Strategy, in: Mergers & Acquisitions, Vol. 12 (1977), No. 2, S. 4-27.

Reed, R./Luffman, G.A.: Diversification: The Growing Confusion, in: Strategic Management Journal, Vol. 7 (1986), No. 1, S. 29-35.

Reichert, R.: Entwurf und Bewertung von Strategien, München 1984.

Reid, S.R.: Conglomerate Growth: Consistency with Economic Theory of Growth, in: Garoian, L. (Ed.), Economics of Conglomerate Growth, Department of Agricultural Economics, Oregon State University, Corvallis (Oreg.) 1969, S. 44-56.

Remmerbach, K.-U.: Vorsicht beim Einstieg in fremde Märkte, in: HARVARDmanager, 10. Jg. (1988), Nr. 4, S. 97-103.

Remmerbach, K.-U.: Integrierte Markteintrittsplanung, in: Marketing ZFP, 11. Jg. (1989), Nr. 3, S. 173-178.

Reutner, F.: Determinanten des Unternehmenserfolges, in: Zeitschrift für Betriebswirtschaft (ZfB), 57. Jg. (1987), Nr. 8, S. 747-762.

Rhoades, S.A.: Concentration, Barriers and Rates of Return: A Note, in: Journal of Industrial Economics, Vol. 19 (1970), No. 1, S. 82-88.

Rhyne, L.C.: The Relationship of Strategic Planning to Financial Performance, in: Strategic Management Journal, Vol. 7 (1986), No. 5, S. 423-436.

Riekhof, H.-C.: Der strategische Vorstoß in neue Märkte. Einleitung: Neue Märkte als strategische Herausforderung, in: Riekhof, H.-C. (Hrsg.), Strategieentwicklung, Stuttgart 1989, S. 309-311.

Roberts, E.B./Berry, C.A.: Entering New Business: Selecting Strategies for Success, in: Sloan Management Review, Vol. 26 (1985), No. 3, S. 3-17.

Robinson, R.B. Jr./Pearce II, J.A.: The Impact of Formalized Strategic Planning on Financial Performance in Small Organizations, in: Strategic Management Journal, Vol. 4 (1983), No. 3, S. 197-207.

Robinson, R.B. Jr./Pearce II, J.A.: Planned Patterns of Strategic Behavior and the Relationship to Business-unit Performance, in: Strategic Management Journal, Vol. 9 (1988), No. 1, S. 43-60.

Robinson, W.T./Fornell, C.: Market Pioneering and Sustainable Market Share Advantages; The PIMSletter No. 39, hrsg. vom Strategic Planning Institute, Cambridge (Mass.) 1986.

Rockart, J.F.: Chief Executives Define Their Own Data Needs, in: Harvard Business Review, Vol. 57 (1979), No. 2, S. 81-92.

Ropella, W.: Synergie als strategisches Ziel der Unternehmung, Berlin/New York 1989.

Rosenberg, B.: Ablauf und Rentabilität einer Diversifikation, Diss., Wien 1975.

Rosenbloom, B.: Strategic Planning in Retailing: Prospects and Problems, in: Journal of Retailing, Vol. 56 (1980), No. 1, S. 107-120.

Roters, M.: Komplexität und Dynamik als Einflußgrößen der Effizienz von Organisationen, Frankfurt a.M. et al. 1989.

Roventa, P.: Portfolio-Analyse und Strategisches Management, München 1979.

Rubin, P.H.: The Expansion of Firms, in: Journal of Political Economy, Vol. 81 (1973), No.4,, S. 936-949.

Rue, L.W./Fulmer, R.M.: Is Long-range Planning Profitable?, in: Proceedings of the Academy of Management, Boston (Mass.) 1973, S. 66-73.

Rühli, E.: Unternehmungsführung und Unternehmungspolitik, Band 2, 2. Aufl., Bern/Stuttgart 1988.

Rumelt, R.P.: Strategy, Structure and Economic Performance, Boston (Mass.) 1974.

Rumelt, R.P.: Diversification and Profitability, Working Paper, Academy of Management, Western Region, 1977; zitiert nach Miller, R.D./Springate, D.J. (1978).

Rumelt, R.P.: Diversification Strategy and Profitability, in: Strategic Management Journal, Vol. 3 (1982), No. 4, S. 359-369.

Rumelt, R.P.: Strategy, Structure and Economic Performance, 2nd Edition, Boston (Mass.) 1986.

Rumelt, R.P./Wensley, R.: In Search of the Market Share Effect, in: Proceedings of the Academy of Management, Boston (Mass.) 1981, S. 2-6.

Salter, M.S./Weinhold, W.A.: Diversification Via Acquisition: Creating Value, in: Harvard Business Review, Vol. 56 (1978), July-August, S. 166-176.

Salter, M.S./Weinhold, W.A.: Diversification Through Acquisition, New York 1979.

Sato, K.: Price-Cost Structure and Behavior of Profit Margins, in: Yale Economic Essays, Vol. 1 (1961), No. 2, S. 361-425.

Sautter, M.T.: Strategische Analyse von Unternehmensakquisitionen. Entwurf und Bewertung von Akquisitionsstrategien, Frankfurt a.M. et al. 1989.

Schanz, G.: Pluralismus in der Betriebswirtschaftslehre: Bemerkungen zu gegenwärtigen Forschungsprogrammen, in: Schmalenbachs Zeitschrift für betriebswirtschaftliche Forschung (ZfbF), 25. Jg. (1973), Nr. 2, S. 131-154.

Schanz, G.: Nochmals: Zwei Arten von Empirismus, in: Schmalenbachs Zeitschrift für betriebswirtschaftliche Forschung (ZfbF), 27. Jg. (1975), Nr. 12, S. 801-805.

Schanz, G.: Wissenschaftsprogramme der Betriebswirtschaftslehre, in: Bea, F.X./Dichtl, E./Schweitzer, M. (Hrsg.), Allgemeine Betriebswirtschaftslehre, Band 1: Grundfragen, 4. Aufl., Stuttgart 1988, S. 49-114.

Schendel, D./Patton, R.G.: A Simultaneous Equation Model of Corporate Strategy, in: Management Science, Vol. 21 (1978), No. 15, S. 1611-1621.

Scherer, F.M.: Industrial Market Structure and Economic Performance, 2nd Edition, Chicago (Ill.) 1980.

Scherer, F.M./Ross, D.: Industrial Market Structure and Economic Performance, 3rd Edition, Boston (Mass.) 1990.

Scheuch, F.: Marketing, 3. Aufl., München 1989.

Schmitz, R.: Kapitaleigentum, Unternehmensführung und interne Organisation, Diss., Wiesbaden 1988.

Schneider, J.: Strategische Unternehmensbewertung als Teil der Akquisitionsplanung, in: Riekhof, H.-C. (Hrsg.), Strategieentwicklung, Stuttgart 1989, S. 213-234.

Schoeffler, S.: Capital Intensive Technology vs. ROI: A Strategic Assessment, in: Management Review, Vol. 67 (1978), September, S. 8-14.

Schoeffler, S.: Nine Basic Findings on Business Strategy, in: The PIMSletter on Business Strategy, No. 1, Cambridge (Mass.) 1980, S. 1-8.

Schoeffler, S./Buzzell, R.D./Heany, D.F.: Impact of Strategic Planning on Profit Performance, in Harvard Business Review, Vol. 52 (1974), No. 2, S. 137-145.

Scholz, C.: Strategisches Management. Ein integrativer Ansatz, Berlin/New York 1987.

Schumann, J.: Die Unternehmung als ökonomische Institution, in: Das Wirtschaftsstudium (WISU), 16. Jg. (1987), Nr. 4, S. 212-218.

Schumpeter, J. A.: Theorie der wirtschaftlichen Entwicklung. Eine Untersuchung über Unternehmensgewinn, Kapital, Kredit, Zins und den Konjunkturzyklus, 5. Aufl., Berlin 1952.

Schwalbach, J.: Diversifizierung von Unternehmen und Betrieben im Verarbeitenden Gewerbe, in: Schmalenbachs Zeitschrift für betriebswirtschaftliche Forschung (ZfbF), 37. Jg. (1985), Nr. 7-8, S. 567-578.

Schwalbach, J.: Diversifizierung, Risiko und Erfolg industrieller Unternehmen, Habil., Koblenz 1987.

Schwarz, H.-J.: Diversifikation: Abenteuer oder Existenzsicherung?, in: Absatzwirtschaft, 30. Jg. (1987), Nr. 4, S. 86-93.

Schwarz, H.-J.: Diversifikation - unternehmerisches Abenteuer oder Unternehmenssicherung?, Nürnberg 1988.

Schweiger, G.: Imagetransfer. Kann ein neues Produkt durch "gemeinsamen Markennamen" von einem eingeführten Produkt profitieren?, in: Marketing Journal, 15. Jg. (1982), Nr. 4, S. 321-322.

Schweitzer, M.: Planung und Kontrolle, in: Bea, F.X./Dichtl, E./Schweitzer, M. (Hrsg.), Allgemeine Betriebswirtschaftslehre, Band 2: Führung, 3. Aufl., Stuttgart/New York 1987, S. 9-72.

Scott, B.R.: The Industrial State: Old Myths and New Realities, in: Harvard Business Review, Vol. 51 (1973), March-April, S. 133-148.

Segall, J.: Merging for Fun and Profit, in: Industrial Management Review, Vol. 9 (1968), No. 2, S. 17-29.

Segler, K.: Basisstrategien im internationalen Marketing, Frankfurt a.M./New York 1986.

Servatius, H.G.: Implementation eines Venture Managements, in: Riekhof, H.-C. (Hrsg.), Strategieentwicklung, Stuttgart 1989, S. 333-350.

Sharpe, W.: Mutual Fund Performance, in: Journal of Business, Vol. 39 (1966), S. 119-138; zitiert nach Michel/Shaked (1984) und Dubofsky/Varadarajan (1987).

Shelton, L.M.: Strategic Business Fits and Corporate Acquisition: Empirical Evidence, in: Strategic Management Journal, Vol. 9 (1988), No. 3, S. 279-287.

Shepherd, W.F.: The Elements of Market Structure, in: Review of Economics and Statistics, Vol. 54 (1972), February, S. 25-37.

Sieben, G./Diedrich, R.: Aspekte der Wertfindung bei strategisch motivierten Unternehmensakquisitionen, in: Schmalenbachs Zeitschrift für betriebswirtschaftliche Forschung (ZfbF), 42. Jg. (1990), Nr. 9, S. 794-809.

Silberer, G.: Basiskonzepte und theoretische Leitprinzipien als Bezugsrahmen für die Erklärung des Konsumverhaltens, Bericht der Forschungsgruppe Konsumenteninformation, Universität Mannheim, Mannheim 1978.

Silberer, G./Raffée, H.: Einleitung, in: Silberer, G./Raffée, H. (Hrsg.): Warentest und Konsument. Nutzung, Wirkung und Beurteilung des vergleichenden Warentests im Konsumentenbereich, Frankfurt a.M./New York 1984, S. 11-24.

Silhan, P.A./Thomas, H.: Using Stimulated Mergers to Evaluate Corporate Diversification Strategies, in: Strategic Management Journal, Vol. 7 (1986), No. 6, S. 523-534.

Simmonds, K.: Removing the Chains from Product Strategy, in: Journal of Management Studies, Vol. 5 (1968), No. 1, S. 29-40.

Simon, H.: Herausforderungen an die Marketingwissenschaft, in: Marketing ZFP, 8. Jg. (1986), Nr. 3, S. 205-213.

Simon, H.: Schwächen bei der Umsetzung strategischer Wettbewerbsvorteile, in: Dichtl, E./Gerke, W./Kieser, A. (Hrsg.), Innovation und Wettbewerbsfähigkeit, Wiesbaden 1987, S. 367-376.

Simon, H.: Management strategischer Wettbewerbsvorteile, in: Zeitschrift für Betriebswirtschaft (ZfB), 58. Jg. (1988a), Nr. 4, S. 461-480.

Simon, H.: Management strategischer Wettbewerbsvorteile, in: Simon, H. (Hrsg.), Wettbewerbsvorteile und Wettbewerbsfähigkeit, Stuttgart 1988b, S. 1-17.

Simon, H.: Die Zeit als strategischer Erfolgsfaktor, in: Zeitschrift für Betriebswirtschaft (ZfB), 59. Jg. (1989), Nr. 1, S. 70-93.

Simon, H.: "Hidden Champions". Speerspitze der deutschen Wirtschaft, in: Zeitschrift für Betriebswirtschaft (ZfB), 60. Jg. (1990), Nr. 9, S. 875-890.

Simon, J.L.: The Concept of Causality in Economics, in: Kyklos, 23. Jg. (1970), S. 226-254.

Singh, H./Montgomery, C.A.: Corporate Acquisition Strategies and Economic Performance, in: Strategic Management Journal, Vol. 8 (1987), No. 4, S. 377-386.

Smith, C.G./Cooper, A.C.: Established Companies Diversifying into Young Industries: A Comparison of Firms with Different Levels of Performance, in: Strategic Management Journal, Vol. 9 (1988), No. 2, S. 111-121.

Sörbom, D./Jöreskog, K.G.: The Use of Structural Equation Models in Evaluation Research, in: Fornell, C. (Ed.), A Second Generation of Multivariate Analysis, Vol. 2: Measurement and Evaluation, New York 1982, S. 381-418.

Song, J.H.: Diversification Strategies and the Experience of Top Executives of Large Firms, in: Strategic Management Journal, Vol. 3 (1982), No. 4, S. 377-380.

Sontheimer, B.: Die Marktanalyse als Basis der externen Diversifikationsentscheidung, München 1989.

Spindler, H.-J.: Risiko- und Renditeeffekte der Diversifikation in Konjunkturkrisen, in: Zeitschrift für Betriebswirtschaft (ZfB), 58. Jg. (1988), Nr. 8, S. 858-875.

Staehle, W.H.: Management, München 1980.

Staehle, W.H.: Management. Eine verhaltenswissenschaftliche Perspektive, 4. Aufl., München 1989.

Staerkle, R./Perich, R.: Exzellenzfaktoren Schweizerischer mittelgroßer Industrieunternchmungen, in: Die Unternehmung, 41. Jg. (1987), Nr. 5, S. 315-326.

Stalk, G. Jr.: Zeit - die entscheidende Waffe im Wettbewerb, in: HARVARDmanager, 11. Jg. (1989), Nr. 1, S. 37-46.

Strategic Planning Institute (Hrsg.): The PIMS-Program - Selected Findings, Cambridge (Mass.) 1977.

Staudt, T.A.: Program for Product Diversification, in: Harvard Business Review, Vol. 32 (1954), No. 6, S. 121-131.

Szyperski, N./Winand, U.: Duale Organisation - Ein Konzept zur organisatorischen Integration der strategischen Geschäftsfeldplanung, in: ZfbF-Kontaktstudium, 31. Jg. (1979), S. 195-205.

Thanheiser, H.T.: Strategy and Structure of German Industrial Enterprise, Unpublished Doctoral Diss., Graduate School of Business Administration, Harvard University, Boston (Mass.) 1972.

Thanheiser, H./Patel, P.: Aktion nach Plan, in: Manager Magazin, 8. Jg. (1978), Nr. 5, S. 72-79.

The Strategic Planning Institute (Ed.): The Start-Up Business Report. A Strategic Planning Tool for Making Decisions About New Ventures, Cambridge (Mass.) 1978.

Tietz, B.: Euromarketing. Unternehmensstrategien für den Binnenmarkt, Landsberg am Lech 1989

Töpfer, A.: Erfolgsfaktoren des strategischen Marketing in deutschen Unternehmen, in: Wieselhuber, N./Töpfer, A. (Hrsg.), Strategisches Marketing, Landsberg am Lech 1984, S. 49-66.

Töpfer, A.: Analyse von Insolvenzursachen, in: Schimke, E./Töpfer, A. (Hrsg.), Krisenmanagement und Sanierungsstrategien, Landsberg am Lech 1985, S. 158-172.

Tremblay, V.J./Tremblay, C.H.: The Determinants of Horizontal Acquisitions: Evidence from the US Brewing Industry, in: The Journal of Industrial Economics, Vol. 37 (1988), No. 1, S. 21-45.

Treynor, J.: Mutual Fund Performance, in: Journal of Business, Vol. 43 (1965), No. 1, S. 63-75; zitiert nach Michel/Shaked (1984) und Dubofsky/Varadarajan (1987).

Trux, W./Müller, G./Kirsch, W.: Das Management strategischer Programme, 1. Halbband, München 1984.

Ulrich, H.: Die Betriebswirtschaftslehre als anwendungsorientierte Sozialwissenschaft, in: Geist, M./Köhler, R. (Hrsg.), Die Führung des Betriebs, Festschrift für Curt Sandig zum 80. Geburtstag, Stuttgart 1981, S. 1-25.

Ulrich, P./Fluri, E.: Management, 5. Aufl., Bern/Stuttgart 1988.

Vancil, R.F./Lorange, P.: Strategic Planning in Diversified Companies, in: Harvard Business Review, Vol. 53 (1975), January-February, S. 81-90.

Varadarajan, P.R.: Product Diversity and Firm Performance: An Empirical Investigation, in: Journal of Marketing, Vol. 50 (1986), July, S. 43-57.

Varadarajan, P.R.: Pathways to Corporate Excellence in Retailing, in: Retailing Issues Letter, published by Arthur Anderson & Co. in conjunction with the center for Retailing Studies, Texas A & M University, Vol. 2 (1989a), No. 1, S. 1-4.

Varadarajan, P.R.: Perspectives on Corporate Excellence in Retailing, Paper presented at the Symposium on Retail Patronage Behavior and Strategic Planning, Louisiana State University, Baton Rouge (La.), May 4-6, 1989b.

Varadarajan, P.R./Ramanujam, V.: Diversification and Performance: A Reexamination Using a New Two-dimensional Conceptualization on Diversity in Firms, in: Academy of Management Journal, Vol. 30 (1987), No. 2, S. 380-393.

Varadarajan, P.R./Ramanujam, V.: Strategic and Organizational Sources of Superior Corporate Performance, Manuskript für: Glass, H.E. (Ed.), Handbook of Business Strategy: 1988/1989 Yearbook, New York 1989.

Venohr, B.: "Marktgesetze" und stategische Unternehmensführung. Eine kritische Analyse des PIMS-Programms, Wiesbaden 1988.

Viehöver, U.: Gefährliches Potpourri, in: Wirtschaftswoche, 43. Jg. (1989), Nr. 20, S. 54-60.

Viehöver, U.: "Teile korrigieren" - Interview mit Rolf Bühner über Daimler-Benz, in: Wirtschaftswoche, 44. Jg. (1990), Nr. 25, S. 55 f.

Wächter, H.: Zur Kritik an Peters und Waterman. Stellungnahme zum Beitrag von Erich Frese, in: Die Betriebswirtschaft (DBW), 45. Jg. (1985), Nr. 5, S. 608-609.

Wagner, H.: Die Anatomie des Erfolges, in: National Retail Merchants Association/Gottlieb Duttweiler Institut (NRMA/GDI) (Hrsg.), 10. Weltkonferenz des Einzelhandels, Tagungsband, New York/Rüschlikon 1986, S. 91-95.

Wagner, W.H./Lau, S.C.: The Effect of Diversification on Risk, in: Financial Analysts Journal, Vol. 27 (1971), November-December, S. 48-53.

Wakerly, R.G.: PIMS: A Tool for Developing Competitive Strategy, in: Long Range Planning, Vol. 17 (1984), No. 3, S. 92-97.

Walter, H.: Wettbewerbstheoretische Probleme des Unternehmenswachstums, Diss., Hamburg 1975.

Waterman, R.H.: Leistung durch Innovation: Strategien zur unternehmerischen Zukunftssicherung, Hamburg 1988.

Weisweiler, F.J.: Synergiepotential soll Kienzle flott machen, in: Computerwoche, 1982, Mai, S. 36-37.

Weiss, L.A.: Start-up Business: A Comparison of Performances, in: Sloan Management Review, 1981, Fall, S. 37-53.

Welge, M.K.: Synergie, in: Grochla, E./Wittmann, W. (Hrsg.), Handwörterbuch der Betriebswirtschaft (HWB), 4. Aufl., Stuttgart 1974, Sp. 3800-3810.

Welge, M.K.: Unternehmungsführung, Band 1: Planung, Stuttgart 1985.

Wells, J.R.: In Search of Synergy, Doctoral Thesis, Harvard University, Boston (Mass.) 1984.

Wernerfelt, B.: A Resource-based View of the Firm, in: Strategic Management Journal, Vol. 5 (1984), No. 2, S. 171-180.

Wernerfelt, B./Montgomery, C.: What Is an Attractive Industry?, in: Management Science, Vol. 32 (1986), No. 10, S. 1223-1230.

Weston, F.J./Mansinghka, S.K.: Tests of the Efficiency Performance of Conglomerate Firms, in: Journal of Finance, Vol. 26 (1971), No. 4, S. 919-936.

Weyand, R.: Diversifikation - unternehmenspolitische Aspekte, Baden-Baden/Bad Homburg 1975.

Wicher, H.: Entwicklung und organisatorische Implementierung strategischer Geschäftseinheiten, in: Das Wirtschaftsstudium (WISU), 17. Jg. (1988), Nr. 3, S. 323-325.

Wiedmann, K.-P.: Entwicklungsperspektiven der strategischen Unternehmensführung und des strategischen Marketing, in: Marketing ZFP, 6. Jg. (1985), Nr. 3, S. 149-160.

Wiedmann, K.-P.: Corporate Identity als strategisches Orientierungskonzept. Skizze eines erweiterten CI-Bezugsrahmens als Grundlage einer erfolgreichen Identitätspolitik, Arbeitspapier Nr. 53 des Instituts für Marketing, Universität Mannheim, Mannheim 1987.

Wiedmann, K.-P./Jugel, S.: Corporate-Identity-Strategie, in: Die Unternehmung, 41. Jg. (1987), Nr. 3, S. 186-204.

Wiedmann, K.-P./Kreutzer, R.: Strategische Marketingplanung - ein Überblick, in: Raffée, H./Wiedmann, K.-P. (Hrsg.), Strategisches Marketing, 2. Aufl., Stuttgart 1989, S. 61-141.

Wieselhuber, N.: Erschließung von neuen Wachstumsquellen durch Diversifikation, in: Wieselhuber, N./Töpfer, A. (Hrsg.), Strategisches Marketing, Landsberg am Lech 1984, S. 426-440.

Wild, J.: Grundlagen der Unternehmensplanung, Reinbek bei Hamburg 1974.

Wilde, K.D.: Bewertung von Produkt-Markt-Strategien. Theorie und Methoden, Habil., Berlin 1989.

Wildemann, H.: Erfolgspotentialaufbau durch neue Produktionstechnologien, in: Simon, H. (Hrsg.), Wettbewerbsvorteile und Wettbewerbsfähigkeit, Stuttgart 1988, S. 116-128.

Wilhelm, W.: Reuters Irrfahrt, in: Manager Magazin, 20. Jg. (1990), Nr. 5, S. 34-52.

Williams, J.R./Paez, B.L./Sanders, L.: Conglomerates Revisited, in: Strategic Management Journal, Vol. 9 (1988), No. 5, S. 403-414.

Willig, R.D.: Multiproduct Technology and Market Structure, in: American Economic Review, Vol. 69 (1979), May, S. 346-351.

Witte, E.: Innovationsfähige Organisation, in: Zeitschrift für Organisation (ZfO), 42. Jg. (1973), Nr. 1, S. 17-24.

Wittek, B.F.: Strategische Unternehmensführung bei Diversifikation, Berlin/New York 1980.

Wittington, G.: The Prediction of Profitability, Cambridge 1971.

Wohlgemuth, A.C.: Die klippenreiche Suche nach den Erfolgsfaktoren. Vorschläge zur Meisterung der methodischen Herausforderungen, in: Die Unternehmung, 43. Jg. (1989), Nr. 2, S. 89-111.

Woo, C.Y.: Market Share Leadership - Does It Always Pay Off?, in: Proceedings of the Academy of Management, Boston (Mass.) 1981, S. 7-11.

Woo, C.Y./Cooper, A.C.: Strategies of Effective Low Share Business, in: Strategic Management Journal, Vol. 2 (1981), No.3, S. 301-318.

Woo, C.Y./Cooper, A.C.: The Surprising Case for Low Market Share, in: Harvard Business Review, Vol. 60 (1982), November-December, S. 106-113.

Woo, C.Y.: Evaluation of the Strategies and Performance of Low ROI Market Share Leaders, in: Strategic Management Journal, Vol. 4 (1983), No. 2, S. 123-135.

Woo, C.Y./Cooper, A.C.: Erfolg trotz kleinen Marktanteils, in: HARVARDmanager, 6. Jg. (1984), Nr. 3, S. 72-75.

Wrigley, L.: Divisional Autonomy and Diversification. Unpublished Doctoral Diss., Harvard Business School, Boston (Mass.) 1970.

Yip, G.S.: Diversification Entry: Internal Development versus Acquisition, in: Strategic Management Journal, Vol. 3 (1982a), October-December, S. 331-345.

Yip, G.S.: Gateways to Entry, in: Harvard Business Review, Vol. 60 (1982b), September-October, S. 85-92.

Yip, G.S.: Barriers to Entry. A Corporate-Strategy Perspective, Lexington (Mass.)/Toronto 1982c.

Yip, G.S.: Vorstoß auf fremde Märkte - wie man aus Barrieren Brücken macht, in: HARVARDmanager, 6. Jg. (1984), Nr. 1, S. 41-50.

Zellekens, H.-J.: Diversifizieren, woher, wohin - und wozu?, in: Rationeller Handel, 12. Jg. (1969), Nr. 11, S. 6-10.

Zellekens, H.-J.: Diversifikation im Handel. Viele Möglichkeiten liegen brach, in: Handelsblatt vom 07. Juni 1982, S. 17.

Zeithaml, C.P./Fry, L.W.: Contextual and Strategic Differences Among Mature Business in Four Dynamic Performance Situations, in: Academy of Management Journal, Vol. 27 (1984), No. 4, S. 841-860.

nbf neue betriebswirtschaftliche forschung

Band 53 Privatdozent
Dr. Jürgen Freimann
**Instrumente sozial-ökologischer
Folgenabschätzung im Betrieb**

Band 54 Privatdozent Dr. Thomas Dyllick
Management der Umweltbeziehungen

Band 55 Dr. Michael Holtmann
**Personelle Verflechtungen
auf Konzernführungsebene**

Band 56 Dr. Jobst-Walter Dietz
Gründung innovativer Unternehmen

Band 57 Dr. Jürgen Müller
Das Stetigkeitsprinzip im neuen Bilanzrecht

Band 58 Dr. Johannes Reich
Finanzierung der nuklearen Entsorgung

Band 59 Dr. Bernhard Schwetzler
**Mitarbeiterbeteiligung und
Unternehmensfinanzierung**

Band 60 Dr. Peter Seng
**Informationen und Versicherungen.
Produktionstheoretische Grundlagen**

Band 61 Dr. Reinhard Lange
**Steuern in der Preispolitik und
bei der Preiskalkulation**

Band 62 Dr. Richard Lackes
EDV-gestütztes Kosteninformationssystem

Band 63 Dr. Winfried Weigel
**Steuern bei Investitionsentscheidungen.
Ein kapitalmarktorientierter Ansatz**

Band 64 Privatdozent
Dr. Edgar Saliger
Entscheidungstheoretische Planung

Band 65 Dr. Joachim Gebhard
Finanzierungsleasing, Steuern und Recht

Band 66 Dr. Thomas Knobloch
Simultane Anpassung der Produktion

Band 67 Dr. Martin Zieger
**Gewinnrealisierung bei
langfristiger Fertigung**

Band 68 Privatdozent Dr. Hans A. Wüthrich
Neuland des strategischen Denkens

Band 69 Dr. Klaus Rabl
**Strukturierung strategischer
Planungsprozesse**

Band 70 Dr. Henry W. Leimer
Vernetztes Denken im Bankmanagement

Band 71 Privatdozent
Dr. Wolfram Scheffler
Betriebliche Altersversorgung

Band 72 Privatdozent Dr. Kurt Vikas
Neue Konzepte für das Kostenmanagement

Band 73 Dr. Walter Berger
**Financial Innovations in
International Debt Management**

Band 74 Privatdozent Dr. Jan Pieter Krahnen
**Sunk Costs und
Unternehmensfinanzierung**

Band 75 Dr. Andreas Grünbichler
**Betriebliche Altersvorsorge
als Principal-Agent-Problem**

Band 76 Dr. Martin Kirchner
**Strategisches Akquisitionsmanagement
im Konzern**

Band 77 Dr. Bernd Wolfrum
Strategisches Technologiemanagement

Betriebswirtschaftlicher Verlag Dr. Th. Gabler GmbH, Postfach 15 46, 6200 Wiesbaden